Der Saarpfalz-Kreis

Der Saarpfalz-Kreis

Theiss

Herausgeber: Landrat Clemens Lindemann
Redaktion: Dr. Bernhard Becker, Martin Baus M. A., Gabriele Süsskind

Die Deutsche Bibliothek – CIP-Einheitsaufnahme

Der **Saarpfalz-Kreis** / Hrsg.: Clemens Lindemann. – Stuttgart :
Theiss, 1993
   (Heimat und Arbeit)
  ISBN 3-8062-1034-9
NE: Lindemann, Clemens [Hrsg.]

Schutzumschlag: Jürgen Reichert, Stuttgart,
unter Verwendung eines Fotos von
Otto Eisler †

© Konrad Theiss Verlag GmbH & Co., Stuttgart 1993
Alle Rechte vorbehalten
Gesamtherstellung: Grafische Betriebe
Süddeutscher Zeitungsdienst Aalen
Printed in Germany
ISBN 3-8062-1034-9

Vorwort des Landrats

Im Jahr 1818 wurden im bayrischen Rheinkreis die damaligen Bezirks-Direktionen in zwölf Land-Commissariate eingeteilt, wozu auch der Landkreis Homburg gehörte. Somit jährt sich der Beginn der landrätlichen Verwaltung in unserer Region 1993 zum 175. Mal. Der Saarpfalz-Kreis in seiner heutigen Form existiert seit der Gebiets- und Verwaltungsreform im Jahr 1974, als die ehemaligen Landkreise Homburg und St. Ingbert zusammengeführt wurden. Dieses Datum jährt sich 1994 zum 20. Mal.

Anlaß genug also, den Kreis in seiner heutigen Konstellation, in seiner Geschichte und in seinen Wesensmerkmalen einmal umfassend darzustellen. Die vorliegende Kreisbeschreibung beleuchtet den Saarpfalz-Kreis aus vielerlei Perspektiven und vermittelt dem interessierten Leser Wissenswertes über die wechselvolle Geschichte unserer Region, Interessantes über Landschaft, Natur und Umwelt, Aufschlußreiches aus Kunst, Kultur und Wirtschaft und aktuelle Informationen über die kreisangehörigen Kommunen.

Das Buch richtet sich an Menschen, die hier leben und ihre Kenntnisse über ihre Heimat auffrischen möchten, und an Personen, die im Saarpfalz-Kreis zu Gast sind und unsere Region kennenlernen wollen.
Allen Autoren, die sachkundig zum Gelingen des Werkes beigetragen haben, sowie dem Konrad Theiss Verlag und allen, die die Herausgabe der Kreisbeschreibung ermöglicht haben, gilt mein herzlichster Dank.
Ich wünsche dem Buch eine große Resonanz und allen Leserinnen und Lesern viel Freude beim Lesen.

Homburg, im Juli 1993

Clemens Lindemann
Landrat des Saarpfalz-Kreises

Inhalt

	Vorwort des Landrats	5
	Die Autoren des Bandes	9
	Der Saarpfalz-Kreis aus dem Weltraum gesehen von Heinz Becker und Dieter Kaiser	11

Landschaft – Natur – Umwelt
Geologie und Landschaft
von Günther Hippert ... 15

Natur- und Lebensräume im Saarpfalz-Kreis
von Stefan Mörsdorf und Helga May-Didion ... 34

Aus der Geschichte
Ur- und Frühgeschichte
von Erwin Strahl ... 45

Die Geschichte des Kreisgebietes
von Hans-Walter Herrmann ... 66

Aus der Verwaltungsgeschichte
von Hans-Walter Herrmann ... 99

Zum politischen Leben im Saarpfalz-Kreis
von Hans-Walter Herrmann ... 109

Juden in der Saarpfalz
von Michael Lintz ... 122

Zwischen Landwirtschaft und Industrie – soziale und wirtschaftliche Strukturen (1800–1970)
von Paul Thomes ... 126

Kunst und Kultur	Kunst im Saarpfalz-Kreis von Martin Klewitz	153
	Leben und Werk des Malers Albert Weisgerber von Marika Flierl	184
	Brauchtum in der Saarpfalz von Gunter Altenkirch	186
	Mundart von Rudolf Post	194
	Sehenswürdigkeiten aus dem Saarpfalz-Kreis auf Briefmarken von Ludwig Brettar	199
Der Saarpfalz-Kreis, seine Städte und Gemeinden	Der Saarpfalz-Kreis – seine Aufgaben und Leistungen von Clemens Lindemann	203
	Wissenswertes aus den Städten und Gemeinden von Martin Baus	222
Die Wirtschaft	Industrie, Handel und Gewerbe im Saarpfalz-Kreis von Hanspeter Georgi	249
	Das Handwerk von Adolf Spaniol	257
	Die Landwirtschaft von Norbert Lamberty	260
	Wald und Forstwirtschaft von Walter Cronauer und Wolfgang Hausknecht	267
	Die Saarpfalz – ein Stück Lebenskunst von Wolfgang Henn	272
Die Arbeitswelt	Firmenporträts	275
Nachschlageteil	Sach- und Namenregister Gemeinderegister	353 358

Die Autoren des Bandes

Gunter Altenkirch, Museum für dörfliche Alltagskultur, Gersheim-Rubenheim
Martin Baus, M. A., Amt für Heimat- und Denkmalpflege des Saarpfalz-Kreises,
    Landratsamt Homburg
Hans Becker, Diplom-Geologe, St. Ingbert
Ludwig Brettar, Mandelbachtal
Walter Cronauer, Forstdirektor, Blieskastel
Marika Flierl, Museumsleiterin, St. Ingbert
Dr. Hanspeter Georgi, Hauptgeschäftsführer der Industrie- und Handelskammer
    des Saarlandes, Saarbrücken
Wolfgang Hausknecht, Forstdirektor, Homburg
Wolfgang Henn, Saarpfalz-Touristik, Homburg
Professor Dr. Hans-Walter Herrmann, Riegelsberg
Günther Hippert, Diplom-Geologe, Homburg
Dieter Kaiser, Humes
Dr. Martin Klewitz, Landeskonservator a. D., St. Ingbert
Dipl.-Ing. Norbert Lamberty, Amt für Landwirtschaft und Gartenbau
    Saarpfalz-Kreis, Landratsamt Homburg
Clemens Lindemann, Landrat, Homburg
Michael Lintz, M. A., Homburg
Helga May-Didion, Diplom-Biologin, Landratsamt Homburg
Stefan Mörsdorf, Diplom-Geograph, Rammesweiler
Dr. Rudolf Post, Kaiserslautern
Adolf Spaniol, Handwerkskammer des Saarlandes, Saarbrücken
Dr. Erwin Strahl, Archäologe, Wilhelmshaven
Dr. Paul Thomes, Privatdozent, Homburg

Bildnachweis

Sepp Allgayer, Blieskastel: S. 299
Martin Baus, Siebenpfeiffer-Stiftung, Homburg: 3–8, 9 (unter Verwendung eines Exponates aus der Sammlung Arno Hübler, Altstadt), 10, 14, 24, 25, 38, 39, 45, 50–65, 67–76, 79–85, 87–98; Farbtafeln 1–6 (1), 11–26, 32–38
H. Becker in „800 Jahre Oberwürzbach", St. Ingbert 1981: 1
Ludwig Brettar, Heckendalheim: Farbtafel 29
Walter Cronauer, Blieskastel: 99–101
Axel Didion, Homburg: Farbtafel 6 (3)
Aus: Wilhelm Fabricius, Geschichtlicher Atlas der Rheinprovinz: 31
G. Finster: S. 282
Geologischer Führer durch den Saarpfalz-Kreis, Homburg 1992: 2
Roswitha Goy, Stuttgart: 32 (nach Angaben des Autors)
Foto-Studio Peter Lange, Bexbach: S. 279 oben, 323
Tom Gundelwein, Saarbrücken: S. 329
Peter Haimerl, Homburg: 78; Farbtafeln 30/31, S. 286, 303, 304, 306 oben, 322, 333, 350
Gerhard Heisler, Saarbrücken: S. 331
Landesarchiv Saarbrücken, Foto-Archiv: 36 (HV 832/1), 37 (B 775/3a); Farbtafel 16
Landesinstitut für Pädagogik und Medien, Saarbrücken-Dudweiler: 16 (T 12 870), 17 (T 13 578), 18 (T 13 421), 19 (T 13 474), 20 (T 13 476); Farbtafeln 7 (T 13 325), 8 (T 12 895), 9 (T 12 885), 10 (T 12 703 bzw. T 12 109)
Helga May-Didion, Saarpfalz-Kreis, Homburg: 11–13, 15; Farbtafel 5 (6)
Rudolf Post, Kaiserslautern: 77
Saarpfalz-Kreis, Amt für Heimat- und Denkmalpflege, Foto-Archiv, Homburg: 42, 44, 46
Saarpfalz-Kreis, Amt für Natur- und Umweltschutz, Foto-Archiv, Homburg: Farbtafel 6 (1)
Saarpfalz-Touristik Homburg: 86; Farbtafeln 39 (2), 40
Sammlung Lore Risch, Landau-Godramstein: 35
Sammlung Paul Weber, Homburg: 28–30, 66
Scan-Foto München: S. 345
Michael Schild, Bexbach: S. 327, 344
Julius Schmidt, Saarbrücken: S. 296
Siebenpfeiffer-Stiftung, Homburg: 33, 34; Farbtafel 17
Stadtarchiv Bexbach: 40, 41, 43
Stadtarchiv Blieskastel: 26, 27
Erwin Strahl, Wilhelmshaven: 21, 22
Paul Thomes, Homburg: 47–49
Alfred Weisgerber Stiftung, St. Ingbert: Farbtafeln 27, 28
Klaus Winkler, Saarbrücken: S. 301

Die nicht nachgewiesenen Bilder sind Eigen- bzw. Werkfotos der in den Bildunterschriften genannten Firmen.

Der Saarpfalz-Kreis aus dem Weltraum gesehen

von Hans Becker und Dieter Kaiser

Satellitenbilder sind mittlerweile für die Regional- und Landesplanung, für Forstwirtschaft sowie für die Beantwortung geologischer Fragen als Ergänzung zur Karte und zum Luftbild eine unentbehrliche Informationsquelle geworden. Besonders bewährt haben sich die Bilddaten der amerikanischen Fernerkundungssatelliten Landsat und des französischen Systems SPOT.
Die Landsat-Satelliten operieren seit mehr als zwei Jahrzehnten, wobei die neuesten und modernsten Bilddaten von Landsat 4 und 5 empfangen werden können. Bei einer Auflösung von bis zu 30 m sind aus 705 km Höhe Gebiete von ca. 185×170 km pro Bildszene erfaßt. Dabei sind diese Bildszenen nicht fotografischen, sondern optoelektronischen Ursprungs: Die Erdoberfläche wird von Sensoren zeilenweise abgetastet und die Reflexionsdaten digital aufgezeichnet. Mit Hilfe moderner, leistungsfähiger Datenverarbeitungsanlagen entstehen später daraus fotografieähnliche Bilder. Das hier gezeigte Bild stammt von Landsat 5, dessen sieben Kanäle den Spektralbereich von blau (kurzwellig) bis zum thermischen Infrarot (langwellig) abdecken. Für die Abbildung des Saarpfalz-Kreises wurde eine dreikanalige Echtfarbenversion aus den Kanälen 1, 2 und 3 (blau, grün und rot) erstellt. Es wurden Daten des Aufnahmezeitpunktes 4. September 1991 verwendet.
Das Bild deckt ein Gebiet von ca. 36×52 km ab. Der obere linke Eckpunkt liegt in der Nähe von Schmelz, der untere linke Punkt bei Merlebach/Lothringen, der obere rechte Eckpunkt liegt bei Hauptstuhl in der Pfalz und der untere rechte Punkt bei Bitsch/Lothringen. Aufgrund der Landnutzung, der Ausbildung des Gewässernetzes sowie der Besiedlungsdichte und -form lassen sich drei Landschaftsräume unterscheiden:
– Das von links unten nach rechts oben durch die Bildmitte verlaufende Gebiet mit großen geschlossenen Waldflächen in dunkelbraunen Farbtönen. Es ist das Karbon des Saarbrücker Hauptsattels und des südlich angrenzenden Buntsandsteins – auch als Saar-Kohlenwald bekannt.
– Nach oben links anschließend die Umrandung des Saarbrücker Hauptsattels mit permischen Gesteinen im Untergrund. Die unruhige Bildtextur entsteht durch die Verteilung von kleineren landwirtschaftlichen Nutzflächen und isolierten Waldrelikten in braungelben Farben.
– Im unteren Bildteil an den Saar-Kohlenwald anschließend die Saargemünder-Zweibrücker Mulde mit ihrer Füllung aus triadischen Gesteinen – vorwiegend Muschelkalk. In dieser waldarmen bis offenen Agrarlandschaft herrschen hellgelbe und weiße Farben vor.
Deutlich zu erkennen sind entlang des Saartals und der beiden Achsen Saarbrücken–Homburg und Bexbach–Höcherberg die großen Industrie- und Gewerbegebiete, die Halden der Hütten und des Bergbaues und Kraft-

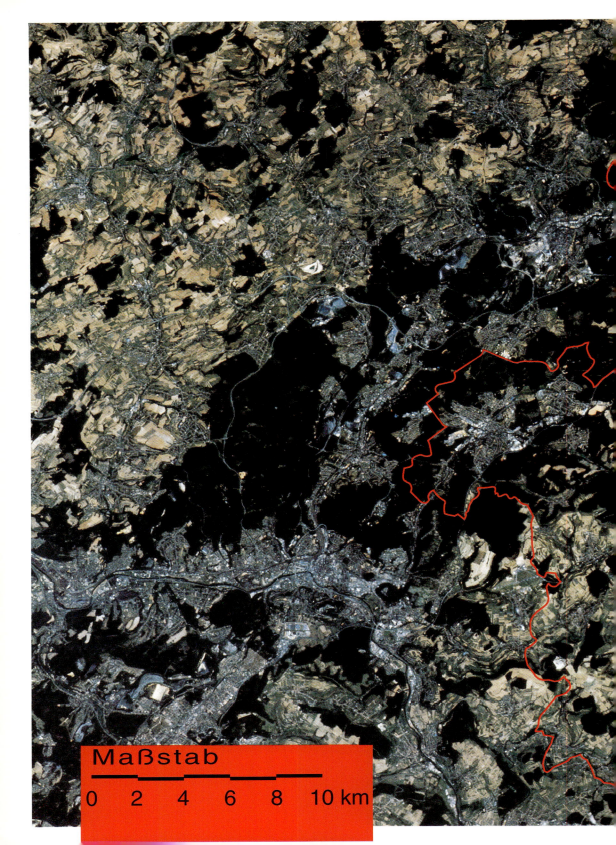

werke. Als Einzelobjekte fallen, wegen der starken Reflexion in hellen Farben erkennbar, Steinbrüche und Sandgruben auf. Ebenso sind Baustellen mit frisch geschütteter Erde wie der neue Schlammweiher der Grube Göttelborn im linken oberen Teil des Bildes nahe dem Saarbrücker Kreuz oder neuangelegte Straßentrassen wie die Straße Hornbach–Bitsch im rechten unteren Bildteil leicht zu identifizieren.

Der Saarpfalz-Kreis wird von den Landschaftstypen Saar-Kohlenwald im Norden und Saargemünder-Zweibrücker Mulde im Süden geprägt.

Innerhalb der dunklen Fläche des Saar-Kohlenwaldes heben sich die Siedlungsräume von St. Ingbert, Rohrbach, Hassel, Kirkel, Homburg und Bexbach ab. Deutlich sind die auch heute noch typischen Rodungsflächen der Orte Hassel, Rohrbach, Kirkel und Kirrberg zu erkennen. Die großen Verkehrswege wie die Autobahnen Saarbrücken–Homburg und Neunkirchen–Zweibrücken mit dem Neunkircher Kreuz und der Rastanlage Waldmoor sowie die Eisenbahntrasse Saarbrücken–Homburg können nachgezeichnet werden.

Obwohl unterhalb der geometrischen Auflösung von 30 m liegend, sind Landstraßen bei genügend großem Kontrast zur Umgebung sichtbar und über längere Strecken zu verfolgen.

Mit Beginn der Muschelkalküberdeckung löst sich nach Süden hin die Bewaldung auf und weicht den landwirtschaftlichen Nutzflächen in der Bliesaue und auf den Hochflächen des Bliesgaues – erkennbar in hellen Farben. Während jedoch in der nahe gelegenen Westpfalz am östlichen Rand der Saargemünder–Zweibrücker Mulde die Waldflächen, dem Ausbiß des Buntsandsteins folgend, auf die Talhänge konzentriert sind, sind in diesem Teil des Saarpfalz-Kreises die wenigen Waldflächen auf die Plateaus des Oberen Muschelkalks zwischen Saar, Mandelbach und Blies beschränkt. Obwohl in beiden Gebieten ein „dendritisches" Gewässernetz vorliegt, wird dieses durch die Wald-Feld-Verteilung in der Westpfalz deutlicher abgebildet als im südlichen Saarpfalz-Kreis. (Dendriten sind feine moos- oder bäumchenförmige Mineralabsätze – Mn- und Fe-Hydroxide und Oxide – auf Schicht- und Kluftflächen von Gesteinen.) Wegen ihrer hellen Reflexionsfarben sind hier im Bliesgau Einzelobjekte wie die Steinbrüche auf dem Hanickel bei Rubenheim, der Abbau der Gersheimer Kalkwerke und die Deponie Ormesheim sichtbar.

Im Satellitenbild deutet sich eine bisher unbekannte linienförmige Struktur an, die sich am Ostrand des Saarpfalz-Kreises aus dem Raum Bruchmühlbach in südsüdwestlicher Richtung über Zweibrücken bis nach Walsheim erstreckt. Es scheint ein enger Zusammenhang zwischen der Richtung der Struktur einerseits und der Richtung der Muldenachse und des Bliestales andererseits zu existieren. In der geologischen Bildauswertung bezeichnet man diese Strukturen als Lineare, und in vielen Fällen sind durch ergänzende geophysikalische und geologische Kartierarbeiten im Verlauf dieser Lineare tiefreichende tektonische Störungen nachzuweisen.

Landschaft – Natur – Umwelt

Geologie und Landschaft

von Günther Hippert

Die landschaftliche Gliederung

Die Grenzen des Saarpfalz-Kreises sind keinesfalls landschaftlich bedingt. Aus diesem Grund muß die Landschaftsausbildung sowohl in morphologischer als auch in geologischer Sicht überregional betrachtet werden.
Das Saarland kann man von Norden nach Süden in drei geologisch bedingte Großräume gliedern:
1. In den südlichen Teil des Rheinischen Schiefergebirges (Hunsrück und Schwarzwälder Hochwald), der aus den Schichten des unterdevonischen Rhenoherzynikums gebildet wurde. Das Rhenoherzynikum, benannt nach den lateinischen Namen von Rhein und Harz, umfaßt das Rheinische Schiefergebirge sowie dessen westliche Fortsetzung.
2. Das Saar-Nahe-Bergland aus den Schichten des Oberkarbons (Westfal und Stefan) und den Schichten des Rotliegenden, der untersten Abteilung des Perms. Diese Schichten entstanden während des Paläozoikums (Erdaltertum). Ebenfalls zum Saar-Nahe-Bergland gehören die Schichten des Buntsandsteins als Ablagerungen der Unteren Trias aus dem Mesozoikum, dem Erdmittelalter.
3. Die Ablagerungen des saarpfälzischen Schichtstufenlandes aus dem mittleren Teil der Trias, dem Muschelkalk.
Im Saarpfalz-Kreis, durch seine südliche Lage bedingt, sind nur zwei dieser Einheiten vertreten: das Saar-Nahe-Bergland und das saarpfälzische Schichtstufenland. Die paläozoischen Schichten aus dem Oberkarbon und dem Rotliegenden erstrecken sich als Gürtel nördlich einer Linie von St. Ingbert nach Höchen/Frankenholz. Südlich davon schließen sich die Schichten des Buntsandsteins an. Deren Südgrenze bildet eine Linie von Oberwürzbach bis Webenheim.
Die höchsten Erhebungen in dieser Einheit sind der Höcher Berg mit 518 m in den Karbonschichten und der Betzentaler Berg südlich von St. Ingbert mit 402 m. Die aus dem Karbon entstandenen Böden werden sowohl landwirtschaftlich als auch forstwirtschaftlich genutzt. Die meist harten Sandsteingebiete des Buntsandsteins sind wegen ihrer relativen Unfruchtbarkeit überwiegend aufgeforstet und dienen als Naherholungsgebiete. Das Saar-Nahe-Bergland ist ein durch tief eingeschnittene Täler zerfurchtes Hügelland („bucklige Welt").

Geologie und Landschaft

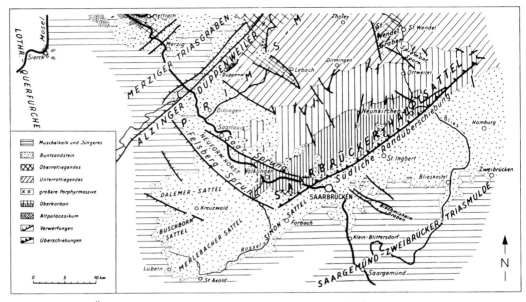

1   Geologische Übersichtskarte des Saarlandes (aus H. Becker, 1981)

Den südlichen Teil des Saarpfalz-Kreises, den Bliesgau, bilden die Schichten des saarpfälzischen Schichtstufenlandes. Im Gegensatz zum Saar-Nahe-Bergland, das hügelig und stark bewaldet ist, prägen hier waldfreie Ebenen das Landschaftsbild. Lediglich die stufenbildenden härteren Gesteine des Oberen Muschelkalks sind bewaldet. Die höchste Erhebung ist der Kahlenberg zwischen Breitfurt und Böckweiler mit 401 m. Die Verwitterungsböden sind sehr fruchtbar und werden überwiegend landwirtschaftlich genutzt: Ackerbau, Weiden, Streuobstwiesen. Ein weiteres kleines Gebiet ist nordöstlich von Homburg der Ausläufer der westpfälzischen Moorniederung, auch „Kaiserslauterner Senke" oder „Landstuhler Bruch" genannt. Dies ist eine bis zu 5 km breite Niederung mit Mooren und Torfbildung. Die bei Homburg gelegenen Moore Königsbruch und Closenbruch gehen in die breiten Erbach- und Bliestalböden über.

Die Nutzung der Böden

Die Landwirtschaft im Saarpfalz-Kreis wird durch das maritime Klima mit genügend Regen bringenden, vorwiegend aus Westen wehenden Winden begünstigt. Die Niederschlagsmenge liegt im Jahresdurchschnitt bei etwa 800 ml, die Jahresdurchschnittstemperatur beträgt 9°C. Die landwirtschaftliche Nutzfläche des Saarpfalz-Kreises beläuft sich auf 21 782 ha. Das Ackerland überwiegt mit 11 471 ha, darauf folgen das Dauergrünland mit 8690 ha und Garten- und Obstanbau mit 1621 ha. Die Fläche der vorwiegend im nördlichen Kreisgebiet liegenden Waldgebiete beträgt 15 595 ha. Die unproduktiven Flächen (Gebäude, Verkehrswege usw.) betragen wegen der relativ dichten Besiedlung (362 Einwohner/km^2) 5464 ha. Die angeführten Zahlen sind dem Landkreisführer Saarpfalz-Kreis aus dem Jahre 1985 entnommen.

Die Nutzung der Böden

Ära	Alter in Mio. Jahren	Formation	Abteilung		Entwicklung des Lebens		Wichtige geologische Ereignisse
Känozoikum	0,01 1,8	Quartär	Holozän Pleistozän	+ +	Mensch		Eifelvulkanismus Wechsel von Eis- und Warmzeiten
	65	Tertiär	Pliozän Miozän Oligozän Eozän Paläozän	− − − − −	Starke Entwicklung der Säuger und Vögel	Alpidische Faltung	Braunkohle Kräftiger Vulkanismus
Mesozoikum	140	Kreide Kreide	Oberkreide Unterkreide	− −	Aussterben der Saurier und Ammoniten erste Bedecktsamer		Transgressionen
	195	Jura	Malm Dogger Lias	− − −	Dinosaurier Archäopteryx		Transgressionen
	225	Trias	Keuper Muschelkalk Buntsandstein	− + +	Saurier und erste Säuger		Transgressionen
Paläozoikum	280	Perm Perm	Zechstein Rotliegendes	− +	Aussterben der Trilobiten	Variszische Faltung	Salzlagerstätten Vulkanismus
	345	Karbon Karbon	Oberkarbon Unterkarbon	+ −	Erste Reptilien Geflügelte Insekten Koniferen		Kohlebildung
	395	Devon	Oberdevon Mitteldevon Unterdevon	− − −	Amphibien, Fische Nadelhölzer		Transgressionen
	435	Silur		−	Erste Gefäßpflanze	Kaledonische Faltung	
	500	Ordovizium		−	Graptolithen		
	570	Kambrium	Oberkambrium Mittelkambrium Unterkambrium	− − −	Älteste Fische Korallen		
Kryptozoikum	>4000	Präkambrium			Alle Wirbellose Ohne Korallen		Älteste Gesteine

+ im Kreisgebiet aufgeschlossen
− im Kreisgebiet nicht abgelagert, erodiert oder nicht aufgeschlossen

2 Geologische Zeittafel

Paläozoikum

Die ältesten Gesteinsvorkommen im Saarland entstammen den Schichten des linksrheinischen Schiefergebirges, zu dem Teile der Eifel und des Hunsrücks mit dem Schwarzwälder Hochwald gehören. Im Saarland sind diese Schichten, die im Paläozoikum (Erdaltertum) entstanden sind, auf den Südrand des Hunsrücks beschränkt. Es sind metamorphe, d. h. umgewandelte Gesteine, die sich aus Ablagerungen von Sanden und Tonen gebildet haben. Dabei handelt es sich um Quarzite und Tonschiefer, die in der sogenannten variszischen Gebirgsbildung an der Wende Oberdevon/Unterkarbon aufgefaltet wurden und daher devonischen Alters sind. Im Anschluß an diese Auffaltung bildete sich südlich des Gebirges eine langgestreckte Senke, die von der Saône im Südwesten bis zur Saale im Osten reichte: die Saône-Saar-Saale-Senke. Diese Senke war in einzelne Teiltröge gegliedert. Der Saar-Nahe-Trog in unserem Gebiet erstreckte sich etwa von der Maas im Westen bis zum Odenwald im Osten. Während der Nordrand dieses Troges mit dem Südrand des Hunsrücks klar festgelegt ist, bleibt die Frage nach dem Südrand (bis Vogesen?) offen. In diesem Trog lagerten sich die ältesten im Saarpfalz-Kreis vorkommenden Gesteine als Sandsteine und kohleführende Tonsteine während des Karbons ab. Diese Seen- und Flußablagerungen bezeichnet man als limnisch-fluviatil. Der Trog senkte sich bis ins untere Perm (Rotliegendes) immer weiter ab. Durch Zyklen von grobklastischen Sedimenten (Konglomeraten) über Sandsteinen zu den feinklastischen Tonschiefern mit Kohleflözen und Tonsteinen ergibt sich, daß die Absenkung nicht kontinuierlich vonstatten ging, sondern oft unterbrochen war. Da im Saarland rund 500 unterschiedlich mächtige Kohleflöze durch Bohrungen (besonders die Bohrung Saar I) nachgewiesen sind, muß die gesamte Absenkung ebenso oft unterbrochen gewesen sein. Die Kohleflöze bildeten sich während der Phasen tektonischer Ruhe. Die zur Kohlebildung führenden Pflanzenhorizonte wurden dann bei erneutem Absenken von Wasser und klastischen Sedimenten, deren Liefergebiete das Rheinische Schiefergebirge (Hunsrück), die Haardt, der Odenwald, die Vogesen und das Zentralmassiv waren, bedeckt. Nahtlos gehen die Schichten des Oberkarbons in die des Perms (Rotliegendes) über. Man spricht deshalb vom Permokarbon, da die Grenzziehung schwierig ist. Der Pflanzenwuchs nahm infolge eines Klimawechsels von feuchtwarm im Karbon zu halbtrocken bis wüstenartig (arid) im Rotliegenden ab. Damit verringerte sich auch die Kohlebildung in den jüngeren Schichten. Zu erkennen ist dieser Klimawechsel auch an den Gesteinsfarben. Sie sind im Karbon schwarz bis grau und wechseln durch Eisenverbindungen zu rötlichen Farben. Im Unter- und Oberrotliegenden trat kräftiger Vulkanismus auf, und in die sedimentäre Abfolge drangen vulkanische Gesteine ein. Diese Melaphyre (hier regional Kuselite genannt) traten an Spalten und in Kuppen aus. Melaphyr ist kein Gesteinsname, sondern Sammelbezeichnung für paläozoische Basalte. Schichten aus dem Oberen Perm sind bei uns nicht abgelagert worden. Somit endet hier die Schichtenfolge des Paläozoikums mit dem Oberrotliegenden.

Entstehung der Steinkohle

Steinkohle wird als festes, brennbares, organisches Sedimentgestein mit mehr als 75 Prozent Kohlenstoff definiert. Im Gegensatz zu den in Küstennähe eines Meeres gebildeten Ruhrkohlen sind die Kohlen des Saar-Nahe-Troges Ablagerungen in Süßwasserseen. Sie wurden im Oberkarbon (Westfal und Stefan)

vor etwa 300–285 Mio. Jahren zuerst als Pflanzenhorizonte abgelagert. In den Sedimenten findet man recht häufig Abdrücke und Versteinerungen von Pflanzenresten, aus denen man Rückschlüsse auf die Vegetation und das Klima ziehen kann.
Die Flora bestand damals im wesentlichen aus Farnartigen, Schachtelhalm- und Bärlappgewächsen. Nach dem Absterben der Vegetation während der Absenkungsphasen wurden die Pflanzenhorizonte zuerst von Wasser, dann von Sedimenten bedeckt. Dadurch wurde die Sauerstoffzufuhr unterbunden, was eine Vermoderung oder totale Zersetzung verhinderte. War die Absenkungsgeschwindigkeit kleiner oder gleich der Wachstumsgeschwindigkeit, erfolgte Moorbildung, bei zu schneller Absenkung die Bedeckung. In den zahlreichen Phasen der Absenkung gerieten die Schichten in immer größere Tiefen. Das Oberkarbon im Saarland hat eine Mächtigkeit von mehr als 4000 m: Mit zunehmender Tiefe nahmen Druck und Temperatur zu. Durch diese veränderten Bedingungen wurden aus dem pflanzlichen Material die flüchtigen Bestandteile, hauptsächlich Wasser, Methan, Kohlendioxid und Schwefelverbindungen, ausgetrieben. Diese relative Zunahme an Kohlenstoff bezeichnet man als Inkohlung, wobei sich folgende Inkohlungsreihe ergibt:

Stadium	Kohlenstoffgehalt (%)
Holz	50
Torf	55
Weichbraunkohle	70
Hartbraunkohle	75
Flammkohle	80
Gaskohle	84
Fettkohle	86
Magerkohle	92
Anthrazit	96
Graphit	100

Mit zunehmender Inkohlung nehmen der Kohlenstoffgehalt und der Heizwert zu. Bei Holz beträgt er etwa 4500 kcal/kg und steigt bis zur Magerkohle auf 8700 kcal/kg und fällt zum Graphit auf 8000 kcal/kg ab.
Aus der Grube St. Ingbert ist eine Besonderheit bekannt: Durch Aufsteigen von Magma (magmatische Intrusion) im Rotliegenden wurde die Kohle in Naturkoks umgewandelt.

Mesozoikum

Das Mesozoikum (Erdmittelalter) beginnt mit der *Trias*, die in Buntsandstein, Muschelkalk und Keuper gegliedert wird. In der unteren Abteilung, dem Buntsandstein, wurden rein terrestrische Sedimente in einem Wüstenklima abgelagert. Dies sind feinkörnige Sande als Dünenbildungen, die von groben Sedimenten (Konglomeraten), die bei starken periodischen Regenfällen abgelagert wurden, unterbrochen sind. Die von Flüssen abgelagerten Gerölle entstammen den umliegenden paläozoischen Gebirgen (siehe Paläozoikum). Am Ende des Oberen Buntsandsteins änderten sich die Sedimentationsbedingungen. Von Südosten drang zum ersten Mal ein Meer in unsere Region ein (Transgression), das aber durch Hebungen des Geländes immer wieder zurückweichen mußte (Regression). In den Sedimenten finden sich in Zwischenlagen marine Sedimente. Diese Abfolgen bestehen bis zur zweiten Abfolge der Trias, dem Muschelkalk. In diesem Zeitabschnitt bedeckte dieses Randmeer der Tethys, eines im Süden gelegenen Ringmeeres, den gesamten südwestdeutschen Raum (Germanisches Becken). Beweis für die Meeresablagerungen sind die verschiedensten Fossilien sowie das Vorhandensein von Glaukonit, einem Tonmineral, das nur in Meerwasser gebildet wird. Bis hierhin ist die Schichtenfolge der Trias im Saarpfalz-Kreis und den sich nach Westen anschließenden Gebieten nahezu lückenlos ausgebildet. Schichten der obersten Triasabteilung, des Keupers, sind im Saarpfalz-Kreis nur an einer Stelle erwähnt: in Schürfungen auf dem Allenberg im südlichen Bliesgau, jedoch konnten diese Schichten nicht anstehend angetroffen werden. Es ist zwar anzunehmen, daß der Keuper weiter nach Norden verbreitet war, infolge Anhebung und somit Regression aber abgetragen wurde. Hinweise auf die folgenden Formationen der Trias, Jura und Kreide, gibt es in unserer Region nicht. Diese Schichten sind entweder nicht mehr abgelagert oder aber erodiert worden. Es besteht also bis zur Erdneuzeit (Neozoikum) eine Schichtlücke.

Neozoikum

Seit Beginn des Neozoikums (Erdneuzeit), dem *Tertiär*, wurde das gesamte Schichtpaket der Trias um etwa 500 m angehoben. Durch eine etwas stärkere Hebung im Norden bildete sich nach Süden hin ein Gefälle aus. In die nach Südwesten geneigte Fläche schnitten sich die beiden Hauptflüsse Blies und Mandelbach mit etwa Nord-Süd-Verlauf ein. Durch rückschreitende Erosion (von der Quelle zum jetzigen Quellgebiet) der Nebenflüsse bildete sich während der Eiszeiten (Pleistozän) die heutige zerfurchte Landschaft heraus. Dieser Vorgang der geologischen Entwicklung dauert auch heute noch an. Die jüngsten Ablagerungen im Kreisgebiet bilden Höhenlehme, Hangschutt, Terrassen der Blies und Schwemmfächer der Nebenflüsse.

Schichtenbeschreibung und Aufschlüsse

Karbon (Westfal C und D – Saarbrücker Gruppe). Die Schichten dieser Gruppe sind durch starken Wechsel in der Gesteinsausbildung (Lithofazies) und Schwankung in der Mächtigkeit der einzelnen Schichten gekennzeichnet.

Westfal C (Untere Saarbrücker Gruppe). St. Ingberter Schichten. Diese im allgemeinen kohlearmen bis kohlefreien Schichten bestehen aus grob- bis mittelklastischen Sedimenten mit Konglomeratlagen. Die Größe der aus Gangquarzen, Quarziten und Tonsteinen bestehenden Gerölle beträgt bis zu einem Zentimeter. Im sandig-tonigen Bindemittel kommen Glimmer (Muskovit) und Feldspäte vor. Rothell-Schichten. Das Gestein ist wesentlich feinklastischer ausgebildet, und es setzen die ersten bauwürdigen Flöze ein. Während der Konglomeratanteil für das gesamte Westfal 11 Prozent beträgt, erreicht er in diesen Schichten 17 Prozent. Sowohl die St. Ingberter als auch die Rothell-Schichten kommen im Raum St. Ingbert und Schüren vor, meist jedoch als lose Gesteinsbrocken, sogenannte Lesesteine. Die Mächtigkeit beträgt 300 m. In die Schichtenfolge sind 80 Flöze eingelagert, von denen aber nur vier bauwürdig sind.

Sulzbacher Schichten. Hauptbestandteile dieser in drei Stufen gegliederten Abfolge sind Sand- und Tonsteine. Die Schichtmächtigkeit nimmt von Osten nach Westen ab. Zuerst schalten sich in der untersten Stufe Feinkonglomerate mit nur wenigen bauwürdigen Flözen ein. Darauf folgen in der mittleren Stufe glimmerführende Sandsteine. Dazwischen liegen in diesen kohlereichsten Schichten des Saarlandes die Flöze. Insgesamt 23 sind bauwürdig. Die Mächtigkeit beträgt im Westen 100 m, im Nordosten in der früheren Grube Bexbach 400 m. Die oberste Abfolge besteht wiederum vermehrt aus Grobschüttungen. Über Tage ist dieses Schichtpaket im Kreisgebiet nicht aufgeschlossen, man findet aber Abraum an der Bergehalde der ehemaligen Grube Bexbach.

Westfal D (Obere Saarbrücker Gruppe). Geisheck-Schichten. Diese flözärmsten Schichten des Westfals („flözarmes Mittel") gehören zum Liegenden der Flammkohlengruppe.

Schichtenbeschreibung und Aufschlüsse

3 Die ältesten Gesteine im Saarpfalz-Kreis findet man in den Bergehalden ehemaliger Gruben. Hier jene der Zeche „Consolidirtes Nordfeld" bei Höchen

Auch hier sind ein starker Fazieswechsel sowie Mächtigkeitsschwankungen (175 m bei Frankenholz) zu verzeichnen. Die Serie ist überwiegend konglomeratisch ausgebildet und enthält sandige Zwischenlagen. Auch diese Gesteinsserie ist oberirdisch im Kreisgebiet nicht anstehend, sondern nur auf den Bergehalden von Bexbach, Höchen und Frankenholz anzutreffen.

Luisentaler Schichten. In diesen Schichten zeichnet sich ein Übergang zu feineren Schüttungen ab. Es überwiegen sandige Tonsteine und tonige Sandsteine (der Übergang ist fließend). In der oberen Serie finden sich Konglomerate mit dunkelgrauen Quarziten in sandiger Matrix. Diese Schichtenfolge kommt in der Umgebung des ehemaligen Kraftwerkes St. Barbara sowie an der Bergehalde Bexbach vor. Die Schichtmächtigkeit schwankt zwischen 300 m im Südwesten und 100 m im Nordosten.

Heiligenwalder Schichten. Während nach Süden die Versandung zunimmt, herrschen bei Frankenholz im Norden Konglomerate vor. Im unteren Schichtbereich sind nur wenige bauwürdige Flöze anzutreffen, nehmen aber im oberen Bereich zu, während der Anteil an Konglomeraten abnimmt. Die durchschnittliche Mächtigkeit beträgt 800 m. Die Heiligenwalder Schichten sind im Kreisgebiet über Tage nicht aufgeschlossen.

Stefan A, B und C. Das Stefan beginnt mit einer mächtigen Grobschüttung, dem Holzer Konglomerat. Dieser Horizont ist einer der

4 Zwischen Oberbexbach und Frankenholz liegt dieser alte Steinbruch mit dem ältesten im Kreisgebiet anstehenden Gestein.

wenigen, der sich durch das gesamte Saarkarbon verfolgen läßt. Er hat eine Mächtigkeit von 20 bis 60 m und gewöhnlich große bis 20 cm messende Gerölle. Dies erklärt sich durch eine rasche Absenkung während dieser Periode.

Göttelborner Schichten. Über dem Holzer Konglomerat lagern die Göttelborner Schichten mit lediglich zwei bauwürdigen Flözen. Die Schichten werden von feldspatführenden Sandsteinen und bunten Schiefertonen aufgebaut, die 100 m mächtig sind. Auffallend ist auch der Übergang von den grauen Farben des Westfals zu den roten Farben des Stefans.

Dilsburg-Schichten. Sie sind von gleicher Ausbildung wie die Göttelborner Schichten, enthalten aber weniger Kohle. Sie finden sich überwiegend im Gebiet um Frankenholz.

Heusweiler Schichten. Die Basis dieser Schichtenfolge bildet ein Grobhorizont mit wechselnder Mächtigkeit, der aber über weite Strecken anhält. Darüber folgt eine eintönige Serie der Hauptbestandteile dieser Abfolge: rotgraue bis violette Ton- und Sandsteine, rote und grüne Arkosen und feinsandige Schluffsteine, die im höheren Bereich in Konglomerate mit Geröllgrößen bis 2 cm übergehen. Der Gehalt an Kohle geht bis zur Schichtobergrenze immer weiter zurück, und es schalten sich Toneisenstein-Konkretionen und Kalklinsen ein. Nach Osten schließen die Heusweiler Schichten mit einem immer mächtiger werdenden Konglomerat ab, wobei die Geröllgröße von West nach Ost zunimmt. Darüber folgt wieder die oben beschriebene feinere Abfolge mit nun intensiver Rotfärbung. Den Abschluß bildet das Höcher Konglomerat mit Quarzitgeröllen bis 15 cm Durchmesser. Diese klastische Abfolge hat eine Mächtigkeit von 1000 bis 1500 m. Die häufig verkieselten Sandsteine in diesen Schichten findet man zwischen Oberbexbach und Frankenholz (an der Steinberghütte, am Steinernen Mann). Es sind die ältesten im Kreisgebiet anstehenden Gesteine. Es handelt sich dabei um rötliche Arkosesandsteine, die in einem ariden Klima abgelagert wurden, was die Färbung durch Eisenmineralien belegt. Die mittel- bis grobkörnigen Sandsteine führen kleine Gerölle von Quarzen und Quarziten. Sie treten in etwa 50 cm mächtigen Bänken auf. Im Gegensatz zu den Schichten des Westfals konnten hier keine Fossilien nachgewiesen werden.

Breitenbacher Schichten. Den Abschluß des Stefans und damit des Karbons bildet eine etwa 100 m mächtige Serie mit nur einem Kohleflöz. Die Gesteine gehen direkt aus den Heusweiler Schichten über und sind von gleicher Zusammensetzung. Diese Abfolge ist im Kreisgebiet nicht aufgeschlossen.

Perm – Rotliegendes. Wie das Karbon tritt auch das Perm in unserer Region nur in seiner kontinentalen Fazies, dem Rotliegenden, auf. Das Klima des Oberkarbons setzte sich auch ins Perm hinein fort, und es wurden in unserem Raum auch ähnliche bis identische Gesteinsfolgen abgelagert. Vorherrschend sind rotviolette Tonsteine, geröllführende Sandsteine und Arkosen. Die Gerölle bestehen überwiegend aus Quarziten und Gangquarzen, wobei noch vereinzelt Kohlelagen und -schmitzen eingelagert sind. An der Basis wurden Tonsteine, Siltsteine und feinkörnige Sandsteine sedimentiert. Den Abschluß bilden grobkörnige Sandsteine und Arkosen mit Quarz- und Quarzitgeröllen. Die Unterteilung des Rotliegenden erfolgt wie schon im Karbon nach Lokalnamen von oben nach unten: Lebach-Schichten, Tholey-Schichten, Grenzlager mit Intrusionen, Wadern-Schichten, Kusel-Schichten.

Im Saarpfalz-Kreis erstrecken sich diese Schichten in einem schmalen Band zwischen Bexbach und dem Neubreitenfelderhof. Auf dieser Abfolge fehlt das Obere Perm, der

5 Mächtiger Steinbruch im Folloch bei Oberbexbach mit magmatischem Gestein. Die Vulkanite werden als Melaphyr bezeichnet.

Tafel 1 Der Stiefel bei St. Ingbert, ein bekanntes Naturdenkmal. Die unteren, weichen und dünnbankigen Sandsteinschichten der Karlstalfelszone sind von Wind und Regen stärker abgetragen als die darüberliegenden Schichten, die durch Kieselsäure verfestigt wurden.

Tafel 3 Am Steinbruch Sommerberg in Bliesmengen-Bolchen stehen Trochitenkalk- und darüber Ceratitenschichten an.

◁ Tafel 2 Eine der bizarren Felsbildungen der Karlstalfelszone am Kirkeler Felsenpfad

Tafel 4 In der Tongrube in Aßweiler stehen die Bunten Tone und Mergel des Mittleren Muschelkalks an. Sie werden in einer Ziegelei verarbeitet.

Schichtenbeschreibung und Aufschlüsse

Zechstein. Es besteht also eine Schichtlücke bis zum Buntsandstein.

Im Folloch stehen Schichten des Oberrotliegenden an. Es handelt sich dabei um rotgefärbte Arkosesandsteine mit Geröllführung. Die Gesteinsbänke haben an der Basis eine Mächtigkeit von 2 m, oben nur noch etwa 30 cm. Die Gesteinsbänke sind stark zerklüftet, was durch die tektonische Beanspruchung während des Auffaltens des Saarbrücker Hauptsattels zu erklären ist. Ebenfalls im Folloch treten zu beiden Seiten des Feilbaches magmatische Gesteine in offengelassenen Steinbrüchen zutage. Diese Vulkanite werden als Melaphyr (regional Kuselit) bezeichnet. Es handelt sich um ein stark zerklüftetes grünschwarzes Magmagestein mit dunklen Eisenvererzungen auf den Kluftflächen.

Mesozoikum-Trias. Buntsandstein. Der unterste Teil des Buntsandsteins beginnt mit den Staufer Schichten und den Trifelsschichten. Diese Schichten des Buntsandsteins treten im Kreisgebiet nicht auf.

Rehbergschichten. Über der Abfolge der Trifelsschichten lagern meist ebenschichtige stark tonige hellziegelrote Sande, die von Tonlagen durchzogen sind, aber auch durch Auslaugung von Eisenmineralien in orange, gelblichen und weißlichen Farben auftreten können. Diese Sande sind fein- bis mittelkörnig. Darüber folgt eine glimmerführende (Muskovit und Sericit) bis zu 50 m mächtige Felszone aus grobkörnigen Kristallsanden (reine Quarzkörner). Diese waren ursprünglich durch eisenhaltige Bindemittel dunkelrot bis violett verfärbt, sind aber sekundär durch Auslaugung blaßlila bis rosa ausgebleicht. Die eingelagerten dickeren massig ausgebildeten Bänke enthalten Gerölle von Quarziten und Milchquarzen. Im Gelände bilden diese Felsen zuerst Steilstufen und an der Oberfläche Verebnungsflächen. Von den oberen Rehbergschichten unterscheiden sich die unteren durch eine geringere Verkieselung. Außerdem kommen in den oberen, häufig eingelagerten Grobkonglomeratlagen Sandsteine vor, die schwach verkieselt sind. Sie sind von dunkelrot-violetter Farbe und werden von tonigen Sandlagen, die zu den Karlstalschichten überleiten, überlagert. Die Rehbergschichten sind im Saarpfalz-Kreis in der Sandgrube Molter in Limbach aufgeschlossen. Diese Schichten des Mittleren Buntsandsteins bestehen aus durch Eisenoxide rotgefärbten mittelkörnigen Sandsteinen, die durch Auslaugung einige Zentimeter mächtige weiße bis gelbliche Zwischenlagen aufzeigen. Die Schichten lagern fast horizontal. In die an der Basis auftretenden, bis 2 m mächtigen Bänke sind Tonlinsen eingeschaltet.

Karlstalschichten. Über den Rehbergschichten folgen mit ebenfalls fast horizontal lagernden ebenschichtigen tonigen, fein- bis mittelkörnigen Sandlagen die Karlstalschichten. Sie sind ursprünglich ziegelrot, sekundär durch Auslaugung weiß, gelb oder orange gebleicht. Die massigen Bänke werden von kreuz- und schräggeschichteten bindemittelfreien Lagen von mittel- bis grobkörnigen Quarzsanden durchzogen. Die darüber folgenden Schichten werden als Karlstalfelszone bezeichnet. Diese Sande sind im allgemeinen dünnschichtiger und führen im oberen Teil Gerölle von Quarziten und Quarzen. Der obere Teil besteht hauptsächlich aus dünnschichtigen Sandablagerungen mit Linsen von Kristallsanden. Der Abschluß des Mittleren Buntsandsteins wird von dem gelb gefärbten Hauptkonglomerat gebildet. Als Gerölle kommen neben den häufigen Quarziten und Gangquarzen noch grüne sandige Schiefer vor. Nach dem gehäuften Auftreten dieser Schichtenfolge in Ostfrankreich werden die Trifels-, Rehberg- und Karlstalschichten unter dem Regionalnamen Vogesensandstein zusammengefaßt. Die Gesamtmächtigkeit dieses Schichtpaketes beträgt 180–350 m. Der Mittlere Buntsandstein, besonders die Karlstalschichten und die Karlstalfelszone, nimmt von St. Ingbert bis Jägersburg als nördliche und von Oberwürzbach bis Webenheim als südliche Begrenzungslinie einen bedeutenden Teil des Saarpfalz-Kreises ein. Die Karlstalschichten sind in der Sandgrube Ruby KG in Bexbach-Rothmühle über 30 m aufgeschlossen. Die roten Sandsteine an der Basis gehen nach oben in hellere Farben und lockere Sande mit weißen Zwischenlagen über.

Ebenfalls gut aufgeschlossen sind die Karlstalschichten in den Homburger Schloßberghöhlen. In zwölf Stockwerken wurde der „Silbersand" abgebaut und als Scheuer- und Streusand sowie bei der Glasherstellung verwendet. In den Höhlen ist eine Wechsellagerung von rotbraunen und ausgebleichten weißen, mit dünnen grünlichen und blauen Lagen überzogenen mittel- bis grobkörnigen Sandsteinen zu sehen. An manchen Stellen sind an der Decke als Beleg für eine küstennahe Ablagerung Schrägschichtung und Rippelmarken zu beobachten, die teilweise durch Kieselsäure verfestigt wurden. Für dazwischenliegende Trockenperioden zeugen unverfestigte feinkörnige Dünensande.

Die härteren Schichten der Karlstalfelszone bilden im Buntsandstein Steilstufen und sind an vielen Stellen aufgeschlossen, unter anderem am Eichertsfels und am Schindtaler Fels in Oberwürzbach sowie am Kirkeler Felsenpfad. Hier kann man auch besondere Verwitterungsformen wie die Wabenverwitterung antreffen. Diese entsteht durch das Einsickern

6 Am Eichertsfels in Oberwürzbach ist Buntsandstein der Karlstalfelszone aufgeschlossen.

von verfestigenden Lösungen von Eisen-Mangan-Verbindungen, die an Kluftflächen wieder abgeschieden werden. Das führt zu einer Verhärtung an diesen Flächen, während die weicheren Zwischenräume vom Wind ausgeblasen und vom Regen ausgewaschen werden.

Der wohl bekannteste Aufschluß der Karlstalfelszone ist der Tischfels „St. Ingberter Stiefel", der als eines der Wahrzeichen der Stadt und des Kreises gilt. Hier wurden die weicheren dünnschichtigen Lagen unter verkieselten harten mächtigen Bänken stärker erodiert. Übergänge vom Mittleren zum Oberen Buntsandstein findet man in Blieskastel am Felsenkeller unterhalb des Gymnasiums und in der Sandgrube der Kalksandsteinwerke in Lautzkirchen.

Oberer Buntsandstein. Die Grenze zwischen dem Mittleren und dem Oberen Buntsandstein wird beim Auftreten der violetten Grenzhorizonte gezogen. Diese violetten Sandsteine enthalten Dolomitbröckchen sowie einen Karneolhorizont. Letzterer befindet sich in den Zwischenschichten des Oberen Buntsandsteins als dessen unterste Schichtenfolge. Im Gegensatz zum Mittleren Buntsandstein werden die Farben kräftiger (dunkelrot bis violett), und es tritt eine reiche Glimmerführung auf. Außerdem ist ein rascher Wechsel von fein- zu grobklastischen Sedimenten sowie das erste Auftreten mariner Fossilien kennzeichnend, was schon das Nahen des Muschelkalkmeeres ankündigt. Aufgeschlossen sind diese rotvioletten Schichten am Parkplatz auf dem Schloßberg in Homburg. Angeschnittene Rippelmarken auf dem Boden bezeugen die Küstennähe dieses Gebietes während dieser Phase. Über den Zwischenschichten folgt mit dem Auftreten des pflanzlichen Leitfossils Voltzia heterophylla der Voltziensandstein mit einem zunächst gelblichen Pflanzenhorizont mit etwas gröberer Körnung als der nachfolgende Werkstein. Dieser steht in bis zu 5 m mächtigen Bänken an, die aber nach oben hin dünner werden. Auch in diesen Schichten werden marine Fossilien gefunden. Den obersten Teil bilden feinkörnige Sandsteine und Schlufflagen, die den Oberen Buntsandstein abschließen. Seine Mächtigkeit beträgt etwa 80 m. Aufgeschlossen sind die Werksteinbänke in der Lauterbachsklamm in Heckendalheim. Es handelt sich hierbei um dickbankige graue Sandsteine, die früher zu Bauzwecken abgebaut wurden. Das Vorhandensein von Glaukonit zeugt von mariner Ablagerung. An eingeschalteten undurchlässigen Tonen tritt schichtparallel Wasser aus. Die gleichen Gesteine treten auch im Wecklinger Tal und am Nußweiler Hof auf.

Muschelkalk. Der Muschelkalk ist im Saarland in den Gaulandschaften (Blies-, Saar- und Saar-Mosel-Gau) großflächig verbreitet. Auch zeigt er als marine Ablagerung eine weitgehend einheitliche Ausbildung. Die Grenze zum Oberen Buntsandstein wird zwischen den rötlichen Sandsteinen und dem ersten Auftreten von gelblichen dolomitisch-mergeligen Tonen und Sanden gezogen. Aufgeschlossen ist diese Übergangszone in der Sandgrube Motsch in Blickweiler. Die Basis beginnt mit hellen feinkörnigen lockeren Dünensanden mit Schrägschichtung. Darüber folgen kalkige Kugelkonkretionen, die von feinstkörnigem Quarzsand durch- und überzogen sind. Die Konkretionen sind von Vererzungen aus Eisen bänderartig durchzogen. Über diesem 5–10 cm mächtigen Horizont kommen die ersten grauen und gelblichen Mergel vor. Sie sind dünnplattig ausgebildet und ebenschichtig. Zum Abschluß hin werden sie dolomitisch und zeigen wie schon die Werksteinbänke Glaukonit.

Unterer Muschelkalk. Der Untere Muschelkalk setzt mit der Trochitenzone ein, einer Wechsellagerung von bräunlichen Sandstei-

7 In Niedergailbach steht an der Brücke über den Gailbach der Untere Muschelkalk an.

nen, gelblichen Dolomiten und grau-grünlichen Mergeln und Tonen. Die Mergel werden nach oben hin immer dünnplattiger. Die auf diese Wechsellagerung folgenden Terebratelschichten (nach dem Armfüßer Terebratulus benannt) beginnen mit einer etwa 50 cm mächtigen Hauptbank aus mergeligen Gesteinen, auf die eine dolomitische graugrüne Schicht abgelagert wird, die man als Wellenkalk bezeichnet. Darauf folgt eine Wechsellagerung von dolomitischen Mergeln und Dolomiten. Der tiefste Teil des Unteren Muschelkalks wird von dünnschichtigen Mergeln gebildet. In diesen Schichten findet man Stielglieder der Seelilie Pentacrinus, deshalb Pentacrinusbank benannt. Der darauffolgende obere Teil des Unteren Muschelkalks ist in zwei Schichtglieder unterteilt: An der Basis stehen die braungrauen fossilarmen Dolomite der Schaumkalke an. Diese Dolomitbänke sind in der oberen Region zwar gleichartig ausgebildet, jedoch fossilreicher. Die Schaumkalkregion endet in ihrer obersten Folge in grobkristallinen Dolomiten und eingeschalteten sand- und glimmerführenden Mergeln. Auf die Schaumkalkregion folgen die Orbicularis-Schichten, benannt nach der Dreiecksmuschel Myophoria orbicularis, mit einer Serie von plattigen hellen dolomitischen Mergeln mit einer 50–100 cm mächtigen eingelagerten Dolomitbank. Die Gesamtmächtigkeit des Unteren Muschelkalks dürfte 50–55 m nicht überschreiten. Aufgeschlossen ist der Untere Muschelkalk z. B. in Niedergailbach an der Brücke über den Gailbach und in einem kleinen Steinbruch an der Straße zwischen Bliesdalheim und Breitfurt. Dabei stehen an der Basis dünnbankige feinsandige Dolomite an, die in mächtigere Bänke übergehen und stark zerklüftet sind. (Fossilien wurden in den anstehenden Bänken nicht gefunden.)

Mittlerer Muschelkalk. Über den Orbicularisschichten liegt die etwa 25 m mächtige Abfolge des Mittleren Muschelkalks aus einer Wechsellagerung von braunen, violetten, grauen, graugrünen und bläulichen Mergeln und Tonen, die karbonatischer werden und dann in Dolomite übergehen. Diese bilden im Gelände eine Steilstufe. Darauf folgen von Gipsbändern durchzogene Mergel und Tone sowie Kalksteinbänke. Die Gips-, aber auch Steinsalzvorkommen trifft man auch schon in nicht durchgehenden Lagen in den oben erwähnten bunten Tonen an. Die Mergel nehmen nach oben hin ab, die Dolomite treten hervor. In diesen Dolomiten kommt der Brachiopode Lingula tenuissima vor, worauf der Name dieser Schichten, Linguladolomit, zurückzuführen ist. Sie bilden den Abschluß des Mittleren Muschelkalks. Er hat eine Gesamtmächtigkeit von etwa 70 m.

Aufgeschlossen ist der Mittlere Muschelkalk mit den bunten Tonen in einer Tongrube in Aßweiler. Es handelt sich dabei um eine Wechsellagerung von graugrünen, rötlichen und gelblichen Mergeltonen mit 5–10 cm mächtigen Einlagerungen von Fasergips.

Oberer Muschelkalk. Der Obere Muschelkalk ist dreigeteilt: an der Basis die Trochitenkalke, darüber die unteren Ceratitenschichten und die oberen Ceratitenschichten mit der dolomitischen Region. Der Trochitenkalk überlagert als harter dunkelgrauer Massenkalk die weicheren Schichten des Linguladolomits in bis zu 2 m mächtigen Bänken, die im allgemeinen fossilleer sind. Während dieser Zeit drang das Meer weiter in das Germanische Becken vor, was durch die Tatsache zu belegen ist, daß in Küstennähe eher dolomitische Gesteine gebildet werden als diese Massenkalke.

Während einer Regression wechseln sich Bruchschillkalke in Wechsellagerung mit Mergeln ab. Den Abschluß des Trochitenkalkes bildet eine etwa 4 m über der Bruchschill-

8 Steinbruch des Oberen Muschelkalks in Gersheim. Hier ist deutlich eine Verwerfung mit einem Verschiebungsbetrag von ca. 3 m zu sehen.

bank befindliche Kalksteinbank. In der Literatur wurden auf den Schichtflächen des Trochitenkalks Großrippelfelder erwähnt. Sie konnten bei einer Geländebegehung 1991 jedoch nicht mehr nachgewiesen werden. Die sich anschließenden unteren Ceratitenschichten (Ceratiten – Neoammoniten) bestehen aus Kalkstein und dunklen Mergelsteinen. Sie ziehen sich bis zu den Terebratelschichten, dem unteren Teil des obersten Muschelkalks. Die Terebratelschichten bilden wie der Trochitenkalk im Gelände eine Steilstufe. Weitere Triasschichten sind im Saarpfalz-Kreis nicht bekannt.

Anstehend sind die Schichten des Oberen Muschelkalks im Steinbruch in Gersheim. Dort bilden dickbankige Kalke des Trochitenkalks, die stark zerklüftet sind, die Basis. Diese Kalke sind fossilfrei. Erst in den darüberliegenden dünnplattigen dolomitischen Lagen kommen Fossilien wie der Ammonit Ceratites nodosus vor. Im Steinbruch ist eine Verwerfung, eine Abschiebung mit einem Betrag von ca. 3 m, zu sehen. Ein weiterer Steinbruch mit gleicher Gesteinsausbildung befindet sich auf dem Sommerberg bei Bliesmengen-Bolchen. Hier kommen jedoch in den dickbankigen Trochitenkalken stellenweise Brachiopoden und Stielglieder von Seelilien (Encrinus liliiformis) vor. Die auch hier stark zerklüfteten Gesteinsbänke sind infolge von Auslaugung der Salze und Gipse des Mittleren Muschelkalks durchgebogen. Des weiteren sind Bruchstücke eines Korallenriffes aus dem Oberen Muschelkalk auf Brudermannsfeld westlich von Bebelsheim zusammengetragen worden. Dieses Riff wurde hauptsächlich aus den Schalen der Auster Placunopsis aufgebaut. Die Schalen sind aber nur noch als Bruchstücke (Schill) erhalten.

Quartär Pleistozän (Dilluvium) – Zeitalter der Eiszeiten. Die Lehme der Hochflächen kommen in den Gebieten des Oberen Muschelkalks und darin besonders in den Orbicularis- und den Ceratitenschichten vor. Es sind meist schluffige Tone von bräunlicher Farbe, die Quarzkörner und schalige Brauneisenkonkretionen (sog. Bohnerze) enthalten.

Die Bliesterrassen. Wie im Saartal zeigt auch das Bliestal vier Terrassenhorizonte auf, die eine graduierte Schichtung aufweisen: Das heißt, die Gemengeteile der Ablagerungen sind nach ihrer Größe sortiert; sie reichen von einer groben Geröllschüttung über Sande bis hin zum Auelehm.

Solifluktionsdecken. Unter Solifluktion versteht man Boden- oder Erdfließen sowie Hangrutschungen.

9 Ammonit aus dem Oberen Muschelkalk

Holozän (Alluvium) – Nacheiszeit. Nacheiszeitliche Talauelehme sind Flußablagerungen in flachem Relief: Der Fluß kann die Sedimentfracht nicht mehr transportieren und lädt sie in Überschwemmungsgebieten wie tiefgelegenen Wiesen ab. Die Liefergebiete sind meist verschieden: Beispielsweise überwiegen bei der Blies Bestandteile aus dem Karbon und dem Buntsandstein.

Erdfälle und Geländedellen. Sie treten in unserer Region hauptsächlich im Oberen Muschelkalk auf. Durch Auslaugung der Gipse und Salze aus den Schichten des Mittleren Muschelkalks entstehen Hohlräume, anschließend brechen die darüberliegenden Schichten ein.

Sinterkalke. In Kalklandschaften wie dem Bliesgau kommt es bis zur Gegenwart zur Ausfällung von Kalk, wenn sich die physikalischen Bedingungen ändern. Sinkt der Druck und steigt die Temperatur des aus einer Quelle austretenden Wassers, wird Kohlensäure freigesetzt, und die Löslichkeit von Kalk wird herabgesetzt: Er fällt aus. Ein bekanntes Beispiel im Saarpfalz-Kreis ist der Duppstein in Walsheim. Neben dem Kalk sind auch die darin enthaltenen Schneckengehäuse und Pflanzenreste interessant.

10   Der Duppstein in Walsheim besteht aus Sinterkalk.

Nutzung der Gesteine

Die Gesteine unserer Region haben bis auf wenige Ausnahmen ihre wirtschaftliche Bedeutung verloren. Selbst die früher so begehrte Steinkohle hat ihre Bedeutung in diesem Raum eingebüßt: Anfang der sechziger Jahre wurde das letzte Bergwerk dieser Region (Bexbach) stillgelegt. Zeugen für die frühere Kohlegewinnung findet man nur noch in den Bergehalden von Bexbach, Höchen, Frankenholz und St. Ingbert. Auch sind die Sandsteinbrüche der Werksteinbänke des Oberen Buntsandstein, die früher Baumaterial für verschiedenste Zwecke lieferten, alle stillgelegt. Nicht anders erging es den Steinbrüchen in den Sandsteinschichten des Karbons und des Perms. Nach Aufgabe der Glashütten in St. Ingbert und Umgebung wurden auch die sehr reinen Quarzsande nicht mehr abgebaut. Heute bauen einige Firmen nur noch Lockermaterial als Bausande ab. So wurden in früheren Jahren auch die Gipse des Mittleren Muschelkalks abgebaut. Jetzt stören sie bei der Verziegelung der Tone und werden als Abraum betrachtet, zum Abbau ist ihre Mächtigkeit zu gering. Heute sind neben einigen Sandgruben noch eine Tongrube (Aßweiler) und ein Kalkbergwerk (Gersheim) in Betrieb. Die abgebauten Tone der Grube Aßweiler werden in Neunkirchen zu Ziegeln gebrannt. Der in Gersheim gewonnene reine Kalk wird als Zuschlag bei der Verhüttung und zur Zementherstellung verwandt. Die anfallenden unreinen Kalke werden als Straßenschotter verkauft.

Trotz seiner geringen bauwirtschaftlichen Bedeutung ist der Buntsandstein ein wichtiges Element in unserem Leben: Er ist ein hervorragender Grundwasserspeicher und liefert vor allem gutes („weiches") Wasser.

Tafel 5   Pflanzen
im Saarpfalz-Kreis

1 Heide-Günsel (Ajuga genevensis)
2 Stattliches Knabenkraut
(Orchis mascula)

3 Brand-Knabenkraut
(Orchis ustulata)
4 Pyramiden-Hundswurz
(Anacamptis pyramidalis)

5 Bocks-Riemenzunge
(Himantoglossum hircinum)
6 Hummel-Ragwurz
(Ophrys holosericea)

Tafel 6 Tiere im Saarpfalz-Kreis
1 Neuntöter
2 Warzenbeißer
3 Kreuzkröte
4 Mauereidechse
5 Westliche Keiljungfer
6 Braunkehlchen

Literatur

Geologischer Wanderführer des Saarpfalz-Kreises, Homburg

Germann, O.: Erdgeschichtliche Heimatkunde der Pfalz und der angrenzenden Teile des Saargebietes. Otterbach 1955

Heizmann, G., und R. Schumacher: Erläuterungen zur geologischen Karte des Saarlandes 1 : 25 000, Blatt Nr. 6809 Gersheim. Saarbrücken 1970

Henningsen, D.: Einführung in die Geologie der Bundesrepublik Deutschland. Stuttgart 1976

Klinkhammer, B.F.: Erläuterungen zur geologischen Karte des Saarlandes 1 : 25 000, Blatt Nr. 6808 Kleinblittersdorf. Saarbrücken 1968

Konrad, H.-J.: Erläuterungen zur geologischen Karte von Rheinland-Pfalz, Blatt Nr. 6710 Zweibrücken. Mainz 1983

Konzan, P.: Erläuterungen zur geologischen Karte des Saarlandes 1 : 25 000, Blatt Nr. 6608 Illingen. Saarbrücken 1972

Mathias, K.: Geologie und Geographie des Saarlandes. Wiebelskirchen 1955

Theobald, N.: 500 Millionen Jahre geologische Geschichte des Saarlandes. Saarbrücken 1951

Natur- und Lebensräume

von Stefan Mörsdorf und Helga May-Didion

Kulturlandschaft als Heimat

Unverwechselbar und mit einem eigenen Erinnerungsschatz behaftet ist die Landschaft als Lebensraum des Menschen wesentlicher Teil der „Heimat". So verknüpft jeder seine eigene Vorstellung mit dem Begriff „Landschaft", und dennoch werden die persönlichen Landschaftsbilder durch Gemeinsames verbunden. Es sind die blühenden Obstbäume des Gaus, die weiten Auwiesen der Blies und der Kirkeler Wald, die je nach Heimat des Betrachters wieder und wieder in der Landschaftsbeschreibung auftauchen.

Bestimmt wird die Landschaft durch die Naturausstattung des jeweiligen Raumes. Räume mit gleichen natürlichen Voraussetzungen wie Gesteinsuntergrund, Oberflächenformen, Böden und Klima werden als „Naturräume" zusammengefaßt. Die Ertragskraft und die Nutzungsmöglichkeiten der Naturräume haben im wesentlichen das Wirtschaften des Menschen bestimmt, der durch sein Wirken aus den Naturlandschaften Kulturlandschaften geschaffen hat, die sowohl die naturräumlichen Gegebenheiten (Klima, Geologie und Böden, Oberflächenformen, Vegetation) als auch die geschichtliche Entwicklung (Land- und Forstwirtschaft, Siedlungstätigkeit) widerspiegeln.

Landschaft im Wandel

Ursprünglich waren das Saarland und das Gebiet des heutigen Saarpfalz-Kreises ein Waldland. Nach dem Ende der letzten Eiszeit vor erst 10 000 Jahren wanderten unsere einheimischen Baumarten nach und nach ein und bildeten ausgedehnte Wälder. Lediglich an besonders unwirtlichen Stellen, im Jägersburger Moor und auf den Buntsandsteinfelsen im Kirkeler Wald, hatte der Wald Schwierigkeiten, sich zu behaupten.

In den seit der Eiszeit gewachsenen Mooren haben sich beständige Pflanzenteile, die Blütenpollen, erhalten. Ihre Auswertung ermöglicht Aufschlüsse über die Entwicklung der Pflanzendecke und die Landschaftsgeschichte des Saarpfalz-Kreises.

Bis zum ersten vorchristlichen Jahrtausend war das Gebiet des heutigen Saarpfalz-Kreises von Rotbuchenwäldern bedeckt. Die Rotbuche war bereits um 4000 v. Chr. eingewandert und begann sich um 2500 v. Chr. gegen Eichen, Linden, Ulmen und Eschen durchzusetzen. Etwa um 1000 v. Chr. nahmen die Pollenanteile insbesondere der Getreide und Kulturfolger stark zu. Dies ist Hinweis auf eine zunehmende Rodungs- und Ackerbautätigkeit. Aus dem Waldland im Saarpfalz-Kreis begann eine Kulturlandschaft zu werden.

Von der Zeitenwende bis ins frühe Mittelalter nahm die Rodungstätigkeit zu. Je nach politischer Lage wurden aber einige der gerodeten Gebiete wieder aufgegeben.

Die Franken besiedelten zunächst die gerodeten Gaulandschaften des Saarpfalz-Kreises, dehnten sich im Frühmittelalter aber auch auf andere Gegenden aus. Die Bevölkerungszunahme um die Jahrtausendwende führte zu einer zweiten Rodungsperiode und der Gründung weiterer Ortschaften. Mit dem Ende des 14. Jahrhunderts war die Wandlung der gesamten Fläche des heutigen Saarpfalz-Kreises zur Kulturlandschaft bereits vollzogen: Die Feld-Wald-Verteilung des 15. Jahrhunderts entsprach bereits weitgehend dem heutigen Landschaftsbild.

Das Grundgerüst unserer Landschaft war damit vorgegeben, dennoch ging der Wandel weiter. Die Folgen des Dreißigjährigen Krieges, die Einführung der Kartoffel in die Fruchtfolge, das Verschwinden des Weinanbaus von den Hängen der Blies, die Anpflanzung der Fichte, die Verfügbarkeit von Kunstdüngern, die Mechanisierung in der Landwirtschaft und die Flurbereinigung sind nur wenige Beispiele von ungezählten kleineren und größeren Ereignissen, die ihren Niederschlag in den Landschaften und Lebensräumen des Saarpfalz-Kreises fanden.

Vielfalt und Einheit

Der Saarpfalz-Kreis ist in seiner landschaftlichen Ausprägung, die vor allem geologisch bedingt ist, deutlich zweigegliedert. Während der Norden mit den Städten Homburg, Bexbach und St. Ingbert und der Gemeinde Kirkel eher industriell-gewerblich geprägt ist, wirkt das südliche Kreisgebiet mit seinem Barockstädtchen Blieskastel und den Gemeinden Gersheim und Mandelbachtal durch die vorherrschende landwirtschaftliche Nutzung noch sehr ländlich. Obwohl in den letzten Jahrzehnten so umwälzende Veränderungen wie Straßenneu- und -ausbauten, Siedlungserweiterungen, Flurbereinigungen, Gewässerbegradigungen, Intensivierung der Bewirtschaftung landwirtschaftlicher Flächen und neuerdings auch großflächige Verbrachungen die Natur und das Landschaftsbild überformt haben, gibt es vor allem im landwirtschaftlich geprägten Süden noch eine Vielzahl an ökologisch wertvollen Biotopen mit ihren Tier- und Pflanzenarten. Diese laufen zunehmend Gefahr, als die geschützten, gepflegten und gehegten Reste eines ehemals auf der ganzen Fläche vorgekommenen Biotopsystems isoliert zu werden; dennoch sind sie die tragenden Säulen einer Kulturlandschaft, die trotz aller Belastungen immer noch den Charakter einer Überlebens- und Erlebensstätte für Mensch, Tier und Pflanze innehat. Es ist daher Anliegen und Aufgabe des Naturschutzes, nicht nur diese herausragenden Gebiete zu erhalten, zu pflegen, zu entwickeln und ihre Bedeutung einer breiten Öffentlichkeit zu vermitteln. Es geht vielmehr auch darum, unsere traditionelle Kulturlandschaft in ihren vielfältigen Funktionen für den Arten- und Biotopschutz, für eine umweltverträgliche Land- und Forstwirtschaft, für eine ökologisch verantwortbare Wirtschaftsentwicklung und nicht zuletzt für die Erholung des Menschen auf der ganzen Fläche zu bewahren.

Naturräume und Lebensräume

Mehrere Naturräume haben Anteil am Saarpfalz-Kreis. Es handelt sich im südlichen Kreisgebiet um die von Muschelkalk geprägten Naturräume Saar-Bliesgau und Zweibrücker Westrich, im nördlichen Kreisgebiet um die von Buntsandstein geprägten Naturräume Kirkeler Wald, St. Ingberter Senke, Homburger Becken bzw. um den Südzipfel des vom Rotliegenden geprägten Nordpfälzer Berglandes.

11 Bliesgaulandschaft. Der Saar-Bliesgau hat die höchste Biotopdichte des Saarlandes.

Saar-Bliesgau und Zweibrücker Westrich. Aufgrund ihrer hervorragenden Ausstattung hinsichtlich der Arten- und Biotopvielfalt und des Strukturreichtums zählen Saar-Bliesgau und Zweibrücker Westrich zu den landschaftlichen Schmuckstücken des Saarpfalz-Kreises. Beide sind alte Kulturlandschaften, erkennbar an den wenigen Waldresten, den alten Siedlungsformen und der differenzierten Nutzungsstruktur. Über die Landesgrenzen hinaus bekannt sind die ausgedehnten Obstbaumgürtel um die Dörfer und an den Hängen der Blies und ihrer Nebenflüsse. Der Saar-Bliesgau hat die höchste Biotopdichte im Saarland; Naturräume mit vergleichbarer Biotopausstattung sind auch im übrigen Deutschland kaum noch zu finden. Der natürliche Reichtum an verschiedenartigsten Standorten ist hauptsächlich geologisch bedingt. Der Obere Muschelkalk verwittert zu schweren Lehmdecken, die die meisten Reste der natürlichen Vegetation, nämlich feuchte Eichen-Hainbuchenwälder, tragen. Diese die Höhen überziehenden Wälder wurden zum Teil als Niederwälder genutzt. Die zum Hochwald durchgewachsenen Niederwälder sind überwiegend naturnah. Alle trockeneren Standorte – also die größte Fläche – waren wahrscheinlich von Waldmeister-Buchenwald bestanden. Diese Standorte wurden auch in steilen Bereichen landwirtschaftlich genutzt. Daher sind nur noch wenige Reste dieser Waldgesellschaft erhalten. Ein Gebiet ist in der Naturwaldzelle Baumbusch zwischen

Naturräume und Lebensräume

12 Bärlauchwiese beim Kirchheimer Hof

Niedergailbach und Medelsheim geschützt. Waldsonderstandorte sind die sehr seltenen Orchideen-Buchenwälder, die eine große Anzahl von Arten der Roten Liste der Gefäßpflanzen enthalten. Sehr wertvoll sind kleine Auwaldreste am Mandelbach und an der Blies sowie einige Steilhangwälder mit Frühjahrsblühern wie Lerchensporn oder Blaustern (Kastellrechtswäldchen Niedergailbach). Diese Flächen genießen höchste Schutzpriorität und sollen als Naturschutzgebiete bzw. geschützte Landschaftsbestandteile ausgewiesen werden. Im Übergang zur offenen genutzten Landschaft treten vielerorts ausgeprägte Waldsäume und -mäntel hervor. Diese haben als Grenzstandorte zwischen Wald und offener Fläche eine besondere Bedeutung im Arten- und Lebensraumspektrum der Landschaft. Sie beherbergen eine Reihe gefährdeter Arten der Saumgesellschaften.

Den höchsten Flächenanteil nehmen im Saar-Bliesgau und Zweibrücker Westrich die Grünlandflächen bzw. deren Brachestadien ein. Die extensiv genutzten Grünlandflächen liegen im Bereich der Hänge des Mittleren Muschelkalks und sind in weiten Teilen als Streuobstwiesen ausgebildet. Blaublühender Salbei, weiße Wiesenmargerite, rosarote Esparsette und gelber Klappertopf prägen von Mai bis Ende Juni das Landschaftsbild. Sie charakterisieren die Pflanzengesellschaft der Salbei-Glatthaferwiese, die nach der Roten Liste der Pflanzengesellschaften des Saarlandes als gefährdet eingestuft ist. Die Ausdehnung

13 Kulturlandschaft mit alten Rebmauern zwischen Habkirchen und Bliesmengen-Bolchen.

und natürliche Ausstattung dieser Gebiete ist weit über das Saarland hinaus als Besonderheit zu betrachten.

Eine ganz besondere Bedeutung für den Arten- und Biotopschutz haben die für den Saar-Bliesgau und Zweibrücker Westrich so charakteristischen, wenn auch meist kleinflächigen Kalkhalbtrockenrasen. Neben dem Vorkommen vieler gefährdeter Tier- und Pflanzenarten sind es vor allem die ca. 25 einheimischen Orchideenarten, die bereits in den sechziger Jahren zur Ausweisung der hervorragenden Flächen als Naturschutzgebiet geführt haben (Letschenfeld Gräfinthal, Orchideengebiet Gersheim, Wacholderberg Peppenkum, Badstube Mimbach). In der Kartierung der besonders schutzwürdigen Biotope des Saarlandes sind inzwischen alle herausragenden Biotopkomplexe mit Halbtrockenrasen, Salbei-Glatthaferwiesen und wärmeliebenden Gebüschen als Naturschutzgebiete vorgeschlagen.

In räumlicher Verbindung gehören zu den Halbtrockenrasen die Pfeifengraswiesen; sie liegen in derselben Hangzone an Quellaustritten. Bei unbelastetem Wasser haben sich sogar Kalkflachmoore ausgebildet. Wegen der zunehmenden Nährstoffbelastung (auch über den Eintrag durch die Luft) sind diese jedoch nur noch sehr selten anzutreffen und nach der Roten Liste des Saarlandes vom Aussterben bedroht.

Einen nicht unbedeutenden Anteil an der landschaftlichen Schönheit haben im Saar-

Naturräume und Lebensräume

Bliesgau und Zweibrücker Westrich die Bach- und Flußtäler. Während der Mandelbach im Westen und die Bickenalbe im Osten Gewässer dritter Ordnung sind, hat die Blies mit ihrer bis zu einem Kilometer breiten Aue den Charakter einer Flußlandschaft. Da sie durch mehrere Naturräume zieht und ihr aufgrund ihrer Größe und Geschichte eine besondere Bedeutung zukommt, soll ihrer Beschreibung ein eigener Abschnitt gewidmet werden.

Ebenso wie die Kalkhalbtrockenrasen gehören die kalkliebenden Ruderal- und Ackerwildkrautfluren zur Kulturlandschaft. Sie enthalten viele Arten der Roten Liste, da sie wegen der veränderten Landschaftsstrukturbedingungen in den vergangenen Jahren und Jahrzehnten stark rückläufig sind. Die Erhaltung dieser Arten und Biotope ist nur im Rahmen eines gezielten Förderprogrammes in Zusammenarbeit mit den Landwirten möglich. Prägende Elemente der Kulturlandschaft und der Dörfer sind die zusammenhängenden Gehölzstrukturen sowie Einzelbäume an Straßen oder in Hofräumen. An den Ortsrändern sind vielfach noch alte Obstgärten erhalten. Sie grünen die Dörfer ein und bilden eine wichtige Übergangszone zur freien Landschaft.

Kirkeler Wald. Dieser Naturraum schließt sich im Norden an den Saar-Bliesgau und Zweibrücker Westrich an und besteht aus dem zertalten Abfall der Schichtstufen der Muschelkalklandschaften bis hin zur St. Ingberter Senke. Das geologische Ausgangsmaterial, Mittlerer und Oberer Buntsandstein, verwitterte zu armen Böden, die Hainsimsen- und Perlgras-Buchenwälder tragen. Als Verwitterungsformen kommen häufig Felsen, tiefe Einschnitte und schmale Tälchen mit Schluchtwaldvegetation vor. Über 70 Prozent des Naturraumes sind mit Wald bestockt, davon etwa die Hälfte mit naturnahen Waldbeständen. Das durch den Buntsandstein gefilterte Wasser tritt in nährstoffarmen Quellfluren aus. Die unbelasteten Bäche werden von Winkelseggen-Erlen- und erlenbruchwaldartigen Wäldern gesäumt.

Landwirtschaft spielt heute nur in begrenztem Maße in unmittelbarer Umgebung der Dörfer eine Rolle. Die ehemals genutzten Täler liegen heute brach und haben mit ihren Feucht- und Naßwiesen eine besondere Bedeutung für den Arten- und Biotopschutz. So sind das Kirkeler Bachtal und das Frohnsbachtal bereits als Naturschutzgebiete ausgewiesen. Sie enthalten Relikte der Moorflora des Homburger und Landstuhler Bruchs. Die kleineren Siedlungen verlieren nach und nach ihre bäuerliche Struktur und entwickeln sich zu bevorzugten Wohnorten der im Verdichtungsraum arbeitenden Bevölkerung. Dadurch sind Lebensräume wie Obstwiesen, Ruderalflächen, Brachflächen in Baulücken noch die verbleibenden Restlebensräume gefährdeter Tier- und Pflanzenarten.

Homburger Becken. Als Ausläufer der Kaiserslauterner Senke ist das Homburger Becken durch moorige Niederungen und Flugsandablagerungen geprägt. Durch die Beckenlage mit feuchtem Untergrund ist das Gebiet relativ kalt. In Jahrtausenden haben sich hier Zwischenmoorkomplexe ausgebildet, die ursprünglich mit Moorbirken-Kiefernbruch und mit Pfeifengras-Eichen-Birkenwald bewachsen waren. Als Übergänge zu trockeneren Standorten kommt der feuchte Eichen-Buchen-Kiefernwald vor.

Im Gegensatz zu den feuchten Elementen stehen der Hainsimsen-Eichen-Buchenwald auf Buntsandstein und Terrassenschottern und der Sandkiefernwald auf Dünen.

Die Moorniederung wurde früher als extensives Grünland (Pfeifengraswiesen) genutzt. Sehr kleinflächig wurde Torf gestochen. Im heutigen Naturschutzgebiet Jägersburger Moor entwickelte sich in einem Torfstich ein

Vegetationskomplex mit Hochmoorarten. Die gravierendsten Auswirkungen auf die Vegetation des Bruchgebietes hat die Trinkwasserförderung aus dem Sandstein unter den Torfschichten. Seit 1970 ist der Grundwasserspiegel erheblich abgesunken. Dadurch ist der Bestand vieler sehr seltener Arten gefährdet. Der Torf trocknet aus und bietet jetzt Arten der sehr mageren humosen Borstgrasrasen und Calluna-Heiden Lebensraum.

Die Bestände im Bereich des heutigen Naturschutzgebietes Closenbruch haben sich infolge der Grundwasserabsenkung und der Nährstoffanreicherung in der Landschaft ebenfalls verändert und an ökologischer Wertigkeit verloren. Wo noch vor 20 Jahren artenreiche Bestände mit Lungenenzian und Arnika zu finden waren, kommen heute nur noch mehr oder weniger eintönige Schilfröhrichte mit starker Ruderalisierungstendenz vor.

Das Extensivgrünland wird durch Umbruch oder Düngung intensiviert oder verbuscht zu Weiden-Faulbaumgebüsch. Eine weitere Intensivierung ist die Erholungsnutzung mit Campingplätzen und Wochenendhausbebauung. Die Kiesweiher, an denen einige Moorarten einen Ersatzstandort gefunden hatten, dienen heute ausschließlich der Erholung. Das ebene Gelände und die verkehrsgünstige Lage tragen außerdem zur großflächigen Gewerbegebietsausweisung und zur Nutzung für militärische Zwecke bei.

Die trockenen Extremstandorte des Naturraumes, die Sanddünen, sind durch Bebauung sehr gefährdet. Die forstliche und landwirtschafliche Nutzung ist unwirtschaftlich. Besonders die Arten der Sandrasen, die sich in sehr kleinen Flächen (einige Quadratmeter) an den Rändern der Sandkiefernwälder finden, sind bedroht.

Die Siedlungen des Homburger Beckens sind im nördlichen Teil noch typische bäuerlich geprägte Lebensräume. Im städtischen Bereich von Homburg ist die Durchgrünung unzureichend, ebenso in den zahlreichen Gewerbe- und Industriegebieten.

St. Ingberter Senke. Der Naturraum gehört mit dem Homburger Becken zur großräumigen St. Ingbert-Kaiserslauterner Senke. Der Untergrund besteht aus Buntsandstein. Die nährstoffarmen Böden tragen unter natürlichen Bedingungen überwiegend Hainsimsen-Buchenwald. Die Pflanzenformationen des Moores und der Sanddünen, die im östlichen Teil der Senke große Flächen eingenommen haben, wurden im letzen Jahrhundert vom Menschen verdrängt. Geringe Reste der Moorflora haben sich in den Tälern erhalten. Sandkiefernwälder gibt es nur noch in forstlich veränderten Beständen.

Der größte Teil des Naturraumes ist forstlich genutzt, 60 Prozent der Waldfläche sind mit Laubholz bestanden. Die landwirtschaftlich genutzten Flächen liegen überwiegend im östlichen Teil. Sie sind meist so kleinflächig zwischen Wald und Siedlung, daß sich ein Ausgleichsflächennetz erübrigt. Einige extensiv genutzte Feuchtwiesenflächen und Sandrasen beherbergen eine große Anzahl gefährdeter Arten. Bebaute Gebiete nehmen über 24 Prozent des Naturraumes ein. Dörfliche Strukturen sind selten. Im innerstädtischen Bereich von St. Ingbert gibt es nur wenige Grünstrukturen. In den Randbereichen sind große Garten- und Brachflächen häufig. Die großen Gewerbegebiete sind durch Spontanvegetation auf den Abstandsflächen gekennzeichnet, die nur eine unzureichende Eingrünung gewährleisten. Die an den Verdichtungsbereich angrenzenden Flächen haben besondere Bedeutung für Erholung, Frischluftzufuhr und Trinkwasserschutz.

Nordpfälzer Bergland. Der Saarpfalz-Kreis hat am Naturraum Nordpfälzer Bergland lediglich mit seinen Gemarkungen Frankenholz, Höchen und zum Teil mit Websweiler

14 Industriebrache „Zollbahnhof" zwischen Altstadt und Homburg. Die Natur kommt zurück.

und Altbreitenfelderhof einen Anteil. Die geologische Unterlage dieses Naturraumes besteht aus Oberem Karbon bzw. aus Rotliegendem.

Als potentielle natürliche Vegetation kommen Hainsimsen- und Perlgras-Buchenwälder vor. Sonderstandorte sind außer den Auwäldern die an Frühjahrsblühern reichen Wälder an Südhängen. Die landwirtschaftlichen Flächen sind reich an Hecken, Feldgehölzen, Streuobstbeständen und Brachflächen, insbesondere im Feuchtgebietsbereich. Vereinzelt finden sich Komplexe extensiv genutzter Wiesen. Sie haben hier den Charakter buntblumiger Glatthaferwiesen, auf denen im Frühjahr Hunderte Exemplare der Orchideenart Orchis morio blühen.

Bliestal. Die Blies durchquert den Saarpfalz-Kreis von seiner Nordwestgrenze bei Bexbach über die Ostgrenze bei Homburg-Einöd bis hin zur Südwestgrenze bei Bliesmengen-Bolchen. Sie ist mit ihrer Aue eine der landschaftsökologisch bedeutsamsten Flußlandschaften des Saarlandes. Ihre naturräumlich bedingte Vielgestaltigkeit der Lebensräume, ihre Tradition als alte Kulturlandschaft und ihre reichhaltige Arten- und Biotopausstattung machen sie zu einem überregional bedeutsamen Auensystem. Die Blies durchfließt im Saarpfalz-Kreis mehrere Naturräume, die den jeweiligen Charakter der Aue in bezug auf Boden, Talform und Vegetation prägen. Sie fließt durch das Homburger Becken, die St. Ingberter Senke und den Saar-Bliesgau. In den Buntsandsteingebieten ist die Talaue mit ihren lehmig tonigen Sedimenten als ertragreiches Grünland genutzt. Bisweilen kommt Ackerland vor. Bei Eintritt in die Trochitenkalkstufe verschieben sich die Talhänge, die Talsohle verschmälert sich trichterförmig. Grünlandnutzung spielt hier nur noch in geringem Maße eine Rolle. Es herrschen Reste von Auwäldern, großflächigen Schilfröhrichten, Großseggenriede und Hochstaudenfluren sowie die Gebüschsukzession vor. Erst im südlichen Bliestal, etwa ab Gersheim, verebnet sich die Talaue wieder zu beiden Seiten. Sie bildet bei Reinheim eine breit ausladende, kiesigsandige Niederterrasse. Zum Teil ist hier wieder Grünlandnutzung möglich.

Zukunft der Kulturlandschaft

Wandel und Veränderung in der Landschaft gab es schon immer. Altes verschwand, und daraus entstand Neues. Die Entwicklungen in unserer Kulturlandschaft jedoch, die sich gegenwärtig abzeichnen, geben zu großer Besorgnis Anlaß. Während in der Vergangenheit der Wandel nur zu einem im Verschwinden enthaltenen Neuentstehen führte, findet derzeit ein einseitiger Verlust an Landschaft und Vielfalt statt. Diese Entwicklung ist weitgehend unumkehrbar und in den immer länger werdenden Roten Listen der vom Aussterben bedrohten Tiere und Pflanzen und in der fortschreitenden Zersiedlung und Zerschneidung unserer Landschaft festzumachen. Erstreckte sich in der Vergangenheit der Wandel in der Landschaft über geologische oder doch historische Zeiträume, so findet er heute in einer atemberaubenden Geschwindigkeit statt. Er hat das Ausmaß und das Wesen der Zerstörung angenommen.

Drei wesentliche Ursachen für den Verlust unserer Kulturlandschaft mit ihren vielfältigen Lebensräumen, ihren bezeichnenden Lebensgemeinschaften von Tieren und Pflanzen und ihrem hohen Erlebniswert für den erholungsuchenden Menschen sind erkennbar:
Der Wandel in der Landwirtschaft führt mehr und mehr zu einem Verschwinden landwirtschaftlicher Betriebe. In den Dörfern, in denen noch vor wenigen Jahren fünf oder sechs Höfe waren, die durch ihre Wirtschaftsweise die Kulturlandschaft erhielten, sind heute nur noch ein oder zwei landwirtschaftliche Betriebe zu finden. In anderen Dörfern sind die Bauern bereits ganz verschwunden. Die Erhaltung der Kulturlandschaft ist jedoch auf die

15   Nur mit Hilfe von Pflegemaßnahmen kann die Kulturlandschaft erhalten werden.

Landwirte angewiesen. Dem Bauernsterben folgt demnach ein Sterben der Kulturlandschaft.

Zum zweiten stehen auch im Wald dramatische Veränderungen an. Das Waldsterben ist zwar inzwischen aus den Schlagzeilen der Medien verschwunden, schreitet aber weiter voran und hat inzwischen ein Ausmaß erreicht, das unsere Wälder in nie gekanntem Maße gefährdet.

Der Flächenverbrauch, die Überbauung freier Landschaft und ihre Zerschneidung gehen weiter ungebremst voran. Das Bild von der Natur als Salami, von der Scheibe für Scheibe abgeschnitten wird, ist viel strapaziert, trifft das Problem aber im Kern. Die Salami wird Woche für Woche kürzer, und die Fläche unverbrauchter Natur und Landschaft wird zunehmend weniger.

Unsere Landschaften sind durch Nutzung entstanden – dennoch müssen sie nicht nur nützlich sein. Legt man ein „Nützlichkeitsdenken" zugrunde, so haben sich viele unserer Landschaften überlebt. Doch berücksichtigt das Nützlichkeitsdenken nicht den tatsächlichen Wert der Heimat als Lebensraum des Menschen.

Eine lebendige, vielfältige Kulturlandschaft in ihrer Bedeutung für die einheimischen Tiere und Pflanzen und in ihrer Erlebnisfunktion für den Erholungsuchenden stellt einen Wert an sich dar, den es zu erhalten gilt. Ein Wandel, wie er über die Jahrhunderte hinweg stattgefunden hat, ist Bestandteil der Kulturlandschaft. Die Aufgabe und der Verlust der Kulturlandschaft können jedoch nicht hingenommen werden.

Der Naturschutz im Saarland sieht seine Aufgabe vor allem in der Erhaltung der Kulturlandschaft. Neben dem beständigen Eintreten für eine naturgemäße Waldwirtschaft, dem Umbau labiler Altersklassenwälder in stabile Dauerwälder und dem Abwehren vermeidbaren Flächenverbrauchs liegt der Schwerpunkt in der Erhaltung einer flächendeckenden Landwirtschaft. So setzen sich Naturschützer und Landwirte gemeinsam für ein Kulturlandschaftsprogramm als Chance für den ländlichen Raum ein, mit dem verläßliche Zukunftsperspektiven für die landwirtschaftlichen Betriebe geschaffen und die Erhaltung der Kulturlandschaft gewährleistet werden sollen.

Aus der Geschichte

Ur- und Frühgeschichte

von Erwin Strahl

Spuren im Boden

Erst seit dem Mittelalter geben schriftliche Aufzeichnungen aller Art in nennenswertem Ausmaß Auskunft über die historischen Abläufe nördlich der Alpen. Für die Zeit davor reichen die erhaltenen schriftlichen Nachrichten von griechischen und römischen Autoren nicht aus, um eine genaue Vorstellung von den Lebensverhältnissen in unserer Vergangenheit zu gewinnen. Die Geschichtsschreibung muß hier die Quellen nutzen, die die Archäologie liefert, die „Wissenschaft mit dem Spaten".
War die Archäologie anfangs vor allem daran interessiert, Gegenstände aus vergangenen Zeiten mit künstlerischem Wert zu sammeln, so strebt sie heute mit Hilfe der modernen Naturwissenschaften an, die Geschichte eines Raumes mit den gesellschaftlichen, wirtschaftlichen oder religiösen Aspekten in ihrem Wandel und in ihrem gegenseitigen Bezug zu erfassen.
Die Archäologie versucht, über die charakteristischen Merkmale der erhaltenen Gegenstände und Bodenspuren zu erkennen, durch welche Gemeinsamkeiten in Kleidung, Siedlungsweise, Totenritual usw. Menschen in bestimmten Zeiten und Regionen zusammengehört haben. Eine Summe von Merkmalen wird als „Kultur" bezeichnet. Häufig haben gemeinsame Merkmale etwa in der Religion Menschen verschiedener ethnischer Einheiten verbunden. Einzelschicksale werden durch archäologische Quellen selten deutlich, die anonyme Gruppe steht im Vordergrund.

Die Suche nach den Spuren

Das Interesse an antiken Gegenständen im Saarpfalz-Kreis kann anhand einzelner Nachrichten bis in das 16. Jahrhundert zurückverfolgt werden. Gegen Ende des 18. Jahrhunderts suchte Johann Christian Mannlich im Auftrag der Zweibrücker Herzöge in der gallo-römischen Landstadt unter dem heutigen Schwarzenacker vergeblich nach antiken Kunstgegenständen.
Franz Karl Dercum (1763–1825), Beamter in Blieskastel, grub in der gallo-römischen Villa von Bierbach bereits zu Beginn des 19. Jahrhunderts. Reste des von ihm freigelegten Grabmonuments vor der Villa sind noch heute im Römermuseum Schwarzenacker und im Historischen Museum der Pfalz in Speyer zu sehen.

Nach der Niederlage Napoleons und der Neuordnung Europas auf dem Wiener Kongreß 1815 teilten sich Preußen und Bayern das Land an Saar und Blies. Die Museen in Trier und Speyer sammelten fortan die Altertümer aus ihrem Teil des Saarlands und führten hier auch Ausgrabungen durch. So besitzt das Museum in Speyer etwa eine steinerne Statue der Fortuna, die auf dem Gelände des heutigen „Europäischen Kulturparks" bei Reinheim gefunden worden ist, oder den berühmten bronzenen Kentaurenkopf aus Schwarzenacker. Andere Funde gelangten in die Museen nach Berlin oder Paris oder verblieben in Privatsammlungen.

Mit der Bestellung von Friedrich Sprater zum Konservator in Speyer 1908 setzte eine echte bodendenkmalpflegerische Betreuung der Altkreise St. Ingbert und Homburg ein. Am bekanntesten sind Spraters Ausgrabungen der Terra-sigillata-Werkstätten in Blickweiler und Eschweilerhof.

1920 erhielt das nach dem Ersten Weltkrieg entstandene Saarland ein eigenes Amt für Denkmalpflege und 1928 ein Museum für Vor- und Frühgeschichte, das 1965 in den Rang eines Landesmuseums erhoben wurde. Der erste Konservator des Saarlandes, Carl Klein, grub die Villa von Bierbach und den Tempelbezirk auf derselben Gemarkung aus. In den Grabhügelfeldern der späten Bronze- und der Eisenzeit bei Rubenheim und Altheim führte Klein erste Untersuchungen durch. Sein Nachfolger, Franz Josef Keller, erforschte 1954 das prunkvoll ausgestattete „Fürstinnen"-Grab von Reinheim, die berühmteste Fundstelle des Saarlandes. Die bereits von Keller begonnenen Ausgrabungen in Schwarzenacker setzten Reinhard Schindler und vor allem Alfons Kolling, seine Nachfolger, fort.

Die jüngsten Anstrengungen der staatlichen Bodendenkmalpflege gelten wieder Reinheim. Hier entsteht seit 1988 in Zusammenarbeit mit der französischen Seite auf den Resten einer Landstadt und einer Villa aus gallo-römischer Zeit der grenzüberschreitende „Europäische Kulturpark Bliesbruck-Reinheim". Unterstützt wurde und wird die staatliche Arbeit durch die engagierte Tätigkeit von Vertrauensleuten und Heimatforschern. Zu nennen sind für den Saarpfalz-Kreis besonders die Ausgrabungen von Robert Seyler (gest. 1987) auf dem Großen Stiefel bei St. Ingbert und von Heinz Spies (gest. 1983) in der Villa von Erfweiler-Ehlingen oder die langjährigen Feldbegehungen von Jakob Bauer (gest. 1978). 1984 wurde der Archäologische Verein des Saarpfalz-Kreises gegründet, der vor allem durch seine Ausgrabungen im Grabhügelfeld bei Rubenheim bekannt geworden ist. Nicht vergessen werden dürfen die aufmerksamen Helfer und Helferinnen der Bodendenkmalpflege, die durch ihre Fundmeldungen manche Fundstelle vor dem Vergessen oder Zerstören bewahren.

Ausdrücklich gewarnt werden muß an dieser Stelle vor der gesetzlich verbotenen Schatzsuche mit Metalldetektoren. Die Buddelei nach Metallfunden hat mit einer sachgerechten archäologischen Erforschung der Geschichte nicht das geringste zu tun. Hier werden alle Spuren im Boden zerstört, die näheren Aufschluß über die Vergangenheit geben könnten.

Der Naturraum und seine Bedeutung für die Geschichte

Das Gebiet von Saarland und Pfalz mit dem Saarpfalz-Kreis in der Mitte liegt im Winkel zwischen den Höhen von Hunsrück und Haardt. Nach Süden hin ist es offen zur lothringischen Hochfläche und über diese zum Pariser Becken. Durch die Kaiserslauterner Senke zwischen dem Nordpfälzer Bergland und dem Pfälzer Wald führt der Weg zur Oberrheinischen Tiefebene. Über die Flußtäler von Glan und Nahe bzw. Saar und Mosel ist der Mittelrhein zu erreichen. Diese natürlich gegebenen Verbindungen ermöglichen den kulturellen Austausch zwischen den verschiedenen Gebieten.

Der Mensch wußte die geologischen Gegebenheiten in diesem Raum zu allen Zeiten für sich zu nutzen. Aus den flintähnlichen Hornsteinknollen, die in den Dolomiten des Mittleren Muschelkalks zu finden sind, ließen sich Geräte wie Klingen und Schaber schlagen. Kalkstein diente zum Hausbau und zur Herstellung von Mörtel. Buntsandstein wurde sowohl vom Bauhandwerker als auch vom Bildhauer verwendet.

Seit der Mensch in der Jungsteinzeit seßhaft wurde, nutzte er den schweren, aber fruchtbaren Muschelkalkboden als Ackerland. Noch lieber bewirtschaftete er aber den leichten Schwemmsandboden in den Flußniederungen, für den sein einfaches Ackergerät eher geeignet war. In den Laubmischwäldern auf den Höhen und in den Auen entlang der Flüsse und Bäche weidete das Vieh. Ferner lieferten die Wälder Jagdwild sowie Bau- und Brennholz.

Seit wann die Bodenschätze des Saarlands wie etwa das Eisenerz bei Sulzbach, die Kohle bei St. Ingbert, das Kupfer in Wallerfangen oder das angebliche Gold in der Blies ausgebeutet wurden, ist schwer festzustellen, zumal die Spuren von antiken Ausbeutungen in jüngeren Zeiten restlos zerstört worden sein können.

Der Eintritt des Menschen in die Geschichte

Die ältesten Menschenreste in Deutschland sind 300 000 und mehr Jahre alt. Zur heutigen Menschenform, die es seit etwa 40 000 Jahren gibt, gehört der Schädel aus Binshof in Rheinland-Pfalz, der im Römermuseum Schwarzenacker zu sehen ist.

Die Zeit der ältesten Menschen wird Altsteinzeit oder Paläolithikum genannt. Sie endet zugleich mit dem Eiszeitalter um 8000 v. Chr. Die Werkzeuge, die vor allem aus Feuerstein (Flint) hergestellt sind, lassen sich durch Eigenheiten von Form und Technik nach Technokomplexen unterscheiden, die für bestimmte Zeiten und Gebiete charakteristisch sind. Da sie vielfach in Frankreich entdeckt worden sind, sind sie nach französischen Fundorten benannt. Das auffälligste Werkzeug der Altsteinzeit ist der dreieckig zugeschlagene Faustkeil.

Die Menschen des Eiszeitalters lebten als Jäger und Sammlerinnen in den kaltzeitlichen Steppen. In den dazwischenliegenden Warmzeiten lösten flächendeckende Mischwälder mit unterschiedlicher Zusammensetzung von Laub- und Nadelbäumen die Steppe ab.

Auch die Tierwelt war an diese Kalt- bzw. Warmzeiten angepaßt. Einzelne Arten von damals lebenden Tieren wie Tiger, Löwe, Flußpferd, Nashorn, Elefant oder Bär sind bei uns nur noch aus dem Zoo bekannt. Aus den Schottern der Blies und der Umgebung von Saargemünd stammen Knochen von Mammut und Wollnashorn. Die mit Holzlanzen gejagten Tiere wie Mammut oder Ren lieferten dem Menschen Fleisch als Nahrung, Häute und Sehnen zur Herstellung von Behausung und Kleidung sowie Knochen als Material für Geräte.

Schutz fanden die Menschen des Eiszeitalters in felsigem Gelände in Höhlen und unter Überhängen, die etwa in Buntsandsteingebieten wie dem nördlichen Saarpfalz-Kreis vorkommen. In offenem Gelände errichteten sie Zelte aus Tierhäuten oder Hütten aus Geäst und Zweigen. Der Nachweis dieser Wohnplätze ist schwierig, da viele Fundstellen aufgrund der geologischen Veränderungen unter meterhohen Ablagerungen liegen. Dort werden sie nur entdeckt, wenn durch Kies- und Sandgrubenbetrieb tiefe Aufschlüsse entstehen. Überträgt man Schätzungen für Südwestdeutschland auf den saarländischen Raum, werden hier während des Eiszeitalters nur wenige hundert Menschen gleichzeitig gelebt haben.

Die Entwicklung der intellektuellen Fähigkeiten des Menschen geht einher mit dem Nachdenken über seine Beziehung zur Natur und seine Stellung in der Welt, also mit der Entstehung von Religion. Die Bestattung der Verstorbenen, die seit der Zeit des Neandertalers vor mehr als 100 000 Jahren üblich ist, und ihre Ausrüstung mit Kleidung und anderen Beigaben zeigen ein neues Verhältnis zum Tod, und in den künstlerischen Äußerungen des Jungpaläolithikums, wie z. B. den berühmten Höhlenmalereien, werden Jagderfolg und Fruchtbarkeit beschworen. Unklar bleibt die Art der sozialen Ordnung.

Im Saarland sind Zeugnisse für die Altsteinzeit selten. Der in Ludweiler im Warndt westlich von Saarbrücken gefundene Faustkeil und weitere Funde aus den umliegenden Landschaften zeigen aber, daß bereits im Altpaläolithikum Menschen in unserem Raum lebten. Für das Mittel- und Jungpaläolithikum ist ihre Anwesenheit durch mehrere Geräte aus Homburg-Kirrberg und Breitfurt belegt.

Für die unmittelbare Nacheiszeit, die Mittelsteinzeit, wird die Fundlage etwas besser. So stammen vom Großen Stiefel bei St. Ingbert, vom Gabion bei Homburg-Kirrberg und aus Hassel für das Mesolithikum typische Flintkleingeräte.

Möglicherweise werden weitere Fundstellen bekannt, wenn die vorhandenen Privatsammlungen wissenschaftlich erschlossen sind. Vor allem im Buntsandsteingebiet des nördlichen Saarpfalz-Kreises sind sicher noch Stellen zu

16   Mikrolithen der Mittelsteinzeit aus Hassel

entdecken, an denen sich Menschen aufgehalten haben.

Vom Jagen und Sammeln zu Ackerbau und Viehzucht

Im 5. Jahrtausend v. Chr. setzte sich in Mitteleuropa eine Entwicklung durch, die ihren Anfang bereits einige tausend Jahre früher im Vorderen Orient genommen hatte. Der Mensch beschaffte sich seine Nahrung nicht mehr durch Jagen und Sammeln wie in der Alt- und Mittelsteinzeit, sondern durch den gezielten Anbau von Feldfrüchten und das Halten von Haustieren. Damit verbunden war der Übergang vom Nomadentum zur Seßhaftigkeit. Diese Zeit wird als Jungsteinzeit oder Neolithikum bezeichnet.

Die Anforderungen der neuen Lebensweise zogen die Erfindung notwendiger Geräte und Techniken nach sich. So unterscheiden sich die neolithischen Steingeräte durch Schliff und Durchbohrung von den paläo- und mesolithischen. Für alle Haushaltszwecke wurden

Tafel 7　Reinheim. Hortfund mit Schmuck, Tüllenbeilen und Pferdegeschirrteilen aus der späten Bronzezeit

Tafel 8 Der bronzene Kentaurenkopf aus der römischen Stadt Schwarzenacker befindet sich heute im Historischen Museum der Pfalz in Speyer.

Tafel 9   Die Statuette des Genius Populi Romani wurde zusammen mit fünf weiteren bronzenen Götterfiguren in der Römerstadt Schwarzenacker gefunden.

Tafel 10 Grabfunde aus der Merowingerzeit
links: Goldscheibenfibel aus Wittersheim
unten: Keramik aus Altheim

Vom Jagen und Sammeln zu Ackerbau und Viehzucht

Zeittafel für den Saar-Mosel-Raum

Zeiteinteilung			Kultur-erscheinungen	Datierung
STEINZEIT	Altsteinzeit (Paläolithikum)	Alt Mittel Jung	Acheuléen Moustérien Aurignacien Solutréen Magdalénien	150 000 v. Chr. 35 000 v. Chr. 8 500 v. Chr.
	Mittelsteinzeit (Mesolithikum)	Früh Mittel Spät		4 500 v. Chr.
	Jungsteinzeit (Neolithikum)	Früh Mittel Spät	Linearbandkeramik Rössen	ca. 3 000 v. Chr.
KUPFERZEIT (Chalkolithikum)	Frühkupferzeit Mittelkupferzeit Spätkupferzeit		Michelsberg Seine-Oise-Marne Glockenbecher	2 000 v. Chr.
BRONZEZEIT	Früh	Bz A	Singen, Adlerberg, Straubing Riesenbecher	1 600 v. Chr.
	Mittel	Bz B Bz C Bz D	Hügelgräber	1 200 v. Chr.
	Spät	Ha A (ältere) Ha B (jüngere)	Urnenfelder	750 v. Chr.
EISENZEIT	Hallstattzeit	Ha C (ältere) Ha D (jüngere)	Kelten	630 v. Chr. 450 v. Chr.
	Latènezeit	Früh	Kelten	280 v. Chr.
		Mittel		130 v. Chr.
		Spät		25 v. Chr.
	Römische Kaiserzeit	Früh	Gallo-Römer	70 n. Chr.
		Mittel		260 n. Chr.
		Spät		450/80 n. Chr.
	Merowingerzeit	Ältere (AM) Jüngere (JM)	Alamannen und Franken	600 n. Chr. 730 n. Chr.

jetzt aus Ton geeignete Gefäße gebrannt, die Kleidung aus Leder ergänzt und teilweise ersetzt durch solche aus Wolle und Naturfasern. Der Umgang mit ersten Maschinen wie Drillbohrer und Webstuhl sowie den Geräten zum Dreschen und Mahlen von Getreide wurde alltäglich. In dem Begriff der „neolithischen Revolution" wird die jahrtausendelange Entwicklung zeitrafferhaft verdichtet.

Bis zum Ende des Neolithikums um 2000 v. Chr. waren auch das Rad und mit ihm der von Ochsen gezogene Wagen sowie der Hakenpflug in Gebrauch genommen. Das Pferd war domestiziert und machte eine ganz neue Mobilität möglich. Wichtige Rohstoffe wie etwa besonders geschätzter Flint aus belgischen oder französischen Bergwerken wurden über große Entfernungen hinweg beschafft, erste Ansätze einer Arbeitsteilung zwischen Bauer, Handwerker und Händler erkennbar. Mit der Rodung von Wäldern zur Anlage von Dörfern und Feldern wurde die Naturlandschaft zur Kulturlandschaft. Wo sich der Wald später nicht wieder regenerierte, blieben Lichtungen und entstanden Heideflächen.

Die neue Lebensweise veränderte das soziale Gefüge und die geistigen Vorstellungen völlig. Die Frau trat ihre herausragende Stellung in der Gesellschaft, die die sog. „Venus"-Darstellungen der Altsteinzeit vermuten lassen, an den Mann ab. Durch Besitz entstanden neue Formen von Macht. Der Götterhimmel der Bauern wird ein anderer gewesen sein als der der Jäger.

Auch das Land an Saar und Blies wurde von der neolithischen Revolution erfaßt. Die von vielen Fundstellen bekannten Dörfer der ältesten jungsteinzeitlichen Kultur in Mitteleuropa, die nach der Verzierung ihrer Tongefäße Lineare Bandkeramik heißt, fehlen allerdings bislang, da diese ersten Bauern vor allem die fruchtbaren Lößgebiete aufsiedelten. In jüngerer Zeit sind allerdings Funde mit der typischen Keramik dieser Kultur zum Beispiel bei Ensheim bekanntgeworden. Hier ist noch auf zukünftige Entdeckungen zu hoffen.

Keramik der jüngeren Michelsberger Kultur (um 3000 v. Chr.), die sich durch bestimmte Formen wie flache Tonplatten („Backteller") auszeichnet, ist auf dem Großen Stiefel bei St. Ingbert gefunden worden. Das muß, wegen der Funde dort aus vielen anderen Perioden, aber nicht heißen, daß die Wälle auf dem Großen Stiefel schon in Michelsberger Zeit angelegt worden sind. Schnur- und ritzverzierte Scherben aus Hassel belegen die Einflüsse der beiden großen endneolithischen Kulturen in Europa, der Schnurkeramischen und der Glockenbecher-Kultur.

Spuren von Häusern oder Bestattungen der einzelnen neolithischen Kulturen sind bislang noch nicht ausgegraben worden. Insgesamt läßt sich also noch kein detailliertes Bild von der Jungsteinzeit im Saarpfalz-Kreis gewinnen.

Besondere Beachtung verdienen die zwei Menhire von Blieskastel und Rentrisch, der Gollenstein und der Spillenstein. Sie sind nicht genau zu datieren, dürften aber in der Zeit vom jüngeren Neolithikum bis zur frühen Bronzezeit aufgestellt worden sein. Megalithbauten, also Anlagen aus großen Steinen, sind für diese Zeit aus vielen Regionen Europas bekannt. Der Gollenstein ist auf einer Hochfläche an herausragender Stelle errichtet worden, der Spillenstein dagegen eher versteckt im Tal. Beide sind aus ortsfremdem Material. Mit fast 7 m Höhe gilt der Gollenstein als der größte erhaltene Menhir Mitteleuropas. Der Spillenstein ist etwa 4 m hoch. Trotz aller Unterschiede in ihrer Größe und Aufstellung werden beide kultische Bedeutung gehabt haben.

Vom Jagen und Sammeln zu Ackerbau und Viehzucht

17 Der Gollenstein von Blieskastel, der größte Menhir Mitteleuropas

Metall verändert die Welt

Bereits im jüngeren Abschnitt der Jungsteinzeit tauchten in Europa Gegenstände aus gediegenem Kupfer oder Gold auf. Man nennt diesen Abschnitt daher auch (Stein-) Kupferzeit.

Wieder begann das neue Zeitalter im Vorderen Orient. Nach dem ersten Gebrauch von Kupfer im 7. Jahrtausend v. Chr. und mit dem entscheidenden technologischen Fortschritt des Legierens entwickelte sich hier an der Wende zum 3. Jahrtausend v. Chr. eine Bronze-Metallurgie, deren Beherrschung sich am Anfang des 2. Jahrtausends v. Chr. bis nach Mitteleuropa verbreitet hatte. Gut 1000 Jahre lang war jetzt die Bronze der auffälligste Werkstoff.

Die Ablösung des vertrauten Werkstoffs Stein durch das neue Material Bronze stieß wie viele Innovationen zunächst sicher auf Widerstand. Es war kostspielig, den seltenen Grundstoff Kupfer und vor allem das noch seltenere Zinn, das bis zur Mitte des 2. Jahrtausends v. Chr. zum wichtigsten Legierungsmittel wurde, gegen eigene Produkte wie vielleicht Tierfelle oder Wollstoffe einzuhandeln.

Früher oder später setzte sich aber die Verwendung der Bronze überall durch, und die Handwerker lernten, das neue Material zu beherrschen. Stücke einfacher und komplizierter Form wurden in ein- oder mehrteiligen Formen gegossen. Im Überfanguß entstanden aus Einzelteilen zusammengesetzte Gegenstände. Es gab Gußformen aus Stein oder Metall, die mehrfach zu verwenden waren, oder aus Ton, mit dem ein Model aus Wachs umgeben wurde. War das Wachs ausgeschmolzen und durch Bronze ersetzt, wurde die Form zerschlagen.

Die Verfügbarkeit der begehrten neuen Rohstoffe und die Fähigkeit zu ihrer Verarbeitung führten zu einer bis dahin unbekannten Differenzierung der Gesellschaft nach Reichtum und Macht, die sich im Bau von befestigten Siedlungen als Orten von Herrschaft, Handwerk und Kult, in der Anlage von sog. „Fürsten"-Gräbern oder im Besitz unterschiedlicher Schmuck- und Waffenausrüstungen ausdrückte. Eine grundlegende Arbeitsteilung zwischen Bauern und Handwerkern begann sich abzuzeichnen.

Die religiösen Vorstellungen blieben in der frühen Bronzezeit offensichtlich die gleichen wie in der ausgehenden Jungsteinzeit. Die Toten wurden weiterhin mit angezogenen Beinen auf der Seite liegend („Hocker") unter Grabhügeln oder in Flachgräbern bestattet. Ab etwa 1600 v. Chr. aber wurden sie in gestreckter Lage auf dem Rücken liegend („Strecker") beerdigt. Der Hügel über dem Grab war nun so üblich, daß man diese mittlere Bronzezeit als Hügelgräberbronzezeit bezeichnet.

Um 1200 v. Chr. änderte sich die Bestattungssitte grundlegend. Der Tote wurde verbrannt und der Leichenbrand meist in einer Urne in einem Gräberfeld ohne den Schutz eines Grabhügels beigesetzt. Dieser jüngste Abschnitt der Bronzezeit heißt daher Urnenfelderzeit. Anscheinend setzten sich in der Urnenfelderzeit abstraktere religiöse Vorstellungen durch. Für das Weiterleben nach dem Tod war der Körper offensichtlich nicht mehr notwendig. Über die Gründe, die diesen Wandel verursachten, läßt sich nur spekulieren.

Im Saar-Mosel-Raum setzte die Bronzezeit später als in anderen Regionen ein. Erst Geräte aus der späten Frühbronzezeit wie das Randleistenbeil aus Einöd, das aber kein einheimisches Erzeugnis ist, zeigen das Ausklingen der Kupferzeit.

In der mittleren Bronzezeit, der Hügelgräberbronzezeit, war der Saar-Mosel-Raum in die kulturelle Entwicklung der angrenzenden Regionen eingebunden, wie sowohl die Bestattungssitte als auch die Formen und Verzierungen der bronzenen Gegenstände erkennen lassen. Die Grabhügel der mittleren Bronzezeit lagen auf den Höhen. Eine bronzene Gewandnadel aus Reinheim mit Nagelkopf und feingeripptem Hals könnte aus einem Grabhügel stammen. Die regionale Keramik der mittleren Bronzezeit ist weitgehend unbekannt. Die wenigen Funde dieser Periode sind nur ein schwacher Abglanz der reichen Schmuck- und Waffenausstattungen, die in den Grabhügeln anderer Regionen gefunden worden sind. Etwa die Hälfte der knapp 20 früh- und mittelbronzezeitlichen Fundstellen des Saarlands liegt im Saarpfalz-Kreis oder unmittelbar an dessen Grenze. Von den fast 400 noch erhaltenen Grabhügeln im Kreis scheinen nach den derzeitigen Kenntnissen die meisten nicht in der Bronzezeit, sondern erst in der Eisenzeit errichtet worden zu sein. Die spärlichen Funde und Befunde ergeben kein genaues Bild von den Siedlungen und Bestattungen, also vom wirtschaftlichen und religiösen Leben dieser Zeit. Möglicherweise wurde mehr Viehzucht als Landwirtschaft betrieben.

In der späten Bronzezeit nahm die Besiedlungsdichte im Saarland spürbar zu. Die meisten Fundstellen liegen im siedlungsfreundlichen Südteil des Saarpfalz-Kreises. In dieser Zeit wurde die Sitte der Körperbestattung unter einem Grabhügel von der Brandbestattung auf einem großen Urnengräberfeld abgelöst. Im Saar-Mosel-Raum vollzog sich dieser Wandel wohl gegen den Widerstand der Altgläubigen nur langsam und mit Übergangsstufen, wie Gräber in Schwarzenacker, Mimbach, Altheim und Breitfurt zeigen. Ein typisches Urnengräberfeld liegt am Rand der Blies-Niederung zwischen Mimbach und Webenheim. Viele Gräberfelder wurden von der späten Bronzezeit bis in die frühe Eisenzeit belegt.

Besonders ungewöhnliche Grabmonumente sind die beiden Langhügel von Altheim und Medelsheim mit einer Grundfläche von 96 x 17 m bzw. 112 x 5 m. Der Altheimer Hügel enthielt zwei spätbronzezeitliche Brand- und drei nicht datierbare Körpergräber, der Medelsheimer Hügel ein wohl spätbronzezeitliches Brandgrab. Man mag hier an Familiengrablegen denken, die von vornherein oder im Laufe der Zeit ihre Ausmaße erhalten haben. Vor allem im nördlichen Saar-Mosel-Raum und im Mittelrheingebiet scheinen Langhügel gelegentlich angelegt worden zu sein.

Die Bronzen aus den Gräbern zeigen verschiedentlich Spuren von Feuer und absichtlicher Zerstörung wie etwa bei einem sehr reich ausgestatteten Grab aus Homburg-Schwarzenbach, Fst. Auf dem Wacken. Der Tote hat bei der Verbrennung seinen Schmuck getragen, und sein Schwert war durch Zerbrechen unbrauchbar gemacht worden. Die Gräber der Frauen sind kaum von waffenlosen Beisetzungen von Männern zu unterscheiden, da auch die Männer nach Ausweis der Waffengräber Nadeln, Fibeln und Ringschmuck trugen.

Technische Verbesserungen sind besonders gut an den Bronzebeilen zu erkennen. Die schmalen Leisten am oberen und unteren Rand der frühen Beile wurden zu breiten Lappen, die schließlich zu einer Tülle zusammenwuchsen. Die Beilklinge erhielt so den besten Halt auf dem hölzernen Knieschaft.

Eine reiche Ausstattung mit Bronzen wie bei dem Schwarzenbacher Grab macht die gesellschaftliche Differenzierung deutlich, die auch in einer Zeit bestand, in der die Mitgabe von Schmuck und Waffen aus Bronze generell selten geworden war. Eine herausgehobene Stellung möchte man Schwertträgern zuerkennen, die nach der Anzahl der Funde im Saarpfalz-Kreis vergleichsweise zahlreich waren (Homburg-Schwarzenbach, Mimbach, Reinheim, Medelsheim).

Befunde zu den Siedlungen der späten Bronzezeit sind selten. Spuren von vielleicht spätbronzezeitlichen Häusern konnten 1990 in der Blies-Aue südlich von Reinheim ausgegraben werden. Möglicherweise gewann der Ackerbau auf den Schwemmsandböden jetzt wieder an Bedeutung.

Eher strategischen Wert scheint die Befestigung auf dem Großen Stiefel im unfruchtbaren Buntsandsteingebiet bei St. Ingbert gehabt zu haben, in der u. a. Keramik der späten Bronzezeit gefunden worden ist. Von hier aus waren wichtige Verkehrsverbindungen zu kontrollieren. An Stücken wie einem Rasiermesser aus Schwarzenacker, dessen Form am häufigsten in Italien vorkam, wird die Einbindung des Saar-Mosel-Gebiets in einen weiten Handelsraum erkennbar.

Große Bedeutung gewannen in der Bronzezeit Niederlegungen von Bronzen, die aus unterschiedlichen Gründen vorgenommen wurden. Meistens handelt es sich um Weihegaben für Gottheiten, um Depots von wandernden Handwerkern und Händlern oder um Besitz, der in Unruhezeiten gesichert werden sollte. Ein Beispiel für eine solche Niederlegung, vielleicht eine Opfergabe, stammt aus Reinheim. Zu diesem Hortfund gehören zahlreiche Ringe, die ihrem unterschiedlichen Aussehen nach teils zum persönlichen Schmuck und teils zur Ausstattung eines Pferdes gehört haben. Vier sog. Klapperbleche und eine Phalere, also Bronzescheiben mit einem großen, konzentrischen Kreisausschnitt und Aufhängeöse bzw. ein Blechbuckel, werden auch zur Ausrüstung eines Pferdes gerechnet. Ein Tüllenbeil ergänzt diese Zusammenstellung.

Geschichte mit Namen: die Eisenzeit und die Kelten

Mit der Bronzezeit endete im 8. Jahrhundert v. Chr. die Anonymität der Urgeschichte in Zentraleuropa. Von griechischen Schriftstellern des 6. und 5. Jahrhunderts v. Chr. stammen die ältesten bekannten Erwähnungen von „Kelten", die auch im Land zwischen Mosel und Rhein gelebt haben. Es bleibt im dunkeln, wie sich die keltischen Stämme formiert haben und wie es zu ihrer Benennung gekommen ist.

Nach zwei bedeutenden Fundorten in Österreich und der Schweiz heißt der ältere Abschnitt der keltischen Epoche Hallstattzeit (750 – 450 v. Chr.), der jüngere Latènezeit (450 – 25 v. Chr.). Während der Hallstattzeit kennzeichneten bestimmte Merkmale kleinere Regionen. Vielleicht deuten sich hinter bestimmten Eigenheiten im Norden und Süden des Saarlands, z. B. in der Schmuckausstattung, bereits die später historisch belegten keltischen Stämme der Treverer und Mediomatriker an.

Der ökonomische Bereich veränderte sich tiefgreifend. Die schwer zu beschaffende Bronze wurde durch das fast überall in unterschiedlicher Form verfügbare Eisen ersetzt, nachdem sich die Kenntnis der Eisenmetallurgie von Kleinasien bis nach Mitteleuropa verbreitet hatte. Gegenstände aus Metall wurden damit zum gewöhnlichen Besitz.

Die eisenzeitliche Gesellschaft teilte sich immer stärker in Stände mit unterschiedlichen Rechten und Pflichten. Bei den Kelten herrschte eine mächtige Aristokratie über die Gefolgschaft der Freien und Unfreien. Die Ausbeutung von Eisen- und Salzvorkommen und wohl auch die Kontrolle von Handelswegen machte sie reich. An prunkvoll ausgestatteten Gräbern unter mächtigen Grabhügeln läßt sich noch heute der aufwendige Lebensstil der keltischen Führungsschicht der späten Hallstatt- und frühen Latènezeit, der sich am Vorbild der griechisch-etruskischen Welt orientierte, ablesen. Im wirtschaftlichen Verkehr und im diplomatischen Austausch gelangten über die Rhône und die Alpenpässe Luxusgüter, wie z. B. kostbare Gefäße aus Bronze oder Ton, aus den mediterranen Werkstätten in die befestigten Höhensitze nördlich der Alpen. In Anlehnung an das südliche Vorbild wurde die Kleidung nun nicht mehr mit Nadeln, sondern mit Fibeln, die wie moderne Sicherheitsnadeln funktionierten, geschlossen.

In der frühen Latènezeit herrschte zwischen Mosel und Rhein durch die Ausbeutung der Metallvorkommen großer Wohlstand, wie eine größere Zahl von Funden auch aus dem Saarland zeigt. Vor allem etruskische Bronzekannen mit einem schnabelartigen Ausguß treten hier in einer Häufigkeit wie sonst nirgendwo auf. Herausragendes Merkmal der Latènezeit ist ein radikal neuer Kunststil, dessen Entstehung als Reaktion auf Veränderungen in der profanen und in der religiösen Welt gesehen wird. Der Latènestil, der sich vor allem in den Arbeiten der Gold- und Bronzeschmiede ausdrückt, ist gekennzeichnet durch fratzenartige Masken, durch stilisierte Köpfe von Menschen und Tieren und durch eine an griechische Motive angelehnte, verschlungene Ornamentik.

Nach der Frühlatènezeit hörte die Sitte, Angehörige der keltischen Aristokratie in prunkvoll ausgestatteten Gräbern unter mächtigen Grabhügeln beizusetzen, aus unbekannten Gründen auf. Die Urnenbestattungen der jüngeren Latènezeit lassen die Unterschiede zwischen den gesellschaftlichen Ständen nur noch in Andeutungen erkennen. Symbolhaft wurden jetzt unscheinbare Einzelteile von Gegenständen wie etwa Wagen in das Grab gelegt, um den Anspruch eines ranghohen Verstorbenen zu erfüllen. Mit dem Umbruch von der Hallstatt- zur Latènezeit scheinen, wenigstens regional wie im Bliesgau, die Begräbnisplätze verlagert worden zu sein.

Die Siedlungen der Kelten in der Hallstatt- und Latènezeit sind nur in Ausschnitten bekannt. Besser erforscht sind vor allem die Höhensitze der Aristokratie sowie die großen städtischen Anlagen (lat.: oppida) der jüngeren Latènezeit. Ein Beispiel aus dem Saarland ist der Ringwall von Otzenhausen. Die Dörfer und Bauernhöfe der einfachen Bevölkerung aber lassen sich selten erfassen. Grundrisse der meist rechteckigen, manchmal auch runden Häuser sind im Saarland noch nicht beobachtet worden. Nach der Größe der Gräberfelder bestanden die ländlichen Siedlungen aus Einzelgehöften und Weilern.

Vom Großen Stiefel bei St. Ingbert stammen neben den Funden aus anderen Perioden auch einige latènezeitliche Tonscherben. Sie erlauben keine näheren Angaben zur Bedeutung des Großen Stiefels in dieser Zeit. Gruben mit Funden der Hallstatt- und Latènezeit im Bereich des „Europäischen Kulturparks Bliesbruck-Reinheim" deuten auf Siedlungen hin. Im Saarpfalz-Kreis gibt es sowohl aus der Hallstatt- als auch aus der Latènezeit bedeutende Grabfunde. Fast 400 Grabhügel, die nach den bisherigen Ausgrabungsergebnissen überwiegend aus der Hallstattzeit stammen, sind hier noch erhalten. Daß trotz der Zerstörungen durch die intensive landwirtschaftliche Nutzung die meisten im Bliesgau liegen, zeigt, wie dicht dieser Raum in der Hallstattzeit besiedelt war. Erst in der fortgeschrittenen Hallstattzeit scheinen sich auch im unfruchtbareren Norden des Kreises verstärkt Menschen niedergelassen zu haben.

In der Umgebung von Homburg sind verschiedentlich Grabhügel mit Bestattungen der Hallstatt- und Latènezeit untersucht worden. Einen Grabhügel am Stumpfen Gipfel bekrönt eine auffällige Grabstele, wie sie zu dieser Zeit üblich war. Sie hat die Form einer Pyramide und eine Höhe von gut 1,50 m.

Das Grabhügelfeld im Schornwald bei Rubenheim gehört zu den am besten untersuch-

18 Hallstattzeitliches Gräberfeld von Rubenheim. Zentrale Steinpackung und Steinkranz

ten Bestattungsplätzen der Hallstattzeit im pfälzisch-saarländisch-lothringischen Raum. Hier liegen in einem Kern und in lockerer Streuung insgesamt 33 Grabhügel, von denen einer ein Langhügel ist. Im Zentrum des Grabhügels ruhte der Verstorbene unter einer schützenden Steinpackung in einem Sarg oder einer kleinen Holzkammer. Die Untersuchung der erhaltenen Skelettreste zeigte, daß einzelne Kelten bereits ein Alter um 70 Jahre und eine Größe von über 1,90 m erreichen konnten.

Die Frauen trugen im Tod neben Fibeln als Gewandschließen Ringe aus Bronze an Hals, Armen und Beinen. Die Männer erhielten als Statussymbole Schwert und Armring und Geräte wie Pinzette und Rasiermesser zur Pflege von Bart und Haar. Männer und Frauen wurden mit Tongefäßen ausgestattet, die wohl als Trinkservice anzusehen sind.

Auf fast keinem der untersuchten Hallstatt-Friedhöfe in Mitteleuropa sind mehr Gräber mit Schwertbeigabe gefunden worden als in Rubenheim. Auffällig ist, daß die Grabhügel über den vier schwerttragenden Männern die größten auf dem Gräberfeld sind. Mit bis zu 300 m³ Volumen unterscheiden sie sich von den anderen Hügeln, die selten mehr als 50 m³ erreichen. Hier sind also Tote, die vielleicht nicht nur als waffenfähige Männer, sondern auch als Familienoberhäupter oder freie Großbauern eine herausragende Stellung besaßen, durch ein besonderes Grabmonument geehrt worden.

In mindestens elf Fällen lag zu Füßen des Verstorbenen eine beigabenarme Brandbestattung. Anscheinend handelt es sich in Rubenheim häufig um die gemeinsame Bestattung von zwei Männern gleichen Alters. Unter Hinweis auf eine von Caesar berichtete frühere Sitte der Kelten möchte man hier die Totenfolge einer im Rang nachgeordneten Person sehen. Andere Ausgrabungen mit ähnlichen Befunden lassen allerdings auch andere Schlüsse zu.

Aus der Frühlatènezeit um 400 v. Chr. stammt der schönste Fund des Saarpfalz-Kreises, das 1954 von Johann Schiel entdeckte und über den Maire Josef Lembert sofort dem Staatlichen Konservatoramt gemeldete „Fürstinnen"-Grab von Reinheim. Es ist nicht zuletzt auch deswegen berühmt geworden, weil bei der umgehend eingeleiteten fachgerechten archäologischen Untersuchung Beobachtungen gemacht werden konnten, die bei früheren unsachgemäßen Bergungen derartig herausragender Funde unterblieben waren.

Die Fundstelle liegt nicht wie üblich auf der Höhe, sondern in der Talaue der Blies nordwestlich des Humarichs, einer grob kegelförmigen Erhebung vor dem Muschelkalkrücken, der das Tal im Osten begrenzt. Mindestens zwei Grabhügel waren hier zu einer „Katzenbuckel" genannten flachen Erhebung

von etwa 120 m Durchmesser zusammengeflossen. Heute befindet sich an dieser Stelle ein zum Biotop gewordener Baggerteich. Die Funde sind im Museum für Vor- und Frühgeschichte in Saarbrücken ausgestellt.
Die Ausgrabung erbrachte einen monumentalen Grabhügel von 23 m Durchmesser und etwa 4,70 m Höhe, der von einem Graben umgeben war. Er bedeckte eine hölzerne Grabkammer von 3,50 m Länge und mindestens 2,70 m Breite und einer Höhe von 0,90 m. Da der Leichnam vergangen war, ließ sich die Ausrichtung der Verstorbenen nur noch durch die Lage ihres Schmucks rekonstruieren.
Am Hals, an den Handgelenken und an den Fingern trug die verstorbene keltische Dame mit Menschen- und Tierköpfen reich verzierte Ringe aus Gold sowie Ringe aus Glas und Ölschiefer. Mehrere Fibeln verschlossen das Gewand, eine davon in der Form eines Hahns, der bei den Kelten eine besondere Bedeutung hatte. Zur Rechten hatte die Verstorbene einen blankpolierten Bronzespiegel, zur Linken – wahrscheinlich ursprünglich in einem Behälter – Ketten mit Perlen aus Bernstein und Glas sowie Gegenstände, die vielleicht Unheil abwehrende Amulette gewesen sind.
Wohl auf einem mit einem Tuch bedeckten Tisch stand ein Service. Zwei Bronzeteller, eine Kanne mit röhrenförmigem Ausguß und zwei Trinkhörner erlaubten auch im Leben nach dem Tod die Bewirtung eines Gastes. Von den Trinkhörnern haben sich nur die kunstvoll durchbrochenen Zierbeschläge aus Gold erhalten.
Das bekannteste Stück des Grabfundes ist die Bronzekanne. Mit ihrer typischen Zirkelornamentik auf dem Körper ist sie die Arbeit eines keltischen Feinschmiedes nach einem etruskischen Vorbild. Auf dem Deckel der Kanne steht ein menschenköpfiges Pferd. In ihm und

19 Goldschmuck aus dem Grab der keltischen Fürstin von Reinheim

in den beiden Masken auf dem Henkel werden manchmal keltische Götter vermutet.
Das Reinheimer Grab ist das südlichste der keltischen Prunkgräber zwischen Saar, Mosel und Rhein. Selten wurde eine Frau mit einem derartigen Aufwand bestattet. Ob das ein Hinweis auf ihre Teilhabe an politischer oder religiöser Macht ist, bleibt offen. Der befestigte Wohnsitz der Reinheimer Dame wird vielleicht auf dem Humarich gewesen sein. Was etwas abseits der nächsten Eisenerzvorkommen zu ihrem Reichtum geführt hat, ist noch unbekannt.
Das Prunkgrab eines keltischen Herrn ist im Saarpfalz-Kreis bislang noch nicht aufgedeckt worden. Der herausragende Fund für die Frühlatènezeit ist der eiserne Helm aus einem

20 Reinheim. Das Service mit Röhrenkanne, Bronzebecken und Trinkhörnern

Grabhügel bei Böckweiler. Ein eisernes Schwert dieser Zeit stammt aus Altheim. Weitere Waffen aus Jägersburg dürften bereits in die mittlere Latènezeit datieren.
Die mittlere und späte Latènezeit sind im südöstlichen Saarland nur mit sehr wenigen Funden zu belegen, da die beigabenlosen Brandgräber der jüngeren Latènezeit leicht unerkannt bleiben. Eine intensivere Forschung dürfte zeigen, daß dieser Teil des Saarlands mit seinen fruchtbaren Böden aber keineswegs siedlungsleer geworden ist.

Unter römischer Herrschaft

Etwa zu der Zeit, als die reiche keltische Dame in Reinheim beerdigt wurde, standen 386 v. Chr. keltische Krieger in Rom. Nur das Schnattern der Gänse auf dem Kapitol, durch das die schlafenden Verteidiger geweckt wurden, bewahrte nach der Legende die Stadt vor der völligen Eroberung. Gut drei Jahrhunderte später erlagen die Kelten auch in den letzten Teilen Galliens in einem langen Krieg von 58 bis 51 v. Chr. dem Ansturm der römischen Legionen unter Caesar.
Dem militärischen Sieg folgten die Sicherung und der Ausbau des eroberten Landes. Durch eine neue Provinzeinteilung ordnete Kaiser Augustus die Verwaltung. Das Gebiet des Saarpfalz-Kreises gehörte zur Provinz Belgica, die das Hinterland der später eingerichteten germanischen Grenzprovinzen am Rhein bildete. In ihr waren keine Legionen stationiert. Unter dem Eindruck der Lebensweise der römischen Sieger entwickelte sich in der Folge eine Kultur mit keltischen und römischen Zügen.
Das Land erlebte in der Friedenszeit des 1. und 2. Jahrhunderts n. Chr. einen ungeahnten wirtschaftlichen Aufschwung. Die Landwirtschaft wurde intensiviert, die erste Mähmaschine (lat.: vallus) kam zum Einsatz. Handwerker und Händler zogen nach Nordostgallien und gründeten Betriebe und Geschäfte. Die Infrastruktur wurde durch den Bau von Straßen und Orten verbessert.
Sicherheit und Wohlstand wurden seit der ersten Hälfte des 3. Jahrhunderts durch die Germanen ernsthaft bedroht. Die dadurch verursachten inneren Spannungen im Römischen Reich führten von 259 bis 274 zum Abfall Galliens unter eigenen Kaisern. Diokletian und Konstantin dem Großen gelang es dann, das Reich noch einmal zu stabilisieren. Trier, seit 293 Kaiserresidenz, erlebte eine neue Blüte und wurde 367 zeitweise Hauptstadt des westlichen Teils des Römischen Reichs.
Der Bliesgau profitierte von der wirtschaftlichen Stärke der neuen Zeit. An der Blies lagen im Abstand einer Tagesreise bei Schwarzenacker und unmittelbar südlich der heutigen deutsch-französischen Staatsgrenze bei Bliesbruck kleine Landstädte (lat.: vici), in denen auf um 20 ha Fläche mehr als 2000 Einwohner lebten. Die beiden Orte waren wohl wirtschaftliche und kulturelle Zentren. In Schwarzenacker hart südlich der antiken Hauptstraße von Divodurum (Metz) nach Borbetomagus (Worms) und in Bliesbruck kamen Reste von Betrieben, in denen Eisen, Bronze, Holz, Ton, Wolle und Tuch verarbeitet worden sind, zutage.
Die Häuser in Einzel- oder Reihenhausbauweise waren aus Holz und Lehm bzw. Fachwerk und seit dem Ende des 1. Jahrhunderts n. Chr. auch aus Stein oder einer Kombination beider Bauarten errichtet und mit Fußbodenheizung, Kellern, Backöfen, Gruben zur Kühlung von Lebensmitteln usw. ausgestattet. Die Wände der Räume trugen Bemalungen. In Leitungen aus Holzrohren floß Frischwasser, und die Abwässer wurden in Kanälen entsorgt. Die reichen Funde aus Schwarzenacker und Bliesbruck zeugen vom damals herrschenden Wohlstand.

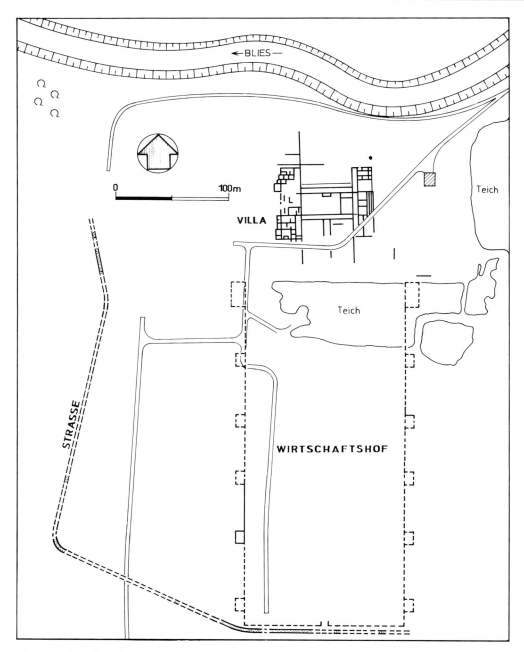

21 Plan des römischen Landguts auf dem „Heidenhübel" von Reinheim

22 Reinheim. Theatermaske aus römischer Zeit

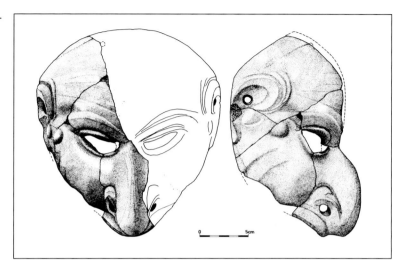

Dieser dokumentiert sich auch in Kunstwerken wie den beiden Reiterstandbildern von Breitfurt, die als größte nördlich der Alpen gelten. Sie sind 1887 in unfertigem Zustand in einem alten römischen Steinbruch entdeckt worden. Bis heute wird darum gestritten, welche Kaiser dargestellt sind. Vielleicht sind es Statuen von Tetricus und seinem Sohn, in deren Regierungszeit die Blüte von Schwarzenacker fiel, die dort zu ihrer Ehrung aufgestellt werden sollten.

Das Land um die Städte herum war durch Bauern- und Gutshöfe (villae rusticae) erschlossen, deren Betriebsfläche mit Acker, Wald und Weide jeweils wenigstens 100 ha betragen zu haben scheint. Weinanbau ist im Bliesgau für die römische Zeit noch nicht nachzuweisen. Neben allein wirtschaftenden Höfen gab es große Landgüter wie vielleicht in Böckweiler, die auf mehrere Pächter aufgeteilt waren.

Vermögende Herren leisteten sich aufwendige Häuser. Bei Bierbach, etwa 2 km südwestlich von Schwarzenacker, wurde im frühen 2. Jahrhundert ein fast 70 m langer Bau errichtet, zu dem anscheinend keine landwirtschaftlichen Nebengebäude gehörten. Er dürfte der Sitz vielleicht eines wohlhabenden Einwohners von Schwarzenacker gewesen sein. Noch prunkvoller war das Anwesen bei Reinheim mit einer Grundfläche von ca. 110 x 90 m, an das ein ummauerter Wirtschaftshof von 300 x 150 m Fläche anschloß. Beide Gebäude folgten der in Gallien weitverbreiteten Form der Villa mit Eckbauten (Eckrisaliten) von manchmal turmartigem Aussehen, die durch einen offenen Säulengang (Porticus) miteinander verbunden waren.

Zu den Reichen des Landes gehörten sicher auch Mitglieder der alten keltischen Aristokratie. Ihr Wohlverhalten wurde von der Besatzungsmacht entsprechend honoriert.

Gegen Ende des 3. Jahrhunderts wurden die Städte und Villen von Germanen gebrandschatzt. An den meisten Orten ging das Leben danach aber, wenn auch mit Einschränkungen, weiter. Die Villen von Erfweiler-Ehlingen und Reinheim und der Vicus von Blies-

23 Bierbach. Rekonstruktionszeichnung des Tempelbezirks aus der Römerzeit

bruck etwa wurden nach den Zerstörungen wieder aufgebaut und blieben bis in die Zeit um 400 in Benutzung.
Die zumindest heute bekanntesten Wirtschaftsunternehmen im Bliesgau sind die zur ostgallischen Gruppe zählenden Töpfereien von Blickweiler und Eschweilerhof, in denen Terra sigillata, das rote römische Tafelgeschirr, produziert wurde. Beide Betriebe stellten vor allem reliefverzierte Ware her.
Die Ware aus Blickweiler, wo etwa ab 120 n. Chr. produziert wurde, war bis nach Britannien und in das Donaugebiet verbreitet, erlag aber bereits in der Mitte des 2. Jahrhunderts der Konkurrenz durch die großen Werkstätten von Rheinzabern bei Speyer.
Sehr viel langsamer als die administrativen und wirtschaftlichen Strukturen veränderte sich die religiöse Welt. Die Begegnung mit der römischen Religion führte sowohl zu einer Identifizierung von römischen mit keltischen Göttern, die etwa in keltischen Beinamen zum Ausdruck kommt, als auch zur Darstellung römischer Götter mit keltischen Attributen. Keltische Naturdämonen erhielten wie die Pferdegöttin Epona die Gestalt einer römischen Göttin. Götterpaare bestanden aus einer keltischen und einer römischen Gottheit. So erscheint auf einem Felsrelief bei Kirkel der in Gallien besonders verehrte Merkur mit seiner keltischen Gefährtin Rosmerta.
Häufig wurden auch Jupitersäulen aufgestellt. Sie standen in Tempelanlagen, an Wegen und auf Gutshöfen. Reste sind bei Bierbach, in Schwarzenacker, bei Homburg-Kirrberg, in Brenschelbach oder in Niederwürzbach gefunden worden. Eine andere Jupiter-Darstellung, die den Gott stehend in einer Nische zeigt, stammt vermutlich aus einem Heiligtum am Breithof bei Lautzkirchen.

Ein Heiligtum wohl für Merkur ist 1927 bei Bierbach ausgegraben worden. Hier standen neben der Jupitersäule zwei der im Saar-Mosel-Raum weitverbreiteten kleinen rechteckigen Tempel mit einem offenen Umgang um den Altarraum.
Nicht eindeutig zu klären ist die Funktion von Schächten, die an mehreren Orten und besonders zahlreich im Vicus von Bliesbruck entdeckt worden sind. Bestimmte Hinweise in Art und Inhalt ihrer Verfüllung lassen wenigstens für einen Teil von ihnen kultische Bedeutung vermuten. Die Tempel von Bliesbruck sind noch nicht gefunden worden.
Größere gallo-römische Gräberfelder sind im Saarpfalz-Kreis bislang nicht entdeckt worden. Bei Limbach konnten 38 Grabfunde geborgen werden. Hinweise auf den Friedhof von Schwarzenacker finden sich in den Nachrichten über die frühen Ausgrabungen. Wo das Gräberfeld des Vicus von Bliesbruck liegt, ist noch unbekannt.
Die Bestattungssitten der Kelten nahmen erst in der zweiten Hälfte des 1. Jahrhunderts n. Chr. römische Züge an. Geschützt von einer aus Steinplatten gebildeten oder aus Stein gehauenen Aschenkiste wurden die Reste des verbrannten Leichnams in einer Urne aus Ton oder – seltener – Glas beigesetzt. Die Decksteine können eine Inschrift tragen. Die Beigabenvielfalt der früheren Zeit hörte auf und wurde auf gelegentliche Gefäße beschränkt.
Seit dem 2. Jahrhundert n. Chr. werden auch im Land an der Saar Grabsteine mit Reliefs aufgestellt, die den Bestatteten häufig bei seiner Alltagstätigkeit zeigen. Eine Inschrift nennt seinen Namen. Vermögende Personen erhielten monumentale Grabdenkmäler.
Bereits 1809 sind von Dercum die Reste des Grabmals vor der Villa von Bierbach aus dem 2. Jahrhundert n. Chr. ausgegraben worden. Unter einem von Pfeilern getragenen Baldachin stand die nicht erhaltene Statue des Verstorbenen. Bildplatten auf dem Sockel zeigen Szenen aus der griechischen Mythologie. In einer Aussparung zwischen den Steinen befand sich der Leichenbrand. Bekrönt wurde das Denkmal wohl von einem Pinienzapfen, dem Symbol der Ewigkeit.
In der Spätantike löste nach und nach das Körpergrab das Brandgrab ab. Wer es sich leisten konnte, ließ sich in einem Sarkophag aus Stein bestatten, wie Funde aus Homburg belegen.
Mit dem Ende des Römischen Reiches gingen zahlreiche Errungenschaften auf allen Gebieten des Lebens verloren. Nur langsam wurden sie unter den Germanen zurückgewonnen.

Neue Herren – neue Reiche: die Germanen

Seit der zweiten Hälfte des 3. Jahrhunderts n. Chr. mußten sich die Römer in Gallien verstärkt gegen die Angriffe von Germanen wehren. Franken drangen von Norden, Alamannen von Osten über den Rhein in die römischen Provinzen ein. Durch militärische Aktionen, den Ausbau der Sicherungsanlagen und durch Verträge gelang es nur unvollkommen, die Grenzen des Reiches zu stabilisieren. Gegen 400 n. Chr. wurden Präfektur und Kaiserresidenz von Trier nach Arles bzw. nach Mailand verlegt.
Kurz nach 400 überschritten weitere germanische Stämme den Rhein. Aus Asien stießen die Hunnen nach Westen vor, und mit ihnen kamen Germanen aus den Gebieten an der unteren Donau. Die „Völkerwanderung" hatte Europa erfaßt.
Gallien war am Ende des 5. Jahrhunderts n. Chr. in mehrere germanische Reiche aufgeteilt. Der Norden gehörte den Franken, die sich unter Chlodwig anschickten, zur mittelalterlichen Großmacht Europas zu werden. Chlodwig, König aus dem Geschlecht der Merowinger in einem fränkischen Teilreich,

besiegte 486 n. Chr. Syagrius, den letzten Repräsentanten des untergegangenen Weströmischen Reiches in Gallien, und 496 n. Chr. die Alamannen, deren Herrschaftsgebiet östlich der Vogesen lag. Im Saar-Mosel-Raum scheint sich die römische Macht unter dem Comes Arbogast bis gegen 480 n. Chr. gehalten zu haben.

Die germanischen Raubzüge des 3. Jahrhunderts n. Chr. haben wohl zu einem gewissen Bevölkerungsrückgang geführt. Es gibt aber noch keine sicheren archäologischen Hinweise dafür, daß im Land an Saar und Blies zum Ausgleich kriegsgefangene oder verbündete Germanen angesiedelt worden sind, wie es in den schriftlichen Quellen für das Treverer-Gebiet überliefert ist. Die Unruhen des 4. Jahrhunderts n. Chr. während der Usurpation des Magnentius (350–353) scheinen das Land dann nicht mehr so stark erschüttert zu haben, wie die vergleichsweise kleine Zahl der im Boden versteckten Münzschätze belegt. Zahlreiche Gutshöfe und kleine Orte blieben bis in die Zeit nach 400 in Benutzung.

Die Besiedlungsdichte des 5. und 6. Jahrhunderts ist schwer zu beurteilen, da die archäologischen Quellen aussetzen. Die Münzprägung in Trier endet um 395 n. Chr. Die Gräber der Romanen enthalten entsprechend dem Totenritual keine Beigaben mehr. Die vielen Streusiedlungen gehen zugunsten weniger dorfähnlicher Siedlungen zurück. Trotz der fehlenden archäologischen Belege ist eine Siedlungsleere aber nicht anzunehmen, wie das von der Sprachforschung nachgewiesene Fortbestehen alter Ortsnamen zeigt.

Der Saar-Mosel-Raum wurde durch die fränkische Oberschicht, die vom König Land erhielt, aufgesiedelt. Die Franken ließen sich meist außerhalb der alten römischen Siedlungsstellen nieder. Ihre Wohnhäuser aus Holz, die Pfostenspeicher und die in den Boden eingetieften Grubenhäuser mit Werkstätten haben sich kaum erhalten, da aus ihnen die heutigen Orte entstanden sind. Die strategische Lage des Großen Stiefels scheint auch in merowingischer Zeit genutzt worden zu sein, wie Tonscherben belegen.

Die Besiedlung des Landes ist vor allem an den germanischen Gräberfeldern zu erkennen. Sie setzen im Westen des Saar-Mosel-Raums in der zweiten Hälfte des 5. Jahrhunderts ein, im Osten entsprechend dem fränkischen Machtzuwachs meist erst in der zweiten Hälfte des 6. Jahrhunderts.

Die große Zahl der merowingischen Gräberfelder weist den fruchtbaren Bliesgau wieder als bevorzugtes Siedlungsland aus. In Bliesmengen-Bolchen, Walsheim, Ormesheim, Wittersheim und an anderen Orten des Saarpfalz-Kreises sind Gräber gefunden worden, die aufgrund eines charakteristischen Totenrituals als Bestattungen von Germanen zu erkennen sind. Die schachtartig in den Boden eingetieften, West-Ost ausgerichteten Gräber waren in Reihen nebeneinander angelegt („Reihengräberzivilisation"). Die Bestatteten lagen in Holzsärgen mit dem Kopf im Westen und Blick nach Osten. An ihrer Tracht, die sie aus dem Leben in den Tod mitnahmen, sind der Reichtum und der soziale Stand des Bestatteten abzulesen.

Zur germanischen Frauentracht gehörten paarig getragene Bügelfibeln, die später durch eine – meist größere – Scheibenfibel ersetzt wurden. Wohl aus einem Grab bei Gersheim stammt eine kerbschnittverzierte Bügelfibel mit dreieckiger Kopfplatte. Sie datiert noch in die erste Hälfte des 6. Jahrhunderts und ist damit das älteste Fundstück der Merowingerzeit im Bliesgau. Kostbare Beispiele für die zweite Fibelart sind die Goldscheibenfibeln mit farbigem Steinbesatz aus Gräbern des 7. Jahrhunderts in Wittersheim und Altheim. Am Gürtel wurde ein Gehänge mit Amuletten getragen. Ketten mit Perlen aus farbigem Glas und an-

Tafel 11   Die Ruinen des Zisterzienserklosters Wörschweiler auf dem Berg über dem heutigen Stadtteil von Homburg

Tafel 12 Zum Wirtschaftshof des Klosters Gräfinthal gehörte auch ein Taubenhaus (1766 erbaut), das einzige Bauwerk dieser Art, das sich im Saarland erhalten hat.

deren Materialien, Nadeln und Ohrringe ergänzten den Schmuck.
Der germanische Mann behielt im Tod seine Waffen, zu denen in Abhängigkeit von seiner sozialen Stellung Teile der maximalen Ausstattung mit zweischneidigem Lang- und einschneidigem Kurzschwert (Spatha und Sax), Lanze, Wurfspeer (Ango), Streitaxt (Franziska), Pfeil und Bogen sowie Schutzwaffen wie Schild, Helm und Harnisch gehörten. Die Gürtel waren mit Beschlägen besetzt, die durch eingelegte Drähte aus Messing und Silber in Tauschiertechnik verziert wurden. An einem Rückenbeschlag des Gürtels wurde eine kleine Tasche getragen. Ferner gehörten Kleingeräte wie Messer und Feuerschläger zur Ausstattung.
Die überwiegende Zahl der merowingischen Grabfunde im Bliesgau stammt aus dem Ende des 6. sowie aus dem 7. Jahrhundert. Besondere Beachtung verdient das Gräberfeld von Altheim, das mit 119 Bestattungen das größte bekannte merowingische Gräberfeld im Saar-Mosel-Raum ist. An den Ausstattungen mit kostbarem Schmuck und an den 41 Gräbern mit Waffen wird die Wohlhabenheit der hier Bestatteten deutlich.
Gegen Ende des 7. Jahrhunderts wurde die Ausstattung der Toten mit ihrem Besitz unter dem Einfluß der christlichen Kirche geringer und hörte schließlich ganz auf. Die Franken gingen endgültig zum Christentum über, zu dem sich bereits Chlodwig nach der gewonnenen Schlacht gegen die Alamannen 496 n. Chr. bekannt hatte. Der irische Wanderbischof Pirmin gründete nach 742 das Kloster Hornbach bei Zweibrücken. Die Reste eines Tochterklosters konnten unter der Kirche in Böckweiler festgestellt werden.
Mit dem frühen Mittelalter nehmen die schriftlichen Dokumente zu. Auf viele Einzelfragen kann die Archäologie aber weiterhin eine Antwort geben, und sogar für die Geschichte der Neuzeit ist sie von Bedeutung, wie die Ausgrabungen von frühen Industriedenkmälern zeigen.

Weiterführende Literatur

Bittel, K., W. Kimmig, S.Schiek (Hrsg.): Die Kelten in Baden-Württemberg. Stuttgart 1981

Cüppers, H. (Hrsg.): Die Römer in Rheinland-Pfalz. Stuttgart 1990

Die Römer an Mosel und Saar. Mainz 1983

Freis, Helmut: Das Saarland zur Römerzeit. Saarbrücken 1991 (Saarland-Hefte 1).

Saar-Pfalz-Kreis (Führer zu archäologischen Denkmälern in Deutschland 18). Stuttgart 1988

Die Geschichte des Kreisgebietes

von Hans-Walter Herrmann

Es ist kein leichtes Unterfangen, eine „Geschichte des Saarpfalz-Kreises" zu schreiben. Strenggenommen dürfte sie sich nur auf die Zeit von knapp zwei Jahrzehnten beschränken, die seit dem 1. Januar 1974, als die beiden Kreise Homburg und St. Ingbert im Rahmen der kommunalen Gebiets- und Verwaltungsreform zusammengelegt wurden, vergangen sind. Erst von diesem Zeitpunkt an gehören die im Kreisgebiet gelegenen Städte und Dörfer zu derselben Verwaltungseinheit. Vorher waren sie auf die beiden Kreise Homburg und St. Ingbert verteilt, die ihrerseits auch nur einige Jahrzehnte älter waren und zu Zeiten ihres Bestehens verschiedene Änderungen ihres Gebietsumfanges hatten hinnehmen müssen. Auch während der Zugehörigkeit des linken Rheinufers zu Frankreich lief die Grenze zweier Departements, des Donnersbergdepartements und des Saardepartements, mitten durch das heutige Kreisgebiet. Noch stärker war die Aufsplitterung während der Zugehörigkeit zum Heiligen Römischen Reich Deutscher Nation. Reichsunmittelbare Territorien von mittlerer oder nur geringer Größe lagen nebeneinander, zum Teil im Gemenge mit kleinen und kleinsten reichsritterschaftlichen Herrschaften. Alles in allem ergab dies eine bunt gefleckte politische Landkarte, die sich durch Heiraten und Erbteilungen, durch Landkäufe und Eroberungen immer wieder veränderte. Wenn wir eine politisch-administrative Einheit finden wollen, die in ihrer Ausdehnung ungefähr dem heutigen Kreisgebiet entsprach, dann müssen wir bis auf den Bliesgau zurückgreifen, der vom 9. bis 11. Jahrhundert bestand.

Diese jahrhundertelang fehlende administrativ-territoriale Einheit hat bis heute spürbare Folgen. Zwei seien angesprochen, nämlich die Verteilung der Konfessionen je nach der Zugehörigkeit der Bevölkerung zu einem römisch-katholischen, einem evangelisch-lutherischen oder einem evangelisch-reformierten Territorium und das Fehlen eines wirtschaftlichen, kulturellen und administrativen Zentrums, das durch seine Anziehungskraft die Entstehung eines Identitätsgefühls hätte fördern können. Die Städte Blieskastel, Homburg, später dann St. Ingbert konnten nie zentralörtliche Funktionen für das gesamte Kreisgebiet wahrnehmen, immer nur für Teile. Erst seit 1974 ist Homburg dabei, „Hauptstadt" des Saarpfalz-Kreises zu werden. Nicht zu vergessen ist die Anziehungskraft des benachbarten Zweibrücken, das Zentrum der Westpfalz war und in die Bliesgegend ausstrahlte. Die zweimalige Abtrennung der Saarpfalz von den übrigen Teilen der bayerischen Pfalz durch eine empfindlich spürbare Zollgrenze hat dann die Ausstrahlungskraft von Zweibrücken in seiner Wirkung beschränkt.

Tiefer Einschnitt zwischen Spätantike und Frühmittelalter

Die wirtschaftliche und kulturelle Blüte des Landes an unterer und mittlerer Blies war bei den Germaneneinfällen des Jahres 275 n. Chr. geknickt worden. Die römischen Handwerkersiedlungen (Vici) bei Schwarzenacker und bei Bliesbruck und zahlreiche einzeln gelegene Gutshöfe waren zerstört, nur wenige nach dem Katastrophenjahr wieder bewohnbar gemacht worden, die Siedlungsdichte des 4. und erst recht des 5. Jahrhunderts war viel geringer als die der ersten drei Jahrhunderte der Zugehörigkeit unserer Gegend zum Römischen Reich. Die Jahrhunderte des Übergangs von der gallo-romanischen zur germanischen Besiedlung sind für unsere Geschichte viel wichtiger als die voraufgegangenen Zeiten relativ friedlicher römischer Verwaltung. Dieser Bevölkerungswechsel hat die Deutschstämmigkeit und Deutschsprachigkeit des heutigen Kreisgebietes bestimmt.

Nur in geringem Maße haben Gallo-Romanen vor Ort die unruhigen Jahrzehnte der Völkerwanderungszeit überstanden. Wie sich im einzelnen dieser Übergang in der Bliesgegend vollzog, berichten keine schriftlichen Aufzeichnungen, daher ist der Historiker auf die Ergebnisse von Nachbarwissenschaften, vor allem der Archäologie und der Namenkunde, angewiesen. Die archäologischen Befunde, hauptsächlich Münzen und Keramik, sprechen aber in ihrer Spärlichkeit für die schon genannte dünne Besiedlung des Gebietes in spätrömischer Zeit und für eine geringe wirtschaftliche Eigenleistung. Aufgrund der neuesten archäologischen Untersuchungen von Frauke Stein sind spätrömische Funde aus folgenden Orten des Saarpfalz-Kreises bekannt: Bexbach, Bierbach, Bliesdalheim, Böckweiler, Erfweiler-Ehlingen, Habkirchen, Hekkendalheim, Homburg, Limbach, Reinheim, Rohrbach, Schwarzenacker, Webenheim, Wittersheim und Wörschweiler. Die jüngsten datierbaren Münzen stammen aus der Regierungszeit des römischen Kaisers Honorius (ca. 395). Damit soll nicht gesagt sein, daß bald danach die letzten Gallo-Romanen die Bliesgegend verlassen hätten oder umgekommen seien. Ein geringer Teil hat weitergelebt, wie sich aus dem Fortleben einiger vorgermanischer Orts- und Gewässernamen ergibt.

Damals wie auch später wirkte sich eine wichtige Verkehrsverbindung aus. Die Straße vom Pariser Becken über Metz, Saarbrücken, am südlichen Rand des Landstuhler Bruches vorbei, über Kaiserslautern zu den römischen Städten Speyer, Worms und Mainz war eine der wichtigsten Verbindungen zwischen Innergallien und der germanischen Militärprovinz am Oberrhein. Über sie lief nicht nur der Nachschub für die römischen Truppen, sondern in entgegengesetzter Richtung auch der Rückzug der Legionäre aus ihren Standorten am Rhein und die verschiedenen Wellen germanischer und hunnischer Eindringlinge in das schwächer und schwächer werdende Römerreich. Dadurch wurden die in einem breiten Streifen beiderseits der Straße liegenden vorgermanischen Siedlungen mehr in Mitleidenschaft gezogen als die abseits gelegenen. Der geringe Anteil vorgermanischer Namen in dem Ortsnamenbestand spricht deutlich für den Siedlungsrückgang und die Ausdünnung der Bevölkerung. Lediglich zwei Ortsnamen gallo-romanischer Herkunft, nämlich Beeden (heute Stadtteil von Homburg) und Contwig (östlich Zweibrücken) und einige Bachnamen, die auf -albe enden, sind hier zu nennen. Bei dem Ortsnamen „Kirkel", der von dem lateinischen „circulus" abzuleiten ist, müssen Zweifel angemeldet werden, ob dieser Name schon in gallo-romanischer Zeit an dem heutigen Kirkeler Burgberg haftete oder ob das lateinische Wort, das in nachrömischer Zeit als

Lehnwort in die deutsche Sprache Eingang fand, erst im Mittelalter zur Benennung des kreisrunden Berges verwendet wurde. Ein solches Lehnwort ist auch der häufiger in Burgnamen vorkommende Bestandteil -kastel. Obwohl er etymologisch eindeutig vom lateinischen „castellum" abgeleitet ist, berechtigt dies nicht zu der Annahme, daß der Ort Blieskastel aufgrund seines Namens aus einer römerzeitlichen Siedlung entstanden sei, vielmehr ist er in Anlehnung an eine ältere mittelalterliche Burg entstanden.

Der Zusammenbruch der römischen Verwaltung und ihre Ersetzung durch die Franken erfolgte im östlichen Gallien in den drei letzten Jahrzehnten des 5. Jahrhunderts. Verschiedene fränkische „Kleinkönige" wurden von dem Merowinger Chlodwig ausgeschaltet und ihre Gebiete seinem Herrschaftsbereich einverleibt. Die Bliesgegend wurde in Chlodwigs Reich zwischen 490 und 510 einbezogen. Doch hat man sich dies nicht so vorzustellen, daß in diesen beiden Jahrzehnten eine größere Anzahl fränkischer Familien das weitgehend siedlungsleere Land besetzte und gleich mit dessen Rekultivierung begann, vielmehr setzte eine stärkere fränkische Besiedlung, soweit sie sich aus datierbaren Bodenfunden fassen läßt, erst gegen Ende des 6. Jahrhunderts ein. Wichtigstes Indiz für diese fränkische Besiedlung sind die Reihengräberfriedhöfe. Der bisher größte Reihengräberfriedhof im Saarland mit über 100 Gräbern wurde bei Altheim aufgedeckt. Friedhöfe mit geringeren Gräberzahlen wurden ausgegraben bei Biesingen, Bliesmengen, Ensheim, Eschringen, Gersheim, Heckendalheim, Niedergailbach, Ommersheim, Reinheim, Rubenheim und Walsheim. Alle diese Funde liegen in der fruchtbaren Gaulandschaft zu beiden Seiten der unteren Blies. Das Waldland zwischen Saar und Blies und der Pfälzer Wald mit seinen westlichen Ausläufern sind fundleer. Diese Verteilung der frühen fränkischen Siedlungen bestätigt die Verbreitung der Ortsnamen auf -heim (z. B. Bebelsheim, Ensheim, Ommersheim, Ormesheim, Gersheim, Walsheim, Wittersheim, auch Peppenkum ist ein ursprünglicher -heim-Name). Etwas jünger sind die auf -ingen endenden Ortsnamen (Beispiele: Biesingen, Ehlingen, Eschringen, Lendelfingen). Die fränkischen Siedler kamen nach dem derzeitigen Forschungsstand nicht von Osten durch den Pfälzer Wald in die Bliesgegend, sondern von Westen in einer langsamen Ausdehnung von ihrem ursprünglichen Siedlungsgebiet zwischen Maas und Schelde durch die Champagne und durch Lothringen.

Wenig jünger sind die -weiler-Orte, deren Entstehung hierzulande vom 7. bis zum Ende des 9. Jahrhunderts angesetzt werden darf und deren geographische Lage schon einen ersten Landesausbau erkennen läßt, teilweise in der Art, daß neben einen Ort der ersten fränkischen Siedlungsschicht ein jüngerer -weiler-Ort tritt, z. B. Erfweiler neben Ehlingen. Auch die auf -kirchen endenden Ortsnamen dürften noch in merowingischer Zeit entstanden sein, wie sich aus der urkundlichen Ersterwähnung des unmittelbar nördlich der Kreisgrenze gelegenen Orts Wiebelskirchen im Jahre 777 ergibt. Im heutigen Saarpfalz-Kreis sind vier Ortsnamen dieses Typs bekannt: Habkirchen, Lautzkirchen, Reiskirchen und Volkerskirchen (früher bei Kirkel gelegen, jetzt wüst). Weniger eindeutig einer bestimmten Entstehungsstufe zuweisbar sind die Ortsnamen auf -bach, obwohl einzelne von ihnen (Mimbach, Bliesransbach, beide 796 erstmals erwähnt) schon in frühkarolingischer Zeit bestanden. Ein weiterer Landesausbau um die Jahrtausendwende, bei dem dann auch die weniger guten Böden in Bewirtschaftung genommen und als Siedlungsplätze ausgewählt wurden, wird gekennzeichnet durch Ortsnamen auf -stadt (Altstadt) und Namen, die nicht primäre Siedlungsnamen darstellen, sondern die ursprünglich Flurnamen waren (z. B. Kirrberg, Homburg aus Hohenberg, Reichenbrunn) oder die auf Rodungstätigkeit hinweisen wie Hassel, Sengscheid.

Die Christianisierung

Hinweise auf die Existenz einzelner Christen in der Bliesgegend in römischer Zeit wurden bisher nicht gefunden. Sollten doch kleine Gruppen vorhanden gewesen sein, dann sind sie in den unsicheren und unruhigen Zeiten des 5. Jahrhunderts untergegangen. Die Geschichte der Christianisierung des Bliesgaues setzt erst in merowingischer Zeit ein. Träger der Christianisierung waren die Metzer Bischöfe, zu deren Diözese die Bliesgegend nachweislich seit dem 9. Jahrhundert, vermutlich aber schon einige Jahrhunderte früher gehörte, unterstützt von wandernden Glaubensboten.

Die früheste Zuständigkeit eines Metzer Bischofs ergibt sich aus einem Bericht über eine Visitationsreise in das obere Bliestal kurz vor 871, die ihn dazu veranlaßte, auf dem der heutigen Stadt Ottweiler gegenüberliegenden Hang eine Gemeinschaft von Klerikern, ein Chorherrenstift, zu errichten – eine typische Maßnahme zur Intensivierung der Seelsorge und zur Stärkung seines Einflusses als Diözesanbischof. Die Zugehörigkeit nicht nur des Gebietes des heutigen Saarpfalz-Kreises, sondern auch des nördlich angrenzenden Landstrichs zur Diözese Metz bestand, abgesehen von kleinen Änderungen bei St. Wendel, bis zu den großen Umwälzungen im Gefolge der Französischen Revolution. Unterstützt wurden die Metzer Bischöfe bei Missionierung und Evangelisierung durch die beiden Heiligen Ingobertus und Pirminius.

Ein kurz nach dem Jahr 1000 schreibender Mönch des Klosters Tholey nennt in einer Lebensbeschreibung (Vita) des Trierer Bischofs Magnerich mehrere Heilige, darunter auch Ingobertus, die im 7. Jahrhundert zwischen Mosel und Glan christianisierten. Außer dieser knappen Notiz sind keine weiteren schriftlichen Zeugnisse über Leben und Wirken des Ingobertus überliefert. Die Aufzeichnung rund 500 Jahre nach den Ereignissen warf die Streitfrage auf, inwieweit dem Tholeyer Mönch geglaubt werden kann und ob er ältere Vorlagen, deren zeitlicher Abstand vom 7. Jahrhundert geringer war, verwendet habe. Die derzeitige Forschung rechnet Ingobertus zu einem Kreis von austrasischen Adligen, die von den Vorstellungen des hl. Columban über klösterliches Leben beeinflußt waren und mit dem Bischof Paulus von Verdun in Verbindung standen. Die Tatsache, daß St. Ingbert im frühen 13. Jahrhundert ein Lehen des Bistums Verdun war und das Verduner Eigenkloster Tholey in St. Ingbert das Patronatsrecht ausübte, belegt die lange Verbindung zur Bischofsstadt an der Maas. Die Entstehung des Ortsnamens St. Ingbert könnte man sich so vorstellen, daß der gleichnamige Heilige als Einsiedler in der Nähe des kleinen Dorfes Lendelfingen lebte, daß sich nach seinem Tode eine Wallfahrt zu seiner Kapelle, in der er vielleicht begraben lag, entwickelte und daß im Laufe der Zeit der Heiligenname den ursprünglichen Ortsnamen Lendelfingen verdrängte, so wie sich dies auch bei St. Wendel (früher Bosenvillare) und bei St. Arnual (früher Merkingen) beobachten läßt.

Auf einem weitaus festeren Fundament steht die Tätigkeit Pirmins. Er hatte sich bereits als Klostergründer am Bodensee (Reichenau) und im Elsaß (Murbach) einen Namen gemacht, als er mit Unterstützung eines Grafen Warnharius (Werner) bei Hornbach um 730 ein Benediktinerkloster einrichtete, dessen Leitung er übernahm und in dem er seine letzte Ruhe fand. Die Abtei blieb bis in das 16.

Jahrhundert die wichtigste kirchliche und kulturelle Einrichtung der Bliesgegend und strahlte in das Gebiet des Saarpfalz-Kreises aus. Die Pfarreien Mimbach, Altheim, Medelsheim, Brenschelbach wurden von Hornbacher Mönchen versorgt bzw. der Hornbacher Abt benannte dem Metzer Bischof einen ihm geeignet erscheinenden Geistlichen zur Leitung der betreffenden Pfarrei. Zeitweise bestand eine von Hornbach abhängige kleine Mönchsgemeinschaft (Priorat) in Böckweiler. Die heutige Dorfkirche mit ihrer interessanten romanischen Dreikonchenanlage erinnert noch heute daran.

Der weitere Ausbau der Pfarrorganisation erfolgte im Zusammenwirken des Metzer Bischofs mit Königtum, Adel und benachbarten Klöstern in der Art und Weise, daß Pfarreien (Eigenkirchen) eingerichtet und durch Dotierungen auf eine gesunde materielle Grundlage gestellt wurden. Kirchheim (heute Kirchheimer Hof) darf als königliche Gründung angesehen werden. An adlige Kirchengründer erinnern die Ortsnamen Habkirchen, Lautzkirchen, Reiskirchen und Volkerskirchen. Auch die Benediktinerabteien Tholey und Herbitzheim, die im Bliesgau reich begütert waren, trugen zur Verbesserung der Pfarrorganisation bei.

Die großen Wellen religiöser Erneuerung und Begeisterung, die sich im 12. und 13. Jahrhundert in der Gründung neuer Orden (Zisterzienser, Prämonstratenser, Kartäuser, Ritterorden und Bettelorden) manifestierten, äußer-

24 Kloster Wörschweiler. Grabplatte eines Abtes

25 Grabmal der Gräfin Elisabeth von Blieskastel im Kloster Gräfinthal

ten sich in der Bliesgegend durch Neugründungen von Klöstern (Gräfinthal, Wörschweiler) und durch Schenkungen von Kirchen, Zehnten, Land und Leuten an die außerhalb des Kreisgebietes gelegene Deutschordenskommende Saarbrücken und das Prämonstratenserstift Wadgassen.

Die staatliche Zugehörigkeit

Nach einigen Jahrzehnten ungeklärter Zugehörigkeit zu kurzlebigen Herrschaftsgebieten wurde die Bliesgegend zwischen 490 und 510 dem Reich des Merowingerkönigs Chlodwig einverleibt. Da damals die Erbfolge des Erstgeborenen noch nicht festgeschrieben war, teilten sich Chlodwigs Söhne nach dem Tode ihres Vaters sein Reich, und auch in den folgenden Generationen kam es immer wieder zu Teilungen im merowingischen Königshaus. Die Lande an Mosel, Saar und Blies gehörten zu dem stabilen Kern des austrasischen Reichsteiles, der zunächst in Reims, später in Metz sein Zentrum hatte. Innerhalb dieses Reichsteiles hatte das heutige Saarland eine zentrale Lage. An Saar, Blies und Oster lagen ausgedehnte königliche Waldungen und landwirtschaftlich genutztes Königsland, z. B. in Habkirchen, Medelsheim und Lendelfingen. Auch jetzt kam der alten Heer- und Handelsstraße vom Pariser Becken zum Oberrhein, die das nördliche Kreisgebiet durchquerte, hohe Bedeutung zu. Sie verband die Residenzstädte Reims und Metz mit dem Oberrhein- und Maingebiet. Ihre Sicherung war notwendig zur Durchsetzung der königlichen Interessen in Thüringen, Schwaben und Bayern.
Die letzten Merowingerkönige waren schwache Persönlichkeiten, sie gerieten immer mehr unter den Einfluß der karolingischen Hausmeier, die schließlich (751) selbst die Königswürde erwarben. Unter den auch von ihnen immer wieder praktizierten Teilungen wurde die im Jahre 843 in Verdun beschlossene besonders wichtig. Die Bliesgegend wurde Lothar, dem ältesten Sohn Kaiser Ludwigs des Frommen, zugeteilt, dessen Mittelreich sich von der Nordseeküste zwischen Schelde und Weser über die Alpen bis nach Oberitalien erstreckte. Gerade am Oberrhein wurde ein Stück für seinen Bruder Ludwig den Deutschen ausgespart; ein großer Brückenkopf auf dem linken Rheinufer umfaßte den Nahe-, Worms- und Speyergau. Die drei Gaue waren in ihrer Ausdehnung annähernd identisch mit den linksrheinischen Teilen der Diözesen Mainz, Worms und Speyer. Die Grenze von Mittelreich und ostfränkischem Reich verlief von der oberen Nahe zwischen Blies und Oster durch die westlichen Teile des Pfälzer Waldes. Infolge dieses Grenzverlaufs war der Bliesgau einige Jahrzehnte lang eine östliche Grenzlandschaft des lotharingischen Reiches gegenüber dem ostfränkischen. Erst die dauerhafte Vereinigung Lotharingiens mit dem Ostreich im Jahre 925 hob die nach Osten hin orientierte Grenzlage auf und gab unserem Landstrich eine jahrhundertelang gültige Binnenlage.

Die merowingischen und karolingischen Teilreiche waren in Grafschaften untergliedert. Diese darf man sich jedoch nicht als ein flächendeckendes Netz von Verwaltungsbezirken mit einem durchorganisierten Behördenapparat vorstellen. Manche Gebiete waren nicht in die Grafschaftsorganisation einbezogen, entweder weil sie aus unbesiedeltem Waldland bestanden oder weil sie aufgrund königlicher Privilegierungen der Zuständigkeit des Grafen entzogen waren und eigene Bereiche bildeten, in denen ein Vogt die Gerichtsbarkeit ausübte. Das Gebiet des Saarpfalz-Kreises gehörte zur Bliesgaugrafschaft. Nach Süden und Osten reichte sie über die heutige Kreisgrenze hinaus. In den schriftlichen Quellen werden mehrere Grafen im

Bliesgau genannt, anderen kann diese Funktion dadurch zuerkannt werden, daß sie hierzulande über größeren Besitz verfügten. Drei Familien traten hervor:
Eine Familie, die zur Benennung männlicher Mitglieder häufig den Vornamen *Wido* verwendete. Sie gründete das Kloster Hornbach. Wahrscheinlich gehört sie zu den Vorfahren des späteren Kaiserhauses der Salier.
Die *Matfriede,* die im frühen 10. Jahrhundert in Opposition zu König Ludwig dem Kind, dem letzten ostfränkischen Karolinger, standen und verbannt wurden. Von einem königlichen Heer, befehligt von einem Grafen Konrad, wurden sie in einer nicht namentlich genannten Burg (castrum) im Bliesgau belagert und bezwungen. Sie wurden 906 auf einer Reichsversammlung in Metz geächtet und ihre Güter eingezogen. Nach dem Tode König Ludwigs (911) kehrten die geächteten Grafen wieder nach Lothringen zurück, konnten zwar einen Teil der ihnen entzogenen Güter zurückerwerben, aber dennoch nicht mehr die frühere Führungsrolle übernehmen. Ihre Aktivitäten entfalteten sie nun außerhalb des Bliesgaus.
Die *Folmare*. Dieses Geschlecht, so benannt nach dem häufig gebrauchten Vornamen Folmar, tritt in bezug zum Bliesgau erstmals im Jahre 982 auf. Außer Gütern und Rechten im Bliesgau hatten sie weit gestreuten Besitz in den Nordvogesen, an der Meurthe um Lunéville, an der Saar und im Luxemburgischen. Vielleicht gehörte ein 888 genannter Folkwin, dem König Arnulf Güter in Lendelfingen, Habkirchen, Medelsheim und Walsheim schenkte, zu diesem Grafenhaus, an das auch die früher bei Kirkel gelegene Ortschaft Volkerskirchen erinnern dürfte. Seit 1055 sind die Folmare auch als Inhaber des Grafenamtes in Metz und Umgebung nachweisbar.

Territoriale Vielfalt im Hoch- und Spätmittelalter

Das Frühmittelalter war für die Geschichte des Landes an Saar und Blies von grundlegender Bedeutung; denn mit der Besiedlung durch die Franken erfolgte die feste Einfügung in das deutsche Sprachgebiet und durch die dauerhafte Angliederung an das fränkische Reich, aus dem das deutsche Reich hervorging, die Eingliederung in den deutschen Staatsverband. Beide Fakten sind tragende Komponenten, nicht nur der Geschichte der Bliesgegend, sondern weiter Teile des gesamten linksrheinischen deutschsprachigen Gebietes. Die folgenden Jahrhunderte brachten mit der Ausbildung von Einflußzonen einzelner Dynastenfamilien eine territoriale Vielfalt, bei deren Betrachtung die Gefahr besteht, sich zu sehr in das Geflecht und Gestrüpp von genealogischen Verbindungen, lokalen Fehden und immer wieder aufeinanderfolgenden Besitzverschiebungen zu verlieren.
Die Zeit des hohen und späten Mittelalters und der frühen Neuzeit, also vom 11. bis 18. Jahrhundert, ist allenthalben im deutschen Reich die Zeit des Erlahmens einer straffen Reichsgewalt zugunsten der Entwicklung kleinräumiger Herrschaftsbereiche, die als Kurfürstentümer, Herzogtümer, Fürstentümer, Fürstbistümer, Grafschaften und Herrschaften der politischen Landkarte Mitteleuropas eine Buntscheckigkeit und damit zugleich eine Unübersichtlichkeit wie keinem anderen Teil unseres Kontinents gegeben haben. Die Macht und die Rechte, die ein Fürst oder Graf ausüben konnte, spürten seine Hörigen oder Untertanen hautnah, während die Oberhoheit der Könige dem „gemeinen armen Mann" kaum bewußt wurde. Daher stehen in den Schilderungen der mittelalterlichen und frühneuzeitlichen Verhältnisse in den orts- und landesgeschichtlichen Darstellun-

Territoriale Vielfalt – Die Vorherrschaft der Bliesgaugrafen

gen auch die Einflußbereiche der weltlichen und geistlichen Herren im Vordergrund. Erst in der Frühneuzeit wirkte sich die große Reichspolitik mit der Einführung der Reformation und dem Entstehen des Konfliktes zwischen den Herrscherhäusern Habsburg und Bourbon wieder unmittelbar auf unsere Gegend aus.

So zerfällt auch die Geschichte des Kreisgebietes eine Zeitlang in die Geschichte der einzelnen hier gelegenen Territorien und ihrer Regentenfamilien. Gar leicht verliert man bei einer minuziösen Schilderung von Besitzerwerb und -verlust, von Heiraten, Erbfolgen und Ausstattungen jüngerer Nebenlinien, vom Erlöschen alter Geschlechter und Auftreten neuer den Überblick. Daher soll die Territorialpolitik dieser Jahrhunderte nur in vereinfachenden Zügen in drei Phasen geschildert werden.

Eine erste Phase, vom 11. bis 14. Jahrhundert, wird charakterisiert durch die Vorherrschaft der von den Bliesgaugrafen abstammenden Geschlechter von Blieskastel, Saarwerden und Homburg. Eine zweite Phase, die schon in den dreißiger Jahren des 14. Jahrhunderts einsetzt, wird bestimmt durch die sich überlagernden Interessen der Kurfürsten von Trier, der Grafen von Nassau-Saarbrücken und der Herzöge von Pfalz-Zweibrücken. Die dritte und letzte Phase, die in den sechziger Jahren des 17. Jahrhunderts beginnt und durch die großen politischen Veränderungen im Gefolge der Französischen Revolution ihr Ende findet, ist geprägt durch das friedliche Nebeneinander der Herzöge von Pfalz-Zweibrücken und der Grafen von der Leyen.

Die Vorherrschaft der Bliesgaugrafen

Das Haus der Bliesgaugrafen teilte sich im späten 11. und frühen 12. Jahrhundert in mehrere Zweige, die sich nach ihren wichtigsten Burgen nannten. Der Schwerpunkt eines Zweiges bildete sich um Blieskastel, dazu gehörten auch die Vogtei über Teile des Besitzes der Abtei Tholey rund um den Schaumberg im heutigen Kreis St. Wendel und Besitz um Bernkastel an der Mosel. Ein anderer Zweig wählte eine Burg auf einer kleinen Saarinsel im heutigen Krummen Elsaß als Sitz und nannte sich „Grafen von Saarwerden". Er wurde auch mit Anteilen an dem Waldland zwischen St. Ingbert und Vogelbach ausgestattet, erhielt die Burg Kirkel als Reichslehen, dazu Streubesitz im südlichen Pfälzer Wald. Der dritte Zweig hatte zunächst seinen Schwerpunkt in den Nordvogesen. Erst bei einer weiteren Teilung wurde die Merburg bei Kirrberg einem Sohn zugewiesen, der bald in verkehrsgünstigerer Lage eine Burg auf dem Homburger Schloßberg errichtete und sich etwa ab 1170 danach betitelte. Noch komplizierter gestalteten sich die Besitzverhältnisse dadurch, daß die Grafen von Saarwerden Anteile an Kirkel an eine mit einem Herrn von Siersberg verheiratete Tochter bzw. Schwester weitergaben. Dies ermöglichte der Siersberger Familie die Ausstattung eines jüngeren Sohnes und führte so zur Bildung der Linie der „Herren von Kirkel".

Schon mit dem Erlöschen des Hauses Blieskastel im Mannesstamm (1237) setzte die Krise ein. Als auch die älteste Schwester, die es verstanden hatte, die Hauptmasse des väterlichen bzw. brüderlichen Erbes zu behaupten, kinderlos starb, brach ein Erbfolgekrieg aus, in den ihre Schwestern und Schwäger, aber auch die Bischöfe von Metz und die Herzöge von Lothringen als Blieskasteler Lehensherren und die Grafen von Saarbrücken und Zweibrücken als auf Machterweiterung bedachte Nachbarn verwickelt waren. Merkwürdigerweise spielten die Grafen von Saarwerden und von Homburg als Stammverwandte in den Auseinandersetzungen keine Rolle. Der Blieskasteler Erbfolgekrieg brachte mit seinen wechselnden Parteibildungen eine fast ein halbes Jahrhundert währende Instabilität in die Territorialgeschichte der Bliesgegend. Die Sieger waren so verschuldet, daß sie sich bald zur Verpfändung Blieskastels verstehen mußten, als Nutznießer erscheint in den dreißiger Jahren des 14. Jahrhunderts der Erzbischof und Kurfürst Balduin von Trier.

Die Saarwerdener Position im Bliesgau wurde durch zwei Ereignisse geschwächt, einmal durch die reiche Dotierung ihres Hausklosters Wörschweiler, dann durch die Überlassung von Teilen an Kirkel an die Herren von Siersberg. Obwohl die politischen Interessen der Saarwerdener sich teils ins Elsaß, teils zum Niederrhein hin ausrichteten, behielten sie bis zu ihrem Erlöschen im frühen 16. Jahrhundert noch einige Rechte in der Bliesgegend und im Ostertal. Bemerkenswert ist, daß von 1397 bis 1414 einer der ihren, der Erzbischof und Kurfürst von Köln geworden war, die väterlichen Anteile an der Burg Kirkel innehatte, bevor der Kaiser anderweitig darüber verfügte. So erklärt es sich, daß ein Erzbischof von Köln knapp zwei Jahrzehnte Herrschaftsrechte hierzulande ausübte.

Die materielle Ausstattung der Grafen von Homburg erwies sich für eine standesgemäße Lebensführung mehrerer Familien als zu schwach. Aufnahme von Darlehen gegen Verpfändung von Land und Leuten war die Folge. Als Mitgift einer Ehepartnerin eingebrachte Anteile an der Burg Fels (Larochette) im Luxemburgischen lenkten den Blick dorthin. Mit ihrem Erlöschen ohne leibliche Nachkommen schieden die Herren von Kirkel 1386 und die Grafen von Homburg 1449 aus der Geschichte der Bliesgegend aus.

An die Zweiglinien der Bliesgaugrafen erinnern noch heute zwei Klosterruinen. Graf Friedrich von Saarwerden und seine Gattin Gertrud hatten 1131 einen Höhenzug westlich der Blies, der vorher wahrscheinlich eine Burg getragen hatte, dem Abt von Hornbach zur Einrichtung eines weiteren Priorates übergegeben. Die Art und Weise, wie die Hornbacher Mönche in dem neu gegründeten Außenposten religiöse Ideale sichtbar lebten, entsprach nicht den Vorstellungen der Gründerfamilie. Daher entschlossen sich die Enkel des Gründerehepaares, die Verbindung des Priorates mit Hornbach zu lösen und es dem Zisterzienserorden zu übergeben. Die Mönche aus dem Kloster Weiler-Bettnach bei Metz, die vermutlich 1171 oder 1172 nach Wörschweiler kamen, verwirklichten eher die damaligen Ideale klösterlichen Lebens. Die Grafen von Saarwerden, ihre Verwandten und zahlreiche einfache Ritter schufen durch großzügige Schenkungen die materielle Grundlage der Neugründung. Auch für die Landeskultur und die regionale Wirtschaft brachte der Ordenswechsel neue Impulse. Im Gegensatz zu den Benediktinern betrieben die Zisterzienser selbst Landwirtschaft auf ihren Gutshöfen (Grangien), vergrößerten durch Rodungs- und Entwässerungsarbeiten die Anbaufläche und nutzten die hierzulande vorkommenden Tone zur Herstellung verzierter Bodenplatten.

Um die Mitte des 13. Jahrhunderts ermöglichte Gräfin Elisabeth von Blieskastel einigen Einsiedlern, die sich in der Nähe von Bliesmengen um die Bewahrung und Verehrung einer wundertätigen Madonnenstatue bemühten, die nach der Legende von durchziehenden Kriegsknechten als Ziel für ihre Pfeile mißbraucht worden sein soll, die Einrichtung einer kleinen klösterlichen Gemeinschaft. Die Mönche folgten der Regel des hl. Wilhelm von Maleval, ihr Kloster, Gräfinthal genannt, war die einzige Niederlassung des Wilhelmitenordens in den drei lothringischen Diözesen. Auch Gräfinthal konnte sich freigebiger Zuwendungen des heimischen Adels erfreuen und bald Grundbesitz in Bliesmengen, Bliesbolchen, Eschringen, Auersmacher, Bebelsheim, Habkirchen, Kleinblittersdorf, Mandelbach, Ommersheim und Wittersheim und das Patronatsrecht der Pfarrkirchen in Bliesmengen und Blickweiler sein eigen nennen. Die Madonnenfigur zog Pilger aus nah und fern an. Die Wallfahrt zur wundertätigen Madonnenfigur nach Gräfinthal hielt bis zum Dreißigjährigen Krieg an.

Konkurrierende kurtrierische, nassau-saarbrückische und pfalz-zweibrückische Interessen

Die Eroberung der Burg Blieskastel im Jahre 1339 durch den Erzbischof Balduin von Trier, der damit das ihm von den Bischöfen von Metz überlassene Recht, die verpfändete Burg mit ihrem Umland einzulösen, gewaltsam durchsetzte, steht am Beginn einer über drei Jahrhunderte dauernden Beteiligung des Erzstiftes bzw. Kurfürstentums Trier an der Geschichte der Bliesgegend. Freilich hat der Trierer Einfluß nicht die Intensität erreicht, die aus den Aktivitäten Balduins zu erwarten war. Seine Erwerbungen und die von ihm neu geknüpften Lehensbeziehungen zu den beiderseits der Blies begüterten Dynasten und dem hier ansässigen niederen Adel sind ein Teil seiner Ausdehnungspolitik über die Trierer Diözesangrenzen hinaus nach Osten und Südosten. In diesen Zusammenhang gehören die Erwerbung des großen Reichsgutkomplexes um Kaiserslautern als Pfandschaft und die zeitweise Mitverwaltung der Bistümer Mainz und Speyer. Die neuen Lehensverbindungen zu den Grafen von Homburg, von Saarwerden und von Zweibrücken dienten der Verdichtung seines Einflusses zwischen dem Kurstift und seinen Neuerwerbungen im Pfälzer Wald und der Vorderpfalz. Der Graf von Homburg nahm die unterhalb der Hohenburg gelegene Siedlung von ihm zu Lehen. Der Graf von Saarwerden verpfändete ihm den Furpacher Hof und seinen Besitz in Volkerskirchen, Limbach, Hassel und Fürth, der Graf von Zweibrücken seine Burgen und Städte Hornbach und Zweibrücken und erkannte eine allerdings zeitlich befristete trierische Lehenshoheit über Medelsheim an.

Balduin starb im Jahre 1354. Das Interessenfeld seiner Nachfolger lag nicht mehr im Westrich und im Pfälzer Wald, sondern sie konzentrierten ihre Anstrengungen darauf, das kurfürstliche Territorium aus dem Moseltalabschnitt Trier–Koblenz auf die Höhen der Eifel und des Hunsrück auszudehnen, über den Rhein in das untere Lahntal zu verlängern und einige wirtschaftlich ertragreiche Positionen am Mittelrhein auszubauen. So erklärt es sich, daß die vorgeschobene Trierer Position im Bliestal eine Exklave blieb, dem eigentlichen Kurstaat vorgelagert, ohne unmittelbare Verbindung mit ihm und ohne kirchlichadministrative Zugehörigkeit zur Trierer Diözese; denn trotz der weltlichen Befugnisse der Trierer Kurfürsten in der Bliesgegend bestand die geistliche Zuständigkeit der Metzer Bischöfe fort. Dem geminderten kurtrierischen Interesse an der Exklave im Bliestal nach Balduins Tod entsprach, daß das Amt Blieskastel nicht immer unter unmittelbarer trierischer Verwaltung stand, sondern Teile an Adelsgeschlechter zu Lehen gegeben waren. Unter diesen trierischen Lehensleuten waren die Familien von Eltz und Mauchenheimer von Zweibrücken die wichtigsten.

Die von Balduin geschaffenen rechtlichen Grundlagen zum Aufstieg Blieskastels zu einer Stadt wurden von seinen Nachfolgern nicht weiter genutzt.

Neben den Kurfürsten von Trier griffen seit dem Ende des 14. Jahrhunderts die Grafen von Nassau als Erbnachfolger der Grafen von Saarbrücken in das Mächtespiel der Bliesgegend ein. Zwar war ihre Nachfolge in Saarbrücken zu spät erfolgt, als daß sie noch eine Landbrücke von ihren rechtsrheinischen Besitzungen an der Lahn, im Taunus und im Rheingau zur Saar und Blies hätten zustande bringen können. Immerhin gelang es ihnen, eine Kette kleinerer Stützpunkte, meist nur eine Tagereise auseinander gelegen, zu bilden. Dabei nutzten sie geschickt die um die Wende vom 14. zum 15. Jahrhundert schon chronisch gewordenen Geldnöte der Grafen von Homburg, um Stück um Stück des Homburger Besitzes aufzukaufen, so daß sie schließlich in der Hohenburg und den umliegenden Dörfern mehr Macht ausübten als der letzte Graf von Homburg selbst. Nach seinem Tod (1449) wurde die bisherige Grafschaft Homburg ein nassau-saarbrückisches Amt, eine Art Bindeglied zwischen den Besitzungen an der oberen Blies um Ottweiler und der unteren Blies, die vornehmlich aus der Vogtei über den dortigen Besitz der Abtei Herbitzheim herrührten.

Ein stattlicher Zuwachs des Nassau-Saarbrücker Einflusses ergab sich, als die Kurfürsten von Trier ihr Amt Blieskastel von 1553 bis 1634 an die Grafen von Nassau-Saarbrücken verpfändeten. Dem gewachsenen Einfluß entsprach ein stärkeres Gewicht der an der Blies gelegenen Güter innerhalb des nassau-saarbrückischen Gesamtbesitzes. Insbesondere Graf Johann IV. zeigte eine Vorliebe für Homburg, er erwirkte beim Kaiser ein neues Marktprivileg und die Erneuerung der Stadtrechte, die im Gegensatz zu der ersten Stadtrechtsverleihung von 1330 nun wirklich eine städtische Entwicklung einleiteten, und er ließ die Hohenburg zur nassau-saarbrückischen Landesfestung ausbauen, in deren Gewölbe auch das gräfliche Archiv verwahrt wurde.

Konkurrent dieser Ausdehnung des nassau-saarbrückischen Einflusses in das heutige Kreisgebiet herein war nicht, wie schon angedeutet, das Kurfürstentum Trier, sondern das Herzogtum Pfalz-Zweibrücken. Erst 1410 entstanden, ist es der am spätesten auf das politisch-territoriale Kräftespiel der Saargegend einwirkende Machtfaktor.

Die Grafen von Zweibrücken hatten seit dem späten 12. Jahrhundert östlich der unteren Blies weit über die heutigen Kreisgrenzen hinausgehend sich einen eigenen Herrschaftsbereich aufgebaut, der zu einem guten Teil in den Vogteirechten über die alte Benediktinerabtei Hornbach wurzelte. In ähnlicher Weise wie die Grafen von Homburg waren auch sie gegen Ende des 14. Jahrhunderts in Finanznöte geraten. Daher verkaufte der kinderlose Graf Eberhard II. die Hälfte seiner Burgen und Städte Bergzabern, Hornbach und Zweibrücken im Jahre 1385 an den Kurfürsten von der Pfalz und trug ihm die andere Hälfte zu Lehen auf. Letzteres hatte zur Folge, daß auch diese Hälfte nach Eberhards Tod (1394) an Kurpfalz fiel. Damit trat erstmals eine im Oberrheinraum stark verwurzelte Macht in die Territorialgeschichte der Bliesgegend ein. Eine neue Erwerbung konnte sie machen, als König Wenzel nach dem Tod des letzten Herrn von Kirkel (1386) den Kurfürsten von der Pfalz die Kirkeler Reichslehen gab. So bildeten gegen Ende des 14. Jahrhunderts die Burgen Kirkel und Zweibrücken die westlichsten Positionen des kurpfälzischen Territoriums, das sich von Odenwald und Neckartal über den Rhein durch den Pfälzer Wald bis zur Blies erstreckte.

Wieder einmal verhinderte das immer noch praktizierte Gewohnheitsrecht der Erbteilung die Weiterentwicklung zu einem großen starken Territorium. Kurfürst Ruprecht von der Pfalz, der seit 1400 die deutsche Königskrone trug, veranlaßte kurz vor seinem Tod (1410) die Teilung seiner Lande unter seine fünf Söhne. Die Grafschaft Zweibrücken und die Herrschaft Kirkel zusammen mit Gütern auf

dem Hunsrück fielen Stephan zu. Dank einer geschickten Heiratspolitik konnte er 1444 die Grafen von Veldenz beerben. So entstand das Herzogtum Pfalz-Zweibrücken, erheblich größer als die alte Grafschaft Zweibrücken, mit drei Schwerpunkten:
- in der Bliesgegend um die Burgen Zweibrücken und Kirkel mit der Vogtei über die Klöster Hornbach und Wörschweiler,
- zwischen Nahe und Glan mit Burg und Stadt Meisenheim, der Stadt Kusel und den Burgen Lichtenberg und Nohfelden,
- in der Vorderpfalz um Burg und Stadt Bergzabern.

Dazu kamen kleinere Besitzungen wie z. B. Veldenz an der Mosel. Reibungen mit den Grafen von Nassau-Saarbrücken entstanden dadurch, daß die Grafen von Homburg Teile ihres Besitzes auch an die Grafen von Veldenz verpfändet hatten und die Herzöge von Pfalz-Zweibrücken als Veldenzer Erb- und Rechtsnachfolger diese Homburger Pfandschaften nicht nur gegenüber Saarbrücken behaupten, sondern noch ausbauen wollten. Andere Streitigkeiten ergaben sich aus der Handhabung der Zoll- und Geleitsrechte auf der großen Straße zum Rhein und schließlich aus der Vogtei über das Kloster Wörschweiler, die von Graf Johann Ludwig von Nassau-Saarbrücken beansprucht wurde, nachdem er die Erbtochter der Grafen von Mörs-Saarwerden, also eine Nachkommin der Gründerfamilie, geheiratet hatte. Diese Spannungen führten dazu, daß in den regionalen Fehden des 15. Jahrhunderts die Grafen von Nassau-Saarbrücken und die Herzöge von Pfalz-Zweibrücken immer in den entgegengesetzten Lagern standen und ihre Zwistigkeiten zum Schaden ihrer Untertanen mit bewaffneter Hand austrugen. Eine Verbesserung des Verhältnisses zwischen den beiden Familien deutete sich an, als Graf Johann Ludwig von Nassau-Saarbrücken 1492 die Tochter des Pfalz-Zweibrücker Herzogs heiratete; aber in der nächsten Generation lebten die alten Streitigkeiten wieder auf. Das gesamte 16. Jahrhundert hindurch wurden Versuche zur Beilegung unternommen, aber immer wieder boten die unklaren Abgrenzungen der beiderseitigen Interessenräume mit sich überschneidenden Rechten neue Anlässe zum Streit, bis im Jahre 1603 durch den Limbacher Vertrag eine umfassende Bereinigung erzielt werden konnte.

Auswirkungen der allgemeinen Geschichte

Die Geschichte einer bestimmten eng begrenzten Landschaft stellt sich immer dar als das Ergebnis regionaler und überregionaler Faktoren. Die Ereignisse der großen europäischen Geschichte und die tiefgreifenden Veränderungen in der Struktur, Verfassung, Gesellschaft und Wirtschaft des deutschen Reiches wurden in einem Kleinraum wie der Bliesgegend in sehr unterschiedlichem Maße spürbar, vereinfachend gesagt, im Spätmittelalter viel weniger als in der Frühneuzeit. Zwei Faktoren zeitigten im 16. und 17. Jahrhundert lang nachwirkende Ergebnisse: die Kirchenspaltung infolge der Reformation und der habsburgisch-bourbonische Gegensatz.

Reformation und Gegenreformation

Das Herzogtum Pfalz-Zweibrücken ist das linksrheinische Territorium, in dem die Reformation am frühesten Eingang fand. Bereits 1523 wurde der protestantische Prediger Johannes Schwebel nach Zweibrücken berufen. Er und der zweibrückische Kanzler Jakob Schorr bekundeten in Druckschriften ihre Sympathie für Luthers neue Lehre, Schwebel reichte das Abendmahl in beiderlei Gestalt. Der damalige Herzog von Pfalz-Zweibrükken, Ludwig II., ließ diesen Tendenzen freien Lauf. Nach seinem Tode förderten seine Witwe, eine Tochter des Landgrafen von Hessen, und sein Bruder die reformatorische Bewegung im Herzogtum. Sie erhielt dann in der nächsten Generation durch Herzog Wolfgang eine klare Ausformung in Gestalt einer eigenen pfalz-zweibrückischen Landeskirche lutherischen Bekenntnisses. Er säkularisierte auch die beiden alten Abteien der Bliesgegend, Hornbach und Wörschweiler, schlug aber deren reichen Besitz nicht zu dem herzoglichen, sondern ließ ihn als Sondervermögen durch eine Kirchenschaffnei verwalten und nur für Kirchen- und Schulzwecke verwenden, unter anderem zur Dotierung des humanistischen Gymnasiums, das in den leerstehenden Hornbacher Konventsgebäuden eingerichtet wurde. Folgende pfalz-zweibrückische Pfarreien entstanden innerhalb des heutigen Kreisgebietes: Bexbach, Bierbach, Breitfurt, Einöd, Erbach-Reiskirchen, Kirkel und Mimbach.

Das Kurfürstentum Trier hielt am katholischen Bekenntnis fest, in einzelnen Pfarreien (Rubenheim mit Wecklingen, Reinheim, Bliesmengen-Bolchen) des Amtes Blieskastel predigten unter dem Einfluß der adligen Familien von der Eltz, Mauchenheimer und Steinkallenfels zeitweise lutherische Pfarrer. Graf Johann IV. von Nassau-Saarbrücken, der letzte seiner Linie, ließ in seinen letzten Lebensjahren die Dinge auf dem Lande anscheinend treiben. Die Pfarrer von Altstadt und Gersheim öffneten sich reformatorischen Einflüssen. Seine Nachfolger, die Grafen Albrecht und Philipp von Nassau-Weilburg, verfügten 1575 die Einführung der lutherischen Lehre in allen nassau-saarbrückischen Orten. Natürlich dauerte es eine Reihe von Jahren, bis sich die neue Lehre durchgesetzt hatte.

Indessen bahnte sich in Pfalz-Zweibrücken eine neue Entwicklung an. Die dortigen führenden Theologen lösten sich immer mehr von der lutherischen Orthodoxie und näherten sich dem reformierten Lager, das damals geistlich und politisch von Kurpfalz angeführt wurde. 1588 vollzog Herzog Johann I. offiziell den Konfessionswechsel und verlangte dasselbe von seiner Geistlichkeit und seinen Untertanen. Pfarrer, die aus Überzeugung und Gewissen den Wechsel nicht mitmachen konnten, mußten das Herzogtum verlassen, darunter auch der damalige Pfarrer von Mittelbexbach. Das Gros der Bevölkerung war gezwungen, dem Konfessionswechsel des Fürsten zu folgen. Wie schwer dies manchen Männern und Frauen fiel, zeigten noch einige Jahre später die deutlich gesunkenen Zahlen der Abendmahlsgäste.

Die unterschiedliche Aufnahme des reformatorischen Gedankengutes verschärfte die Abgrenzungen in der Bliesgegend. Zu dem politisch-administrativen Moment trat nunmehr das konfessionelle. Das Kreisgebiet zerfiel in drei deutlich voneinander abgehobene Bereiche: den kurtrierisch katholischen, den nassau-saarbrückisch lutherischen und den pfalz-zweibrückisch reformierten.

Dieser deutlichen politisch-territorialen und konfessionellen Abgrenzung entsprach aber keineswegs eine geographisch eindeutige Grenzziehung, vielmehr bestanden sich überschneidende und überlappende Rechte fort und bildeten immer wieder Ansätze zu Streitigkeiten, die allerdings, nachdem sich der von Kaiser Maximilian I. verkündete allgemeine Landfrieden durchgesetzt hatte, nicht mehr mit Waffengewalt ausgetragen wurden, sondern in langwierigen Konferenzen zur Beilegung von Grenzstreitigkeiten und, wenn diese erfolglos blieben, vor dem Reichskammergericht.

Im Spannungsfeld europäischer Politik

Im Laufe des 16. Jahrhunderts setzt in der Geschichte der linksrheinischen Lande eine Entwicklung ein, die bis weit in das 20. Jahrhundert hinein wirken sollte, nämlich die wachsende Beeinträchtigung durch das kriegerische Austragen der Gegensätze zwischen den beiden großen europäischen Herrscherhäusern Habsburg und Bourbon, später dann durch den von Nationalismus und Chauvinismus geschürten deutsch-französischen Gegensatz. Immer deutlicher erhielten die linksrheinischen Gebiete den Charakter eines zwischen Deutschland und Frankreich heiß umkämpften Grenzlandes mit wechselnden Grenzziehungen und wiederholtem Wechsel in der Zugehörigkeit zu Staatsverbänden und Wirtschaftsräumen. Hier seien zunächst nur die Ereignisse und Folgen im 17. und 18. Jahrhundert geschildert.

Das Haus Habsburg hatte im Jahre 1477 große Teile des burgundischen Erbes erworben und verfügte damit über ein Gebiet, das sich wie ein breiter Gürtel vom Jura bis zur Nordsee um das Königreich Frankreich legte und nur durch das Herzogtum Lothringen unterbrochen war. Es versteht sich, daß die Großmächte diesem Herzogtum erhebliche Aufmerksamkeit schenkten und es an sich zu binden versuchten. Die Herzöge von Lothringen selbst dagegen glaubten, sich ein eigenes Herrschaftsgebiet weitgehend politisch unabhängig von den großen Nachbarn aufbauen zu können, eine Vorstellung bar jeder realpolitischen Einschätzung. Ein Gebiet in der geographischen Lage Lothringens, durchzogen von den wichtigsten Verkehrswegen von dem Pariser Becken und der Champagne zu den Oberrheinlanden und dem Rhein-Main-Gebiet konnte in den aufbrechenden habsburgisch-bourbonischen Auseinandersetzungen nicht neutral bleiben, sondern wurde zwangsläufig auch gegen den Willen seiner Regenten Aufmarschgebiet oder Schlachtfeld.

In dem Maße, wie die Könige von Frankreich ihre Macht nach Osten vorschieben konnten, wurde auch die Bliesgegend von den Spannungen der europäischen Geschichte betroffen. Dies zeigen die Parteibildungen im Dreißigjährigen Krieg in aller Deutlichkeit. Der katholische Kurfürst von Trier, der katholische König von Frankreich, der lutherische König von Schweden, die beiden protestantischen Reichsstände Pfalz-Zweibrücken und Nassau-Saarbrücken standen dem katholischen Kaiser, der Mehrheit der katholischen Reichsstände, dem katholischen Herzog von Lothringen und dem Trierer Domkapitel gegenüber. So waren auch die Truppendurchzüge, Besetzungen und Kampfhandlungen während der Zeit dieses Krieges hierzulande vorwiegend nicht durch die konfessionellen Gegensätze geprägt, sondern durch die habsburgisch-bourbonischen. Während in dem ersten Kriegsjahrzehnt unsere Gegend von größeren militärischen Aktionen verschont geblieben war, rollte seit den späten zwanziger Jahren die Kriegswalze in ihrer ganzen Schrecklichkeit über das Land hinweg.

Das Jahr 1635 brachte den Höhepunkt der Schrecken und Greuel. Innerhalb weniger Monate zogen das schwedisch-französische Heer unter Bernhard von Weimar und das kaiserliche Heer unter dem Grafen Gallas zweimal kämpfend vom Oberrhein zur Saar. Vom Herbst 1635 an konnten sich die Kaiserlichen hier behaupten. Die Herzöge von Pfalz-Zweibrücken und die Grafen von Nassau-Saarbrücken flüchteten mit ihren Familien, einem Teil ihrer Beamten und ihrer Pfarrerschaft. Der Kurfürst von Trier wurde in Haft genommen, im Land eine kaiserliche Sequesterverwaltung eingerichtet, die dann 1641 dem Herzog von Lothringen übergeben wurde. Da die Kernlande seines Herzogtums um Nancy herum von französischen Truppen besetzt waren, hielt er sich häufiger in seinen Besitzungen an der Saar und in den besetzten Gebieten auf, unter denen gerade der Festung Homburg eine besondere Bedeutung zukam. Der Westfälische Friede (1648) brachte dem Land nicht die ersehnte Ruhe. Weil der Herzog von Lothringen in den Friedensschluß nicht einbezogen war, gingen die Scharmützel zwischen lothringischen und französischen Truppen weiter. Die Festung Homburg gab der Lothringer nicht an die Grafen von Nassau-Saarbrücken zurück, sondern behielt sie als Faustpfand für seine Forderungen gegenüber dem Reich, als er durch den Vertrag von Vincennes (1661) mit Frankreich Frieden schloß.

Der Krieg hatte dem Land an Saar und Blies tiefe Wunden geschlagen. Zahlreiche Dörfer lagen in Schutt und Asche, die Städte hatten schwere Einbußen an Baubestand und Einwohnerzahl erlitten, die Leistungsfähigkeit des Handwerks war schwer getroffen. Schlösser und Burgen waren bei Belagerungen und Besitzwechsel beschädigt und demoliert worden. Die landwirtschaftliche Nutzfläche hatte sich infolge der unterbliebenen Feldbestellung und des dadurch bedingten Vordringens von Wald und Ödland spürbar vermindert. Der Viehbestand war gleich Null. Die Bevölkerung war durch direkte Kriegseinwirkungen, durch Seuchen und Hungersnöte und durch Abwanderung dezimiert. Vergleicht man die Angaben über die Zahl der Familien, Haushaltungen oder Feuerstätten der Vor- und Nachkriegszeit miteinander, so zeigen sich erschreckende Verluste. Die Listen aus dem nassauischen Amt Homburg von 1632 und 1647 ergeben für die Dörfer einen Bevölkerungsschwund von 100 Prozent, d. h. sie waren 1647 ausgestorben. Für die Stadt Homburg liegen keine Vergleichszahlen vor, weil sie über 1648 hinaus lothringisch besetzt blieb.

Für das kurtrierische Amt Blieskastel ergibt der Vergleich der Listen von 1598 und 1651 einen Rückgang von 88 Prozent. Wenn auch zu beachten ist, daß die am Ort gebliebenen Bewohner sich der Erfassung in den frühen Nachkriegsjahren gern entzogen, weil die damals erstellten Listen ausschließlich fiskalischen Interessen dienten, so ändert dies kaum etwas an den tatsächlich sehr hohen Verlusten. Es mußte Sorge aller Territorialherren sein, unter Hinnahme eigener Einschränkungen den übriggebliebenen Untertanen den wirtschaftlichen Wiederaufbau zu erleichtern und durch Vergünstigungen Ansiedler aus Teilen Europas, die weniger hart im Krieg gelitten hatten, hierher zu ziehen. Die gewährten Ansiedlungsanreize bestanden sowohl in reduzierten Abgaben und Frondienstleistungen als auch gelegentlich in Kultusfreiheit für Angehörige anderer Konfessionen.

Das Aufbauwerk wurde bald durch neue Kriege in Frage gestellt. Der französisch-lothringische Konflikt brach neun Jahre nach dem Frieden von Vincennes erneut aus. Innerhalb weniger Wochen wurde das gesamte Herzogtum von französischen Truppen besetzt. Da der Herzog von Lothringen erkannte, daß seine Besatzung in Homburg sich kaum länger behaupten konnte, übergab er die Festung dem Kurfürsten von Trier. Am 2. August 1671 löste die kurtrierische Besatzung die lothringische ab.

Der Einmarsch französischer Truppen in die Niederlande veranlaßte den Kurfürsten von Trier, sich 1671 der kaiserlich-brandenburgischen Allianz gegen König Ludwig XIV. von Frankreich anzuschließen mit der Folge, daß französische Truppen auch in das Gebiet an Saar und Blies einrückten. Graf Gustav Adolf von Nassau-Saarbrücken wurde wegen seiner wenig kooperativen Haltung gegenüber der französischen Garnison in Saarbrücken im Dezember 1673 als Gefangener nach Metz ge-

Tafel 13 Die Burg Kirkel, erbaut im 11. Jahrhundert, wurde mehrmals zerstört und wiederaufgebaut. Erhalten blieben ein Rundturm – nach dem Zweiten Weltkrieg neu aufgebaut – und der Stumpf eines fünfeckigen Turms mit staufischen Buckelquadern.

Tafel 14 Homburg. Reste der Festung Hohenburg, ausgebaut in der zweiten Hälfte des 17. Jahrhunderts von Vauban, 1697 geschleift

Im Spannungsfeld europäischer Politik

bracht und erst im Mai des folgenden Jahres freigelassen. Fast zur gleichen Zeit wurde der Reichskrieg gegen Frankreich beschlossen. Zunächst besetzten lothringische und kaiserliche Truppen unser Land, gegen Ende des Jahres 1675 drangen die Franzosen wieder vor. Am 1. Januar 1676 eroberten sie nach kurzer Beschießung Zweibrücken. Wenige Monate später standen wieder deutsche Truppen im Westrich. Der für Frankreich nachteilige Verlauf der militärischen Operationen ließ den französischen Kriegsminister Louvois die Verwirklichung eines schon früher entworfenen Planes anordnen, nämlich die planmäßige Verwüstung ganzer Landstriche und die Zerstörung der darin gelegenen Siedlungen, um dadurch dem Gegner den Vormarsch und die Verproviantierung zu erschweren. Im Januar und Februar 1677 wurde Zweibrücken in Brand gesteckt, nachdem zuvor seine Befestigungen geschleift worden waren. Das gleiche Schicksal teilten Dörfer im heutigen Kreisgebiet: Böckweiler, Herbitzheim, Rubenheim, Wolfersheim, Bliesdalheim, Walsheim, Breitfurt, Mimbach, Webenheim, Kirkel, Limbach und Einöd. Die Verwüstungen hatten nicht die beabsichtigte Wirkung. Beim Vormarsch im Frühjahr 1677 konnten die deutschen Truppen den Wüstungsgürtel ohne größere Schwierigkeiten durchqueren und über die Saar nach Lothringen vorstoßen. Zu einer Entscheidungsschlacht kam es aber nicht, die einzelnen Truppenteile zogen in verschiedene Winterquartiere, und die Franzosen rückten wieder vor. Am 5. Februar 1679 wurde der Frieden in Nimwegen unterzeichnet. Kurtrier, Pfalz-Zweibrücken und Nassau-Saarbrücken blieben in ihrem Territorialbestand unverändert. Der Herzog von Lothringen lehnte die ihm schmachvoll erscheinenden Friedensbedingungen ab mit der Konsequenz, daß sein Herzogtum weiter französisch besetzt blieb.

Der Nimwegener Friede wurde von Ludwig XIV. zur Erweiterung seines Einflusses auf dem linken Rheinufer genutzt. Seine erste Aktion richtete sich gegen die Festung Homburg. Am 3. September 1679 erschien Marschall d'Humières mit einer erdrückenden Übermacht vor der Festung und forderte den kurtrierischen Kommandanten zur Übergabe auf, weil sie eigentlich dem Herzog von Lothringen, mit dem noch kein Frieden geschlossen sei, gehöre. Nach einem Scheingefecht, das dem kurtrierischen Kommandanten erlauben sollte, sein Gesicht zu wahren, kapitulierte er am folgenden Tag und räumte Homburg.

Zu weiterem Landgewinn wählte Frankreich nicht militärische, sondern juristische Mittel. Schon seit Jahren hatten französische Beamte aus den Archiven Unterlagen über alte Abhängigkeiten einzelner Orte und Gebiete auf dem linken Rheinufer von den Bistümern Metz, Toul und Verdun zusammengetragen. Sie wurden jetzt einem in Metz eingerichteten Gerichtshof zur Prüfung vorgelegt, insbesondere im Hinblick darauf, inwieweit diese den Bischöfen gehörenden Rechte im Sinne einer Ausdehnung der Rechte des französischen Königs, der ja seit dem Westfälischen Frieden oberster weltlicher Herr dieser Bischöfe war, nutzbar gemacht werden konnten. In der Regel bejahte der Metzer Gerichtshof die Rechtsnachfolge des französischen Königs und verfügte die Angliederung (= Reunion) der betreffenden Reichsgebiete an Frankreich. Schon am 28. Juni 1680 sprach der Gerichtshof die Reunion der ehemaligen Grafschaft Blieskastel aus, am 8. Juli die der Grafschaft Saarbrücken, am 11. Juli die der Herrschaft Altheim im Bliesgau. Im Frühjahr 1682 mußten sich auch die Pfalz-Zweibrücker Herzöge mit der Einbeziehung großer Teile ihres Herzogtums in das Königreich Frankreich abfinden.

Eine feste Organisation erfuhren die reunierten Gebiete durch ihre Zusammenfassung in der neu errichteten Saarprovinz. Ihre Anfänge reichen in die frühen achtziger Jahre zurück, höchster Verwaltungsbeamter wurde Anton Bergeron de la Goupillière, der von ca. 1681 bis zur Übersiedlung in die neuerbaute französische Festung Saarlouis im Jahre 1685 seine Geschäfte von Homburg aus führte. Auf diese Weise hatte Homburg vorübergehend Rang und Funktion der Hauptstadt einer Provinz, die im Süden alle deutschsprachigen Teile des Herzogtums Lothringen umfaßte, im Westen bis an die Prims, im Norden über den Hunsrück hinweg bis an die Mosel und im Osten bis in die Haardt, zum Donnersberg und zum Rheingrafenstein an der Nahe reichte. Parallel zur Verwaltungsorganisation sicherte Frankreich seine neu erworbenen Gebiete durch den Ausbau bestehender und die Anlage neuer Festungen. Schon im Februar 1680 hatten französische Offiziere und Festungsingenieure sich durch intensive Ortsbesichtigungen über die bestmögliche Befestigung der neuen Gebiete informiert und dabei auch den Ausbau der Festung Homburg empfohlen, der in den folgenden Jahren verwirklicht wurde. Die französische Verwaltung trat nicht anstelle der bisherigen landesherrschaftlichen, sondern überlagerte sie. In verschiedenen Bereichen wurde das geltende Recht französischen Normen angepaßt und unter kräftiger französischer Unterstützung die Rekatholisierung der protestantischen Gebiete betrieben. Im Frieden von Rijswijk (1697) mußte Frankreich sich zu der Herausgabe der reunierten Gebiete verstehen, sie kehrten in den Verband des Hl. Römischen Reiches Deutscher Nation zurück, die Landesherren gelangten wieder in den vollen Besitz der Rechte, wie sie sie vor den Reunionen ausgeübt hatten. Eine Geheimklausel des Friedensvertrages sicherte das Fortbestehen der neu errichteten katholischen Gemeinden.

Friedliche Koexistenz im letzten Jahrhundert des Ancien Régime

Nach den leidvollen Kriegen, Hungersnöten, Seuchen und Besatzungen des 17. Jahrhunderts flammten die alten nassau-saarbrückischen und pfalz-zweibrückischen Gegensätze nicht wieder auf. Freilich hatte Homburg, dessen Festung aufgrund internationaler Verträge zweimal, 1697 und 1715, geschleift werden mußte, erheblich an Bedeutung verloren. Es wurde zwar wieder an das Haus Nassau-Saarbrücken zurückgegeben, aber von verschiedenen Linien gemeinschaftlich verwaltet, bis es im Tausch in den vierziger Jahren des 18. Jahrhunderts an Pfalz-Zweibrücken abgetreten wurde. Seitdem spielte das Haus Nassau im Mächtekonzert innerhalb des heutigen Kreisgebietes nur noch eine untergeordnete Rolle. Dagegen schob sich eine andere Adelsfamilie in den Vordergrund, die Herren, später Grafen von der Leyen.

Die Familie stammte von der unteren Mosel. Im 15. Jahrhundert hatte die Heirat Georgs von der Leyen mit Eva, der Erbtochter des Zweibrücker Burgmannengeschlechtes derer von Mauchenheim, den Blick in die Bliesgegend gelenkt. Ihr Erbe bestand aus einem Haus in der Burg Blieskastel, aus Grundbesitz in Blieskastel, Lautzkirchen, Reinheim, Wolfersheim und Ormesheim sowie Zehntanteilen und Naturaleinkünften in Alschbach, Webenheim, Erfweiler, Ehlingen, Wittersheim und Volkerskirchen.

Das geringe Interesse der Kurfürsten von Trier an ihrem im Dreißigjährigen Krieg schwer heimgesuchten Amt Blieskastel und der Herren von Steinkallenfels, der Grafen Fugger, der Herren von Helmstatt und der Herren von Eltz an ihren kaum ausbaufähigen Gütern und Rechten in der Bliesgegend verstand die Familie von der Leyen seit der Mitte des 17. Jahrhunderts geschickt zu nutzen und

26 Gräfin Marianne von der Leyen, unter deren Herrschaft Blieskastel nach 1773 zur barocken Residenzstadt ausgebaut wurde.

ein sich abzeichnendes Machtvakuum auszufüllen. Kernstück ihrer Neuerwerbungen war das Amt Blieskastel, das der Trierer Kurfürst Karl Kaspar von der Leyen zugunsten seiner Familie veräußerte. Kein Wunder, daß bald das Gerücht aufkam, er habe in unzulässiger Weise seine Familie zum Nachteil des Kurstaates begünstigt – ein Vorwurf, der aber einer von Papst Alexander VII. im Herbst 1661 eingeleiteten Untersuchung nicht standhielt. Die Veräußerung der aus kurtrierischer Sicht isoliert gelegenen Exklave, belastet mit hohen Kriegsschäden und Bevölkerungsverlusten, ließ sich mit guten Gründen rechtfertigen. Die Käufe der Familie von der Leyen erscheinen aus der Retrospektive als eine konzertierte Aktion, bei der die beiden geistlichen Brüder Karl Kaspar, Kurfürst von Trier, und Damian Hartrad, zunächst Dompropst in Trier, dann Kurfürst von Mainz, erhebliche Geldmittel zugunsten ihres einzigen weltlich gebliebenen Bruders und seiner Nachkommen einsetzten. Eine neue Dimension erreichte die Bedeutung der Familie für die Geschichte der Bliesgegend, als im Mai 1773 Graf Franz Karl von der Leyen und seine junge Gemahlin Marianne, geborene Dalberg, ihre Residenz von Koblenz nach Blieskastel verlegten.

Gräfin Marianne selbst begründete später die Residenzverlegung mit den wirtschaftlichen Impulsen einer Hofhaltung für das umliegende Land. Man habe sich entschlossen, den Wohnsitz aus fremden Landen nach Blieskastel zu verlegen, weil man die aus dem Ober-

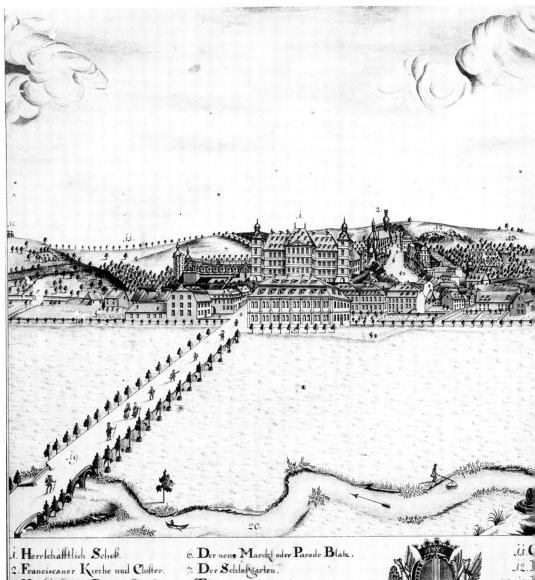

1. Herrschafftlich Schloß.
2. Franciscaner Kirche und Closter.
3. Herrschafftlicher Bau am Schloßberg.
4. Die Pfarrkirche zu St: Sebaltian.
5. Das Oberamt und Wayßenhauß.
6. Der neue Marckt oder Parade Blatz.
7. Der Schloßgarten.
8. Thiergarten.
9. Weeg nach Blickweiler.
10. Das Hohgericht.

11.
12.
13.
14.
15.

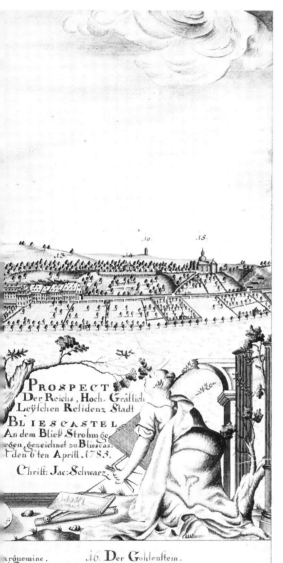

amt eingezogenen Gefälle und Renten auch dort wieder verzehren wollte und den Untertanen einen leichteren, bequemeren und weniger kostspieligen Zugang zur Landesherrschaft geben wollte. Daneben dürften aber Verstimmungen zwischen den führenden Familien am kurfürstlichen Hof in Koblenz die Entscheidung zur Residenzverlegung beeinflußt haben.

Die beabsichtigten Wachstumsimpulse für das heimische Handwerk stellten sich ein. Die gräfliche Bautätigkeit beschäftigte nicht nur einige wenige Architekten, Bildhauer, Stukkateure und Maler, sondern gab vielen Handwerkern und Tagelöhnern Erwerbsmöglichkeiten. Die Versorgung der Hofhaltung und ihrer Bediensteten mit den Gütern des täglichen Bedarfs führte zur Verbesserung der Auftragslage der in und um Blieskastel ansässigen Handwerker und eröffnete dem bisher nur schwach entwickelten Stand der Handelsleute neue Perspektiven. Die Nachfrage nach Gütern gehobenen Anspruchs, auch Luxusgütern, ermöglichte den entsprechenden Handwerkern sich hier anzusiedeln. Die Einrichtungen des Bildungswesens wurden verbessert, schon im November 1773, ein knappes halbes Jahr nach der Übersiedlung, wurde eine Druckerei in Betrieb genommen. Aus anderen leyenschen Schlössern wurden Kunstwerke hierher gebracht und eine Bibliothek, die sogar einige spätmittelalterliche Handschriften enthielt, aufgebaut.

Die breite Palette der von einer Residenz ausgehenden wirtschaftsfördernden Maßnahmen kam dem Land an der Blies, vor allem seinem Hauptort Blieskastel, zugute. Freilich brachte die Nähe des Herrscherpaares für die Untertanen auch manche Reglementierung des alltäg-

27 Schloß Blieskastel, erbaut 1773, in einer alten Ansicht

lichen Lebens, die man bisher nicht gewohnt gewesen war. Nach dem frühen Tod ihres Gatten († 1775) regierte Gräfin Marianne als echte Landesmutter mit den sich in diesem Begriff verbindenden Komponenten von Güte und Strenge.

Ein Grundzug der Territorialgeschichte des Saarlandes im 18. Jahrhundert ist das Streben nach einer Vereinfachung der Grenzen und nach Ausräumen möglicher territorialer Konfliktstoffe. Gemeinsame Herrschaften (Kondominate) wurden aufgelöst, Splitterbesitz und nicht ausbaufähige Rechte abgestoßen. Durch Grenzbereinigungsverhandlungen mit Frankreich entstand damals bereits in dem Abschnitt Utweiler – Bliesmündung der heutige Verlauf der deutsch-französischen Staatsgrenze, die ja auch Südgrenze des Kreisgebietes ist.

Dem Herzogtum Pfalz-Zweibrücken brachten Verhandlungen mit Kurpfalz, mit Nassau-Saarbrücken und mit Nassau-Weilburg den Erwerb von Stadt und Amt Homburg und eine unmittelbare Landverbindung vom Oberamt Zweibrücken zu den Oberämtern Lichtenberg und Meisenheim, die bisher durch das kurpfälzische Amt Kübelberg von Zweibrücken und seinem Umland getrennt gewesen waren. Verschiedene Erbfolgen im 17. Jahrhundert hatten dazu geführt, daß das Herzogtum 1681 ein Nebenland der schwedischen Krone geworden war, der Regent nicht hierzulande residierte, sondern seine Besitzungen an Blies und Glan von einem Statthalter verwalten ließ. Karl XII., der letzte Schwedenkönig aus dem Haus Pfalz-Zweibrücken, hatte seinem ehemaligen Bundesgenossen und Parteigänger, dem polnischen Thronprätendenten Stanislaus Leszczynsky, einen standesgemäßen Unterhalt und Residenz in Zweibrücken gewährt. Da der königliche Exilant in dem überwiegend protestantischen Gebiet keine Stätte fand, die seinem katholischen Frömmigkeitsideal entsprochen hätte, besuchte er häufig das außerhalb des Herzogtums gelegene Kloster Gräfinthal, wo auch eine seiner Töchter zur letzten Ruhe gebettet wurde.

Mit dem Tod Karls XII. (1718) endeten die schwedische Verwaltung Zweibrückens und der Exilaufenthalt von Stanislaus und seiner Familie. Während er zunächst in Weißenburg im Elsaß eine neue Bleibe fand, folgte in der Regierung des Herzogtums Gustav Samuel Leopold aus der Linie Pfalz-Cleeburg. Seine Nachfolger aus der Linie Pfalz-Birkenfeld entfalteten eine weitaus stärkere Bautätigkeit, teilweise auch innerhalb des heutigen Kreisgebietes. Vor allem aber blühte Zweibrücken dank ihrer musischen Neigungen auf und überragte an Einwohnerzahl und kultureller Regsamkeit die benachbarten Residenzstädte Saarbrücken, Pirmasens und Blieskastel. Auf Wunsch Herzog Christians IV. († 1775) entstand unweit des Dorfes Hattweiler ein prachtvoller Schloßbau im Geschmack der Zeit. Sein Name „Jägersburg" ging auf das benachbarte Dorf über.

Noch viel umfangreicher gestaltete sich die Bautätigkeit seines Nachfolgers Karl II. August auf den Höhen östlich von Homburg. Er ließ einen vielgliedrigen Komplex von fürstlichen Wohnbauten, zugehörigen Funktions- und Wirtschaftsgebäuden aufführen, bettete sie in reizvolle, immer wieder veränderte und erweiterte Parkanlagen ein, füllte sie mit Sammlungen kostbarer Gemälde, Antiken, Waffen und Münzen und gab dem ganzen Komplex seinen Namen: Schloß Karlsberg. Seine Persönlichkeit ist bis heute umstritten. Die einen rühmen ihn als den genialen Schöpfer des Schlosses, der Gärten und Sammlungen, die anderen sehen in ihm den nur seinen Liebhabereien lebenden Herrscher, der weit über seine finanziellen Verhältnisse lebte und kaum Blick oder Gehör für die Sorgen und

Friedliche Koexistenz im letzten Jahrhundert des Ancien Régime

28 Schloß Jägersburg, erbaut von Herzog Christian IV. von Pfalz-Zweibrücken

29 Herzog Karl II. August von Pfalz-Zweibrücken, Erbauer von Schloß Karlsberg auf den Höhen östlich von Homburg

Nächste Seiten:
30 Schloß Karlsberg, erbaut 1776–1784

Friedliche Koexistenz im letzten Jahrhundert des Ancien Régime

Nöte seiner Untertanen gehabt habe. Mit der Verlegung seines Wohnsitzes aus der Landeshauptstadt Zweibrücken in das neue Landschloß folgte er dem Trend der Zeit, wie er für die Kurpfalz in der Bevorzugung von Schwetzingen gegenüber Heidelberg bekannt ist. Freilich gab die isolierte Lage des Schlosses dem Amtsstädtchen Homburg nicht so viele unmittelbare Impulse, wie dies bei engerer Nachbarschaft sich wohl stärker ausgewirkt hätte. Immerhin läßt die Ansiedlung von Hofbeamten und Ministern in Homburg die Tendenz der gesuchten Nähe zum Landesherrn erkennen. Es ist durchaus möglich, daß bei einem anderen Verlauf der europäischen Geschichte Homburg sich neben der Landeshauptstadt Zweibrücken zu einer schmucken Residenzstadt mit eigenem Gepräge entwickelt hätte, wie dies in Preußen von Potsdam, in Lothringen von Lunéville, in Frankreich von Versailles bekannt ist. Realistische Aussichten, bald im Konzert der europäischen Mächte einen wichtigen Part übernehmen zu können, ergaben sich aus der Anwartschaft Karls II. August auf das Erbe von Kurpfalz und Kurbayern, und in Erwartung dieser Erbfolge erklären sich teilweise seine immense Bautätigkeit und sein Hang zu Pracht und Prunk. Die bald im Gefolge der Französischen Revolution heraufziehende große politische Wende gab der europäischen Geschichte und den Landen an Saar und Blies einen gänzlich anderen Verlauf.

Umbruch zur Neuzeit

Seit dem Frühjahr 1788 war das politische Leben in Frankreich in Bewegung. In Gemeindeversammlungen wurden die drückenden Lasten und Mißstände diskutiert und die Klagen jedes einzelnen Dorfes in einem Beschwerdeheft aufgelistet und erläutert. Adel, Klerus, Bürger und Bauern schickten ihre Vertreter zunächst in Provinzialversammlungen, dann in Generalstände, die sich sehr bald als Nationalversammlung erklärten und grundlegende Änderungen beschlossen: Abschaffung der Privilegien und Sonderrechte, Aufhebung der Zwangsrechte und Lasten, Absetzung der bisherigen Verwaltungsbeamten, Neuordnung des Behördenwesens in einer für ganz Frankreich einheitlichen Struktur nach den Grundsätzen der Gewaltenteilung, Erklärung der Menschenrechte, Ausarbeitung der Verfassung einer konstitutionellen Monarchie. All dies beobachteten die Bewohner der angrenzenden Reichsgebiete mit höchster Aufmerksamkeit, begannen über eine Verbesserung ihrer eigenen wirtschaftlichen und sozialen Lage intensiver als bisher nachzudenken und ihre Wünsche nach Reformen ihren Landesherren vorzutragen.

Persönliche Kontakte, von Frankreich herüberkommende Flugschriften und gelegentlich an Saar und Blies auftauchende „Freiheitsprediger", aber auch die bald hereinströmenden Emigranten, zunächst Adlige, dann Priester, die den Eid auf die französische Verfassung verweigert hatten, und Insassen aufgehobener Klöster machten die Bewohner der hiesigen Gegend sowohl mit der revolutionären als auch der gegenrevolutionären Propaganda bekannt.

Beschwerdeschriften und Unruhen

In den Reichsterritorien gab es genügend Ansatzpunkte für Unzufriedenheit. Auf den leyenschen Landen lasteten hohe Staatsschulden, der Herzog von Pfalz-Zweibrücken erging sich in einer schier unerschöpflichen Baulust, beides schlug sich in Erhöhung bestehender und Einführung neuer Abgaben nieder. Daneben klagten die pfalz-zweibrückischen Untertanen über große Schäden, die bei den herzoglichen Parforcejagden verur-

Beschwerdeschriften und Unruhen

sacht wurden. Ein Konfliktpotential war also durchaus vorhanden. Seit Sommer 1789 kam es auch diesseits der Grenze zu Protesten, dann zu offenen Unruhen; aber revolutionär im Sinne eines Umsturzes des bestehenden Systems waren sie noch nicht. In ihrem zeitlichen Verlauf sind zwei Phasen zu unterscheiden, eine erste von Sommer 1789 bis Ende 1791 und eine zweite, beginnend mit dem Einmarsch französischer Truppen im November 1792 und endend mit der Flucht der Fürsten im Frühjahr 1793. Es ist bezeichnend für das Verharren von Obrigkeit und Untertanen in den überkommenen Strukturen, daß es nicht zu die Territorialgrenzen übergreifenden koordinierten Aktionen kam, weder von seiten der Untertanen zur besseren Durchsetzung ihrer Forderungen noch von seiten der Dynasten zur gemeinsamen Abwehr der aus ihrer Sicht revolutionären Umtriebe und Tumulte. Sowohl in der Haltung der Untertanen und dem Instrumentarium der Durchsetzung ihrer Forderungen als auch in den Abwehr- und Repressionsmechanismen der Landesherren spiegelte sich noch einmal der Partikularismus des territorialstaatlichen Systems kurz vor seinem Zusammenbruch.

In der Grafschaft Blieskastel übernahm St. Ingbert die Vorreiterrolle. Die dortige Unzufriedenheit ergab sich aus der Verquickung dreifachen Konfliktstoffes: der von der Herrschaft verweigerten Mitnutzung der großen Wälder, der entschädigungslosen Unterbindung der lange Zeit von einzelnen praktizierten Kohlengräberei und der Gewährung großer und billiger Holzlieferungen an die privilegierten ortsfremden Pächter der Eisenschmelze. Am 25. August 1789 forderten die St. Ingberter von der Gräfin von der Leyen das Eigentum am Wald. Zwei Tage später deckten sie eigenmächtig ihren Bedarf an Brenn- und Bauholz und warben gleichzeitig in anderen Dörfern um Unterstützung für ihre Forderungen. Am 17. September formulierten Vertreter von 19 leyenschen Orten in Ommersheim 25 Beschwerdepunkte. Obwohl diese Schrift noch ganz in Form der gewohnten devoten Petition abgefaßt war, fand die Gräfin darin ungeziemende Redensarten und erwirkte beim Reichskammergericht die Androhung eines bewaffneten Vorgehens gegen die aufmüpfigen Gemeinden. Nachdem die Gemeinden am 1. Oktober der Gräfin ihre Beschwerde erneut erfolglos vorgetragen hatten, überfielen in den folgenden Tagen Einwohner von St. Ingbert die dortigen Kohlengruben und die Eisenschmelze. Ihr Vorgehen wirkte als Initialzündung, Anfang November 1789 stand das ganze leyensche Gebiet in „Generalaufruhr". Am 6. Dezember rückten 600 Mann kurpfälzischen und kurmainzischen Militärs ein. Die Rädelsführer des Aufruhrs flohen oder wurden gefangengenommen, die Einwohner mit hohen Einquartierungslasten belegt. Das Militär blieb so lange, bis alle Einwohner am 29. Januar 1790 einen Unterwerfungsvertrag unterzeichneten. Schon am 21./22. März flammten in St. Ingbert erneut Unruhen auf, wieder wurde ein Kontingent von Truppen des Oberrheinischen Reichskreises dort einquartiert. Es blieb rund zehn Monate, bis die St. Ingberter erneut einen für sie ungünstigen Vergleich angenommen hatten.

Der Herzog von Pfalz-Zweibrücken vermochte einer Petitionsbewegung in seinen Kernlanden, die im Juli 1789 angelaufen war, durch „Gnadenbezeigungen" die Spitze zu nehmen. Dankbesuche von Homburger und Zweibrücker Bürgern auf dem Karlsberg im September sprechen für eine schnelle Entschärfung der Lage, andererseits deuten die hohe Zahl von Forstfreveln und die sehr schlechte Zahlungsmoral bei Holzlieferungen aus den herzoglichen Wäldern auf ein Weiterschwelen der Unzufriedenheit.

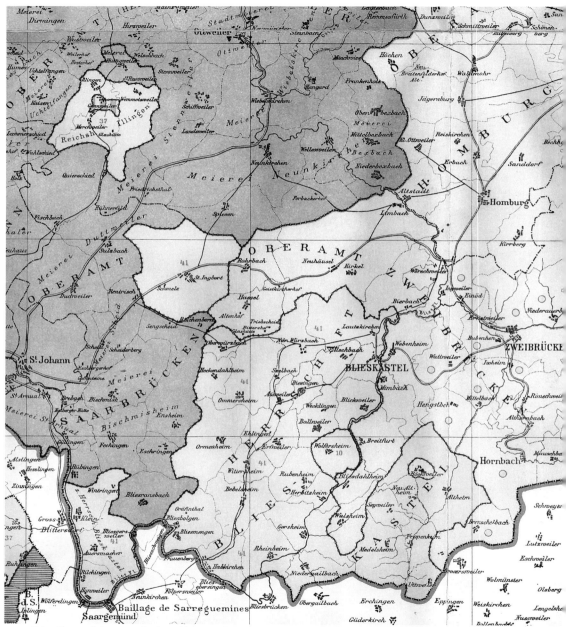

31 Grenzziehung zwischen Nassau-Saarbrücken (dunkel) und Pfalz-Zweibrücken (hell) 1789.
10 Familie Cathcart von Carbiston, 37 Herren von Kerpen, 41 Grafen von der Leyen.

Befreiungsdekret, Reunionsersuchen und Flucht der Fürsten

Eine neue Dimension erreichten die Auswirkungen der Revolution gegen Ende des Jahres 1792. Nachdem die Intervention der europäischen Monarchen zugunsten König Ludwigs XVI. im September in dem weltberühmt gewordenen Gefecht bei Valmy in der östlichen Champagne von den Revolutionstruppen zurückgewiesen worden war und die Verbündeten sich zurückziehen mußten, überschritten die sie verfolgenden Franzosen bald die Reichsgrenze. Da der Fürst von Nassau-Saarbrücken und die Gräfin von der Leyen bisher auf strikte Neutralität bedacht gewesen waren, ergab sich für sie noch keine unmittelbare Gefährdung, sie selbst und ihre Beamten blieben im Land und hielten eine funktionierende Verwaltung aufrecht.

Die Anwesenheit von Revolutionstruppen gab dem unzufriedenen Teil der Untertanen in den Reichsgebieten Auftrieb und löste neue Unruhen aus, gefördert durch den inzwischen vollzogenen Schwenk in der französischen Außenpolitik. Mit dem Befreiungsdekret vom 19. November 1792 versprach der Nationalkonvent als Volksvertretung der am 22. Oktober 1792 ausgerufenen französischen Republik „Brüderlichkeit und Hilfe allen Völkern, die ihre Freiheit wiedererlangen wollen". Das bedeutete, daß der Konvent über die Abwehr ausländischer Einmischung in die französische Innenpolitik hinausgehen und die revolutionären Errungenschaften in einem ideologisch motivierten Befreiungskrieg über die französischen Grenzen hinaus ausbreiten wollte.

In dieser Phase strebte ein Teil der Untertanen in den Reichsterritorien den Sturz der Fürstenherrschaft an, nicht durch einen im Lande selbst organisierten Aufstand, sondern durch die Erklärung des Anschlusses an die französische Republik. In Pfalz-Zweibrücken begann sich eine Reunionsbewegung vom Oberamt Bergzabern her auszubreiten. Im leyenschen Gebiet machte St. Ingbert mit zwei Reunionsgesuchen im November und Dezember 1792 wiederum den Vorreiter, am 24. Februar 1793 legte auch die Bürgerschaft von Blieskastel den Eid auf die republikanische Verfassung ab und bat um Aufnahme in die französische Republik. Wenn auch die zuständigen Pariser Stellen sich zurückhaltend gegenüber solchen Gesuchen verhielten, so deuteten sie doch das Ende der Fürstenherrschaft an Saar und Blies an.

Als Anfang Februar französische Truppen auf Homburg und Zweibrücken vorrückten, floh Herzog Karl II. August am 9. Februar abends gegen 22 Uhr, in letzter Minute von einem Bauern aus Rohrbach vor dem Herannahen einer Kavallerieeinheit gewarnt. Fürst Ludwig von Nassau-Saarbrücken und Gräfin Marianne von der Leyen hielten noch bis Mai aus. Auch sie konnten sich in letzter Minute der Festnahme entziehen.

Vier Jahre Krieg im Lande

Die Flucht der Fürsten ist eingebettet in die Truppenbewegungen und Kampfhandlungen des Frühjahrs 1793. Schwerpunkt der militärischen Operationen war zunächst die Belagerung des von den Franzosen besetzten Mainz durch die verbündeten Österreicher, Preußen und Sachsen. Schon im März 1793 brachten österreichische Husaren Schloß Karlsberg wieder in deutsche Hand, die pfalz-zweibrückische Verwaltung wurde wieder installiert, am 27. April besuchte Herzog Karl II. August noch einmal seine geliebte Residenz. Wenige Tage später wurden die Franzosen aktiv, am 17. Mai besetzten sie Homburg, am 21. Juli stieß General Landremont aus dem Raum Limbach-Blieskastel nach Osten vor.

Nachdem die französische Besatzung in Mainz kapituliert hatte, wurden größere deutsche Truppenkontingente in den Westrich verlegt. Am 4. August eroberten sie Zweibrücken zurück, am 8. August Neunkirchen und Ottweiler. Die Kanonade von Rohrbach am 17. August, Gefechte bei Hornbach, Blieskastel und St. Ingbert am 11. September und die Niederlage des Generals Moreau bei Blieskastel am 26. September kennzeichnen Geländegewinne der Alliierten. Die gesteckten strategischen Ziele, Einnahme der Festung Bitsch und Zurückdrängen der Franzosen auf das linke Saarufer, konnten sie vor Einbruch des Winters nicht erreichen. Als sie am 17. November den Rückmarsch in die vorgesehenen Winterquartiere begannen, stieß eine französische Offensive, die General Lazare Hoche auf der breiten Front Saarlouis–Saaralben nach Norden vortrug, mitten in die deutsche Absetzbewegung. Kämpfe bei Biesingen am 17. November konnten den geordneten Rückmarsch der Preußen nicht in eine wilde Flucht verwandeln, aber auch die Franzosen nicht an der weiteren Verfolgung hindern. Knapp zwei Wochen später kam es bei Kaiserslautern zu einem neuen, blutigeren Treffen. Die Alliierten zogen sich dann auf das rechte Rheinufer zurück, General Hoche konnte das belagerte Landau entsetzen.

Auch 1794 war die Bliesgegend wieder unmittelbar von den Kampfhandlungen betroffen. Die Preußen stießen in den letzten Maitagen über Homburg und Zweibrücken durch den Bliesgau bis in das Sulzbachtal vor. Ihr Rückzug am 30. Juni und ein Sieg der Franzosen unter Moreau bei Trippstadt am 13. Juli schienen die Lage zugunsten der Franzosen zu wenden; aber Mitte September standen die Preußen wieder in Ottweiler und Neunkirchen, also unmittelbar nördlich des Kreisgebietes. Das Jahr 1795 verlief ruhiger. Die Kampfhandlungen auf dem linken Rheinufer wurden spät eröffnet. Im November erschienen, für die Bevölkerung unerwartet, Österreicher in Homburg und Zweibrücken. Ein bis 22. Mai 1796 geltender Waffenstillstand legte die Blies als Demarkationslinie fest. Nach seiner Aufkündigung kam es im Juni bei Homburg zu Scharmützeln. Der französische Feldzugsplan des Jahres 1796 legte das Schwergewicht der Operationen nach Süddeutschland. Den Abzug der französischen Truppen aus der Pfalz nutzten österreichische Husaren zu handstreichartigen Aktionen aus.

Von Herbst 1792 bis Herbst 1796 gehörte das Kreisgebiet zum Operationsgebiet der gegnerischen Heere. Wenn auch hier keine Entscheidungsschlachten geschlagen wurden, so forderten die Artillerieduelle, Gefechte und Scharmützel ihren Blutzoll auf beiden Seiten und schädigten die im Kampfgebiet lebenden Menschen an Leib und Gut. Erst im Zweiten Weltkrieg mußte die Bevölkerung der Bliesgegend wieder die Schrecken eines Krieges im Lande so hautnah erleben.

Die hin und her wogenden Kämpfe, Vorstöße und Rückzüge der deutschen und französischen Truppen änderten immer wieder die Zuständigkeit der Verwaltungen. Sobald die französischen Truppen Gebiete räumten, machte die pfalz-zweibrückische Verwaltung, die nach Meisenheim ausgewichen war, wieder ihre Zuständigkeit geltend. Dort wo die französischen Truppen blieben oder wieder zurückkamen, übten Kommissare und Volksrepräsentanten im Namen des Nationalkonvents ihre Macht aus.

Das Verhältnis der Bevölkerung zu der zunächst gastfreundlich aufgenommenen französischen Besatzung wurde bald durch die auferlegten Requisitionen und Kontributionen und das Vorenthalten der revolutionären Errungenschaften belastet. Um sich im Kampf gegen die Mächte des Ancien Régime zu behaupten, mobilisierte das revolutionäre

Frankreich alle Ressourcen im Inland und im besetzten Gebiet. Eigene „Ausleerungskommissionen" preßten unter Androhung drakonischer Strafen Geld und Naturalien aus der Bevölkerung.

Zwar wurde versucht, die Willkür und Habgier einzelner Kommissare, Offiziere und Soldaten zu unterbinden; aber die Menschen in dem besetzten Gebiet spürten kaum eine Linderung. Was halfen auch alle Vorschriften, die gelieferten Waren zu bezahlen oder mindestens zu quittieren, wenn dafür nur Papiergeld (Assignaten) geboten wurde und offenblieb, ob die belegbaren Requirierungen jemals verrechnet würden. Die tägliche Konfrontation mit einem in seinen Forderungen unersättlich erscheinenden Regime kostete die revolutionäre Idee bei der Bevölkerung viele Sympathien. Auch die preußischen und österreichischen Truppen waren bei der Durchsetzung ihrer Forderungen nicht zimperlich und veranstalteten nach der Wiederbesetzung von Reichsgebiet eine „Patriotenjagd" gegen alle diejenigen, die ihre Sympathie für revolutionäres Gedankengut hatten erkennen lassen.

Der Umgang mit den fürstlichen und gräflichen Schlössern und ihrer kostbaren Innenausstattung veranschaulicht in aller Deutlichkeit die Parole „Friede den Hütten, Krieg den Schlössern", wie sie damals oft verwendet wurde. Während die Rückeroberung von Schloß Karlsberg ermöglicht hatte, wenigstens Teile der Sammlungen, vor allem die Gemäldegalerie und die Bibliothek, zu bergen, konnte von der Innenausstattung der leyenschen Schlösser kaum etwas gerettet werden. Unmittelbar nach der Flucht der bisherigen Inhaber wurden die Schlösser beschlagnahmt und mit dem Abtransport von wertvollen Möbeln, Tafelsilber, Gemälden und anderem Sammlungsgut begonnen. Schloß Karlsberg wurde am 28. Juli 1793 in Brand gesteckt. Die anderen pfalz-zweibrükkischen und leyenschen Schlösser und Lusthäuser wurden durch Einquartierungen, durch den Ausbau von Metallteilen und durch Verfeuern des Holzwerks alsbald in einen äußerst schlechten Zustand versetzt, der ihren Verkauf zum Abbruch nahelegte. Schon 1795 wurde von französischer Seite bemängelt, daß mit ihnen nicht schonender umgegangen und sie nicht neuen Nutzungen z. B. als Spitäler zugeführt worden seien. Durch die Verwirklichung des Schlagwortes „Krieg den Schlössern" hat das Land an Saar und Blies kulturelle Verluste erlitten, die noch heute empfindlich verspürt werden.

In Frankreich wurde nach dem Sturz der Jakobinerherrschaft seit Herbst 1794 die Zwangswirtschaft zunächst gelockert, dann ganz aufgehoben, von der Bevölkerung der besetzten Reichsgebiete wurden aber weiterhin hohe Kontributionen verlangt. Der Nationalkonvent hatte im Dezember 1792 vollmundig zugesagt, in den besetzten Gebieten alle herrschaftlichen Abgaben und Frondienstleistungen, den Zehnten, die geltenden Jagd- und Fischereirechte aufzuheben und nach einer Übergangszeit eine nach den Grundsätzen der Freiheit und Gleichheit vom Volk gebildete Regierung einzusetzen. Aus solchen Versprechungen hatte die Bevölkerung der besetzten Gebiete die Hoffnung abgeleitet, daß bald nach der Flucht der Fürsten die revolutionären Errungenschaften eingeführt würden. Doch das gesamte alte Abgabensystem blieb bestehen, es lief nicht mehr auf Rechnung der Fürsten und Grafen, sondern zugunsten der französischen Besatzungsmacht. Statt der erhofften freien Nutzung der Wälder wurde jede eigenmächtige Holzentnahme untersagt. Neuerungen in Verwaltung, Rechtsprechung und Gerichtsorganisation wurden vorerst nicht eingeführt. Diesbezügliche Klagen wurden von den regionalen und lokalen französischen Machthabern mit dem Hinweis beantwortet, nur eine Eingliederung in die französische Republik könne Abhilfe schaffen. Wurden solche Anschlußersuchen gestellt, wie z. B. von St. Ingbert, blieben sie bei den zuständigen Pariser Stellen unerledigt liegen, weil es noch keine mehrheitlich getragene Konzeption über die künftige staatliche Zugehörigkeit der eroberten linksrheinischen Gebiete gab. So blieb das Schicksal der Bevölkerung in der Schwebe und das Besatzungsregime mit allen seinen Zwängen und Lasten in Kraft.

Eingliederung in den französischen Staat

Erst im Laufe einiger Jahre setzte sich die Ansicht durch, die linksrheinischen Gebiete der französischen Republik einzuverleiben. Dementsprechend wurde nun von seiten der Besatzungsmacht für den Anschluß an die französische Republik geworben. Die Reaktion der Bevölkerung spiegelt sich vornehmlich in ihrer Beteiligung beim Feiern der zahlreichen neu eingeführten Revolutionsfeste und in der Zahl der Unterschriften auf den von den französischen Kommissaren angeregten Anschlußadressen. Die Ergebnisse für die einzelnen Kantone differieren erheblich. Die Unterschriften waren dort am zahlreichsten, wo das Verhältnis zur Herrschaft schon in den Jahren 1789 bis 1792 belastet gewesen war. St. Ingbert nahm die Spitzenposition ein.

Zu Anfang des Jahres 1798 wurde die Verwaltung der besetzten Gebiete nach innerfranzösischem Vorbild neu aufgebaut, es wurden Departements und Kantone gebildet und der Grundsatz der Trennung von Verwaltung und Rechtsprechung verwirklicht. Mitten durch das heutige Kreisgebiet verlief die Grenze zwischen dem Saardepartement (Hauptstadt Trier) und dem Donnersbergdepartement (Hauptstadt Mainz). Sie folgte dem Lauf der Blies von Habkirchen bis kurz vor Beeden und bog dann nach Nordosten ab, so daß Homburg schon im Donnersbergdepartement lag, Waldmohr und Kusel aber noch im Saardepartement. Die Grenzziehung orientierte sich nicht an den alten leyenschen und pfalz-zweibrückischen Territorialgrenzen. In gleicher Weise entstanden die Kantone aus ehemals nassau-saarbrückischen, leyenschen und pfalz-zweibrückischen Dörfern. Ihre Grenzen behielten über die französische Zeit hinaus Gültigkeit, weil bei späteren Grenzveränderungen über ganze Kantone und nicht über einzelne Gemeinden verfügt wurde. So bestanden die 1798 geschaffenen Kantone Blieskastel, Homburg, Hornbach, Medelsheim, Waldmohr und Zweibrücken auch in bayerischer Zeit fort.

Nachdem Preußen und Österreich in Sonderfrieden schon früher dem Verbleib der besetzten linksrheinischen Gebiete bei Frankreich zugestimmt hatten, brachte der Frieden von Lunéville am 9. Februar 1801 die staatsrechtliche Anerkennung der Gebietsverluste auch durch das Reich. Damit begann hierzulande die Umverteilung des Eigentums. Erst jetzt wurde der adlige und kirchliche Großgrundbesitz parzelliert und oft von seinen bisherigen Pächtern zu eigen erworben. Durch die uneingeschränkte Einführung der französischen Verfassung im September 1802 erfolgte die volle Gleichstellung der linksrheinischen Departements mit Innerfrankreich.

Die nun auch hierzulande geltenden revolutionären Errungenschaften waren von Frankreich aufgrund seiner militärischen und diplomatischen Erfolge durch Gesetz, also auf obrigkeitlichem Wege, eingeführt worden, und dies zu einem Zeitpunkt, als in Frankreich die Revolutionsepoche schon abgeschlossen war und sich mit der Konzentration der Macht in Händen Napoleon Bonapartes ein neues monarchisches System anbahnte.

Rund eineinhalb Jahrzehnte verblieb das Kreisgebiet im französischen Staatsverband,

Tafel 15　Blieskastel. Die sog. Orangerie, das einzig erhaltene Gebäude der Schloßanlage der Grafen von der Leyen. Auf der Rückseite schließt sich eine Gartenanlage im barocken Stil an.

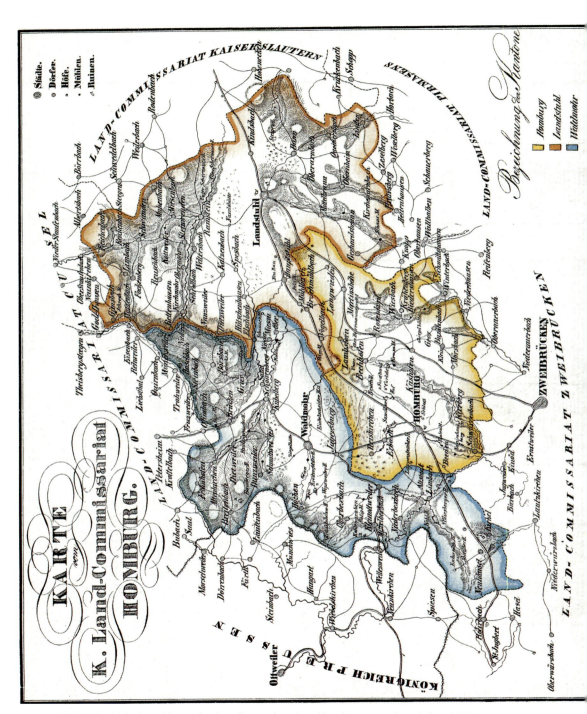

Tafel 16   Kolorierte Karte des Landkommissariats Homburg aus dem Jahre 1818

erlebte dessen Veränderung zum Kaiserreich mit einer straffen zentralistischen Verwaltung, die wirtschaftlichen Vorzüge eines großen Wirtschaftsraumes, aber auch seine Beeinträchtigung durch die von Großbritannien praktizierte Kontinentalsperre und schließlich den Zusammenbruch infolge der militärischen Niederlagen Napoleons in Rußland und in den deutschen Befreiungskriegen. Im Frühjahr 1814 stellte sich erneut die Frage der künftigen staatlichen Zugehörigkeit des linken Rheinufers.

Zum Königreich Bayern

In den ersten Wochen des Jahres 1814 besetzten die Alliierten das linke Rheinufer, stießen tief nach Frankreich vor und zwangen Napoleon zur Abdankung. Den neuen Bourbonenkönig Ludwig XVIII. wollten sie nicht durch harte Friedensbedingungen schwächen und gestanden ihm im Ersten Pariser Frieden vom 30. Mai 1814 die Grenzen des Jahres 1792 zu und wichen in der Saargegend sogar davon ab, indem die Kantone St. Arnual und Saarbrücken bei Frankreich belassen wurden. Die neue Grenze lief von Bliesbolchen aus in ungefähr nördlicher Richtung bis Friedrichsthal, von dort westwärts über Quierschied und Güchenbach nach Schwarzenholz, von wo aus sie dem Grenzverlauf von 1792 folgte. Sie beließ den größeren Teil des Fürstentums Nassau-Saarbrücken bei Frankreich, obwohl es 1792 unbestreitbar zum Reich gehört hatte.

Während das Land zwischen Mosel, Rhein und Queich übergangsweise von einer österreichisch-bayerischen Kommission verwaltet wurde und die europäischen Mächte in Wien über die endgültige staatliche Zuordnung der rückeroberten linksrheinischen Gebiete berieten, kehrte Napoleon von Elba zurück, fand schnell großen Zulauf und stand bald wieder gegen die Alliierten im Felde. Seine Niederlage bei Waterloo, die erzwungene zweite Abdankung und seine Verbannung nach St. Helena schalteten ihn aus der europäischen Politik aus, führten aber auch zu einer Revision der Grenzziehung von 1814 zu Lasten Frankreichs. Der Zweite Pariser Friede vom 20. November 1815 wies die ehemals nassau-saarbrückischen Gebiete und die bisher französische Festung Saarlouis Preußen zu. Dies entsprach auch den Wünschen des größeren Teiles der Bevölkerung von Saarbrücken und St. Johann.

Bürger der Stadt und des Kantons Blieskastel hatten im Mai oder Juni 1814 dem Fürsten von der Leyen versichert, gerne wieder unter seine Herrschaft zurückkehren zu wollen. Darauf bestand aber keine Aussicht; denn der Fürst hatte zu lange auf seiten Napoleons gestanden, den Anschluß an die deutsche Befreiungsbewegung verpaßt und war daher bei deutschen Monarchen und Politikern so in Mißkredit geraten, daß nicht nur die Wiederherstellung seiner Herrschaftsrechte im linksrheinischen Gebiet abgelehnt, sondern sogar seine rechtsrheinische Herrschaft Hohengeroldseck mediatisiert wurde.

König von Bayern war damals Max I. Joseph, der Bruder des Herzogs Karl II. August von Pfalz-Zweibrücken. Die Zuweisung linksrheinischen Gebietes an Bayern entsprang aber nicht seinem dynastischen Traditionsbewußtsein, wieder im Lande der Väter herrschen zu können, sondern ergab sich aus dem fälligen territorialen Ausgleich mit Österreich. Auf Drängen Österreichs mußte Bayern das Salzburger Land, das Innviertel und das Hausruckviertel zurückgeben und erhielt als Gegenleistung einen Teil des unter gemeinsamer österreichisch-bayerischer Übergangsverwaltung stehenden linksrheinischen Gebietes. Schon im Herbst 1815 stellte man sich in München auf ein solches Verfahren ein und erkannte es im Münchener Vertrag vom

14. April 1816 an. Am 30. April 1816 erließ König Max I. Joseph das Besitzergreifungspatent und beauftragte Franz Xaver von Zwackh mit der Verwaltung des Gebietes, das zunächst „Königlich bairisches Gebiet auf dem linken Rheinufer" hieß, von 1817 bis 1837 „Rheinkreis" und von da an „Pfalz".

Die Herausforderung, die sich nicht nur Bayern, sondern allen deutschen Staaten, die Anteil am linksrheinischen Gebiet hatten, stellte, war die Konfrontation mit den aus der französischen Zeit überkommenen Grundsätzen der staatsbürgerlichen Freiheit und Gleichheit und der dementsprechend organisierten Verwaltung und Rechtsprechung. Für sie bürgerte sich bald der Begriff der „Rheinischen Institutionen" ein. Sie wurden von der Bevölkerung als eigentliche Verfassung gesehen. Ihr Kernstück waren die Rechtskodifizierung (Code Napoléon) und Gerichtsverfassung mit dem öffentlichen und mündlichen Verfahren und mit Geschworenengerichten in Strafsachen.

Hinzu kamen die Beseitigung sämtlicher Feudallasten und die daraus entstandene neue Agrarverfassung, vor allem die freie Verfügung über das Grundeigentum, die vollständige Beseitigung der Zunftverfassung und die Gewerbefreiheit, die Gleichheit vor dem Gesetz und in der Besteuerung, gleiches Recht für Stadt- und Landgemeinden, die Trennung des Geistlichen und Weltlichen im Sinne der Zurückdrängung der katholischen Kirche aus dem öffentlichen Leben und eine aus Wahlen hervorgegangene Notablen-Versammlung, die ein beschränktes Mitspracherecht auf Departementsebene besaß.

Die bayerische Regierung führte nicht altbayerisches Recht in den neu erworbenen rheinischen Gebieten ein, sondern übernahm die gesamten hier vorgefundenen Rechts- und Verwaltungseinrichtungen. Dadurch erhielt der bayerische Rheinkreis, die spätere Pfalz, den Status eines bayerischen Nebenstaates.

Aus der Verwaltungsgeschichte

von Hans-Walter Herrmann

Eine der wichtigsten Aufgaben nach der Besitzergreifung mußte die Reorganisation der Verwaltung sein. Die österreichisch-bayerische Landesadministrationskommission hatte nur geringfügige Änderungen vorgenommen. Das an Bayern gefallene Gebiet war unterteilt in Kreise (früher Arrondissements), die durch Kreisdirektionen (früher Sous-préfectures) verwaltet wurden. Jeder Kreis war untergliedert in mehrere Kantone (=Friedensgerichtsbezirke). Das Charakteristikum der linksrheinischen Behördenorganisation war die vollkommene Trennung von Verwaltung und Rechtsprechung. Im rechtsrheinischen Bayern bestand sie nur auf der oberen und mittleren Behördenebene. Auf der unteren Ebene, im „Landgericht", lagen Verwaltung und Justiz noch in der Hand desselben Beamten, eben des Landrichters. Es war eine politisch kluge Entscheidung, nicht die rechtsrheinische Landgerichtsverfassung auf die neu erworbenen linksrheinischen Gebiete zu übertragen, sondern die aus der französischen Zeit überkommenen Behörden in ihren Kompetenzen zu belassen und ihre regionale Zuständigkeit nur dort zu verändern, wo es der Zuschnitt des an Bayern gefallenen Gebietes verlangte.

Als eine der ersten Maßnahmen wurde am 20. Mai 1816 die Verlegung der Landesverwaltung nach Speyer verfügt. Die vorgefundenen vier Kreisdirektionen blieben erhalten, die Zuweisung der Kantone wurde am 22. Juli 1816 leicht verändert. Die Kreisdirektion Zweibrücken behielt ihre bisherigen Kantone Landstuhl, Homburg, Zweibrücken, Medelsheim, Hornbach, Waldfischbach, Pirmasens und Dahn, neu zugeteilt wurden ihr die Kantone Waldmohr und Blieskastel, die früher zum Saardepartement gehört hatten. Als im folgenden Jahr das gesamte Königreich Bayern in acht „Kreise", den heutigen Regierungsbezirken vergleichbar, eingeteilt wurde, mußten die bisherigen Kreisdirektionen in „Bezirksdirektionen" umbenannt werden.

Landkommissariate

Schon bald erwiesen sie sich als zu groß für die Ausübung der Kommunalaufsicht und die Überwachung der öffentlichen Meinung. Aus der Sicht der Bevölkerung lag der Behördensitz zu weit entfernt. Daher verfügte ein königliches Reskript vom 6. November 1817 ihre Aufhebung und Ersetzung durch zwölf Landkommissariate mit Wirkung ab 1. April 1818, darunter das Landkommissariat Homburg mit den Kantonen Waldmohr, Homburg und Landstuhl und das Landkommissariat Zweibrücken mit den Kantonen Zweibrücken, Neuhornbach und Blieskastel. Die Gewaltenteilung wurde beibehalten, die Landkommissariate waren reine Verwaltungsbehörden. Die Orte des heutigen Saar-

pfalz-Kreises verteilten sich folgendermaßen: *Landkommissariat Homburg* Kanton Waldmohr: Altstadt, Jägersburg, Kleinottweiler, Limbach, Mittelbexbach, Niederbexbach, Oberbexbach, später zugewiesen Kirkel und Neuhäusel.
Kanton Homburg: Beeden mit Schwarzenakker und Schwarzenbach, Erbach und Reiskirchen, Homburg, Kirrberg.
Landkommissariat Zweibrücken Kanton Blieskastel: Alschbach, Aßweiler, Ballweiler, Bebelsheim und Neuhof, Biesingen, Bierbach, Blieskastel, Bliesmengen mit Bliesbolchen und Gräfinthal, Blickweiler, Ensheim mit Sengscheid und Reichenbrunn, Eschringen, Erfweiler und Ehlingen, Gersheim, Habkirchen und Mandelbach, Hassel, Heckendalheim, Herbitzheim, Kirkel und Neuhäusel, Lautzkirchen, Niederwürzbach und Selbach, Oberwürzbach, Ommersheim, Ormesheim, Reinheim, Rohrbach, Rubenheim, St. Ingbert, Wittersheim, Wörschweiler, Wolfersheim.
Kanton Neuhornbach: Altheim, Bliesdalheim, Böckweiler, Breitfurt, Brenschelbach Medelsheim, Neualtheim, Niedergailbach, Peppenkum, Riesweiler, Seyweiler, Utweiler, Walsheim.
Kanton Zweibrücken: Einöd und Ingweiler, Webenheim, Mimbach.
Zu Landkommissaren wurden am 28. Januar 1818 in Zweibrücken der bisherige Bezirksdirektionsassessor Karl August von Hofenfels und in Homburg der bisherige Bezirksdirektionsassessor in Frankenthal Philipp Jakob Siebenpfeiffer ernannt. Ihnen jeweils beigegeben waren ein Aktuar, zwei Schreiber und ein Amtsbote. Die Einrichtung der Landkommissariate im bayerischen „Rheinkreis" ist der unmittelbare Anknüpfungspunkt des 175jährigen Jubiläums des Saarpfalz-Kreises.
Das Modell der pfälzischen Landkommissariate bewährte sich und wurde 1862 auf das rechtsrheinische Bayern übertragen. Die königliche Verordnung vom 19. April 1862 beließ den Landkommissariaten ihre bisherigen Kompetenzen, sie änderte lediglich ihre Namen in „Bezirksämter", die der leitenden Beamten in „Bezirksamtmann".

Distrikte

Mit Gesetz vom 28. Mai 1852 wurde die Bildung einer Distriktgemeinde für jeden Kanton vorgeschrieben. Die Vertretung der zusammengeschlossenen Gemeinden nahm ein Distriktsrat wahr. Er setzte sich zusammen aus Vertretern der Gemeinden und der Grundbesitzer und eventuell einem Vertreter des im Distrikt gelegenen Staatsvermögens. Er trat in der Regel nur einmal jährlich zusammen. Seine Aufgaben waren denen des heutigen Kreistages vergleichbar. Außerhalb der Sitzungsperiode führte ein aus vier bis sechs gewählten Mitgliedern bestehender Distriktsausschuß die Geschäfte. Den Vorsitz im Distriktsrat und im Distriktausschuß führte der Landkommissär bzw. ab 1862 der Bezirksamtmann. Eine eigene Distriktsverwaltungsbehörde gab es nicht, als solche fungierte das Landkommissariat. Die Distriktsgemeinden waren Körperschaften des öffentlichen Rechts, sie standen unter Staatsaufsicht, ihre Beschlüsse bedurften der Zustimmung der Kreisregierung in Speyer, ein Recht auf Selbstverwaltung hatten sie nicht.

St. Ingbert als Behördensitz

Bei der Neuordnung der Landesverwaltung und der Gerichtsorganisation der Pfalz wurden als Behördensitz Orte gewählt, die entweder schon zu Zeiten des Ancien Régime zentralörtlichen Charakter besessen hatten oder unter der französischen Verwaltung Sitz eines Friedensgerichtes geworden waren. Für den

St. Ingbert als Behördensitz – Trennung von der Pfalz

Bereich des heutigen Saarpfalz-Kreises waren Homburg und Zweibrücken jeweils Sitz eines Landkommissars und eines Friedensrichters, Zweibrücken weiterhin Sitz des Appellationsgerichtes und schließlich Blieskastel Sitz eines Friedensrichters. Im Laufe der Zeit konnte auch St. Ingbert behördliche Funktionen an sich ziehen. Seine in die leyensche Zeit zurückreichende Montan- und Glasindustrie nahm im Laufe des 19. Jahrhunderts eine starke Aufwärtsentwicklung und machte den Ort nicht nur zur größten Industriestadt in der Westpfalz, sondern zum Ort der größten Steinkohlenförderung im gesamten Königreich Bayern. Maschinenbaufirmen, Alaunhütten, Kalkwerk, Pulverfabrik und Brauerei erweiterten die Palette der ortsansässigen Industrie, zogen Ansiedler an und führten bald zur Überrundung der Einwohnerzahl des zuständigen Gerichtsorts Blieskastel. Schon in den vierziger Jahren lag St. Ingbert unter den pfälzischen Städten an achter Stelle nach Speyer, Kaiserslautern, Landau, Zweibrücken, Neustadt, Pirmasens und Frankenthal und ein gutes Stück vor Homburg. In den Jahren 1848/49 wurden die Gemeindeväter bei der Münchener Regierung um Teilung des Gerichtsbezirkes Blieskastel vorstellig, St. Ingbert sollte mit sieben Landgemeinden einen eigenen Friedensgerichtsbezirk bilden. Der Antrag wurde abgelehnt. Eine Eingabe von 1863 an die Kammer der Abgeordneten legte dar, daß St. Ingbert schon bald die sechstgrößte Stadt der Pfalz sein würde, und umriß den neu zu schaffenden Kanton mit den Orten Rohrbach, Hassel, Oberwürzbach, Heckendalheim, Ommersheim, Ensheim und Eschringen. Auch dieser Vorstoß hatte keinen Erfolg. Die St. Ingberter Stadtväter erreichten schließlich doch ihr Ziel. Ab 1. Oktober 1868 wurde St. Ingbert Gerichtssitz mit einem Sprengel, wie er 1863 vorgeschlagen worden war.

Anfang der neunziger Jahre überstieg seine Einwohnerzahl dann auch die der zuständigen Bezirksamtsstadt Zweibrücken (1890: St. Ingbert 10 320, Zweibrücken 11 204 Einwohner, 1895: St. Ingbert 12 280, Zweibrücken 12 002 Einwohner). Der westliche Teil des Bezirksamtes Zweibrücken hatte durch Industrialisierung und Zuzug ein solches Gewicht erhalten, daß die bayerische Regierung mit Wirkung zum 1. Oktober 1902 den westlich der Blies gelegenen Teil des Bezirksamtes ausgliederte und zu einem eigenen Bezirksamt St. Ingbert mit 27 Gemeinden erhob. Zum ersten Bezirksamtmann wurde Dexheimer aus Neustadt ernannt. Da noch kein eigenes größeres Amtslokal vorhanden war, erfolgte seine feierliche Amtseinführung im großen Saal des „Becker-Bräu". Ein Assessor, ein Offiziant, zwei Amtsgehilfen und ein Amtsbote wurden ihm zugeordnet. Mit 210 Einwohnern pro km² gehörte das neue Bezirksamt zu den am dichtesten besiedelten Gebieten der Pfalz.

Trennung von der Pfalz

Mit der Bildung des Bezirksamtes St. Ingbert hatte die Verwaltungsorganisation der Westpfalz die erste große Veränderung seit 1818 erfahren. Damals ahnte noch niemand, daß bald weit schwerer wiegende Änderungen folgen würden. Sie ergaben sich wieder einmal aus dem deutsch-französischen Gegensatz, der sich wie ein roter Faden durch die Geschichte des Kreisgebietes zieht.
Schon während des Ersten Weltkrieges war in Frankreich zunächst von Publizisten, Historikern und Geographen, dann auch von Politikern und Militärs nach einem für Frankreich siegreichen Ausgang des Krieges nicht nur die Rückgabe Elsaß-Lothringens, sondern auch die Angliederung preußischer und bayerischer Gebiete gefordert und mit den Bedürfnissen der französischen Sicherheitspolitik, dem Ar-

gument der gegenseitigen Ergänzung der lothringischen und saarländischen Montanindustrie und der Korrektur der Grenzziehung des Zweiten Pariser Friedens von 1815 motiviert worden, der bekanntlich die Festungen Landau und Saarlouis und die gesamte ehemalige Grafschaft Saarbrücken Deutschland zugewiesen hatte.

Der französische Oberkommandierende Marschall Foch forderte einige Wochen nach dem Waffenstillstand eine Vorverlegung der französischen Grenze auf eine Linie von der Mündung der Saar in die Mosel bei Konz bis zur Mündung der Queich in den Rhein. Das hätte bedeutet, daß die Bezirksämter St. Ingbert, Homburg, Zweibrücken, Pirmasens, Landau, Bergzabern und Germersheim abgetrennt worden wären. Ministerpräsident Clemenceau blieb hinter den Forderungen Fochs zurück, er sprach von der „Grenze von 1814 und den Bergwerken". Diese Formulierung zielte auf das gesamte Saarindustrierevier, denn ein Teil der preußischen Fiskalgruben, die bayerischen Staatsgruben St. Ingbert und Bexbach und die Privatgrube Frankenholz lagen außerhalb der Grenzen von 1814. Seine Vorstellungen kamen den britischen nach Wiederherstellung der Grenzen von 1814 unter Einbeziehung der benachbarten Kohlefelder recht nahe. Der amerikanische Präsident Wilson sah im Februar 1919 in der Annexion deutschen Staatsgebietes durch Frankreich noch eine klare Verletzung der von ihm formulierten Friedensvorschläge; aber beim Aushandeln der Friedensbedingungen ließ er sich die Zustimmung abringen, das Industrierevier mit den zugehörigen Arbeiterwohngebieten von der preußischen Rheinprovinz und der bayerischen Pfalz abzutrennen, zunächst für 15 Jahre der Verwaltung durch den Völkerbund zu unterstellen und dann in einer Volksabstimmung über die weitere staatliche Zugehörigkeit entscheiden zu lassen.

Im preußischen Teil des Reviers befürchtete man schon im Dezember 1918 eine Abtrennung. Die Einbeziehung pfälzischer Gebiete scheint in der deutschen Öffentlichkeit erst bekanntgeworden zu sein, als im April 1919 die ausländische Presse Einzelheiten über den Friedensvertrag berichtete. Bis dahin war in der Pfalz aufgrund von Äußerungen französischer Offiziere mit einer staatlichen Neuordnung des linken Rheinufers gerechnet worden. Man hatte die Bildung eines oder mehrerer neuer „Länder" erörtert. Stimmen aus der Pfalz lehnten einen großen „Rheinstaat" von der niederländischen bis zur elsässischen Grenze ab und glaubten aus landsmannschaftlichen und wirtschaftlichen Gründen eher ein kleineres Gebilde, das sich aus Pfalz, Rheinhessen, dem oldenburgischen Landesteil Birkenfeld und dem preußischen Saargebiet zusammensetzen könnte, akzeptieren zu können.

Nachdem die Friedensbedingungen bekanntgeworden waren – Übereignung aller Steinkohlenbergwerke des Saarreviers an den französischen Staat, Sonderstatut für die abzutretenden preußischen und bayerischen Gebietsteile – bildete sich unter Führung von Dr. Haas aus Landau die Bewegung „Freie Pfalz", die im Gegensatz zu den Denkmodellen des Frühjahrs einen vom Deutschen Reich unabhängigen „Pfalz-Staat" mit wirtschaftlichem Anschluß an das Saargebiet propagierte. In einem im Mai 1919 verteilten Flugblatt propagierte sie die „Bildung eines selbständigen neutralen Staates ohne jede Gebietsabtrennung mit wirtschaftlichem Anschluß an das Saargebiet. Wir wollen vollkommen deutsch bleiben. Deutsche Einrichtungen, deutsche Sitten, unsere eigene deutsche Verwaltung behalten, aber uns die Vorteile eines wirtschaftlichen Zusammenarbeitens mit dem Saargebiet sichern, die allein in der Lage sind, die Pfalz vor dem sonst unabwendbaren Ruin zu bewahren". Der Gedanke der Erhaltung der Pfalz in ihrem vollem Gebietsumfang wird in demselben Flugblatt noch einmal aufgegriffen und näher ausgeführt: „Das Saargebiet wird Frankreich niemals mehr herausgeben. Sind die Friedensbedingungen erst von der Entente festgelegt, dann sind für die Pfalz auch die drei westlichen Bezirksämter mit ihren Kohlenbergwerken verloren. Nur eine Neutralitätserklärung kann uns diese Gebiete, mit denen unsere Industrie lebt oder stirbt, erhalten." Solche Gedanken trug auch eine Gruppe von 21 Notabeln, geführt von Dr. Haas, dem bayerischen Regierungspräsidenten Winterscheidt am 17. Mai 1919 in Speyer vor und ersuchte ihn, unverzüglich die Proklamation der „Freien Pfalz" zu erlassen. Er lehnte ab, in den Erschienenen die berufenen Vertreter der Pfalz anzuerkennen, er habe für 18. Mai eine Versammlung der wirklichen Vertreter der Pfalz einberufen, die in dieser wichtigen Angelegenheit entscheiden sollten. Diese Versammlung konnte mit guten Gründen beanspruchen, die politisch und gesellschaftlich relevanten Kreise der Pfalz zu repräsentieren. Vertreten waren die Vorstände der politischen Parteien, die von der Bevölkerung gewählten Abgeordneten zur deutschen Nationalversammlung, zum bayerischen Landtag und zum pfälzischen Landrat und Vertreter aller Berufsstände. Sie betonten mit großer Entschiedenheit die „unlösliche Zugehörigkeit der Pfalz zu Deutschland" und drückten die Hoffnung aus, daß die Bildung eines neutralen, das Saargebiet und lebenswichtige Teile der Pfalz umfassenden Staates vermieden werde.

Beide Gruppen, die Befürworter des Verbleibens beim Reich und die Befürworter einer „Freien Pfalz", sprachen sich gegen jede territoriale Schwächung der Pfalz aus und hofften, daß in Verhandlungen mit den Alliierten die bekanntgewordenen Friedensbedingungen gemildert werden könnten. Die Nachrichten über Stellungnahmen aus der Westpfalz sind spärlich und in ihrer Wiedergabe durch den jeweiligen nationalen Standpunkt gefärbt. Natürlich wurden in der zweiten Maihälfte die wirtschaftlichen Konsequenzen einer Abtrennung des westpfälzischen Industriegebietes und seine Einbeziehung in den neu zu schaffenden „Saar-Staat" in seinen Folgen sowohl für das betroffene Gebiet als auch für den Restteil der Pfalz erörtert. Es scheint, daß die von General Gérard geladenen Industriellen aus den drei Bezirksämtern Homburg, Zweibrücken und St. Ingbert vor jeder Meinungsäußerung die Haltung der Bevölkerung erkunden wollten. Sie schlugen vor, jedem Stand Gelegenheit zu geben, sich ohne eine französische Überwachung seine Meinung zu bilden. Vielleicht hat gerade die anschließende Forderung der Zusicherung, daß die gefundene Antwort Einfluß auf das künftige Geschick haben müsse, dazu geführt, daß die gewünschte öffentliche Diskussion nicht zustande kam; denn auf alliierter Seite bestand kaum Bereitschaft, die Friedensbedingungen in wesentlichen Teilen zu mildern. So enthielt der Friedensvertrag, wie er am 28. Juni 1919 in Versailles unterzeichnet wurde, in seinen Saar-Artikeln nur eine kleine Besserung für die deutsche Seite hinsichtlich der Modalitäten eines später möglichen Rückkaufes der Saargruben.

Von der Pfalz abgetrennt wurden das gesamte Bezirksamt St. Ingbert mit rund 20 700 ha Fläche, 44 000 Einwohnern in 29 Gemeinden, vom Bezirksamt Homburg 13 700 ha mit 29 000 Einwohnern in elf Gemeinden und vom Bezirksamt Zweibrücken 9600 ha mit 7600 Einwohnern in 15 Gemeinden. Der Artikel 48 des Vertrages beschrieb die Abgrenzung nur annähernd, nämlich daß Homburg zum Saargebiet kam, Zweibrücken bei der Pfalz blieb. Der genaue Grenzverlauf wurde in den folgenden Monaten durch eine deutschalliierte Kommission im Detail bei Geländebegehungen festgelegt. Dabei einigte man sich früh auf den Grundsatz, daß Gemarkungen einzelner Gemeinden nach Möglichkeit nicht durchschnitten werden sollten. Das abgetrennte Gebiet umfaßte 7,47 Prozent der Gesamtfläche der Pfalz, 9 Prozent ihrer Einwohner und 5,08 Prozent der im Jahre 1914 gezahlten direkten Staatssteuern.

Die Militärverwaltung der linksrheinischen Gebiete war zu Anfang des Jahres 1919 so organisiert worden, daß die französische 8. Armee unter General Gérard die Pfalz besetzte und innerhalb des angrenzenden Bereiches der französischen 10. Armee unter General Mangin die preußischen Saarkreise einer besonderen Obersten Militärverwaltung unter Befehl des Generals Andlauer unterstellt worden waren. Noch vor der Unterzeichnung des Friedensvertrages hatte der für die Zivilverwaltung der Pfalz zuständige Oberst de Metz verfügt, daß dem Obersten Militärverwalter der Saar alle gewünschten Auskünfte über Behörden und Beamte zu erteilen seien. Dies entsprach der Tendenz, möglichst bald den Aufbau einer eigenen saarländischen Verwaltung in Angriff zu nehmen. Dem trug Bayern Rechnung durch die Ernennung des Oberregierungsrates Heinrich Jolas als Übergabekommissar im Juli 1919.

Entstehung des Namens „Saarpfalz"

Jolas nahm seinen Dienstsitz in Kaiserslautern und vereinfachte seine umständliche Amtsbezeichnung „Staatskommissar für den Übergang westpfälzischer Gebietsteile an das Saargebiet" in „Staatskommissar für Übergabe der Saarpfalz". Damit prägte er für die zum Saargebiet gezogenen bisher pfälzischen Gebiete den neuen geographischen Begriff „Saarpfalz", der seit August 1919 in den Akten

begegnet und bald auch von den bayerischen Behörden verwendet wurde. Nach der Rückgliederung des Saargebiets erfuhr der Name eine Bedeutungserweiterung, er bezeichnete ab Frühjahr 1936 den Pfalz und Saarland insgesamt umfassenden Gau der NSDAP. Als dann im April 1940 auf Dauer des Krieges die Zusammenlegung der Dienststellen des Regierungspräsidenten der Pfalz und des Reichskommissars für das Saarland verfügt wurde, wurde die Bezeichnung „Saarpfalz" auch für den staatlichen Bereich übernommen. Die zusammengelegte Behörde firmierte als „Der Reichskommissar für die Saarpfalz", allerdings nur für wenige Monate, denn schon am 11. März 1941 wurde sie umbenannt in „Der Reichsstatthalter für die Westmark".

Bei der Vorbereitung der großen saarländischen Gebiets- und Verwaltungsreform in den frühen siebziger Jahren kam die Bezeichnung „Saar-Pfalz-Kreis" für die vorgesehene Zusammenlegung der beiden ehemals pfälzischen Bezirksämter Homburg und St. Ingbert auf. Ich hielt die Schreibung mit Bindestrich „Saar-Pfalz-Kreis" nicht für glücklich, da sie die Zusammenfassung von Saar und Pfalz suggeriert. Die heutige Schreibung „Saarpfalz-Kreis" erscheint mir besser und historisch gut begründet als Bezeichnung des Teiles des Saarlandes, der ehemals zur Pfalz gehörte.

Neue Zuschnitte

Das zweite Halbjahr 1919 war ausgefüllt mit Beratungen der preußischen und bayerischen Übergabekommissare mit dem französischen Obersten Militärverwalter in Saarbrücken über die Schaffung zentraler Behörden des neuen Saarstaates, für den bald die Bezeichnung „Saargebiet" offiziell wurde, über die Lösung der Bindungen zu den Behörden im Reich und über die Übernahme von Beamten

in den Dienst der neuen saarländischen Verwaltung.
Dabei rechnete man auf bayerischer Seite damit, daß das Bezirksamt Homburg aufgelöst und die Verwaltung der bisher zu den Bezirksämtern Homburg und Zweibrücken gehörenden Gebiete dem Bezirksamt St. Ingbert übertragen würde. Die Ratifizierung des Friedensvertrages zog sich länger hin als erwartet. Daher wurde die Zuständigkeit des Obersten Militärverwalters in Saarbrücken erst am 25. Dezember 1919 auf die saarpfälzischen Gebiete ausgedehnt. Am 10. Januar 1920 trat dann der Friedensvertrag in Kraft. Solange hatten die bayerischen und pfälzischen Behörden und Gerichte ihre Zuständigkeit für die Saarpfalz und umgekehrt das Bezirksamt Homburg für seine bei der Pfalz verbleibenden Teile behalten. Dann trat eine vom bayerischen Kabinett schon am 13. Dezember 1919 beschlossene Organisationsänderung in Kraft.

Die Zuständigkeit des Amtsgerichts Zweibrücken wurde auf die bei Bayern bleibenden Teile des Amtsgerichtsbezirks Homburg ausgedehnt. Der bei Bayern bleibende Teil des Amtsgerichtsbezirks Waldmohr blieb als selbständiger Amtsgerichtsbezirk mit Sitz in Waldmohr bestehen. Der bei Bayern bleibende Teil des Distriktes Homburg wurde der staatlichen Verwaltung des Bezirksamtes Zweibrücken, der bei Bayern bleibende Teil des Distriktes Waldmohr der staatlichen Verwaltung des Bezirksamtes Kusel, der Distrikt Landstuhl der staatlichen Verwaltung des Bezirksamts Kaiserslautern zugewiesen. Für das bei Bayern bleibende Gebiet des Distriktes Waldmohr wurde ein Bezirksamtsaußensitz (Expositur) in Waldmohr, für das Gebiet des Distriktes Landstuhl ein Bezirksamtsaußensitz in Landstuhl vorgesehen.

Im Saargebiet bzw. Saarland

Da die Mitglieder der Regierungskommission erst nach dem Inkrafttreten des Friedensvertrages durch den Rat des Völkerbundes berufen werden konnten, übernahm in einer Übergangsphase bis zu ihrem Amtsantritt am 26. Februar 1920 der französische Militärverwalter die vorläufige Verwaltung des Saargebietes.

Die dem Saargebiet zugewiesenen Gemeinden der bisherigen Bezirke Homburg und Zweibrücken bildeten je einen Distrikt und beide Distrikte zusammen den Bezirk Homburg in seinem neuen Zuschnitt. Damit war das Fortbestehen eines Bezirksamtes in Homburg, dessen Auflösung und Fusion mit dem Bezirksamt St. Ingbert mancherorts befürchtet worden war, gesichert. Es hatte eine Flächengröße von 238 km² mit 38 951 Einwohnern in 26 Gemeinden (Zählung von 1927).

Die Fläche des Bezirkes St. Ingbert wurde bei der Abtrennung von der Pfalz nicht verändert. Er behielt seine Unterteilung in die beiden Distrikte Blieskastel und St. Ingbert. Die bayerische Gesetzgebung über die Selbstverwaltungsbefugnisse und Selbstverwaltungsorgane der Bezirke wurde von der Regierungskommission des Saargebietes für die beiden saarpfälzischen Bezirke übernommen, Bezirkstag und Bezirksausschuß gebildet. Ähnlich wie in der Pfalz wurden die Distriktsbezirke erst gegen Ende der zwanziger Jahre aufgehoben.

Entgegen den Erwartungen in der Pfalz und der Saarpfalz brachte die Rückgliederung des Saargebietes in das Deutsche Reich aufgrund des eindeutigen Ergebnisses der Volksabstimmung vom 13. Januar 1935 keine Zusammenlegung der 1920 zerschnittenen Bezirke Homburg und Zweibrücken, sondern beließ den Bezirk Homburg in dem Zuschnitt, wie er ihn durch den Versailler Vertrag erhalten hatte.

Auch wurde nicht die Zuständigkeit der bayerischen Behörden für die Bezirke Homburg und St. Ingbert wiederhergestellt, sondern beide unterstanden zusammen mit den abgetrennten rheinpreußischen Saarkreisen einer unmittelbaren Reichsbehörde, die als Reichskommissar für die Rückgliederung des Saarlandes, später als Reichsstatthalter firmierte. Im Jahre 1938 wurde reichseinheitlich der Name „Kreis" für die untersten Behörden der allgemeinen inneren Verwaltung eingeführt. Dasselbe Wort war bisher in Bayern für die Behörde der mittleren Verwaltungsebene üblich gewesen, also für den Sprengel der in Speyer ansässigen Regierung. Von nun an bildeten die beiden bisherigen Bezirke Homburg und St. Ingbert je einen Kreis, sein Verwaltungschef hieß nicht mehr „Bezirksamtmann", sondern „Landrat" und die ihm zugeordnete Behörde nicht länger „Bezirksamt", sondern „Landratsamt". Am 1. April 1938 wurde die Gemeinde Bruchhof-Sanddorf, die 1920 bei der Pfalz geblieben war, der Stadt Homburg eingegliedert.

Wenige Wochen nach dem Ende des Zweiten Weltkrieges kamen Gedanken zur Veränderung des Kreisgebietes auf. Der von der amerikanischen Militärregierung eingesetzte Landrat Lieser entfaltete von Homburg aus eine lebhafte Aktivität, um seinen Kreis nach Osten zu vergrößern. Dem damals für Pfalz und Saarland zuständigen Oberpräsidium in Neustadt trug er seine Wünsche auf Ausdehnung des Kreises Homburg im Umfang von 1919 vor. Flankierend dazu gingen Resolutionen von Bürgermeistern des Distriktes Waldmohr und von Dörfern der Sickinger Höhe auf Eingliederung in den Kreis Homburg ein. Die fast wörtliche Übereinstimmung der Texte deutet auf eine gesteuerte Aktion. Das Oberpräsidium stellte die Anträge als nicht dringlich zurück. Bekanntlich verlor es schon Ende Juli 1945 seine Zuständigkeit für das Saarland. Die dann 1946 und 1947 von der französischen Militärregierung verfügten Vergrößerungen des Saarlandes betrafen die Kreise St. Wendel und Merzig-Wadern, nicht die Ostgrenze. Aufgrund eines Abkommens zwischen der rheinland-pfälzischen und der saarländischen Landesregierung vom 23. April 1949 kam die Gemeinde Kirrberg vom Kreis Zweibrücken zum Kreis Homburg.

Kommunale Gebietsreform 1974

Der Fortbestand aller saarländischen Kreise war gefährdet, als Ministerpräsident Franz-Josef Röder in seiner Regierungserklärung vom 13. Juli 1970 eine kommunale Gebiets- und Verwaltungsreform ankündigte. Ein Vorschaltgesetz vom 17. Dezember desselben Jahres formulierte das angestrebte Ziel: größere und leistungsfähigere Verwaltungseinheiten zu schaffen, um das wirtschaftliche, soziale und kulturelle Leben der Bevölkerung entsprechend den Erfordernissen der modernen Industrie- und Leistungsgesellschaft nachhaltig zu fördern und zu sichern. Das Fortbestehen der alten Kreise bzw. der Zuschnitt neuer, größerer Kreise orientierte sich an der übereinstimmend von allen Parteien anerkannten Notwendigkeit, den Großraum Saarbrücken in einer Weise neu zu gliedern, daß die Landeshauptstadt ihre wachsenden Aufgaben als Verwaltungs-, Wirtschafts- und Kulturzentrum des Saarlandes erfüllen könne. Die verschiedenen Modelle, die in den folgenden Jahren entwickelt und diskutiert wurden, variierten nach ihrer Lage zur Landeshauptstadt und nach der Zahl der Kreise. Sollten alle an das erheblich auszuweitende Gebiet der Landeshauptstadt grenzen oder sollte sich ein Umlandkreis um sie herum, gleich einem Kragen, legen? Die weitestgehende Reform, an der die SPD bis zuletzt festhielt, sah drei „Kreisregionen" vor: Saarbrücken, Westsaar

Kommunale Gebietsreform 1974

32 Verwaltungsgrenzen im 20. Jahrhundert

und Ostsaar. Die letztgenannte Kreisregion interessiert in unserem Zusammenhang besonders, sie sollte von den bisherigen Kreisen St. Wendel, Ottweiler, Homburg und St. Ingbert gebildet werden, rund 416 000 Einwohner und 1198 km^2 Fläche haben. Eine von Innenminister Ludwig Schnur berufene sechsköpfige Arbeitsgruppe legte im März 1972 alternativ ein Vier-Kreis-Modell und ein Fünf-Kreis-Modell vor, beide gingen von einer Auflösung der beiden saarpfälzischen Landkreise aus. Nach dem Vierer-Modell sollten beide mit dem Südteil des Kreises Ottweiler den neuen Landkreis Neunkirchen bilden, nach dem Fünfer-Modell sollte der Landkreis St. Ingbert zum neuen Landkreis Saarbrücken und der Landkreis Homburg zum neuen Landkreis Neunkirchen geschlagen werden.

Von vornherein stand fest, daß bei einem Neuzuschnitt der Gemeinden und Kreise die Vertreter der betroffenen Gebietskörperschaften gehört werden sollten. Die Kreistage von Homburg und St. Ingbert sprachen sich gegen die drei vorstehend erwähnten Lösungen und für eine Zusammenlegung des möglichst ungeschmälerten Gebietes der beiden Kreise aus. Reichlich Diskussionsstoff bot die vorgesehene Schaffung einer „Flughafengemeinde", bestehend aus den bisherigen Gemeinden Ensheim, Eschringen, Ommersheim und Hekkendalheim, die aus dem Kreis St. Ingbert gelöst und zum Kreis Saarbrücken kommen sollten. Noch bei den Beratungen im Landtag erfuhr der Gebietszuschnitt einige Veränderungen. Das Neugliederungsgesetz, das am 19. Dezember 1973 gegen die Stimmen der SPD verabschiedet wurde, verfügte die Bildung des „Saar-Pfalz-Kreises" aus den bisherigen Kreisen Homburg und St. Ingbert, bestehend aus den stark vergrößerten Städten Bexbach, Blieskastel, Homburg und St. Ingbert und den Gemeinden Gersheim, Limbach und Mandelbachtal. Die bisherigen Gemeinden Ensheim und Eschringen wurden der Landeshauptstadt zugewiesen und einige Flurstücke der alten Gemeinden Bexbach, Niederbexbach, Limbach und Kirkel der Mittelstadt Neunkirchen.

Motiviert wurde die Bildung des „Saar-Pfalz-Kreises" mit günstigen Möglichkeiten für eine „an einem einheitlichen Verkehrsband gelegene ausbaufähige Industrieachse St. Ingbert–Limbach–Homburg" und für eine Weiterentwicklung der Naherholung im ländlich strukturierten Südraum des neuen Kreises.

Sitz der Kreisverwaltung wurde Homburg, weil das vorhandene Flächenreservoir überdurchschnittliche Entwicklungsmöglichkeiten für den weiteren Ausbau der Kreisstadt bot und ihm als Sitz der Medizinischen Fakultät der Universität des Saarlandes mit den zugehörigen Kliniken eine weit über die Grenzen des Landes reichende Wirkung zugeschrieben wurde.

Die Kreisreform, von seiten der SPD-Fraktion des saarländischen Landtages als „Reform der Halbheiten" abgelehnt, trug stärker als dies zunächst für notwendig erachtet worden war, dem Traditionsbewußtsein und Identitätsgefühl der saarpfälzischen Gebiete Rechnung. Die Neugliederung, die durch die Novellierung des Kommunalen Selbstverwaltungsgesetzes ergänzt wurde, trat am 1. Januar 1974 in Kraft. Stärker als in den anderen Grenzstreifen des Saarlandes wurden bei der Neugliederung des saarpfälzischen Gebietes mögliche Veränderungen im Zuge einer kommenden Länderneugliederung beachtet. In fast allen Gutachten und Stellungnahmen wurde der Mittelbereich Zweibrücken angesprochen und teilweise in der „Zusammenfassung der Landkreise Homburg und St. Ingbert nur ein erster Schritt zur Schaffung eines um die pfälzischen Grenzgemeinden der Kreise Pirmasens, Kaiserslautern und Kusel zu erweiternden Saar-Pfalz-Kreises" gesehen.

Zum politischen Leben im Saarpfalz-Kreis

von Hans-Walter Herrmann

In diesem Kapitel des Überblicks über die Geschichte des Gebietes des Saarpfalz-Kreises soll die Entfaltung des politischen Lebens knapp skizziert werden und dabei Ereignisse, Verhaltensweisen oder Wahlergebnisse innerhalb des heutigen Kreisgebietes in Beziehung gesetzt und verglichen werden mit den größeren Verwaltungseinheiten, zu denen das heutige Kreisgebiet jeweils gehörte, also mit der bayerischen Pfalz und mit dem Saargebiet/ Saarland.

Über eigene Vorstellungen der hiesigen Bevölkerung zu der staatlichen Neuordnung nach Abtrennung des linken Rheinufers von Frankreich ist bisher kaum etwas bekanntgeworden. Ob die Bewohner von Homburg, Zweibrücken, St. Ingbert und dem jeweiligen Umland die Zuweisung an Bayern, also die Rückkehr der Wittelsbacher begrüßt oder eingedenk der Unmaßgeblichkeit des Willens der Bevölkerung in einer Zeit der Restauration und Reaktion stumm hingenommen haben, wissen wir nicht. Im größeren Bereich der ehemaligen vier linksrheinischen Departements läßt sich mancherorts ein „rheinisches Zusammengehörigkeitsgefühl" fassen, aus dem heraus ein „Rheinland" als eigenes Mitglied im Deutschen Bund eher den Wünschen der Bevölkerung entsprochen hätte als die Aufteilung auf Preußen, Bayern, Hessen-Darmstadt, Hessen-Homburg, Sachsen-Coburg und Oldenburg.

Viel mehr als auf die künftige staatliche Zugehörigkeit richtete sich das Streben der politisch interessierten Kreise der Bevölkerung auf die Erhaltung der revolutionären Errungenschaften, der „Rheinischen Institutionen". Für ihre Erhaltung traten auch hohe Verwaltungsbeamte und Richter ein, die im bayerischen Rheinkreis tätig waren, darunter der erste Homburger Landkommissär Philipp Jakob Siebenpfeiffer. Sein vierbändiges „Handbuch der Verfassung, Gerichtsordnung und gesamten Verwaltung Rheinbayerns" (Zweibrücken 1831–1833) wies ihn als ausgezeichneten Kenner der fortgeltenden rheinischen Institutionen und ihrer Änderung durch die neuere bayerische Gesetzgebung aus.

Während Siebenpfeiffer noch im Juni 1829 bei der Bereisung des Rheinkreises durch das bayerische Königspaar sich in einem Huldigungsgedicht nicht nur als loyaler, sondern als ergebener Staatsdiener zeigte, deutete das Fernbleiben dreier Advokaten bei dem Empfang des Appellationsgerichts in Zweibrücken für die hohen Gäste bestehende Vorbehalte und Unzufriedenheiten an. Wirtschaftliche und soziale Mißstände, die sich gerade für die Westpfalz aus den bestehenden Zollgrenzen nach Westen gegen Preußen, nach Süden gegen Frankreich und nach Norden gegen das sachsen-coburgische Fürstentum Lichtenberg ergaben, drückten auf die öffentliche Stimmung. So traf die Nachricht vom Ausbruch

33 Philipp Jakob Siebenpfeiffer, der erste Homburger Landkommissär

34 Der liberale Publizist Johann Georg August Wirth

der Juli-Revolution in Frankreich auf ein Potential an Unzufriedenheit.
Ihm gab Siebenpfeiffer nun öffentlich Ausdruck durch eine massive Kritik an dem bestehenden Regierungssystem. Mit der Zeitschrift „Rheinbayern", die seit November 1830 in Zweibrücken erschien, schuf er sich ein publizistisches Sprachrohr. Die Reaktion der bayerischen Regierung blieb nicht aus, sie verfügte seine Versetzung von Homburg nach dem schwäbischen Kaisheim, wo er die Leitung des dortigen Zuchthauses übernehmen sollte. Siebenpfeiffer übergab zwar die Amtsgeschäfte als Landkommissär in Homburg seinem schon ernannten Nachfolger, trat aber den Dienst in Kaisheim nicht an, sondern übersiedelte im Dezember 1830 nach Zweibrücken, wo er im folgenden Frühjahr die Zeitung „Bote aus dem Westen" herausgab. Ende 1831 verlegte er seinen Wohnsitz in die Vorderpfalz, zunächst nach Oggersheim, dann nach Haardt. Fast gleichzeitig zog der liberale Publizist Johann Georg August Wirth von München nach Homburg in der Hoffnung, dank des hier fortgeltenden französischen Presserechts freiere und bessere Arbeitsmöglichkeiten zu finden. Sehr bald mußte er aber erfahren, daß die Behörden Druck und Verbreitung seiner „Deutschen Tribüne" in ähnlicher Weise wie Siebenpfeiffers Presseerzeugnisse behinderten. Die Mitgliedschaften in dem im Januar 1832 gegründeten Presse- und Vaterlandsverein belegen das Echo, das die Kritik an den bestehenden Zuständen auch im Umland von Homburg und Zweibrücken fand. Das Pflanzen von „Freiheitsbäumen" er-

innerte augenfällig und eindringlich an die Französische Revolution und sprach beredt für die Stimmung der Bevölkerung.
Siebenpfeiffer und Wirth sprachen am 27. Mai 1832 auf dem Hambacher Fest als Hauptredner für „Deutschlands Wiedergeburt in Einheit und Freiheit". Wie andere aktive Teilnehmer wurden auch sie – Wirth am 15. Juni in Homburg, Siebenpfeiffer am 17. Juni in Haardt – wegen Aufreizung zum Aufruhr gegen die Staatsgewalt verhaftet und später zu Gefängnisstrafen verurteilt. Friedrich Schüler und Joseph Savoye als Exponenten der Bewegung in Zweibrücken flohen nach Frankreich. Als Reaktion auf die sich in der starken Beteiligung am Hambacher Fest manifestierende Volksbewegung erfolgte die militärische Besetzung der Pfalz unter dem Kommando des Feldmarschalls Wrede, dem auch vorübergehend die vollziehende Gewalt übertragen wurde. Unter seinen Repressionsmaßnahmen trat Ruhe im Lande ein.

Die Homburger Lokaltradition beansprucht unter Berufung auf Siebenpfeiffer und Wirth einen Platz in der Geschichte des pfälzischen Frühliberalismus. Dabei darf freilich nicht vergessen werden, daß Siebenpfeiffer seinen offenen Kampf gegen innere und äußere Gewalt, für gesetzliche Freiheit und deutsche Nationalwürde nur wenige Monate von Homburg aus geführt hat und daß allein schon von ihrem soziokulturellen Milieu her Speyer und Zweibrücken mehr Entfaltungsmöglichkeiten als das kleine Homburg boten.

Die Jahre 1848/49

Unter dem Einfluß der Vorgänge im benachbarten Frankreich wurde die Pfalz von einer Welle von Volksversammlungen, Petitionen und Demonstrationen überschwemmt, die einen starken Solidarisierungsschub auslösten. Die liberal-demokratischen Kräfte organisierten sich in Bürgerkomitees, Bürgerwehren, Volkswehren und anderen Aktionsgruppen. Von den Städten Neustadt und Kaiserslautern ausgehend, ergriff die Bewegung bald das flache Land.

Am 9. April 1848 wurde in Kaiserslautern der pfälzische Volks- und Vaterlandsverein gegründet. An Pfingsten besuchten 50 Abgeordnete der Frankfurter Linken die Pfalz, dabei sprach sich Robert Blum auf einer Volksversammlung in Neustadt deutlich für eine Republik aus. Der in Kaiserslautern herausgegebene „Bote für Stadt und Land" und das „Kaiserslauterner Wochenblatt" schlugen radikale Töne an. Der Neustadter Arbeiterverein entwickelte seit Januar 1849 in enger Verbindung mit der dortigen deutschkatholischen Gemeinde bemerkenswerte Aktivitäten, weitere Arbeitervereine entstanden in Speyer, Bergzabern, Frankenthal und Landau, während die Bevölkerung der Westpfalz, ganz im Gegensatz zu den Jahren 1830–1832, in ihren politischen Aktivitäten hinter anderen Teilen der Pfalz zurückstand. Der aus dem französischen Exil nach Zweibrücken zurückgekehrte Friedrich Schüler, der katholische Pfarrer Franz Tafel, der als Anhänger einer radikalen Demokratie in dauerndem Konflikt mit seinen kirchlichen Vorgesetzten stand, und der Anwalt Gulden vertraten die Westpfalz in der Frankfurter Nationalversammlung.

Als die vom Paulskirchenparlament erarbeitete Reichsverfassung an der Ablehnung der ihm angebotenen Erbkaiserwürde durch König Friedrich Wilhelm IV. von Preußen gescheitert war und die Revolution noch einmal in das Stadium des Bürgerkrieges trat, spielte die Pfalz eine besondere Rolle. Am 2. Mai 1849 wählte eine nach Kaiserslautern einberufene Volksversammlung einen provisorischen Landesverteidigungsausschuß. Er sollte die vom Volks- und Vaterlandsverein beschlossene Reichsverfassung gegen die als vertragsbrüchig erklärte bayerische Regierung einführen und durchsetzen. Zur Erreichung dieses Ziels erhielt er sogleich Hilfe und Zuzug vom linken demokratischen Flügel der Nationalversammlung, von außerparlamentarischen Gruppen, von österreichischen und polnischen Emigranten. Sehr bald übernahmen nicht-pfälzische Radikale und Militärs die Führung, bemühten sich, den pfälzischen Aufstand mit dem badischen zu koordinieren und Unterstützung aus Frankreich zu erhalten, wobei der 1832 von Zweibrücken ins Elsaß emigrierte Joseph Savoye als Verbindungsmann wirkte. Politisches Ziel war die Errichtung einer Republik, bestehend aus Pfalz, Baden, Hessen-Darmstadt und Nassau. In der Westpfalz agitierte der ehemalige Bonner Professor Gottfried Kinkel. Am 3. Juni sprach er auf einer Volksversammlung in Blieskastel, am 4. Juni setzte er sich auf einer Großkundgebung in Zweibrücken für die Einführung der neuen Gemeindeordnung ein, am 5. Juni redete er in St. Ingbert. Gleichzeitig sammelte er Nachrichten über die Truppenbewegungen jenseits der pfälzisch-preußischen Grenze und berichtete über die Stimmung der Bevölkerung. In Zweibrücken seien „die ehemaligen Führer der Bewegung jetzt bourgeoismäßig und überaus ekelhaft reactionär" geworden, die umliegenden Ortschaften aber republikanisch, ebenso Blieskastel gut, St. Ingbert „noch getheilt".

Im pfälzischen Verteidigungsausschuß dachte man im Mai an einen Vorstoß zur Mosel, um die preußische Festung Saarlouis mit ihrer Garnison von der Rheinprovinz abzuriegeln. Sehr bald aber erkannte man aus den Nachrichten über die Zusammenziehung von Militär an den preußischen Grenzen zur Pfalz, daß man sich auf Verteidigung einzustellen hatte. In Homburg amtierte seit 31. Mai ein desertierter Leutnant der preußischen Garnison Saarlouis als Militärkommissar.

Am Morgen des 13. Juni rückte eine preußische Division unter Generalmajor von Webern von Neunkirchen aus gegen Bexbach vor. Bei ihrem Herannahen zogen sich die pfälzischen Vorposten nach kurzem Schußwechsel befehlsgemäß auf Homburg zurück unter Benutzung der gerade fertiggestellten Eisenbahn.

Innerhalb kurzer Zeit zeigte sich, daß den aus den preußischen Saarkreisen und von Norden über Lauterecken und Kreuznach in die Pfalz vorstoßenden preußischen Truppen keine kampfkräftigen Verbände entgegengestellt werden konnten. Am 17. Juni wurden die Pfälzer in einem Gefecht bei Annweiler und Rinnthal geschlagen, am folgenden Tag gingen sie bei Kandel über den Rhein, um sich mit den in Baden noch kämpfenden Aufständischen zu vereinigen. Der pfälzische Aufstand war gescheitert. Ende des Monats übernahm der Fürst von Thurn und Taxis, der mit bayerischen Truppen von Franken über Oppenheim – Worms in die Pfalz eingerückt war, die Exekutive.

Denen, die sich für die neue freiheitliche Staatsform engagiert und bei dem Versuch ihrer Durchsetzung exponiert hatten, drohte langjährige Haft oder gar die Todesstrafe, wenn sie sich nicht rechtzeitig durch die Flucht der Verfolgung entziehen konnten.

Entstehung der politischen Parteien und berufsständischen Interessenvertretungen

Nach dem Scheitern des Aufstandes versuchte die bayerische Regierung den pfälzischen Sonderstatus abzubauen und die staatsrechtlichen Unterschiede zwischen der Pfalz und dem rechtsrheinischen Bayern auszugleichen, soweit dies unter Respektierung der konstitutionellen Grundrechte möglich war. In die gleiche Zeit fallen in der Pfalz, wie in Bayern und

Entstehung der politischen Parteien und berufsständischen Interessenvertretungen 113

in den linksrheinischen Teilen anderer deutscher Staaten, Differenzierung der ideologischen Ausrichtung und der politischen Ziele einzelner Gruppen, aus der sich schließlich die politischen Parteien in dem uns heute geläufigen Sinne ergaben. Versucht man diese Entwicklung in dem heutigen Kreisgebiet mit einigen Strichen nachzuzeichnen, dann ist zuerst an die unterschiedliche Struktur der Bevölkerung zu erinnern. Während die Hauptorte der beiden Landkommissariate, die 1862 in Bezirke umbenannt wurden, eine evangelische Mehrheit hatten, gab es auch jeweils vorwiegend katholische Gebiete, nämlich im Bezirk Zweibrücken um Blieskastel und St. Ingbert und im Bezirk Homburg auf der Sickinger Höhe südwestlich von Landstuhl. Größte Stadt der Westpfalz war im zweiten Drittel des 19. Jahrhunderts immer noch Zweibrücken, dessen Bedeutung als Behörden- und Gerichtssitz und als Schulzentrum im wirtschaftlichen Bereich durch die florierende Dinglersche Maschinenfabrik ergänzt wurde und der Stadt die führende Rolle in der Westpfalz gab. Im westlichen Teil des Bezirkes entwickelte sich, wie bereits an anderer Stelle gezeigt, St. Ingbert zu einer Industriestadt, die allerdings jahrzehntelang an der unzulänglichen Anbindung an das Schienennetz krankte, ganz im Gegensatz zu Homburg, das schon 1848 Anschluß an die erste pfälzische Eisenbahn gefunden hatte und zum wichtigsten Eisenbahnknotenpunkt zwischen Ludwigshafen und Saarbrücken geworden war und dank dieser bevorzugten Verkehrslage weiterverarbeitende Industrie anziehen konnte. Ein beträchtlicher Teil der Arbeiter aus dem Bezirk Homburg, aus St. Ingbert und seinem Umland fand Arbeit in der Montanindustrie der benachbarten preußischen Saarkreise, während in dem südwestlichen Teil des Bezirksamtes Zweibrücken die Landwirtschaft die Haupterwerbsquelle blieb trotz einzelner Fabriken, vornehmlich in Händen der Familie Adt. Die Mehrzahl der Unternehmerfamilien war protestantisch, so auch die Eisenwerksbesitzer Krämer in St. Ingbert, die Fabrikanten Adt dagegen katholisch. Da eine stärkere Industrialisierung erst nach der Jahrhundertmitte einsetzte, traten auch soziale Mißstände erst jetzt deutlicher in Erscheinung und lösten erste Maßnahmen eines sozialpolitischen Engagements seitens der katholischen Kirche aus. Ein katholischer Knappenverein war bereits 1859 in Mittelbexbach gegründet worden, 1867 folgte der erste westpfälzische Gesellenverein in Zweibrücken, 1872 das „Katholische Kasino" in St. Ingbert, 1873 der Arbeiterverein in Blickweiler. Eine Auflistung im Jahre 1889 nennt auch katholische Arbeitervereine in Rohrbach, Erbach-Reiskirchen, Jägersburg und Lautzkirchen. Um die gleiche Zeit entstanden auch die ersten evangelischen Arbeitervereine in der Westpfalz.

Während die Unternehmer und auch die Mehrzahl der evangelischen Wähler im nationalliberalen Lager standen, das seinerseits mit dem Bund der Landwirte Wahlbündnisse einging, formierte sich die politische Interessenvertretung des Katholizismus unter dem Eindruck des Kulturkampfes in der Zentrumspartei. Im April 1884 entstand ein Zentrumsverein in St. Ingbert unter Mitwirkung des Trierer Kaplans und Publizisten Georg Friedrich Dasbach, der vier Jahre später die „St. Ingberter Zeitung" neu belebte und ihr eine klare sozialreformerische Ausrichtung gab. Sein Auftreten in der Westpfalz verdeutlicht das grenzüberschreitende parteipolitische Geflecht in dem zusammenwachsenden saarländischen Wirtschaftsraum. Die starke Beteiligung aus der preußischen Rheinprovinz gab einer großen Katholikenversammlung in Homburg im September 1890 geradezu den Charakter „einer gesamtsaarländischen Veranstaltung" (Fritz Jacoby).

Bei den Reichstagswahlen bildeten die Bezirksämter Homburg und Kusel, Zweibrücken und Pirmasens jeweils einen Wahlkreis. Das damals geltende reine Mehrheitswahlrecht bedingte, daß der Wahlkreis nur durch den Kandidaten, der die meisten Stimmen erhalten hatte, vertreten wurde. Meist war dies ein Nationalliberaler oder ein Mitglied des Bundes der Landwirte. Nach der Zahl der abgegebenen Stimmen lag der Zentrumskandidat meist dicht dahinter. 1907 konnte das Zentrum den Wahlkreis Zweibrücken-Pirmasens gewinnen.

Von der sozialdemokratischen Agitation wurde die Westpfalz erst spät erreicht. Während in der Vorderpfalz und auch in Kaiserslautern schon in den frühen siebziger Jahren sozialdemokratische Ortsgruppen hatten gegründet werden können, scheiterte noch im Januar 1878 der Mannheimer Redakteur August Dreesbach bei dem Versuch der Bildung einer Ortsgruppe in Zweibrücken an den dortigen nationalliberalen Fabrikanten. Noch im selben Jahr trafen die pfälzischen Unternehmer, ähnlich den saarpreußischen, eine Absprache, jeden Arbeiter mit sozialdemokratischen Neigungen zu entlassen.

Erst während der großen Streikbewegung im Bergbau in den Jahren 1889–1892 wird eine wenn auch kleine sozialdemokratische Anhängerschaft in der Westpfalz greifbar. Bei den Reichstagswahlen im Februar 1890 erreichten in der Stadt St. Ingbert die Sozialdemokraten 268 Stimmen gegenüber 598 für das Zentrum und 526 für die Nationalliberalen. Eine Reihe staatlicher Repressionsmaßnahmen und die kirchlich kräftig geförderten Initiativen zur Organisation der Arbeiterschaft in „Christlichen Gewerkschaften" hemmten jedoch über ein Jahrzehnt lang einen weiteren Aufstieg. Erst in den letzten Jahren vor Ausbruch des Ersten Weltkrieges erreichte in den beiden westpfälzischen Wahlkreisen die So-

35 Der Unternehmer August Ferdinand Culmann, Begründer der Grube Frankenholz

zialdemokratie eine Stimmenzahl, die das Paktieren bei Stichwahlen mit ihr für andere Parteien interessant machte.

Als im Mai 1889 die deutschen Steinkohlenreviere nach und nach vom Ausstand erfaßt wurden, machten im Saarrevier die Bergarbeiter der Culmannschen Privatgrube in Frankenholz den Anfang. Sie legten elf Tage vor den Bergleuten der benachbarten preußischen Gruben die Arbeit nieder. Den Versuch eines ersten organisierten Arbeiterzusammenschlusses in der Westpfalz unternahmen aber nicht sie, sondern die hier wohnenden Bergleute der preußischen Gruben mit der Gründung des „Rechtsschutzvereins für die bergmännische Bevölkerung des Oberbergamtsbezirkes Bonn" am 30. Juni 1889, rund neun Monate später bildeten dann auch die Bergleute der bayerischen Staatsgrube St. Ingbert ihren Rechtsschutzverein, dem fast die gesamte Belegschaft beitrat. Beide Vereine lösten sich unter dem Druck der preußischen und bayerischen Bergbehörden wenige Jahre später auf. Neuansätze der Arbeiterorganisation werden erst wieder im Jahre 1900 faßbar, als in Mittelbexbach eine allerdings nur kurzlebige Zahlstelle des Gewerkvereins christlicher Bergarbeiter Deutschlands eingerichtet wurde. Daß in den folgenden Jahren diese überkonfessionelle Organisation große Teile der westpfälzischen Bergarbeiter an sich ziehen konnte, ist nicht zuletzt der Förderung durch katholische und evangelische Pfarrer zu verdanken, darunter der Homburger Stadtpfarrer Eugen Breitling. Hier zeigt sich wieder einmal ein Unterschied zum preußischen Teil des Reviers, in dem die von dem Trierer Bischof Korum kräftig unterstützten rein katholischen Fachvereine „Berliner Richtung" mit dem überkonfessionellen Christlichen Gewerkverein konkurrierten und sich behaupten konnten. Gleichzeitig stieg die Zahl der katholischen Arbeitervereine. Der Bezirk St. Ingbert zählte 1914 acht Vereine, der Bezirk Homburg 21. In St. Ingbert bestand auch ein Verein für Arbeiterinnen. Im Jahre 1908 war in Homburg das neue katholische Arbeitersekretariat für die gesamte Pfalz eingerichtet worden.

Die Wahlen für die Ausschußmänner auf den Gruben in den letzten Jahren vor Kriegsausbruch belegten, daß der Gewerkverein christlicher Bergarbeiter gegenüber dem sozialdemokratisch orientierten alten Verband, der in der Westpfalz seit 1905 stärker agitierte, dominierte.

Geänderte politische Zugehörigkeiten im Saargebiet

Die Einbeziehung pfalz-bayerischer Städte und Gemeinden in das durch den Friedensvertrag von Versailles neu geschaffene Saargebiet unterbrach nach Meinung der Zeitgenossen die Bindungen zur Pfalz, kappte sie aber nicht. Man erwartete, daß spätestens in 15 Jahren durch ein klares Votum für die Rückkehr zum Deutschen Reich in der vorgesehenen Volksabstimmung das Kunstgebilde des Versailler Vertrages auseinanderfallen und seine Teile in ihre traditionellen pfalz-bayerischen und rheinpreußischen Verwaltungen wieder eingefügt würden. Bekanntlich war dies nicht der Fall. Noch heute ist das Industriegebiet an der mittleren Saar mit den zugehörigen Arbeiterwohngebieten eine Verwaltungseinheit, seit 1957 ein eigenes Bundesland. Wenn auch heute noch in der Saarpfalz mentale Bindungen zur Pfalz bestehen, so ist durch die Wirkung politischer, administrativer und wirtschaftlicher Faktoren die Verbindung zu den westlich anschließenden ehemals preußischen Saarkreisen mindestens ebenso stark, wenn nicht stärker geworden.

Die Einbeziehung in den „Saarstaat" im Jahre 1920 verlangte von der Bevölkerung der beiden Bezirksämter die Ausrichtung auf das neue Zentrum Saarbrücken anstelle des bisher gewohnten Speyer. Nicht nur in der wirtschaftlichen Zusammenarbeit der Unternehmen und in einem starken Pendlerwesen zwischen bayerischem Wohnort und preußischer Arbeitsstätte, sondern auch in der Organisation von Gewerkschaften und Verbänden hatten sich schon in der Vorkriegszeit enge Kontakte, teilweise sogar institutionalisierte Bindungen ergeben. Die Hauptstädte der beiden saarpfälzischen Bezirksämter hatten jeweils eine Randlage innerhalb ihres Verwaltungssprengels. Aufgrund der geographischen Lage waren St. Ingbert und sein Umland mit dem bisher preußischen Teil des Reviers enger verflochten als Homburg. Seiner wirtschaftlichen Entwicklung kam zugute, daß Betriebe hierher verlegt wurden, weil in Saarbrücken

36 Grenzsituation nach dem Ersten Weltkrieg

ausreichende Flächen für großzügige Industrieerweiterungen nicht mehr verfügbar waren und weil im Sulzbachtal immer häufiger auftretende Bergschäden eine Ansiedlung nicht opportun erscheinen ließen. Infolge des Konzentrationsprozesses in der Glasindustrie stieg St. Ingbert zum Schwerpunkt der gesamten südwestdeutschen Glasherstellung auf.

Trotz einiger Eingemeindungen in die Stadt Homburg – 1913 Beeden, 1936 Erbach-Reiskirchen, 1938 Bruchhof-Sanddorf – blieb St. Ingbert lange Zeit größte Stadt der Saarpfalz. Erst 1961 lagen die Einwohnerzahlen fast gleich: St. Ingbert 28 800, Homburg 28 609, nachdem die St. Ingberter Gruben geschlossen worden waren und aus dem Landeskrankenhaus Homburg die Medizinische Fakultät der Universität des Saarlandes hervorgegangen war.

Das zahlenmäßige Verhältnis der Konfessionen im Bezirksamt Homburg war fast ausgeglichen. Im Jahre 1919 standen 46,94 Prozent Katholiken 49,55 Prozent Protestanten gegenüber, bei der Zählung von 1927 erreichte der katholische Anteil 53,6 Prozent, der protestantische sank auf 46,4 Prozent. Das Bezirksamt Homburg hatte damit den höchsten evangelischen Prozentsatz aller saarländischen Kreise bis zur Gebiets- und Verwaltungsreform des Jahres 1973. Im Bezirksamt St. Ingbert dominierten die Katholiken mit 85,15 Prozent im Jahre 1919 gegenüber 14,5 Prozent Protestanten.

Stärkeverhältnis der Parteien

Die Wählersympathie, wie sie sich in den Ergebnissen der Wahlen im Frühjahr 1919 zur deutschen Nationalversammlung spiegelt, steht in schroffem Gegensatz zu der letzten Reichstagswahl vor dem Kriege. In beiden Bezirksämtern waren die Nationalliberalen die Verlierer, die Sozialdemokraten die großen Gewinner, im Bezirksamt Homburg wurden sie sogar die stärkste Partei. Ein detaillierter Vergleich dieser Wahl mit der Reichstagswahl von 1912 stößt auf erhebliche Schwierigkeiten wegen der geänderten Wahlbezirke und des neuen Wahlrechts. Die Wahl vom Frühjahr 1919 unterscheidet sich aber auch sehr deutlich von den vier Wahlen zum Landesrat des Saargebietes, einer Volksvertretung mit lediglich beratenden Befugnissen, die 1922, 1924, 1928 und 1932 abgehalten wurden.

Ihre Ergebnisse zeigen in den beiden Bezirksämtern die gleichen Trends wie auf Landesebene. Das Zentrum behauptet sich zwischen 1922 und 1932 als stärkste Partei. Die Sozialdemokraten und die drei liberalen Parteien verlieren große Teile ihrer Wählerschaft. Ihre Stimmenverluste kommen der Kommunistischen Partei, 1928 auch der Deutsch-Nationalen Volkspartei (Bezirksamt Homburg 1928: 11,1%) und 1932 der NSDAP zugute.

Trotz der generellen Übereinstimmung zeigen sich Unterschiede sowohl zum jeweiligen Ergebnis auf Landesebene als noch mehr zwischen den beiden Bezirksämtern, was bei der sehr unterschiedlichen Erwerbs- und Konfessionsstruktur nicht erstaunt. Im Bezirksamt St. Ingbert behauptet das Zentrum seine absolute Mehrheit von rund 62 Prozent, während es auf Landesebene nicht über 47 Prozent kommt. Im Bezirk Homburg liegt es schon 1922 mit rund 40 Prozent unter dem Landesdurchschnitt und erhält 1932 38 Prozent.

Die Sozialdemokraten bleiben im Bezirksamt Homburg immer über dem Landesdurchschnitt, 1928 sogar um rund 8 Prozent, in St. Ingbert dagegen deutlich darunter, haben aber nur geringfügige Verluste von 1–1,5 Prozent hinzunehmen. Die Stimmenverluste der liberalen Parteien, die übrigens in der Pfalz ihre Parallele finden, sind im Bezirksamt Homburg weitaus höher (28%), in St. Ingbert deutlich niedriger (10%) als im Landesdurchschnitt (15%).

Hinsichtlich der Entwicklung von Parteien am linken Rande des Spektrums verdient St. Ingbert insofern eine Hervorhebung, als im Bezirksamt schon 1919 bei den Wahlen zur Nationalversammlung die USPD 4 Prozent erringen konnte, während dieselbe Partei in den preußischen Saarkreisen noch so schwach war, daß sie überhaupt nicht kandidierte. Die in der Literatur anzutreffende Behauptung, daß am 1. Oktober 1919 im St. Ingberter Ortsteil Schnappach die erste Ortsgruppe der KP im Saargebiet gegründet worden sei, hält der Überprüfung nicht stand.

Bei den Landesratswahlen 1922 erzielte die KP im Bezirksamt Homburg 3,1 Prozent, in St. Ingbert 5,1 Prozent, im Saargebiet insgesamt aber 7,5 Prozent. Auch bei den folgenden Landesratswahlen blieb sie in den beiden saarpfälzischen Bezirksämtern unter dem Landesdurchschnitt (1932: 22,7%), konnte aber doch bis 1932 stattliche Zugewinne verbuchen (Homburg 16,2%, St. Ingbert 15,2%).

Mit einem Stimmenanteil von 18,2 Prozent für die NSDAP bei den Landesratswahlen am 13. März 1932 lag das Bezirksamt Homburg weit über dem Landesdurchschnitt (6,74%). In allen anderen Landkreisen des Saargebietes hatte die NSDAP nur 2,9–5,9 Prozent der Stimmen gewinnen können, in der Stadt Saarbrücken 10,4 Prozent.

Das Homburger Ergebnis wurde nicht durch die beiden kleinen protestantischen Bauerndörfer Böckweiler (91,5% ev., 81% Erwerbstätige in der Landwirtschaft, 288 Wahlberechtigte, 80,1% NSDAP) und Brenschelbach (82,1% ev., 70,8% Erwerbstätige in der Landwirtschaft, 365 Wahlberechtigte, 61,2% NSDAP) bestimmt, sondern durch die Erfolge der Nazis in Homburg-Stadt (29,6%), in dem Industrieort Mittelbexbach (11,2%) und in einigen Arbeiterwohngemeinden wie Kirkel (22,4%) und Jägersburg (13,8%).

In Kirkel war am 5. Dezember 1926 die erste Ortsgruppe in der Saarpfalz gegründet worden. Den Vorsitz hatte Ernst Fey übernommen, der bald in den Nachbargemeinden Versammlungen organisierte, weitere Ortsgruppen gründete und bis 1935 als NSDAP-Kreisleiter für die Bezirksämter Homburg und St. Ingbert fungierte. Kirkel erhielt auch als erste saarländische Gemeinde einen nationalsozialistischen Bürgermeister nach den Kommunalwahlen vom Herbst 1932. Die früheren Erfolge der NSDAP im Bezirksamt Homburg, die für das Saarland ganz untypisch sind, erklären sich aus den Aktivitäten einiger hier wohnender „alter Kämpfer", aber noch mehr aus der Unterstützung durch die pfälzische NSDAP.

NSDAP-Mitglieder aus Zweibrücken und Waldmohr traten in der Saarpfalz als Redner und als „Saalschutz" auf, saarländische Nazis fuhren zur Schulung oder zu Propagandaveranstaltungen hinüber in die Pfalz. Propagandamaterial wurde in beide Richtungen geschmuggelt. Schon damals bestanden persönliche Beziehungen zu dem pfälzischen Gauleiter Josef Bürckel, die sich nach der Rückgliederung mit der Besetzung wichtiger Positionen auszahlten. Auf Betreiben Bürckels wurde Jakob Pirro aus Homburg der Vorsitzende der „Deutschen Front", der großen überparteilichen Sammlungsbewegung aller Befürworter der Rückgliederung ins Reich.

Ganz anders stellte sich die Situation im Bezirk St. Ingbert dar. Hier hatte die NSDAP bei der Landesratswahl von 1932 nur 4,6 Prozent der Stimmen erhalten, in der Stadt St. Ingbert etwas mehr (5,8%), aber immer noch unter dem Landesdurchschnitt, in Blieskastel 7,4 Prozent und in Wolfersheim 11,7 Prozent. Dennoch spielte auch St. Ingbert in der Frühgeschichte der NSDAP des Saargebietes eine besondere Rolle, nämlich als Wohnort des „ersten Märtyrers des Saargebietes". In einer Straßenschlacht am 26. März 1933 in Güdingen war der Hitlerjunge Otto J. Schmelzer aus St. Ingbert verletzt worden und einige Tage später im Krankenhaus verstorben. Die Anwesenheit von rund 3000 Trauergästen bei seiner Beerdigung bot den NSDAP-Größen breiten Raum für Propagandatiraden.

Das stärkere Auftreten der NSDAP in der Saarpfalz aktivierte Sozialdemokraten, Kommunisten und einige Katholiken um Johannes Hoffmann, die frühzeitig den terroristischen Charakter des NS-Regimes erkannt hatten, nach der Machtübernahme durch Hitler eine Rückkehr des Saargebietes in ein von der NSDAP beherrschtes Deutsches Reich ablehnten und die Beibehaltung der Verwaltung durch den Völkerbund (sog. Status quo), solange das NS-Regime bestand, befürworteten.

Bekanntlich entschied sich die saarländische Bevölkerung in der Volksabstimmung vom 13. Januar 1935 mit überaus großer Mehrheit (90,8%) für die Rückkehr ins Reich.

In fast allen Grenzgemeinden des Bezirksamtes Homburg entfielen auf die Rückkehr über 95 Prozent der Stimmen. Den höchsten Prozentsatz erreichte Mimbach mit 99,1 Prozent. Andererseits blieben die Städte Homburg (87,6%) und St. Ingbert (89,4%) und einige Dörfer unter dem Landesdurchschnitt. Der kleine Ort Wörschweiler erzielte mit 16,6 Prozent das höchste Status-quo-Ergebnis im ganzen Saargebiet, gefolgt von Reinheim mit

13,5 Prozent. Denjenigen, die ihre Ablehnung des Nationalsozialismus klar artikuliert hatten, blieb, wenn sie der Verfolgung entgehen wollten, nur der Weg in die Emigration. Eine von dem Reichskommissar für die Rückgliederung im Mai 1936 veranlaßte Erhebung über emigrierte Saarländer nennt 225 aus dem Bezirksamt Homburg und 109 aus dem Bezirksamt St. Ingbert, doch dürfte die tatsächliche Zahl etwas höher gelegen haben. Manche kehrten schon nach einigen Wochen wegen schlechter Möglichkeiten, in Frankreich Arbeit zu finden, wieder zurück, andere mehr oder weniger gezwungen während des Krieges, andere erst nach Kriegsende.

Die Bevölkerung des Saarlandes – so die offizielle Bezeichnung seit 1. März 1935 – erlebte in dem folgenden Jahrzehnt Repression und Terror gegenüber den politisch Andersdenkenden und den religiös und rassisch Ausgegrenzten, sie erlitt die Schrecken des Krieges auf dem Land und aus der Luft mit Evakuierung der südlichen Teile der beiden Kreise im ersten und letzten Kriegsjahr.

Der mutige Frankenholzer Schulstreik als Protest gegen die beabsichtigte Entfernung der Kruzifixe aus den Schulsälen, die Einrichtung von Polizeihaftlagern in Erbach und Kirrberg für politisch auffällige Westwallarbeiter und andere potentielle Regimegegner und die Zwangssterilisationen und Selektionen Geisteskranker im Landeskrankenhaus setzen besondere Akzente in der Geschichte des Kreisgebietes in der Zeit der braunen Diktatur.

Im ersten Nachkriegsjahrzehnt

Gegen Ende des Jahres 1945 begann die französische Militärregierung politische Parteien zuzulassen. Zu diesem Zeitpunkt bestand Ungewißheit über die künftige staatliche Zugehörigkeit des Saarlandes. Würde es wie das übrige linksrheinische Gebiet Teil der alliierten Besatzungszonen bleiben, oder würde es abgetrennt werden und einen besonderen Status erhalten? Es versteht sich, daß diese Frage, von der auch die Verbesserung der Ernährungslage, die Demontage von Industriepotential, die Ingangsetzung des Wiederaufbaus, die Verringerung der Arbeitslosigkeit und eine Währungsumstellung abhingen, die neu zugelassenen Parteien, die Christliche Volkspartei (CVP), die Sozialdemokratische Partei (SPS), die Kommunistische Partei und eine liberale Partei (DPS) mehr beschäftigen mußten als die herkömmlichen ideologischen Auseinandersetzungen. Im Laufe des Jahres 1947 wurde das Konzept eines halbautonomen Saarstaates, der mit Frankreich in einer Wirtschafts- und Währungsunion verbunden sein sollte, deutlicher und fand in dem Entwurf einer saarländischen Verfassung seinen Niederschlag. Über ihre Annahme hatte eine Verfassunggebende Versammlung zu entscheiden, die am 5. Oktober 1947 gewählt wurde. Die Wahl brachte der CVP in beiden Kreisen (Homburg 52%, St. Ingbert 63%) Ergebnisse über dem Landesdurchschnitt (51,5%). Der Stimmenanteil der Sozialdemokraten entsprach in Homburg mit 32 Prozent fast exakt dem Landesdurchschnitt (32,1%), in St. Ingbert (26,5%) blieb er deutlich darunter. Die DPS, damals noch für den wirtschaftlichen Anschluß, schaffte in Homburg 7,2 Prozent, in St. Ingbert 5,1 Prozent, auf Landesebene 7,6 Prozent. Es war bekannt, daß von den vier zugelassenen Parteien nur die KP die Verfassung ablehnen würde. Im Kreis Homburg erhielt sie 0,4 Prozent mehr Stimmen als im Landesdurchschnitt (8,4%), während sie im Kreis St. Ingbert deutlich darunter blieb (5,4%). Wenn auch die KP die einzige Oppositionspartei gegen den wirtschaftlichen Anschluß an Frankreich war, so gab es Vorbehalte auch bei einzelnen Abgeordneten der

SPS und der CVP. Bei den Diskussionen um die Annahme der Verfassung gehörte der SPS-Kreisvorsitzende von Homburg und St. Ingbert, Kurt Conrad, zu den Abgeordneten, die ihre Bedenken artikulierten und nicht für die Annahme der Verfassung stimmten. Grundsätzliche Meinungsverschiedenheiten mit der Parteileitung veranlaßten ihn dann im April 1952 zum Ausscheiden aus der SPS. Drei Monate später gründete er die Deutsche Sozialdemokratische Partei (DSP), die in den nächsten drei Jahren nur latent agitieren konnte, weil ihr von der saarländischen Regierung die offizielle Zulassung vorenthalten wurde. Erst seit 1955, als die Saarländer über Annahme oder Ablehnung des sogenannten „Europäischen Saarstatuts" abstimmen sollten, wurde sie wie auch die anderen „prodeutschen" Parteien (CDU-Saar, DPS) zugelassen.

Die Ergebnisse des Referendums vom 23. Oktober 1955 aus den beiden Kreisen zeigen wiederum deutliche Abweichungen untereinander und gegenüber dem Landesdurchschnitt. Die Bevölkerung des Kreises Homburg lehnte das Statut mit 73 Prozent, die St. Ingberter Kreisbevölkerung mit 62,6 Prozent der Stimmen ab (Landesdurchschnitt 67,2%). Zu den Wahlen zum 3. Landtag des Saarlandes im Dezember 1955 traten jeweils zwei christliche und zwei sozialdemokratische Parteien mit unterschiedlicher außenpolitischer Kon-

37   Die Grenze vom französischen Saarland nach Deutschland nach dem Zweiten Weltkrieg

zeption an, die CVP und die SPS, die weiterhin an einem Sonderstatus des Saarlandes festhielten, und die CDU-Saar und die SPD-Saar, die die baldige Eingliederung in die Bundesrepublik anstrebten. Die Ergebnisse der Kreise Homburg und St. Ingbert korrespondieren mit den Ergebnissen des Referendums. Die CVP erzielte im Kreis St. Ingbert mit 29,7 Prozent das beste Ergebnis aller saarländischen Kreise und lag mit rund 8 Prozent über dem Landesdurchschnitt (21,8%), im Kreis Homburg dagegen 2,5 Prozent darunter. Umgekehrt errang die SPD im Kreis Homburg, der Heimat Kurt Conrads, mit 22,3 Prozent die Spitzenstellung, 8 Prozent über dem Landesdurchschnitt.

Die Ablehnung des Saarstatuts und das neue Kräfteverhältnis der politischen Parteien, wie es die Landtagswahlen vom Dezember 1955 gebracht hatten, verlangten eine von Grund auf neue Lösung der Saarfrage, auf die sich Frankreich und die Bundesregierung im Luxemburger Vertrag vom 27. Oktober 1956 einigten, nämlich die Eingliederung des Saarlandes als eigenes Bundesland in die Bundesrepublik und die Aufhebung der Wirtschafts- und Währungsunion mit Frankreich spätestens zum Jahresende 1959. Für den Kreis Homburg bedeutete dies, daß seine Ostgrenze, die seit 1947 eine nie allerseits anerkannte „Staatsgrenze" und eine empfindlich verspürte Zollgrenze gewesen war, zu einer binnendeutschen Ländergrenze herabgestuft wurde.

Die folgenden Landtagswahlen bis zur Gebiets- und Verwaltungsreform des Jahres 1973 brachten eine Angleichung des saarländischen Parteienspektrums an den bundesdeutschen Trend, die gegnerischen christlichen und sozialdemokratischen Parteien fusionierten, SPS und SPD schon im März 1956. Im christlichen Lager gelang der Ausgleich erst in der zweiten Hälfte der sechziger Jahre.

Die CDU behauptete sich im Kreis St. Ingbert als stärkste Partei, die SPD im Kreis Homburg. Die Liberalen (DPS), die im Dezember 1955 im Kreis Homburg 23,1 Prozent und im Kreis St. Ingbert 18,2 Prozent eingebracht hatten, pendelten sich über 5 Prozent ein. Die KP hatte schon im Dezember 1955, nachdem sie nicht mehr die einzige zugelassene Oppositionspartei war, Stimmen verloren (Homburg 5,7%, St. Ingbert 5,3%) und verschwand dann gänzlich aus dem Landtag des Saarlandes infolge der Ausdehnung des vom Bundesverfassungsgericht ausgesprochenen KPD-Verbotes auf das Saarland.

Die knappe Skizzierung der Parteien in der Wählergunst beschließen wir mit dem Ergebnis der ersten Landtagswahl nach Bildung des Saarpfalz-Kreises am 4. Mai 1975, das eine überraschend starke Angleichung an den Landesdurchschnitt zeigte:

	CDU	SPD	FDP
Saarland	49,1%	41,8%	7,4%
Saarpfalz-Kreis	49,4%	41,8%	7,4%

Juden in der Saarpfalz

von Michael Lintz

Juden in Homburg

Im Rahmen der Verleihung der Stadtrechte im Jahre 1330 durch Kaiser Ludwig IV. sind erstmals Juden im Zusammenhang mit Homburg erwähnt. Namentlich genannt werden 1698 in den Akten ein Abraham von Mainz und Witwe Rodenfels; ihre Ansiedlung ging wohl auf die Wirtschafts- und Bevölkerungspolitik der französischen Regierung in der Reunionszeit zurück. Nach deren Ende, 1697, beschränkten die Saarbrücker Grafen die Zahl der ortsansässigen Schutzjuden auf zwei Familien. 1777 lebten bereits 4 Schutzjuden mit Familie in Homburg, obwohl seit 1701 eine vermehrte Ansiedlung untersagt war. Seit Mitte des 18. Jahrhunderts war jedoch immer mehr Familien die Niederlassung mit Blick auf ökonomische Vorteile gewährt worden.

Die französische Revolution brachte den Juden in Frankreich 1791 die rechtliche Gleichstellung. Diese galt nach der Neugliederung der Saarregion durch Frankreich 1798 auch für die hier ansässigen Juden, d. h. sie hatten nun Niederlassungsfreiheit. Das führte zu einer Erhöhung des jüdischen Bevölkerungsanteils in Homburg. Die wirtschaftliche Attraktivität der Stadt griff in der Mitte des 19. Jahrhunderts auf Nachbargemeinden – Zweibrücken und Pirmasens – über und setzte sich im 20. Jahrhundert fort. 1874 und 1879 wurden Juden auch in den Stadtrat von Homburg gewählt. Die Homburger Juden gehörten dem liberalen bzw. nationalliberalen Parteienspektrum an.

Die jüdische Gemeinde hatte ein privates Bethaus bei Josef Isaak in der Deutschen Gasse. Da diese Privatsynagoge aber bald zu klein war, erwarb die Kultusgemeinde 1860 die ehemalige Franziskanerklosterkirche. Homburg gehörte zum Bezirksrabbinat Pirmasens mit wechselndem Sitz in Pirmasens und Zweibrücken; der erste Bezirksrabbiner war Aron Kahn aus Merzbach/Untermain. Auch eine Schule gehörte zu den jüdischen Einrichtungen. Um 1823 wurde ein jüdischer Friedhof eingerichtet, zuvor begruben die Gemeindemitglieder ihre Toten in Blieskastel.

Bereits 1933–1935 kam es in Homburg zu Repressalien und tätlichen Angriffen gegen Juden (z.B. Angriff auf Erich Hirsch und Hans Levy am 2. 10. 1933). Juden und Gegnern des NS-Regimes war es noch bis zum 29. Februar 1936 möglich auszuwandern (Garantieerklärung im Rahmen der Rückgliederung des Saarlands). Ihre Immobilien mußten die Juden verkaufen, meist weit unter Preis. In der Reichspogromnacht 1938 wurden die Synagoge und jüdische Privathäuser verwüstet. Am 22. Oktober 1940 wurden die letzten in Homburg verbliebenen Juden in das Lager Gurs in Südfrankreich und von dort in die Konzentrationslager im Osten deportiert und ermordet.

Am 1. Januar 1933 lebten 163 Juden in der Stadt, 27 von ihnen wurden Opfer des Holocaust.

Juden in St. Ingbert

1811 siedelte sich der erste Jude, Mendel Beer, in St. Ingbert an. Im Laufe des 19. Jahrhunderts gab es im Ort neben der Kahnschen Seifensiederei und dem Beerschen Eisen- und Baumaterialgeschäft einige Einzelhandelsgeschäfte verschiedener Branchen (Leder, Bekleidung, Haushaltswaren).
Der von Josef Beer 1867 gegründete Vorschußverein kurbelte als Kreditgenossenschaft die Wirtschaft in St. Ingbert an. Eine besondere Leistung dieses Vorschußvereins war das Stipendium, das Albert Weisgerber während seines Studiums in München erhielt. Weisgerber war mit einer Frau jüdischen Glaubens verheiratet und porträtierte verschiedene St. Ingberter Juden.

Die Zahl der jüdischen Einwohner schwankte stark, blieb aber immer unter 100 Personen (bis zum Ende der jüdischen Gemeinde 1940); so war es finanziell stets schwierig, Synagogenbau, Schule und Lehrerbedarf zu bewältigen. 1860 wurde eine jüdische Schule gegründet, sie bestand bis 1883; am 14. Januar 1876 wurde die St. Ingberter Synagoge eingeweiht. Sie mußte am 7. September 1936 infolge nationalsozialistischer Repressalien verkauft werden. Der jüdische Friedhof wurde zwischen 1888 und 1938 belegt.

Einige St. Ingberter Juden konnten in der Nazizeit auswandern, doch 16 Juden aus dieser

38   Die 1938 verwüstete und 1945 zerstörte Synagoge in Homburg

Gemeinde wurden in Konzentrationslagern umgebracht.

Juden in Blieskastel

Für das leyische Oberamt Blieskastel sind auch die ehemaligen Marktflecken Gersheim und Medelsheim von Bedeutung. In Medelsheim lebten nur im 18. Jahrhundert Juden. Es gab eine Judengasse und die Gemeinde hatte ein Ritualbad. Seine Bedeutung verdankt Medelsheim vor allem der Familie Cerf Beer, die den Ort in den siebziger Jahren des 18. Jahrhunderts verließ und sich in Straßburg niederließ. Cerf Beer war als Bankier Rat der Hofrentkammer beim leyischen Hof in Blieskastel.

Auch in Gersheim lebten im 18. Jahrhundert schon Juden. Sie gehörten zur jüdischen Gemeinde in Blieskastel, nur von 1890 bis 1908 hatten sie eine eigene Synagoge. Die letzten jüdischen Einwohner verließen 1935 den Ort und brachten sich in Sicherheit.

Blieskastel selbst kann auf eine mehr als 300jährige jüdische Geschichte zurückblicken, ist doch ein „Judenbegräbnis" aus dem Jahr 1688 nachweisbar. 1690 sind Juden dann namentlich belegt und zwar „Jakob Moyses, der Jud".

Das Leben der Juden im leyischen Oberamt war etwas leichter als unter den anderen Herrschaften. Mit den Schutzgeldern, die sie entrichten mußten war die örtliche Aufenthaltserlaubnis auf Widerruf sowie die Erlaubnis zur Berufsausbildung verbunden. Zahlreiche Verordnungen prägten das Zusammenleben

39 Der jüdische Friedhof in Blieskastel

von Juden und Christen. 1775 erhielten die Blieskasteler Juden die Erlaubnis Behausungen zu erwerben. Im Jahr 1748 wurde das Schächten von den Zunftvorschriften befreit. Es durften hinfort 20 Stück Großvieh pro Jahr geschlachtet werden.

In der ersten Hälfte des 18. Jahrhunderts setzte die Herrschaft Raphael Wallich aus Koblenz als Rabbiner ein. Vom 17. bis ins 19. Jahrhundert beerdigten die jüdischen Gemeinden Homburg, St. Ingbert, Gersheim und Medelsheim ihre Toten in Blieskastel.

Als Napoleon am 17. März 1808 ein Dekret erließ, das eine „sittliche Umerziehung" der Juden zum Inhalt hatte, äußerten Marx, Jakob, Elias und Isaak sowie deren Vater Salomon Oppenheimer ihre Bedenken gegenüber der Stadtverwaltung Bileskastel. Diese sicherte den Oppenheimers zu, daß sie sich weiter mit dem Viehhandel beschäftigen dürften. Die jüdische Bevölkerung stieg von 0,5 % der Einwohner um 1750 auf 13 % im Jahre 1815. Der Zuwachs ist auf die Niederlassungsfreiheit und die veränderte wirtschaftliche Situation Blieskastels zurückzuführen, das zu der Zeit ein größerer Warenumschlagplatz war. Deshalb gab es hier auch eine der wenigen jüdischen Gemeinden, die eine eigene Synagoge und ab 1838 ein Ritualbad (Gebäude am Luitpoldplatz, Vorgängergebäude vor 1790 waren wohl in Privatbesitz) besaßen und deren Gemeindemitglieder in Wohlstand lebten und durch Bildung hervortraten. Schon Mitte des 19. Jahrhunderts etablierten sich Juden in den örtlichen Institutionen. Außer dem Viehhandel und Metzgereigewerbe gab es im 19. Jahrhundert jüdische Spezerei- und Krämergeschäfte sowie anderen Handel.

Um die Mitte des 19. Jahrhunderts wanderten auch eine größere Anzahl von Juden aus. Unter ihnen war David Oppenheimer (geb. 1834 in Blieskastel, gest. 1897 in Vancouver). Er wanderte in die USA aus und ließ sich in Kanada nieder. Er ist der Gründer der Stadt Vancouver, die er dann jahrelang regierte.

Blieskastels jüdische Bevölkerung schrumpfte von 1850 bis 1910 auf 34 Einwohner, 1918 waren es noch 15, 1927: 11 und 1935 gab es noch 10 Juden in Blieskastel. Wegen dieses Rückgangs der Gemeindemitglieder wurde 1908 die Synagoge aufgegeben und das Gebäude 1924 an die politische Gemeinde veräußert.

Bis zum 29. 2. 1936 wanderten 3 Juden nach Luxemburg aus; am 12. 8. 1938 waren noch 9 jüdische Einwanderer in Blieskastel nachweisbar. In der Reichspogromnacht kam es zu Wohnungsdurchsuchungen und Konfiskation von Besitz jüdischer Einwohner.

Literaturhinweise

Blinn, Dieter: Geschichte der Juden in Homburg. 1330–1945. Homburg/Saar 1993

Marx Albert: Die Geschichte der Juden an der Saar. Saarbrücken 1985, ²1992

Nimsgern, Christoph u.a.: Juden in St. Ingbert. Eine Dokumentation. St. Ingbert 1987, ²1990

Zwischen Landwirtschaft und Industrie – soziale und wirtschaftliche Strukturen (1800–1970)

von Paul Thomes

Französisches Erbe – Voraussetzungen des Neubeginns

Die 1801 im völkerrechtlichen Anschluß an Frankreich gipfelnde Eroberung der linksrheinischen deutschen Territorien im Gefolge der Revolution zeitigte für das Land an Blies und Saar nicht nur einschneidende politische Konsequenzen. Auch die wirtschaftlichen und gesellschaftlichen Strukturen erfuhren einen gravierenden Umbruch von kaum zu unterschätzender Tragweite. Denn neben einer einheitlichen Gerichts- und Verwaltungsorganisation bescherte die gut zwei Jahrzehnte währende „Franzosenzeit" dem Land eine fundamentale Reform der scheinbar unverrückbaren Wirtschaftsverfassung, als sie deren Säulen – Grundherrschaft und Zunftzwang – quasi über Nacht in den Orkus der Geschichte beförderte.

Einerseits fegte die Gewerbefreiheit ein über Jahrhunderte hinweg verkrustetes, dem ökonomischen Fortschritt hinderliches System hinweg, indem sie Konkurrenz und Eigeninitiative gegen pure Besitzstandswahrung setzte. Andererseits gelangte die Verfügungsgewalt über den Produktionsfaktor Boden mehr denn je zuvor in die Hände derjenigen, die ihn auch kultivierten. Gleichzeitig erhöhte sich die Mobilität, während das aus dem alten Recht übernommene Prinzip der Realteilung die für den Südwesten so typische, starke Parzellierung des Landes forcierte. Größere Güter wie der um die Mitte des 19. Jahrhunderts rund 25 ha zählende Niederwürzbacher Besitz des Felix Schaller, Sohn des ehemaligen von der Leyenschen Privatsekretärs J. J. Schaller, waren die Ausnahme.

Darüber hinaus bedingte das Ende der absolutistischen Kleinstaaterei zwar eine lange Zolllinie entlang des Rheins; für die hiesige Gegend aber bedeutete die gleichzeitige Öffnung nach Westen vorrangig die Befreiung aus der traditionellen Grenzlage und die Integration in einen weiten Wirtschaftsraum ohne hinderliche Binnenzölle und divergierendes Recht. Ungeachtet der harten Kriegslasten, daraus resultierender kommunaler Schulden und reformbedingter Anpassungsprobleme sollte die Wirtschaft letztlich profitiert haben, zumal sich auch die Infrastruktur erheblich verbesserte – man denke an den Bau der Kaiserstraße. Für die These eines tendenziell steigenden Niveaus der Lebenshaltung spricht nicht zuletzt die Zunahme der Bevölkerung um rund 20 Prozent. 1815 lebten in den Grenzen des heutigen Kreisgebietes knapp 26 000 Personen.

Neubeginn in Not

Insofern ist es nur verständlich, wenn 1816 in der Pfalz über den Satellitenstatus als „Königlich Bayerische Lande am Rhein" kaum überschwengliche Freude aufkommen mochte, obwohl die Verfassung die revolutionären Errungenschaften ausdrücklich garantierte. Unter wirtschaftlichen Aspekten nämlich zwang die aktuelle politische Konstellation den flächenmäßig kleinsten, aber mit 68 Personen pro km² bei rund 430 000 Einwohnern dichtestbesiedelten „Kreis" des Königreichs zu einer völligen Umorientierung, fand man sich doch unversehens in der sattsam bekannten Randlage wieder: weitab von den Zentren politischer Macht, getrennt von den Märkten des Westens und umgeben von restriktiv gehandhabten Zollschranken, die selbst den Handel mit dem neuen Mutterland behinderten, ganz abgesehen davon, daß die rechtsrheinischen Gebiete erst einmal erschlossen sein wollten. Um so schwerer mußte es da wiegen, wenn mehr als die Hälfte des Steueraufkommens nach Alt-Bayern fließen sollte.

Soweit in groben Zügen die Rahmenbedingungen. Wie und wovon aber lebten die Menschen vor 175 Jahren konkret im Gebiet des heutigen Saarpfalz-Kreises, das seinerzeit Bestandteil der beiden benachbarten Landkommissariate Homburg und Zweibrücken war? Nun, der Start ins bayerisch-deutsche Jahrhundert hätte kläglicher kaum ausfallen können.

Läßt die Ernährungslage nach Kriegen – egal ob gewonnen oder verloren – ohnehin zu wünschen übrig, gingen die Jahre 1816/17 zu allem Überfluß als von argen Mißernten gezeichnet in die Annalen ein. Die Ernährung der recht dicht besiedelten Region fiel schwerer denn je, selbst wenn die Zentren heute nur als Dörfer gelten würden. Homburg zählte kaum 2800 Einwohner, rund 1900 Menschen lebten im 1829 zur Stadt erhobenen St. Ingbert, in Bexbach waren es beispielsweise nur gut 500 Personen. Hunger aber macht anfällig für Krankheiten, die aufgrund mangelnder medizinischer Versorgung und Hygiene öfter im Tod als in der Genesung endeten, wobei die Krätze noch zu den harmloseren der Nachkriegsepidemien zählte. Vor diesem Szenario wird auch die vordergründig irrationale Haltung der Homburger Bürger nachvollziehbar, als es um den Sitz des Landkommissariates ging. Lieber hätten sie seinerzeit darauf verzichtet, als die Kosten zur Beschaffung eines adäquaten Anwesens zu tragen.

Begrenzte Chancen im Agrarsektor

Wenn es im geographisch-statistischen Handbuch von Rhein-Bayern aus dem Jahr 1828 über den Distrikt Homburg heißt, die Erzeugnisse des Landes reichten zur Ernährung nicht aus, so spricht der Satz Bände angesichts der Tatsache, daß die überwiegende Mehrzahl der Bevölkerung eben im agrarischen Sektor ihren Lebensunterhalt zu verdienen suchte. Aber die für das nördliche Kreisgebiet typische Kombination von nährstoffarmem Buntsandstein gepaart mit einer bisweilen fast schroffen Oberfläche boten dem Ackerbau nun einmal keine ideale Basis. Roggen und die ebenso anspruchslose wie ertragreiche Kartoffel mochten zwar gedeihen, eher jedoch eigneten sich die Böden für die ernährungsmäßig zweitrangige Vieh- bzw. Forstwirtschaft. So deckte die Stadt Homburg noch in den dreißiger Jahren auf einer Ackerfläche von rund 350 ha wohl ihren Kartoffelbedarf komplett selbst, bezüglich Getreide, insbesondere beim Weizen, aber hing sie stark vom Umland ab. Zum Glück fanden sich nicht weit südlich bessere Bedingungen. Lehmiger Muschelkalk, fruchtbares Schwemmland und ein milderes Klima, das sich sogar zum Weinbau eignete, ließen das Hügelland zwischen Blieskastel und der Saar – bis heute agrarischer Mittelpunkt des Kreises – zur Kornkammer des Nordens werden. Wald war auch zu Beginn des 19. Jahrhunderts kaum anzutreffen. Vielmehr begegnen neben der üblichen Dreifelderwirtschaft schon intensive Formen des Fruchtwechsels mit sechs- bis achtjährigen Folgen, in deren Zentrum der Weizen stand. Wiesenbau in Verbindung mit Stallhaltung und besömmerte Brachen ermöglichten trotz des noch ungelösten Düngerproblems vergleichsweise hohe Erträge. Die für den Bliesgau so typischen Streuobstwiesen bedeuteten darüber hinaus eine gerngesehene Erweiterung des Speiseplans und eine Entlastung der Haushaltskasse.

Wenn auch nicht mit modernen Standards vergleichbar, dürfte die Ernährung im Normalfall rein mengenmäßig kaum Probleme bereitet haben. Das Leben aber war aufgrund der niedrigen Produktivität beileibe kein Zuckerschlecken, wenn auch von den Zeitgenossen vielleicht nicht als ganz so trostlos empfunden, wie gerne aus der liebgewonnenen wohlstandsbürgerlichen Perspektive geschildert. Abgesehen davon, daß sich der Boden ebensowenig beliebig vermehren ließ wie – trotz staatlich geförderter Meliorationsprogramme – die Erträge, erwies sich die Freiteilbarkeit des Besitzes als weiteres wesentliches Manko. Sie förderte sowohl die Bevölkerungsbewegung als auch die Zersplitterung der Bauernstellen, die sich je länger desto mehr für die alleinige Bestreitung des Lebensunterhalts als zu klein erwiesen.

So wuchs die Schicht derer, die sich zusätzlich als Tagelöhner zu verdingen suchten, unaufhaltsam. In Bierbach beispielsweise zählte man schon 1845 unter 126 Haushaltsvorständen 50 Tagelöhner gegenüber nur 45 Landwirten, wovon wiederum 30 als Kleinbauern galten. Angesichts der geringen Zahl von Landgütern mit einem entsprechenden Arbeitskräftebedarf waren viele gezwungen, ihre Heimatorte den Sommer und Herbst über ganz zu verlassen, um sich als Saisonarbeiter zu verdingen. Frauen arbeiteten oft als Wäscherinnen. Insbesondere während der Wintermonate wußten diese Menschen im Extremfall bisweilen heute nicht, wovon sie sich morgen ernähren sollten. Die Not der im Durchschnitt fünf bis sieben Personen zählenden Haushalte kann man sich lebhaft vorstellen. Und so wundert es kaum, wenn zu Beginn der vierziger Jahre über 50 Bierbacher den mühsamen Weg nach Paris unter die Füße nahmen, in der Hoffnung ihren Lebensunterhalt vorübergehend beim Bau eines neuen Befestigungsgürtels zu verdienen.

Handwerk und Heimgewerbe: eine unzureichende Alternative

Die gewerbliche Betätigung bot auf dem Land kaum Alternativen, da der Bedarf an Gebrauchsartikeln aufgrund des schmalen Budgets auf das Notwendigste beschränkt und womöglich selbst zu decken gesucht wurde. Jeder Landbewohner war im Grunde sein eigener Handwerker, wie die generell wenig entwickelte Arbeitsteilung belegt. Schmied, Müller, Bäcker, Maurer, Schneider und Schuhmacher fanden sich, begünstigt durch die Gewerbefreiheit, zwar in jedem größeren Ort; und im Norden des Kreisgebietes boten die Torfstecherei, die ausgedehnte Forstwirtschaft – inklusive der Gewinnung von Pottasche, Holzkohle und Harz – sowie die Spedition entlang der Kaiserstraße gewisse alternative Verdienstmöglichkeiten. Rohrbach war beispielsweise weithin als Fuhrmannsdorf bekannt. Allerdings blieb das Gewerbe mit der Landwirtschaft gekoppelt. Je nach Besitzgröße, Nachfrage, Jahreszeit und den familiären Verhältnissen trug die eine oder die andere Tätigkeit vorrangig zum Lebensunterhalt bei. Die Übergänge hat man sich also fließend vorzustellen. Fast müßig zu erwähnen, daß die gesamte Familie in den Arbeitsprozeß eingespannt war und daß sich die Frauen aufgrund

der Doppelbelastung besonders harten Anforderungen ausgesetzt sahen.
Ansonsten blieb allenfalls das Heimgewerbe zur Aufbesserung des schmalen Etats, wozu wiederum vor allem die Ruhezeiten in der Landwirtschaft genutzt wurden. Sie ließen den Familien Raum für die Textilverarbeitung oder die entlang der Blies verbreitete Korbmacherei. Vor allem letztere konnte aufgrund der universellen Verwendbarkeit der Produkte in Haushalt, Landwirtschaft und Industrie – man denke etwa an Wasch-, Kartoffel- oder Kohlenkörbe – zur Haupteinkommensquelle avancieren. In Bierbach ernährte sie 1845 immerhin ein Sechstel aller Familien, was den Bierbachern den beziehungsreichen Spitznamen „Kerbcher" einbrachte. Das Gewerbe florierte derart, daß außer den in der Au – bisweilen auch als schönster Wiesengrund der Pfalz bezeichnet – systematisch gezüchteten Weiden das Rohmaterial bis aus Baden bezogen wurde.
Als Hauptumschlagplätze nicht nur der Korbwaren fungierten übrigens noch immer die traditionsreichen Jahr- und Viehmärkte in Saargemünd, Zweibrücken, Kusel, St. Wendel oder Saarbrücken-St.Johann sowie die zahlreichen herbstlichen Kerwen des Westrichs. Dort machten sich – ein weiteres signifikantes Markenzeichen des nicht zuletzt aus der Not geborenen Unternehmungsgeistes – auch Bierbacher Musikkapellen einen Namen.
Ein markantes Beispiel für den Nebenerwerb repräsentieren ferner die seit dem 18. Jahrhundert in der Ensheimer Gegend in Heimarbeit hergestellten und europaweit vertriebenen Tabak- und Schmuckdosen aus Papier und Pappmaché. Schrittmacher war hier die Familie Adt, die, das Entwicklungspotential des Marktes erkennend, freilich bald zur zentralen Produktion überging. Sie legte damit den Grundstein für eine erstaunliche internationale Expansion. Als signifikantes Zeichen des Innovationsgeistes mag die Inbetriebnahme der ersten Dampfmaschine anno 1839 gelten. Leider sollte dieses frühe Beispiel ländlicher Industrie die Ausnahme bleiben. Immerhin aber wies es einen möglichen Weg aus dem Dilemma der Malthusianischen Falle. Denn zweifelsfrei wäre es einmal mehr zu einer der bis dato unvermeidlich scheinenden Bevölkerungskatastrophen gekommen, hätte die Kombination von technischem und naturwissenschaftlichem Fortschritt nicht einen ungeahnten Produktivitätsschub bewirkt.

Bevölkerung: Emigration und Urbanisierung

Bis es soweit war, avancierte wie in sämtlichen Agrargegenden des Südwestens die Emigration zum einzigen Schlupfloch aus dem Teufelskreis von Bevölkerungswachstum und Nahrungsknappheit. In der Neuen Welt, aber auch in Nordafrika und Osteuropa wartete Land im Überfluß. Die Versprechen der Werber, gepaart mit der Sehnsucht nach materieller Sicherheit, machten die Wahl leicht. Seit den zwanziger Jahren des 19. Jahrhunderts verzeichnete fast jeder Ort Abgänge. Dabei waren es in erster Linie nicht die Ärmsten, welche die Gelegenheit beim Schopfe packten. Eher entschloß sich die untere Mittelschicht, ihr kleines Vermögen auf eine ungewisse Zukunft zu setzen; darunter übrigens einige der weltoffenen Bierbacher Korbmacher und Musiker. Zu einem Massenexodus kam es nicht.
Ziel einer mehr oder minder ausgeprägten Binnenwanderung waren die besseren Chancen nicht agrarischer Beschäftigung bietenden Zentralorte. Sie profitierten auch im 19. Jahrhundert noch von vorrevolutionären Strukturen, sei es als Verwaltungssitz und Marktort, sei es von staatlich geförderten Industrialisierungsversuchen. So bestanden in Homburg

noch eine mit dem Waisenhaus verbundene Baumwollmanufaktur, die einst über 100 Personen beschäftigt hatte, sowie eine Fabrikation von Rübenzucker, der seit der Kontinentalsperre den früher importierten Rohrzucker zu ersetzen begann.

Nord-Süd-Gefälle

Während diese Zweige aber aufgrund der aktuellen Marktlage kaum Überlebens-, geschweige denn Expansionschancen besaßen, verfügte die Gegend um St. Ingbert, bedingt durch die Kombination von Wasser, Holz und Eisenerzen, zusätzlich über eine starke geologische Vorzugsposition. Basierend auf den drei Säulen Eisen, Glas und Kohle mauserte sich die Stadt im 19. Jahrhundert unbestritten zum wirtschaftlichen Mittelpunkt der Saarpfalz, während Homburg zurückblieb.

Von entscheidender Bedeutung erwies sich in diesem Zusammenhang die Gründung des Zollvereins anno 1834. Denn der Wegfall der innerdeutschen Zollschranken schuf – und davon profitierte vor allem St. Ingbert – die direkte Verbindung zu dem unmittelbar jenseits der Grenze zwischen Saarbrücken und Neunkirchen entstehenden preußischen Schwerindustrierevier, ohne das die wirtschaftliche Entwicklung des Kreises zweifellos in anderen Bahnen verlaufen wäre.

Zugleich führte dieser Trend geradewegs zur Zementierung der symbiotischen Zweiteilung der Gegend in den gewerblich-industriell dominierten Norden und den weiterhin dominant agrarisch strukturierten Süden. Dem Norden fiel dabei zum einen die Funktion des Absatzmarktes für die agrarischen Produkte zu. Zum anderen stellte er langfristig die auf dem Land fehlenden Arbeitsplätze zur Verfügung, was entscheidend zur Milderung der oben skizzierten sozialen Problematik beitrug.

Der wachsenden ökonomischen Bedeutung St. Ingberts entsprach im Jahr 1829 die Erhebung zur Stadt mit knapp 3000 Einwohnern; damit war es etwa gleich groß wie Homburg. 1840, als das Königliche Bayerische Bergamt von Kaiserslautern hierher verlegt wurde, zählte man bereits mehr als 4000 Personen. Nur gut ein Drittel von ihnen fand seinen Lebensunterhalt überwiegend in der Landwirtschaft, während sich in Homburg das Verhältnis noch umgekehrt verhielt. Der wirtschaftliche Strukturwandel hatte in St. Ingbert also bereits mit Macht eingesetzt. Den städtischen Anspruch untermauerten seit 1838 eine petroleumgespeiste Straßenbeleuchtung und die Einrichtung einer Postexpedition anno 1844. Die seit 1816 vom bayerischen Fiskus intensiv betriebenen Gruben beschäftigten zu jener Zeit rund 300 Arbeiter, mit steigender Tendenz. Ebenso viele mochten inklusive der zahlreichen, in der Umgebung tätigen Erzgräber ihr Brot auf der Krämerschen Eisenhütte verdient haben, wo schon 1833 eine dampfbetriebene Walzenstraße und mit die ersten Puddelöfen des Deutschen Bundes installiert waren. Relativ gesehen noch imposanter entwickelte sich Bexbach, wo der Staat 1816 unmittelbar mit dem Aufschluß der Kohlenfelder begonnen hatte. Binnen drei Jahrzehnten stieg die Bevölkerung hier um knapp das Dreifache auf über 1300 Köpfe. Neubürger hatten übrigens immer noch Einzugsgeld zu zahlen, das je nach Angebot und Nachfrage bis zu mehreren Wochenlöhnen eines Arbeiters betragen konnte.

Als wesentliche Neuerung auf sozialem Gebiet verdient die Reform der Armenpflege 1842 Erwähnung, wonach von den Gemeinden kein Hilfloser abzuweisen war, während der Landesarmenverband die Kosten der Armenärzte übernahm. Krankenhäuser im heutigen Sinne gab es übrigens noch nicht, ebensowenig wie eine allgemeine Krankenversicherung. Die wenigen Hospitäler fungierten in erster Linie als Armenanstalten. Die medizinische Versorgung spielte noch eine untergeordnete Rolle, so daß Schwerverletzte oder etwa an Infektionskrankheiten leidende Personen gewöhnlich keine Aufnahme fanden. Geboren und gestorben wurde im vertrauten Kreis der Familie. Als einzige Gruppe waren die Arbeiter der Hütten und des Bergbaus durch das Instrument der Knappschaft sozial einigermaßen abgesichert.

Die Revolution des Verkehrswesens – mit der Eisenbahn ins Industriezeitalter

Als das wirtschaftliche Schlüsselereignis des 19. Jahrhunderts schlechthin ist der Anschluß der Region an die den Landverkehr revolutionierende Eisenbahn zu werten. Nicht genug damit, daß die mobile Variante der Dampfmaschine die Transportkapazitäten um ein Vielfaches erhöhte und allein dadurch der heimischen Montanindustrie ungeahnte Chancen eröffnete. Das neue Verkehrsmittel beschleunigte auch die Geschwindigkeit der Beförderung vom seit Menschengedenken geltenden Schrittempo katapultartig um den Faktor zehn, wodurch sich die aus der Grenzlage und dem Fehlen eines Wasserweges resultierenden Standortnachteile entscheidend reduzierten.

Die Märkte rückten zusammen. Endlich gab es eine leistungsfähige Verbindung zum Rhein bzw. zu den wichtigen süddeutschen Absatzgebieten; und wer wollte, der konnte Paris statt in einer Woche nun in 14 Stunden erreichen. Das gleiche Quantum an Fahrzeit brauchte übrigens, wer per Postkutsche von Homburg nach Saarbrücken und zurück gelangen wollte.

Ferner rückte die Bahn mit ihrem schier unersättlichen Bedarf an Kohle und Stahl schnell zum größten Bedarfsträger der heimischen Wirtschaft auf. Sie schuf damit auch indirekt Tausende neuer Arbeitsplätze und avancierte gemeinsam mit der Schwerindustrie zum volkswirtschaftlichen Wachstumsmotor. Nicht zuletzt konnte Bayern nun stärker direkt von seinen einzigen nennenswerten Steinkohlenvorkommen profitieren und sich quasi eine nationale Energiereserve schaffen, wenn man so will.

Trotz der verlockenden Perspektiven dauerte es bis 1849, ehe nach langem Tauziehen um Finanzierung und Trassenführung das Schienenband der Ludwigsbahn von der Rheinschanze, dem heutigen Ludwigshafen, her via Homburg und Bexbach die preußische Grenze erreichte. Den angedeuteten beschäftigungspolitischen Wert hatte die Bahn übrigens bereits zuvor unter Beweis gestellt. So hatten die Bauarbeiten entscheidend geholfen, die Effekte des mit einer Konjunkturflaute zusammenfallenden Hungerjahrs 1847/48 zu entschärfen, was aus Sicht des Monarchen um so schwerer wog, als die in unserer Region besonders lautstark artikulierten politischen Forderungen von 1848 ja aufs engste mit der katastrophalen wirtschaftlichen Situation korrespondierten. Wie knapp die Arbeit und wie groß der Mangel in jener Zeit waren, beweist die Tatsache, daß man 1848 in Bexbach militant die Entlassung von nicht aus dem Ort stammenden Bahnarbeitern verlangte.

Verkehrsknotenpunkt Homburg

Die direkt Betroffenen sahen der Eröffnung der Linie übrigens durchaus mit gemischten Gefühlen entgegen. So hegten speziell die von der Kaiserstraße lebenden Berufsgruppen und Gemeinden – allen voran der Knotenpunkt Homburg – starke Ressentiments. Ein Ratsbeschluß des Jahres 1844 beschwor im Hinblick auf die geplante Verbindung nach Zweibrücken gar den Ruin des örtlichen Handels, falls Homburg nicht Endstation der Ludwigsbahn würde; denn andernfalls ginge seine Funktion als Umschlagplatz für Zweibrücken, Pirmasens, den Bliesgau und den Detailhandel nach Rheinpreußen – den Regierungsbezirk Trier – verloren. Sicher, der aus den zahlreichen Frachtfuhrwerken resultierende Umsatz blieb in der Folge größtenteils aus, und die Einwohnerzahl stagnierte erstmals seit langer Zeit. Die Ängste sollten sich letztlich als unbegründet erweisen, da die bahnbedingte Wirtschaftsbelebung mittelfristig vielfältige Kompensationsmöglichkeiten bot.

Etwas länger dauerte es, bis die durch die Wahl der Trassenführung eindeutig benachteiligten Städte Zweibrücken und St. Ingbert zu ihrer Bahnanbindung kamen. Erstere wurde 1857 von Homburg aus erschlossen, letztere zehn Jahre später ebenfalls von dort via Hassel. Homburg hatte damit die Funktion eines Knotenpunktes bewahrt, die sich 1879 und 1904 mit der nach Saargemünd abzweigenden Bliestalbahn bzw. mit der über Kusel nach Bad Münster am Stein führenden Glantalbahn und dem direkten Anschluß nach Saarbrücken über St. Ingbert, Kirkel und Rohrbach noch verfestigte.

Diese Entwicklung reflektiert nebenbei erwähnt die seinerzeit überragende Eisenbahndichte der Pfalz, die Ende der siebziger Jahre bei rund 600 km Strecke den Reichsdurchschnitt um glatt das Doppelte übertraf. Überdies flankierte ein recht gut ausgebautes Straßennetz die Bahnen. Dieses hohe, in bezug auf Produktion und Vertrieb beste Verbindungen garantierende infrastrukturelle Niveau sollte sich je länger desto mehr als dominantes Kriterium unternehmerischer Standortentscheidungen erweisen. Traditionelle, beispielsweise von Bodenschätzen getragene Lagerenten ließen sich nun durch eine gute Verkehrsanbindung kompensieren. Kurz, die Bahn warf auch traditionelle Raumordnungsstrukturen über den Haufen. Speziell für Homburg schuf die Position als Eisenbahnknotenpunkt also die Ausgangsbasis des wirtschaftlichen Aufschwungs, wenn bis dahin auch noch viel Wasser die Blies hinabfloß.

Reichsgründung und Wirtschaft

In der Zwischenzeit hatten die deutschen Staaten nach dem militärischen Sieg über Frankreich 1871 in Versailles zusammengefunden und, an alte Traditionen anknüpfend, wieder einmal ein Deutsches Reich proklamiert – auch ein Schritt von außerordentlicher ökomischer Tragweite. Abgesehen davon, daß das annektierte Reichsland Elsaß-Lothringen den Inlandsmarkt erneut um ein gutes Stück nach Westen erweiterte, beeinflußte speziell der mit dem Akt eingeleitete Trend zu einheitlichen Normen einen grenznahen Wirtschaftsraum wie die Saarpfalz naturgemäß ganz wesentlich. Nur die wichtigsten Modifikationen seien kurz angeschnitten.

Die in unserem Gebiet den Gulden als Zahlungsmittel ersetzende Mark bereitete als nationale, auf dem Goldstandard basierende Währung dem hemmenden Münzwirrwar ein Ende. Die zentrale Reichsbank konnte wirksamer denn je den Zahlungsverkehr steuern. Ähnliche Synergieeffekte brachte die Umstellung der oft von Ort zu Ort variierenden Maße und Gewichte auf das metrische System. Das liberalisierte Aktienrecht vereinfachte außerdem die Unternehmensfinanzierung, während die vielzitierte französische Kriegsentschädigung von 4 Mrd. Mark für die unabdingbare Liquidität des Kreditmarktes sorgte. Ebenfalls positiv schlug die Harmonisierung des Rechts zu Buche, die ungeachtet der bestehenden Zollfreiheit zu vielfältigen Verzerrungen des innerdeutschen Wettbewerbs geführt hatte.

Gründerjahre und Industrialisierung

Da der Konflikt mit Frankreich weder die Pfalz noch die Saar wesentlich tangiert hatte, konnte der allenthalben aufkeimende Enthusiasmus ungehindert seine Wirkung entfalten, wenngleich die Region anders als etwa das Montanrevier an der Ruhr keinen exzessiven Gründerboom erlebte. Zum Glück vielleicht, denn entsprechend glimpflich verlief dann die andernorts ab 1874 gravierende Rückschläge verursachende Gründerkrise, als sich die offensichtlich zu hoch geschraubten Erwartungen auf das Normalmaß reduzierten.

So präsentieren sich die rund vier Dekaden zwischen Reichsgründung und Erstem Weltkrieg dem Nachbetrachter als kaum einmal gestörte Aufschwungsspanne. Deutschland vollzog in dieser gemeinhin als Hochindustrialisierung charakterisierten Epoche definitiv den Schritt zur Industrienation. Wesentlich dazu bei trug die seit den achtziger Jahren allmählich einen beachtlichen neuen Investitions- und Produktivitätsschub auslösende Nutzbarmachung der Elektrizität. Zugleich wurden auf sozialem Gebiet elementare Errungenschaften wie die Kranken-, Unfall-, Invaliditäts- und Rentenversicherung erstritten. Finanzierbar allein aus dem industriellen Produktivitätszuwachs, verdichteten sie die Maschen des sozialen Netzes entscheidend. Nicht umsonst gehören die genannten Institutionen bis heute zu den Eckpfeilern des Systems der sozialen Marktwirtschaft. Der auch im Kreisgebiet allenthalben sichtbare Strukturwandel, der zudem die wirtschaftliche Entwicklung bis in die Gegenwart prägte, wird im folgenden ausführlich analysiert werden müssen.

Konjunktur der Schwerindustrie

Entsprechend den geschilderten Tendenzen übernahmen die bereits etablierten Branchen die Schrittmacherrolle im Industrialisierungsprozeß, allen voran der Montanbereich; dies in enger Verbindung zum westlich angrenzenden preußischen Saarrevier, ohne jedoch dessen Dimensionen zu erreichen. In bezug auf den Bergbau verhinderte dies der geringe Umfang abbaubarer Felder, bezüglich der Eisenverarbeitung waren es die bis auf St. Ingbert fehlenden Traditionen, was um so schwerer wog, da die dem Reich 1871 eingegliederten lothringischen Minette-Erzgebiete günstigere Standortbedingungen boten.

Der staatliche Bergbau in St. Ingbert und Bexbach förderte zwischen 1871 und 1880 mit durchschnittlich 800 Mann immerhin 1,55 Mio. t Steinkohle. Knapp 90 Prozent entfielen auf St. Ingbert. In Frankenholz, wo schon wiederholt erfolglose Aufschlußversuche betrieben worden waren, stieß eine internationale Investorengruppe in den siebziger Jahren schließlich auf die aus dem preußischen Revier herüberreichende Redener Flözgruppe. 1879 begann man mit dem Abteufen des ersten Schachtes. Weitere folgten 1882 und 1896 auf der Gemarkung Höchen.

Hatte die Förderung 1882 erst bescheidene 500 t erreicht – gegenüber 13 177 t in Bexbach und 153 455 t in St. Ingbert –, baute das Unternehmen 1895 mit 227 800 t rund ein Viertel mehr ab als beide fiskalischen Gruben zusammen. Seit Ende der neunziger Jahre expandierten auch letztere im Sog des überaus günstigen Konjunkturklimas beträchtlich, wie die Daten für 1913 belegen; Bexbach: 159 735 t bei 673 Arbeitern; St. Ingbert: 302 570 t mit 1410 Arbeitern und Frankenholz als größte Steinkohlengrube Bayerns überhaupt: 341 169 t bei 1974 Beschäftigten. Der Bergbau war damit zum größten industriellen Arbeitgeber des Kreisgebietes geworden. Allerdings – und dies zur Relativierung der Dimensionen – förderten die preußischen Saargruben im gleichen Jahr über 12 Mio. t Kohle und beschäftigten mehr als 52 000 Personen, darunter zahlreiche aus dem späteren Kreisgebiet.

Episode blieb das 1889 von westfälischen Investoren nahe Höchen finanzierte Unternehmen „Konsolidiertes Nordfeld". Es liquidierte Ende des Jahres 1904, weil die Vorkommen der Konzession nicht den Schätzungen entsprachen. Insgesamt hatte es Zeit seines Bestehens 250 000 t gefördert und blieb weit unterhalb der Rentabilitätsschwelle, die etwa bei einem Jahresergebnis dieser Größenordnung lag. Für die Mehrzahl der Beschäftigten verlief das Ende glimpflich. Frankenholz übernahm sie samt der Knappschaftskasse, dem Grundbesitz sowie Teilen des modernen Maschinenparks.

Rentabilitätsprobleme plagten im übrigen auch die kleine Grube Bexbach, während St. Ingbert und Frankenholz schwarze Zahlen schrieben. Letztere überwies ihren deutschen, schweizerischen und französischen Anteilseignern vor dem Weltkrieg im Schnitt immerhin 5,5 Prozent Dividende pro Jahr; die Produktion fand überwiegend in der Pfalz selbst und in Süddeutschland Absatz. Ernsthafte Konkurrenz machten sich die Unternehmen aufgrund der regen Nachfrage nicht.

Unter technischen Aspekten verdient die Drahtseilbahn Erwähnung, welche die Grube Frankenholz seit 1886 mit dem Bexbacher Bahnhof verband. Zusammen mit den Fördertürmen fungierte sie als industrielles Wahrzeichen am Höcherberg. Wegweisend im Bergbau soll die ökonomische Nutzung der Grubengase gewesen sein, nachdem es 1908/09 gelungen war, mehrere Gasblasen an-

40 Die staatliche Grube in Bexbach

zubohren. Die intensive Konzentration schlagender Wetter forderte trotz entsprechender Vorsichtsmaßnahmen ihren Tribut. Drei Explosionen kosteten bis 1918 in Frankenholz 80 Menschen das Leben.

Die Eisenindustrie als zweite Säule des Montansektors repräsentierte weiterhin allein das Krämersche Eisenwerk. Die 1888 erfolgte Umwandlung des Unternehmens in eine AG ist wohl nicht zuletzt im Kontext mit der Finanzierung des 1894 vollendeten Thomaswerkes zu sehen, das die rationale Stahlgewinnung aus dem preiswert verfügbaren Minetteeisen erlaubte und dem Standort seinerzeit das Überleben sicherte. Konsequent in diesem Sinne war auch die Fusion 1905 mit der luxemburgischen Rümelinger Hochofengesellschaft, denn sie bescherte dem durch das Versiegen der lokalen Erzvorkommen seit den sechziger Jahren diesbezüglich allein vom freien Markt abhängigen Unternehmen wieder die dringend wünschenswerte eigene Rohstoffbasis.

In der Folge baute man das Werk im Rahmen einer kompletten Renovierung erheblich aus, während die ehemals den Kern bildende preußische Dependance Rentrich aufgegeben wurde. Vor Ausbruch des Krieges lag die Jahreskapazität bei 300 000 t Fertigprodukten, in der Hauptsache Bahnbedarf, Drähte und Stabeisen, während die einst dominierenden Eisenträger an Bedeutung verloren hatten. Auf der Lohnliste standen über 2200 Beschäftigte: gut viermal soviel wie zu Beginn der siebziger Jahre.

41 Fördertürme der Grube Frankenholz. Sie wurde von einer internationalen Investorengruppe betrieben.

St. Ingbert als deutsches Glaszentrum

Überregionale Bedeutung erlangte St. Ingbert in jenen Jahrzehnten als Standort der Glasherstellung, während die Branche insgesamt gesehen einen scharfen Konzentrationsprozeß durchmachte. Neben den alten Schnappacher Fabriken etablierte sich zunächst 1874 die Aktienglashütte, ihrer Spezialisierung auf die Flaschenproduktion wegen im Volksmund als „Buddelhütt" bezeichnet. Die 1889 gegründete Lautzenthal-Glashütte avancierte nach der Jahrhundertwende zu einer der größten deutschen Tafelglasproduzentinnen. Während des Ersten Weltkrieges konzentrierten die traditionsreichen Glasproduzenten Vopelius und Wentzel ihre Aktivitäten ebenfalls in St. Ingbert, wo sie eine noch bedeutendere Flachglasfabrik errichteten. Sie bot rund 1000 Personen Arbeit. Ihre saarpreußischen Standorte und Schnappach gaben sie gleichzeitig auf. 20 Prozent des deutschen Fensterglases kam seinerzeit aus St. Ingbert.

Weiterverarbeitende Branchen

Fast zwangsläufig eröffnete die Expansion der traditionellen Industrien weiteren, nicht nur artverwandten Branchen günstige Perspektiven. Teils aus dem heimischen Handwerk hervorgegangen, teils Neugründungen, stieß manche Firma in industrielle Dimensionen vor und beschäftigte vor dem Ersten Weltkrieg 100 und mehr Mitarbeiter. Naturgemäß siedelten sie möglichst nahe ihren Energie- bzw. Rohstoffquellen, zumal jene oft als

42   Die „Chamotte- und Dinaswerke" in Homburg, gegründet 1874, waren Zulieferer der Schwerindustrie für feuerfeste Produkte.

Weiterverarbeitende Branchen

Großabnehmer fungierten. Spätestens seit den neunziger Jahren aber begannen sich die Standorte zunehmend entlang den Bahnlinien zu streuen, als Arbeitskräfte wie Areal im Zentrum des Reviers knapp wurden und Lokalpolitiker der Randzonen die Chance ergriffen, indem sie meist zu großzügigen Konditionen Gewerbeflächen bereitstellten.

Das Paradebeispiel dieser Strategie repräsentiert die trotz Eisenbahn seinerzeit erst rudimentär industrialisierte Stadt Homburg, nachdem Pläne, sie zum Kurort zu machen, angeblich an ablehnenden Gutachten gescheitert waren. Homburg verzeichnete besonders nach der Jahrhundertwende zahlreiche Ansiedlungserfolge, so daß man 1913 inklusive Erbach 24 größere Betriebe mit zusammen 1878 Arbeitern zählte. Ihr Areal bildet im übrigen bis heute den industriellen Kern der Kreisstadt; und wenn auch nur noch wenige von ihnen existieren, sind die Namen immer noch vielen ein Begriff.

Dazu zählt die 1874 gegründete „Chamotte- und Dinaswerke" GmbH, die sich schnell als Zulieferer der Schwerindustrie für feuerfeste Produkte und Formsand mit eigenen Ton- und Sandgruben einen Namen machte. Die St. Johanner Steingutfabrik Pabst eröffnete 1909 einen Zweigbetrieb, der nach einem Großbrand des Stammwerks 1910 auch zum Sitz der Firma wurde. Das bayerische Unternehmen Sigwarth & Möhrle hatte mit seiner 1911 gegründeten Flaschenfabrik zweifellos den französischen Markt im Visier. 1913 produzierten 575 Beschäftigte überwiegend Champagnerflaschen.

Weitere Beispiele finden sich im Sektor Metallbearbeitung. Die Schrauben und Kleineisenteile fertigende Saarbrücker Firma Roth & Schüler verlegte 1904 ihren Sitz nach Homburg. Nach einer Fusion mit dem lokalen Konkurrenten Krämer übernahm 1912 der Stumm-Konzern den Betrieb und führte ihn mit auf Gas- und Wasserleitungsrohre erweiterter Produktpalette als Bayerische Werke Gebr. Stumm fort. Die Zweibrücker Eisenwarenfabrik Schwinn siedelte 1905 eine Gesenkschmiede an, deren Sortiment vom Bolzen bis zu großen Maschinenteilen reichte.

Völlig neue Möglichkeiten im Hochbau erschloß der Stahlbau. Die hier seit 1884 operierende Saarbrücker Firma Seibert, u. a. durch ihre Luftschiffhallen international bekannt geworden, verlegte aus Platzmangel 1909 einen Teil der Produktion nach Homburg. Die 1904 in Brebach gegründete Gießerei Krempel veränderte sich 1910 dorthin. Die Pflugfabrik Wery setzte seit 1911 die Tradition der alten Gradmannschen Werkstätte für Hufeisen und Nägel fort und erinnert den Leser zugleich an den immer noch hohen Stellenwert des Agrarsektors.

Ähnliche Tendenzen, wenngleich weniger ausgeprägt, lassen sich andernorts beobachten. So entstand in Bexbach 1874 das seit 1893 als „Pfalzziegelwerk Bexbach" firmierende Unternehmen. Vor allem die Wellesweiler Tonvorkommen nutzend, entwickelte es sich zu einem der süddeutschen Marktführer. Im verkehrsmäßig noch günstiger liegenden Rohrbach ließen sich die Kesselfabrik Poensgen & Pfahler sowie der weltweit operierende Saarbrücker Hersteller von Transportsystemen Ernst Heckel mit einem Zweigwerk nieder.

Nicht zu vergessen natürlich St. Ingbert. 1874 eröffneten westfälische Unternehmer hier eine auf die Bedürfnisse des Bergbaus ausgerichtete Sprengpulverfabrik. Keimzelle der sich als Zulieferer der Baubranche profilierenden Maschinenfabrik Kaiser war dagegen ein lokaler Handwerksbetrieb. Nach einer Umstrukturierung expandierte er seit 1908 weltweit vor allem mit technologisch wegweisenden Baukränen und Mischern.

Das Branchenmix erweiterten zwei Betriebe

43 Das Falzziegelwerk Bexbach, gegründet 1874, nutzte die Wellesweiler Tonvorkommen.

des Textilsektors. Aus einer eingesessenen Gerberei gingen die Süddeutschen Lederwerke hervor. In den achtziger Jahren bereits mechanisiert, wurde sie nach einem Besitzwechsel 1891 systematisch zur Fabrik ausgebaut. Außerdem ist hier die 1885 als Tochter des Schweizer Hauses Max Schuler & Co. gegründete St. Ingberter Baumwollspinnerei zu nennen. Die Standortwahl sollen bezeichnenderweise die Kohlevorkommen und die zentrale Lage beeinflußt haben.

Handel und Gewerbe

Selbstredend tangierten die skizzierten Strukturänderungen auch Handwerk und Handel generell, und zwar angesichts der steigenden Nachfrage überwiegend mit positiven Konsequenzen. Obwohl Kleinbetriebe weiterhin dominierten, sahen sich doch einige in der Lage zu expandieren; dazu seien zwei augenfällige Beispiele aus der Investitions- bzw. Konsumgüterbranche herausgegriffen. Was Bauunternehmungen angeht, erweiterten sowohl die alten Firmen Hellenthal & Söhne in St. Ingbert oder Friderich in Homburg als auch Neugründungen wie die von Peter Groß, seit 1885 in St. Ingbert, oder von Heinrich Ehrhardt, seit 1897 in Homburg, ihre Aktivitäten beachtlich, ganz gleich, ob es um den Bau von Eisenbahnen oder Kirchen ging. Im Baustoffhandel profilierte sich seit 1866 Otto Weigand in St. Ingbert als Generalvertretung namhafter Hersteller.

Ein tiefgreifender Wandel vollzog sich im Braugewerbe, das ebenfalls von steigenden

Einkommen und Bevölkerungswachstum profitierte. Während einige Unternehmer alte Betriebe auf den neuesten technischen Stand und auf Expansionskurs brachten, begannen die bis dato dominierenden kleinen Gasthausbrauereien nicht zuletzt aufgrund der durchweg bescheidenen Qualität ihrer Biere zu schrumpfen.

In St. Ingbert behauptete sich die 1877 aus einem liquidierten Kleinbetrieb mit einer Jahreskapazität von 800 hl entstandene Brauerei der Gebr. Becker. Vergleichbar entwickelte sich die 1878 von dem Kolonialwarenhändler Weber ersteigerte, spätere Homburger Karlsberg Brauerei, deren Ausstoß bereits 1896 ein Volumen von 47 000 hl erreichte. Etwa die gleiche Größenordnung erreichte die in den vierziger Jahren gegründete Schmidtsche Brauerei in Walsheim. Die Marken hatten im übrigen bereits seinerzeit über die nähere Umgebung hinaus bis hin nach Luxemburg und Frankreich einen guten Namen. Ihr Erfolg bot letztlich der erst 1992 nach 145jährigem Bestehen liquidierten Malzfabrik Tivoli in Blieskastel eine Existenzgrundlage. 1885 von einem Kaufmann übernommen und ausgebaut, verschaffte sich das Unternehmen 1914 mit dem Erwerb der Bliesmühle in Breitfurt ein zweites Standbein.

Darüber hinaus verfügte der Bliesgau offenbar kaum über Anreize als Unternehmensstandort. Impulse vermochte allenfalls der aufgrund der universellen Verwendung in Landwirtschaft und Industrie steigende Bedarf an Kalk zu geben. Er führte seit den achtziger Jahren in einigen Gemeinden – man denke hier an die Gegend um Gersheim – zur Anlage von Brüchen und Verarbeitungsbetrieben, die den Bewohnern der umliegenden Orte eine willkommene Beschäftigungsgelegenheit bescherten.

Öffentliche Dienstleistungsunternehmen

Im Untersuchungszeitraum entstanden ferner diverse, heute kaum mehr wegzudenkende öffentliche Dienstleistungsunternehmen. Die Errichtung erster kommunaler Wasserwerke und -versorgungsnetze fiel in die neunziger Jahre, so in St. Ingbert 1891 und Homburg 1897. Mittelbexbach folgte 1908. Ansonsten dominierte nach wie vor die Versorgung aus privaten oder öffentlichen Brunnen.

Sichtbarer und umwälzender waren die Effekte der seit Mitte des Jahrhunderts im Saarrevier realisierten Nutzung von auf Kohlebasis erzeugtem Gas. Als Licht-, Kraft- und Wärmequelle gewann es in Industrie und Privathaushalt schnell an Beliebtheit. Während St. Ingbert seit 1866/67 in eigener Regie eine „Gasanstalt" errichtete, übertrug Homburg wie viele andere Kommunen die finanziell aufwendige Aufgabe 1870 konzessionsweise der Dudweiler Eisengießerei Schulde. Auch Mittelbexbach verfügte seit 1908 über ein Gasnetz.

Während die Elektrizität vor dem Ersten Weltkrieg zum industriellen Energieträger schlechthin avancierte, spielte die kommunale Stromerzeugung nicht zuletzt wegen des Engagements in der Gasversorgung noch eine untergeordnete Rolle. Allein die Homburger Stadtväter mochten auf beide Energien setzen und investierten 1896/97 beachtliche 320 000 Mark in ein Elektrizitätswerk. Insofern war auch das Engagement der Stadt konsequent, als die steigende Nachfrage eine flächendeckende Versorgung erforderte. Im Wettbewerb um das in der Westpfalz notwendige Großkraftwerk machte Homburg schließlich aufgrund der Nähe zu den Gruben und der kostenlosen Bereitstellung des Geländes das Rennen. Die Anlage ging 1914 nach zweijähriger Bauzeit in Betrieb. Das alte Werk brachte man als Aktionärin in die neugegründete Pfalzwerke AG ein.

Mit der gleichen Taktik hatte die Stadtverwaltung den Landrat der Pfalz 1904 von den Qualitäten Homburgs als Sitz einer dritten pfälzischen Anstalt für Geisteskranke überzeugen können. Neben dem Entgegenkommen in der Grundstücksfrage dürfte freilich die günstige Verkehrsanbindung den Ausschlag gegeben haben. Die auf eine Kapazität von 1000 Betten ausgelegte, im wegweisenden Pavillonstil errichtete Anstalt eröffnete 1909. Ihre wirtschaftliche Bedeutung bedarf kaum einer Erläuterung.

Was die Investitionsfinanzierung anlangt, konnten die Kommunalverbände übrigens gegebenfalls auf eigene Institute, die das Kreditwesen revolutionierenden Sparkassen, zurückgreifen. Obwohl sie hier relativ spät Fuß faßten, waren sie doch die ersten Finanzinstitute der Gegend überhaupt. Erstmals vornehmlich am Bedürfnis des Normalverbrauchers orientiert, läuteten sie zudem das Ende des Sparstrumpfs und des Wucherers ein. Auch diesbezüglich übernahm Homburg mit der 1874 auf Bezirksebene organisierten „Spar- und Hilfskasse" die Vorreiterrolle. 1913 hatte sie sich mit mehr als 8 Mio. Mark an Einlagen und weit über 7000 Konten zur drittgrößten Sparkasse der Rheinpfalz gemausert. Dagegen führten die seit 1885 in St. Ingbert und Blieskastel bestehenden Distriktsparkassen mit Einlagen von jeweils unter einer Million Mark eher ein Schattendasein. Abgesehen von dem geringen Engagement der örtlichen Verantwortlichen hatten sie gegen die insbesondere auf dem Land erstarkte Konkurrenz der Genossenschaftskassen zu bestehen,

44 Kraftwerk Beeden

Leben im Zeichen der Arbeit

während ansonsten nur die Ludwigshafener Pfälzische Bank Zweigstellen in St. Ingbert und Homburg unterhielt. 1919 wurde St. Ingbert – Indiz seiner wirtschaftlichen Bedeutung – überdies Sitz einer Reichsbanknebenstelle.

Leben im Zeichen der Arbeit

Nun, wenn die Industrie mit ihren Beschäftigungsmöglichkeiten nicht aufs Land kam, mußte man auch jetzt zu ihr gehen. Die Zahl der vielzitierten Arbeiterbauern stieg beträchtlich. Zur harten, meist zwölfstündigen Arbeitszeit summierten sich oft bis zu vier Stunden für An- und Abmarsch, und dies sechs Tage pro Woche.

Ansonsten blieben als Alternativen der Aufenthalt in den sämtlichen größeren Werken angegliederten Schlafhäusern mit noch kürzeren Wochenenden bei der Familie oder der Umzug in die Nähe des Arbeitsplatzes. Von den Unternehmen nach dem Vorbild des preußischen Bergfiskus zu günstigen Konditionen initiierte Siedlungsprogramme boten starke Anreize. Gleiches gilt für den verbilligten Bezug von Lebensmitteln. Hinzu kam die für damalige Verhältnisse hervorragende soziale Absicherung.

Neben einer geregelten ambulanten medizinischen Versorgung verdankt das Kreisgebiet der Montanindustrie im übrigen die aus Betriebslazaretten hervorgegangenen ersten Krankenhäuser im modernen Sinne, während sich die Hospitäler ja gemeinhin von jeher auf die Alten- und Armenpflege konzentriert hatten. Das erste eigens für die Bedürfnisse der

45 Schlafhaus für Arbeiter der „Schmelz" in St. Ingbert

46 Der Busbahnhof in Homburg

Notfallmedizin konzipierte Krankenhaus eröffnete 1867 das Krämersche Eisenwerk. Knappschaftslazarette des Bergbaus mit wenig über zehn Betten folgten 1887 in St. Ingbert und 1896 in Frankenholz.

So übte die Industriearbeit trotz der Schwere eine kaum zu unterschätzende Anziehungskraft aus, zumal den Unternehmen aufgrund des Arbeitskräftemangels und ständig steigender Qualifikationen an dauerhaften Beschäftigungsverhältnissen und guter Bezahlung – ein Industriearbeiter verdiente zu Beginn des 20. Jahrhunderts rund 1000 Mark pro Jahr – gelegen sein mußte. Argumente, denen der personell überbesetzte Agrarsektor kaum etwas entgegenzusetzen hatte, zumal sich die Verkehrsanbindung des Landes, wie gezeigt, ständig verbesserte und das Leben im gewohnten Milieu erlaubte. Der zwischen Wohnort und Arbeitsplatz pendelnde Arbeiterbauer wurde zum Spezifikum des preußisch-bayerischen Saarreviers. Entsprechend nahm der Zuzug in die Zentren eher bescheidene Ausmaße an. Die Proletarisierung wie in den Ballungsgebieten an Rhein und Ruhr etwa, verbunden mit den bekannten menschenunwürdigen Zuständen, blieb den Arbeitern weitgehend erspart.

Gleichwohl wuchs der Norden des Kreisgebietes schnell weiter, während die Bevölkerung auf dem Land fast stagnierte. Das Nord-Süd-Gefälle wurde in jenen Jahrzehnten end-

Leben im Zeichen der Arbeit

gültig zementiert. Die während des Booms der siebziger Jahre bereits einmal fast zum Erliegen gekommene pfälzische Emigration ebbte seit den neunziger Jahren endgültig auf verschwindende Werte ab.

Den höchsten Einwohnerzuwachs verzeichneten die Gemeinden der heutigen Stadt Bexbach. Sie zählten vor dem Ersten Weltkrieg zusammen über 12 000 Personen gegenüber nur gut 4500 im Jahr 1875. Frankenholz gehörte zu den am schnellsten wachsenden Orten der Pfalz. Lebten 1875 erst 179 Personen dort, hatte sich ihre Zahl 1910 mit rund 1900 mehr als verzehnfacht. St. Ingbert, seit 1902 Sitz eines eigenen Bezirksamtes, und Homburg verdoppelten im gleichen Zeitraum ihre Einwohnerzahlen. St. Ingbert rangierte mit 16 025 Einwohnern weit vor Homburg (7196), Mittelbexbach (4332), Erbach (3674), Rohrbach (2891), Oberbexbach (2612 ohne Frankenholz) und Niederwürzbach (2058), womit zugleich alle Orte mit mehr als 2000 Einwohnern genannt sind.

Dagegen stagnierte die abseits gelegene, ehe-

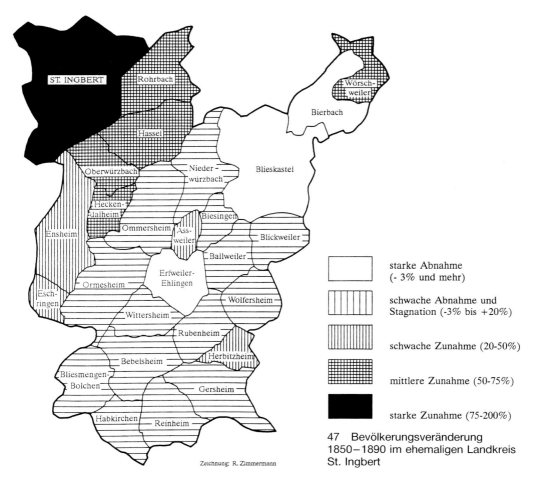

47 Bevölkerungsveränderung 1850–1890 im ehemaligen Landkreis St. Ingbert

malige Residenz Blieskastel mit rund 1550 Einwohnern weiter auf dem Niveau von 1815. Sogar leicht rückläufig entwickelte sich die Bevölkerung im äußersten Süden des Kreises. Zusammen verzeichneten die heutigen Gemeinden Blieskastel, Gersheim und Mandelbachtal zwischen 1871 und 1910 immerhin einen Zuwachs von rund 25 Prozent, während die Einwohnerzahl auf dem Gebiet des Saarpfalz-Kreises insgesamt von knapp 46 000 auf gut 78 000 um rund 70 Prozent stieg.

Von der Monarchie zur Demokratie – der Erste Weltkrieg und die Folgen

Der 1914 nach dem bewährten Muster von 1870/71 gedachte, sich dann aber bald über den Vorstellungshorizont der Zeitgenossen ausweitende Krieg gab der Wirtschaft selbstredend kaum Impulse. Während die Mehrzahl der Unternehmen in den ersten Kriegswochen allenfalls stark eingeschränkt arbeitete, machten auch in der Folge Transportprobleme, der Mangel an Arbeitskräften sowie zusätzlich Rohstoffknappheit und Ernährungsengpässe zu schaffen. Vergleichsweise geringe Einbußen verzeichneten kriegswichtige Branchen wie die Montanindustrie, wo mit allen Mitteln versucht wurde, den Betrieb aufrechtzuerhalten. Menschenleben wurden nicht nur an der Front verheizt. Dagegen mußte beispielsweise die vorrangig auf den zivilen Bedarf ausgerichtete Glasindustrie bis 1918 Rückgänge von mehr als 50 Prozent verkraften. Glücklicherweise blieb das Land wenigstens weitgehend von Zerstörungen verschont, da die Luftwaffe noch in den Kinderschuhen steckte.
So oder so, für Investitionen blieb wenig Raum, was den nach der Kapitulation ohnehin mühsamen Neubeginn außerdem erschwerte. Denn die 1919 in Versailles beschlossene politische Ordnung zerstörte ja auch die über ein Jahrhundert hin gewachsenen wirtschaftlichen Strukturen. Das Kreisgebiet mit seinen inzwischen rund 80 000 Einwohnern wurde nicht nur wieder zum Grenzland. Aufs engste verflochten mit dem benachbarten preußischen Industrierevier, ordnete es die Politik dem aufgrund starker französischer Wirtschaftsinteressen erstmals als politische Einheit firmierenden Saargebiet zu – mit tiefgreifenden Änderungen des Standortgefüges.
Denn das pfälzische Hinterland ging mit den wirtschaftlichen Beziehungen zur Weimarer Republik nach einer fünfjährigen zollfreien Übergangszeit zunehmend verloren. Statt dessen mußte man sich nach Westen orientieren. Die Schlüsselindustrien gingen zudem an französische Eigner über. Die politische Interessenlage manifestierte sich spätestens in der offiziellen Einführung der Frankenwährung 1923, nachdem die französische Grubenverwaltung ihre Belegschaft schon seit 1920 in Franken entlohnt hatte. Gleiches galt für die Beschäftigten der Stahlindustrie, die mit Ausnahme von Völklingen unter der Kontrolle französischen Kapitals stand. So firmierte die Konzernmutter des St. Ingberter Eisenwerks seit 1920 als HADIR. Weniger tangiert wurden die Besitzverhältnisse in der Glasindustrie, die 1923 allein in St. Ingbert wieder 1769 Personen beschäftigte.

Zwischen „goldenen Zwanzigern" und Weltwirtschaftskrise

Damit ist bereits angedeutet, daß der neue Status durchaus Perspektiven bot, ganz abgesehen davon, daß er dem Land die ärgsten Schrecken der in Deutschland grassierenden Hyperinflation ersparte und das Verwaltungspersonal großenteils im Dienst der Regierungskommission verblieb. Überdies aber kam es mit Beginn der zwanziger Jahre unse-

Tafel 17 Die Kirche in Bebelsheim (Mandelbachtal). Ihr Turm, ein Wehrturm aus dem 12./13. Jahrhundert, ist einer von drei sog. Römertürmen im Bliesgau.

Tafel 18 Die Kirche von Bexbach wurde 1888/89 nach Plänen von Prof. Ludwig Levy, Karlsruhe, ▷ in neugotischem Stil erbaut.

res Jahrhunderts zu einer Gründungswelle von Firmen, die sich an der von Deutschland abgeschirmten Saar gute Chancen ausrechneten und zudem den französischen Markt im Visier hatten. Außer den quantitativen Impulsen für die Beschäftigungslage trug der kleine Boom merklich zur Entzerrung der einseitig vom Montankern dominierten Wirtschaftsstruktur bei, und er schuf mehr denn je zuvor Stellen für weibliche Kräfte.

Einen beachtlichen Aufschwung verzeichnete in diesem Zusammenhang die Holzindustrie mit allein drei Sägewerken und einer Küchenmöbelfabrik in Homburg. Die zwischenzeitlich verschwundene Tabakverarbeitung erlebte mit ebenfalls drei Betrieben ihre Renaissance. Die in Erbach ansässige „Hewimsa" soll bis zu 1000 Personen beschäftigt haben. Mit der sog. Trikotage siedelte sich 1924 in St. Ingbert auch ein weiteres Unternehmen der Textilbranche an. Im gleichen Jahr gründeten mit den Finanzierungsmöglichkeiten des Platzes unzufriedene Unternehmer in Homburg die Saarländische Industrie Bank AG. Ferner zog die Stadt eine Reihe weiterer metallverarbeitender Betriebe an, darunter 1924 das bis heute bestehende Zweigwerk der Frankenthaler KSB Pumpenwerke. Der Zweibrücker Anlagenbauer Dingler gründete zur Belieferung seiner französischen Kunden 1922 in Bierbach eine Filiale.

Selbstredend vermochten auch bestehende Firmen von der neuen Situation zu profitieren. Die Breitfurter Mühle erwarb schon 1920 die Lizenz zur Herstellung des beliebten Kathreiner Malzkaffees. Im gleichen Jahr übernahm die Walsheimer Brauerei die saarländische Kundschaft von Park- und Bürgerbräu. Insbesondere seit der Beteiligung des Heidelberger Baustoffabrikanten Kanter anno 1922 expandierte sie kräftig und erreichte anfangs der dreißiger Jahre als führende Saarbrauerei einen Ausstoß von 300 000 hl pro Jahr; aus dem Zentrum des Saarreviers kamen die Sam-Werke und die Rechtsvorgängerin der Armaturenfabrik Jansen nach Rohrbach.

Wie sehr sich die Wirtschaftsstruktur in den Ballungsgebieten zwischenzeitlich erneut gewandelt hatte, zeigt einmal mehr das Beispiel St. Ingbert, wo 1929 bei 21 000 Einwohnern 577 Personen im Handel, 855 im Handwerk und nur noch 36 in acht mittleren landwirtschaftlichen Betrieben beschäftigt waren. In Bierbach gab es 1927 noch 15 Bauernwirtschaften, die gut fünf Prozent der Haushalte ernährten, während 64 Prozent direkt von der Industrie lebten.

Die sich spätestens 1928 abzeichnende Weltwirtschaftskrise konfrontierte auch die Saar mit schmerzhaften Erfahrungen. Kurzarbeit und Arbeitslosigkeit bestimmten den Alltag, da die tiefe Rezession sämtliche Unternehmen zur Einschränkung der Produktion zwang. Besonders hart traf sie die Glashütten, von denen außer dem modernen Vopeliusschen Großbetrieb keine überlebte. Das inzwischen von Otto Wolf kontrollierte Homburger Eisenwerk reduzierte während der Krise seine Belegschaft von 2800 auf 800 Mann. Schon 1930 zählte man allein in Homburg 1000 Arbeitslose. Die Grube Bexbach bewahrte 1932 nur der verzweifelte Protest der 800köpfigen Belegschaft vor der Stillegung. Einen gewissen Ausgleich schuf die Eröffnung diverser Filialbetriebe pfälzischer Schuhfabriken.

Als steter Beschäftigungsfaktor in jener schwierigen Zeit erwies sich das von der öffentlichen Hand weiter vorangetriebene Krankenhauswesen. Die seit 1921 als Landeskrankenhaus genutzte Homburger Anstalt bot inzwischen wieder fast 400 Personen einen Arbeitsplatz. St. Ingbert verfügte seit 1927 über ein modernes Kreiskrankenhaus mit innerer und chirurgischer Abteilung sowie 145 Betten. Es ersetzte die 1919 eröffnete städtische Anstalt und diejenige des Eisenwerks.

Zentrale Befehlswirtschaft im Zeichen der NS-Diktatur

Entscheidende Besserungstendenzen lassen sich erst nach der Rückgliederung an Deutschland 1935 erkennen. Sie entsprangen freilich weniger wirtschaftlichen Selbstheilungskräften als vielmehr kalkulierten politischen Maßnahmen der neuen Machthaber. Arbeitsdienst und Wehrpflicht holten junge Arbeitslose von der Straße. Arbeitsbeschaffungsmaßnahmen brachten nicht zuletzt dem ländlichen Kreisgebiet infrastrukturelle Vorteile wie den Anschluß an die Wasser- und Energieversorgung oder den Ausbau des Straßennetzes. Gerade letzteres erwies sich als eminent wichtig, da das Automobil sich anschickte, eine erneute Revolution auf dem Verkehrssektor einzuleiten. Allein in Rohrbach eröffneten 1938/39 17 Autotransportfirmen.

Ferner kam der rüstungsbedingte Auftragsschub der Metallbranche nicht ungelegen, und schließlich wirkte der 1936 begonnene Westwallbau als nachhaltige Konjunkturspritze mit breitem beschäftigungspolitischem Effekt. Nicht zu vergessen, daß entsprechend der Neigung des Regimes zu Großprojekten die Vorarbeiten für den oft diskutierten Saar-Pfalz-Kanal weit vorangetrieben wurden. Als spezielles Rüstungsunternehmen etablierten sich 1937 in Homburg die Trippelwerke, wo vor Kriegsbeginn 250 Beschäftigte monatlich 120 Amphibienfahrzeuge bauten.

Wer wollte, der konnte aber sehr wohl die düsteren Schattenseiten des Regimes sehen. So riß das zwangsweise Ausscheiden jüdischer Unternehmer im Zuge der Arisierung beachtliche Lücken. Dazu nur ein Beispiel: Als der jüdische Großaktionär der Walsheimer Brauerei 1935 aufgab, ging sie in Konkurs.

Die Katastrophe des Zweiten Weltkrieges

Im Zweiten Weltkrieg zählte der Saarpfalz-Kreis zu den am härtesten getroffenen Regionen. Nach Kriegsbeginn erloschen in der evakuierten, bis zu 20 km tiefen Kampfzone für fast ein Jahr alle wirtschaftlichen Aktivitäten. Ansonsten stand jegliches Tun im Dienst der Militärmaschinerie. Die Produktion lief auf vollen Touren, jeder wurde gebraucht. Nach dem schnellen Sieg über Frankreich kehrte jedoch weitgehend wieder der trügerische wirtschaftliche Alltag ein, zumal sich das Leben vergleichsweise erträglich gestaltete. Die in der ehemaligen Kampfzone gelegenen Orte profitierten sogar von einem Wiederaufbauprogramm, im Zuge dessen auch unbeschädigte, aber verkehrshinderliche Häuser und solche mit schlechter Bausubstanz verschwanden.

Spätestens die 1943 einsetzende Luftoffensive der Alliierten und die Ende 1944 um den Westwall aufflammenden Kämpfe aber konfrontierten erneut hautnah mit der grausamen Realität. Die Mehrzahl der Bliesgaudörfer fand sich in der Stunde Null komplett zerstört. Auf Kreisebene war über die Hälfte der Gebäude beschädigt, darunter als bevorzugtes Ziel der zahlreichen Fliegerangriffe viele Betriebe. Gleiches gilt für Versorgungsanlagen und Verkehrseinrichtungen. Das wirtschaftliche Leben war erloschen, auf der St. Ingberter Grube arbeiteten im März 1945 gerade 45 Mann. Das Land war am Ende. Ganz anders als nach dem Ersten Weltkrieg standen die Überlebenden und mit ihnen die Wirtschaft quasi vor dem Nichts. Allenthalben herrschte Mangel. Fenster wurden notdürftig mit Papier beklebt.

Auf dem Weg ins Wirtschaftswunder

Wie gehabt, kam es zum wirtschaftlichen Anschluß an Frankreich, diesmal in Form eines autonomen Saarstaates. Ab dem 22. September 1946 gab es also wieder leidige Zollkontrollen an der Grenze zu Deutschland. Seit November 1947 galt die französische Währung. Im übrigen tat Frankreich, das ja selbst am Boden lag, aus dem bekannten strategischen Interesse alles, die Normalisierung schnell voranzutreiben. Die Versorgung der Saar genoß absolute Priorität; saarländische Gefangene wurden bevorzugt entlassen.
So kletterte schon 1947 die Produktion des Bergbaus wieder auf 80 Prozent und die Stahlindustrie auf 27 Prozent des letzten Friedensjahres – fast doppel so hohe Werte wie im Ruhrgebiet. Bei der St. Ingberter HADIR arbeiteten 1946 wieder über 500 Personen, bei Dingler in Bierbach 1948 über 300. Was Wunder, wenn die Saarländer mehrheitlich die Union guthießen, während die angrenzenden, strukturschwächeren Gebiete neidvoll auf das kleine Wunder schauten und dort schnell das gehässige Schlagwort von den „Speckfranzosen" die Runde machte. Selbst Lothringen fühlte sich von Paris benachteiligt.
Die mit dem Übergang zur Marktwirtschaft nach 1947 verbundenen Probleme wurden dabei geflissentlich übersehen. So verlief der Wiederaufbau aufgrund der noch geltenden Rationierungen eher zögernd. Der Versorgungsvorsprung gegenüber der BRD schwand nach Einführung der DM schnell dahin. Der Schmuggel begann zu blühen, worüber besonders der saarpfälzische Handel klagte. Andere Anstöße kamen hinzu, und so schlug die Stimmung langsam um, obwohl die Arbeitslosenrate 1950 bei nur gut zwei Prozent lag, gegenüber mehr als zwölf Prozent in der Bundesrepublik Deutschland. Für diesen blendenden Wert sorgte nicht zuletzt eine den zwanziger Jahren vergleichbare Gründungswelle. Wieder ging es einerseits um die Deckung des saarländischen Eigenbedarfs, andererseits hofften deutsche Firmen, über die Saarpfalz die Tür zum beachtliches Potential versprechenden französischen Markt zu öffnen.
Besonders der Standort Homburg entwickelte eine bemerkenswerte Eigendynamik. Während die bereits ansässigen großen Firmen den Neubeginn durchweg erfolgreich meisterten, kamen weitere bedeutende Unternehmen wie die Schaefflergruppe, Bosch, Gerlach, Homburger Stahlbau und die Eisenwerke Kaiserslautern sowie Didier, Villeroy & Boch und die Arzneimittelfabrik Salvia hinzu. Weitreichende Effekte zeitigte schließlich der Ausbau des Landeskrankenhauses zur Universitätsklinik, die Ende der sechziger Jahre allein rund 300 Ärzte beschäftigte. Entsprechend vergrößerte sich der Einzugsbereich der Stadt beträchtlich, wovon wiederum Handwerk, Handel und das inzwischen zahlreich vertretene Kreditgewerbe profitierten.
In ähnlichem Ausmaß gilt dieser Befund für St. Ingbert-Rohrbach, wo sich insbesondere diverse mittelständische Betriebe niederließen; so z. B. das Stanz- und Prägewerk Voit, das Baustoffwerk Sehn, die Dampfkesselfabrik Wamser, die in der Planung von Walzwerken wegweisende Firma Moeller & Neumann oder die Rohrbacher Teigwarenfabrik Paul. Die Firma Gergen baute dort 1946 den ersten Hydraulik-Schaufellader der Welt. Die 1951 aus Sulzbach abgewanderte Jega avancierte mit ihrem Herdprogramm zur regionalen Marktführerin. Wie die zahlreichen Baufirmen expandierte der Großhändler Weigand kräftig im Sog der Baukonjunktur und soll an der Saar und in Frankreich als erster Zementsilofahrzeuge benutzt haben.

Das Ende der traditionellen Führungssektoren

In den Erfolg aber mischte sich ein dicker Wermutstropfen, da die bisherigen Wachstumsbranchen, Montan- und Glasindustrie, sich von der Entwicklung abkoppelten. Zwar expandierte die HADIR, auf die Bandstahl- und Drahtfertigung konzentriert, zunächst rasch und beschäftigte 1950 bereits 1300 Personen, damit aber war der Zenit erreicht. Der harte Wettbewerb im Rahmen der Montanunion zeigte erste Wirkungen. Ebenfalls nur sehr eingeschränkt vermochte die Vopeliussche Glashütte an der Nachkriegskonjunktur zu partizipieren; sie schloß 1972.

Am ärgsten aber traf es den Bergbau, obwohl die Régie des Mines zunächst mit Macht investierte. Selbst die 1936 geschlossene Grube Bexbach wurde seit 1949 parallel zum Bau des Kraftwerks St. Barbara und im Verbund mit Frankenholz revitalisiert. Die hohen Erwartungen erwiesen sich jedoch aufgrund der miserablen Abbaubedingungen allzubald als ungerechtfertigt. Nachdem St. Ingbert seit 1957 nur noch als Kleingrube mit 220 Mann gefahren wurde, kam zwei Jahre später für den saarpfälzischen Bergbau das endgültige Aus. Von der Stillegung der Anlage Bexbach/Frankenholz im Februar 1959 waren 2423 Mann betroffen, die jedoch im Konzern weiterbeschäftigt wurden.

Der wirtschaftliche Anschluß an die Bundesrepublik

Seinerzeit war der Anschluß an Deutschland längst beschlossene Sache, und in der Nacht zum 6. Juli 1959 fielen vorerst zum letzten Mal die Schlagbäume. Mit dem Tag X war man selbst Teil des Erhardschen Wirtschaftswunderlands, von dessen Produkten man gar nicht genug bekommen mochte – und sei es auf Kredit. Was Wunder, wenn die Vertreter bundesrepublikanischer Anbieter die Saar zu ihrem Eldorado erkoren. Beim Leser mag sich ein Déjà-vu-Erlebnis einstellen, und in der Tat sind gewisse Analogien zur deutschen Wiedervereinigung nachgerade erstaunlich – nicht zuletzt, was die dem Rausch folgende Katerstimmung angeht.

Fraglos bedurfte die neue Situation der Eingewöhnung. Aus der Distanz des Nachbetrachters aber und im Vergleich mit den aktuellen Problemen im Osten scheinen viele der Klagen lapidar, zumal der dem Land Brückenfunktion zumessende Luxemburger Saarvertrag großzügige Übergangsbestimmungen vorsah. Nicht zuletzt bot der boomende deutsche Markt die beste Gewähr für einen relativ sanften Übergang.

Dennoch hatte der hiesige Einzelhandel, abgesehen von der neuen Konkurrenz des Versands, im Schatten der großen benachbarten Zentren keinen leichten Stand. Weitaus schwerer aber fiel die Umstellung – nun, da deutsche Marken gefragt waren – den nach 1945 gegründeten, konsumorientierten Produzenten. Dagegen expandierte Karlsberg mit hohem französischen Marktanteil zu einer der größten deutschen Privatbrauereien und profilierte sich zudem als europäischer Dosenbierpionier. Die metallverarbeitende Branche meisterte die Integration aufgrund ihrer ohnehin starken Verflechtung mit bundesrepublikanischen Firmen, während rein saarländische Unternehmen auch hier eher auf den französischen bzw. internationalen Markt setzten, wie der Aufbau von Zweigwerken jenseits der Grenze dokumentiert.

Entscheidend für die weitere wirtschaftliche Entwicklung des Kreisgebietes erwies sich die starke Präsenz von Anlagenbauern und Zulieferern der Kfz-Industrie, den Wachstumsbranchen schlechthin. Sie erfuhr mit der Ansiedlung von Kléber, Siemens und Festo in St.

Der wirtschaftliche Anschluß an die Bundesrepublik

Ingbert, Michelin in Homburg, wo zudem Bosch und Schaeffler stark expandierten, Eberspächer, BBC und Petrocarbona in Bexbach ihre Abrundung. Ausschlaggebend hierfür war auch die Lage an der Eisenbahnschiene Mannheim–Paris. Eine wesentliche Aufwertung erfuhr der Standort ferner durch die frühe Anbindung an das europäische Autobahnnetz, nachdem die Statistik auf der mit dem Einbruch des Eisenbahnzeitalters verödeten Kaiserstraße schon in den fünfziger Jahren mehr als 5000 Autos pro Tag zählte.

Die im Vergleich zum Raum Saarbrücken–Neunkirchen relativ geringe Abhängigkeit von der seit den sechziger Jahren in einer Dauerkrise lebenden Montanindustrie führte zur Verlagerung wirtschaftlicher Schwergewichte zugunsten des Kreises. Entsprechend vergrößerte sich sein Einzugsgebiet, und seine Zentren gewannen nicht nur als Mittelpunkt einer intensiven Pendelwanderung an Attraktivität, wie die Bevölkerungszahlen ausweisen. Analog dazu profitierte das öffentliche und private Dienstleistungsgewerbe. So bot

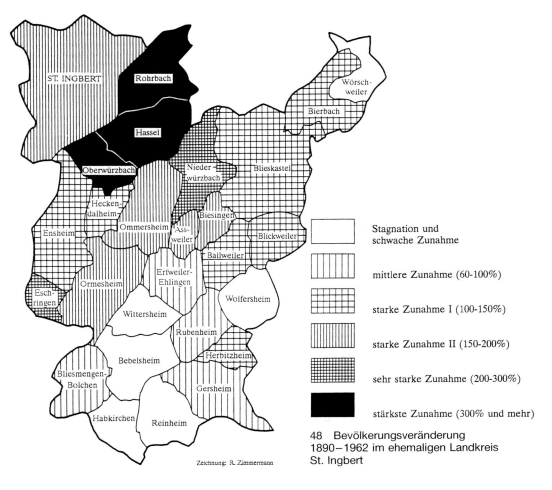

48 Bevölkerungsveränderung 1890–1962 im ehemaligen Landkreis St. Ingbert

Homburg in der zweiten Hälfte der sechziger Jahre bei inzwischen über 30 000 Einwohnern neben rund 14 000 industriellen Arbeitsplätzen auch beachtliche 10 000 weitere Stellen.

Der ländliche Südteil des Kreises hatte sich zwischenzeitlich mehr denn je zum Arbeitskräftereservoir entwickelt. Die Beschäftigtenstruktur unterschied sich kaum mehr wesentlich vom Nordkreis. Und im Gegensatz zu früher hatte diese Funktion aufgrund der mit Macht einsetzenden Motorisierung nicht nur ihren Schrecken verloren. Da sich die Trennung von der Familie nur mehr auf die Arbeitszeit beschränkte, setzte bereits eine gewisse Trendwende ein, als die Baulandpreise in den beiden Zentren unaufhaltsam kletterten. Die Landwirtschaft, einst Haupterwerb des Bliesgaus, zog sich parallel dazu mehr und mehr aus dem Ortsbild zurück, zumal sich die zum Überleben im Rahmen der EG erforderliche Rationalisierung am ehesten in größer dimensionierten Aussiedlerhöfen realisieren ließ.

Diese Strukturen besitzen bis heute Gültig-

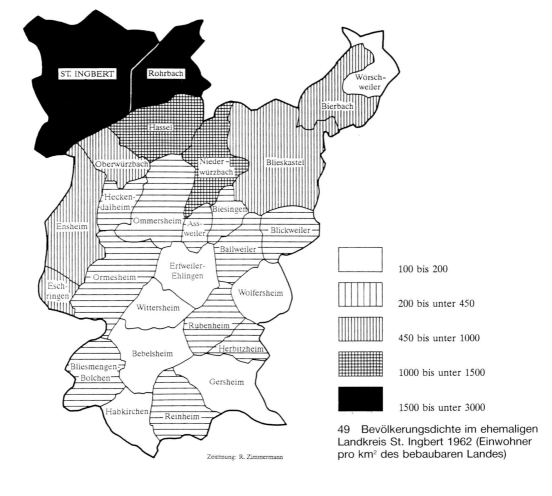

49 Bevölkerungsdichte im ehemaligen Landkreis St. Ingbert 1962 (Einwohner pro km² des bebaubaren Landes)

Tabelle 1: Verteilung (in %) der Berufe im Kreis Homburg 1965 (nach R. Schuster/W. Huber)

	Gesamt	Nordbezirk	Südbezirk
Arbeiter	54	55	47
Bergarbeiter	11,2	12,5	3,8
Landwirte	5,5	2	26
Beamte und Angestellte	15	15	15
Freie Berufe	14,3	15,5	8,2

keit, da mit der Schaffung eines europäischen Binnenmarktes der Wirtschaft eine neuerliche Bewährungsprobe bevorsteht. Angesichts der mit viel Innovationsgeist überstandenen früheren Krisen sollte ihr trotz der damit immer verbundenen Risiken nicht bange sein. Die Geschichte hat gelehrt, den Wandel als Chance zu begreifen. Das von dem großen Nationalökonomen des frühen 19. Jahrhunderts Friedrich List geprägte Diktum „vom Unglück auf einer Grenze zu wohnen" jedenfalls könnte sich angesichts des in europäischer Perspektive zentralen Standorts nachhaltig ins Gegenteil verkehren, um so mehr als im zurückliegenden Jahrfünft der sich öffnende Osten übermächtig Standortentscheidungen dominierte.

Literatur

Beiträge zur pfälzischen Wirtschaftsgeschichte. Festschrift zum 125jährigen Bestehen der Industrie- und Handelskammer für die Pfalz. Speyer 1968
Gruber, Hansjörg: Die Entwicklung der pfälzischen Wirtschaft 1816 – 1834. Saarbrücken 1962
Handel und Industrie im Saargebiet. Saarbrücken 1924
Haßlacher, Anton: Das Industriegebiet an der Saar und seine hauptsächlichen Industriezweige. Saarbrücken 1912
Henning, Friedrich Wilhelm: Das industrialisierte Deutschland 1914 bis 1986. Paderborn ⁶1988
Tilly, Richard: Vom Zollverein zum Industriestaat. Die wirtschaftlich soziale Entwicklung Deutschlands von 1834 – 1914. München 1990

Kunst und Kultur

Kunst im Saarpfalz-Kreis

von Martin Klewitz

Das Kreisgebiet liegt in uraltem Kulturland und ist Teil davon. Unser Streifzug soll Kulturzeugnisse aus geschichtlicher Zeit aufsuchen, aber wir wollen dabei im Auge behalten, daß ihre Wurzeln tief in vor- und frühgeschichtliche Zeiten zurückreichen.

Klösterliche Kultur

Für die gesamte Region gilt: Träger der vorromanischen und der romanischen Kunst und Kultur waren die Klöster. Sie waren die Mittler antiker Bildung und antiken Wissens. Das dörfliche Leben war einfach, Städte gab es nicht. Der Bildungsstand des örtlichen Adels war gering, seine Burgen waren bescheidene Zweckbauten, zumindest bis in die Zeit der Kreuzzüge. Seinen kulturellen Beitrag leistete der Adel durch Stiftungen von Klöstern und an Klöster.

Benediktinerprioratskirche Böckweiler. Im 8. Jahrhundert treten uns aus dem Dunkel der Frühgeschichte erstmals zwei Persönlichkeiten entgegen, die in unserem Gebiet gewirkt haben. Der Missionar und Abt Pirmin (gest. 752) gründete Klöster, missionierte in unserem Gebiet – und weit darüber hinaus –, gehörte vielleicht der irofränkischen Mönchsbewegung an, dürfte aber westgotischer Herkunft gewesen sein. Pirmin gründete um 740 im Bliesgau das Kloster Hornbach, nur wenige Kilometer westlich der Grenze des Saarpfalz-Kreises. Stifter war der Graf Warnharius, der aus der Familie der Widonen-Lambertiner stammt, die im Bliesgau begütert waren. Hornbach blieb durch Jahrhunderte Eigenkloster der Widonen. Das Kloster hatte Besitzungen auch im Bereich des heutigen Saarpfalz-Kreises.

Zum Klosterbesitz gehörte Bickwilre, wie eine Urkunde des 12. Jahrhunderts belegt, das heutige Böckweiler, jetzt Ortsteil der Stadt Blieskastel. Hier steht eine romanische Kirche, deren älteste Teile aus dem 11. Jahrhundert stammen. Bei Grabungen fand man östlich der Kirche die Fundamente einer noch älteren Anlage. Der Grundriß ist für den Besucher in der Rasenfläche des Kirchhofes durch Steine sichtbar gemacht. Es war eine dreischiffige, querhauslose Kirche. Jedes der drei Schiffe endete im Osten in einer Apsis. Der westliche Abschluß lag im Bereich der heutigen Kirche und ist dadurch nicht mehr sicher feststellbar.

Südlich der Kirche schloß sich ein Gebäude oder eine Anlage an, die zu der Vermutung Anlaß gab, daß sich ein kleines Kloster bei der Kirche befunden hat. Wir haben keine schrift-

50   Blieskastel-Böckweiler. Die Kirche aus dem 11. Jahrhundert geht auf ein Bauwerk aus karolingischer Zeit zurück.

lichen Belege aus damaliger Zeit, so sind wir mit der Deutung auf das angewiesen, was wir aus der örtlichen Situation und den Grabungsbefunden ermitteln können. Im Kirchenbereich wurden Reste einer römischen Villa gefunden, und etwas oberhalb befindet sich eine kräftige Quelle, die den Brunnen vor der Kirche speist. Es könnte sein, daß sich mit dieser Quelle ein keltisches oder römisches Quellheiligtum verband und daß vielleicht Pirmin oder Mönche von Hornbach es bei der Christianisierung der Region durch eine Kirche ersetzten. Für die Datierung der Anlage wird der Fund eines Kapitells herangezogen, das ersichtlich von einer Wandvorlage stammt. Es ist mit rankenartigen Ornamenten geschmückt, sie erinnern an die Helices spätantiker korinthischer Kapitele. Die Ausgräber haben dieses Kapitell als „karolingisch" eingestuft. Dem kann man zustimmen, es ist damit allerdings ein recht großer Zeitraum umrissen, der vom 8. bis zum 10. Jahrhundert reicht. Sicher erscheint, daß es sich nicht um eine einfache Dorfkirche gehandelt hat, sondern daß auch bereits mit dieser Kirche eine geistliche Einrichtung verbunden war, ein Priesterkollegium oder – wahrscheinlicher – ein Mönchskollegium, das dem Kloster Hornbach unterstellt war. Eine Urkunde von 1149 bezeugt, daß vom Abt von Hornbach in Böckweiler ein Prior eingesetzt wurde, und es wurden die Rechte des Priorates für die Zukunft geregelt. Zu diesem Zeitpunkt bestand die erste Kirche allerdings nicht mehr, sie war aufgegeben und ein Neubau an anderer Stelle, westlich der ehemaligen Kirche, errichtet worden. Der einschiffige Bau ist im heutigen Kirchenschiff (ohne den heutigen Vorraum) erhalten. An ihn schloß sich eine einfache Rundapsis an, deren Ansatz am Außenbau noch im Winkel zwischen Schiff und Chorturm erkennbar ist. Dieses Kirchlein ist aufgrund der Profile an Basen und Kämpfern der Pfeiler in das 11. Jahrhundert zu datieren. Es wurde im 12. Jahrhundert nach Westen um ein dreischiffiges Langhaus mit Westempore erweitert. Dabei wurde das bisherige Schiff zum Chorjoch und erhielt beiderseits Nebenräume. Ebenfalls im 12. Jahrhundert, vielleicht nach Einrichtung des Priorates 1149, wurde die Apsis abgerissen und der Chorturm mit den drei Konchen (Apsiden) erbaut, der heute charaktervoll das Aussehen der Kirche bestimmt. Diese Anlage war aufwendiger als der heutige kleine Bau und erstreckte sich weiter nach Westen in den heutigen Kirchhof. Sie ist im Verlauf der Jahrhunderte immer wieder eingreifend verändert worden, bis sie ihre heutige Gestalt erhielt. Um 1600 wurden die Seitenschiffe abgebrochen, um 1700 der Rest des westlichen Schiffes; der große Chorbogen wurde vermauert. Im 18. Jahrhundert wurden große barocke Fenster im Schiff und im Chor eingebrochen, im 19. Jahrhundert erhielt die Kirche eine Ausmalung. Schließlich wurde sie bei den Erdkämpfen am Anfang des Zweiten Weltkrieges sehr schwer beschädigt und nach dem Krieg mit erneuten Veränderungen wieder aufgebaut.

Heute betritt man die Kirche durch ein spätromanisches Portal, das von der Südseite hierher versetzt wurde. Durch einen Vorraum gelangt man in das Kirchenschiff, das dem ersten Bau des 11. Jahrhunderts entspricht. Ein großer Bogen öffnet sich zum Chor mit den drei Apsiden. Der schlichte Altar entspricht der protestantischen Tradition, die Kirche ist seit der Reformation evangelisch. Solche Dreiapsidenanlagen sind im Kirchenbau selten, doch steht Böckweiler damit nicht ganz allein. Die durch Grabung festgestellte Stephanskirche (9. Jh.) der Abtei in Essen-Werden hatte einen solchen Kleeblattchor, auch die Ulrichskirche in Avolsheim (um 1000) zeigt einen verwandten Grundriß. Doch ist Böckweiler mit der Ausstattung des Chorturmes mit drei Apsiden wohl einmalig. Man hat diese Gestaltung mit den Patrozinien der Prioratskirche in Verbindung gebracht, die ursprünglich den Heiligen Cantius, Cantianus und Cantianilla geweiht war, die unter Diokletian den Märtyrertod erlitten. Wie auch immer, die Kirche ist ein Kleinod romanischer Baukunst, und die Leute in Böckweiler wissen dies. So steht sie in einem gepflegten Kirchhof. Vor dem Kirchenportal steht ein steinerner Tisch, den man bei den Grabungen im Bereich der römischen Villa gefunden hat, und draußen vor dem Friedhof plätschert der Brunnen.

Zisterzienserkloster Wörschweiler. Ein zweites Kloster im Saarpfalz-Kreis geht ebenfalls auf das Kloster Hornbach zurück. Um das Jahr 1129 stifteten Graf Friedrich von Saarwerden und seine Gattin Gertrud ein Benediktinerkloster auf dem Berg über dem Dorf Wernerswilre, dem heutigen Wörschweiler, Ortsteil der Kreisstadt Homburg. Auch auf diesem Bergrücken hatten die Römer Spuren hinterlassen. Westlich des Klostergeländes befindet sich ein künstlicher Hügel; Grabungen haben ergeben, daß er aus dem 3. nachchristlichen Jahrhundert stammt und daß einst Stufen hinaufgeführt haben, er also ein Bauwerk oder Monument getragen hat. 1131 wurde die Weihe der Klosterkirche von dem als päpstlicher Legat in Deutschland weilenden Kardinalbischof Matthäus von Albano bezeugt. Die Mönche kamen aus Hornbach, das Kloster wurde ein Priorat der Abtei Hornbach. Von der damals geweihten Kirche hat sich kein sichtbarer Baurest erhalten, bei Ausgrabungen wurden jedoch ihre Fundamente gefunden, es war eine dreischiffige querhauslose Anlage mit drei Rechteckchören. Das Benediktinerpriorat wie auch die Kirche haben nicht lange bestanden. Wenige Jahrzehnte nach der Gründung wandelten die Enkel des Stifterpaares im Jahre 1171 das Kloster in eine Zisterzienserabtei um. Das Zisterzienserkloster Weilerbettnach (in Lothringen, zwischen Metz und Busendorf gelegen) wurde Mutterkloster für das neue Kloster und entsandte den neuen Abt und die Mönche. Wohl unmittelbar nach Übernahme begann eine rege Bautätigkeit. Die bisherige, vermutlich zu kleine Kirche und die Konventbauten wurden abgerissen, und es entstand auf dem Gelände ein Kloster, das in sehr ausgeprägter Form die zisterziensischen Baugewohnheiten verkörpert. Das Kloster hat durch die Jahrhunderte geblüht. Im 15. Jahrhundert werden Zeichen allmählichen Niederganges erkennbar, und 1558 wurde es nach Einführung der Reformation aufgelöst. Im gleichen Jahr starb der letzte residierende Abt. Das Mutterkloster Weilerbettnach anerkannte die Auflösung nicht und ernannte weiterhin Äbte für das Kloster Wörschweiler. Sie saßen in Weilerbettnach und verwalteten den Besitz des ehemaligen Klosters in Lothringen. Die Klosterbauten in Wörschweiler brannten 1614 durch Unachtsamkeit nieder, und seitdem verfiel die Ruine. Berg und Kloster befinden sich heute in Privatbesitz, doch sind sie Wanderern und Spaziergängern zugänglich. Es lohnt sich, hinaufzusteigen und in den Ruinen umherzugehen. Sie beeindrucken nicht nur durch die romantische Schönheit ihrer Lage im Wald auf der Höhe, sie erlauben es auch, die ursprüngliche Gestalt der Kirche und der Klostergebäude abzulesen. Die Ausgrabungen haben eine sehr zuverlässige Rekonstruktion des Grundrisses und des Aufbaus der Anlage und die Bestimmung von Zweck und Aufgabe der Klausurgebäude ermöglicht. Die Zisterzienser wollten keine prunkvollen Kirchen mit reicher Gliederung für ihre Klöster. Sie wollten einfache „Oratorien", Betsäle ohne Türme, ohne Krypta, keine Rundapsiden, keine Buntverglasung. Aber sie bauten mit großer Sorgfalt. Sie hatten eigene Bauhütten, die sie durch ganz Europa schickten und die dadurch sehr

einheitlich für sie bauten. So finden wir überall in ihren Klöstern Steinmetzarbeit von hoher Qualität. Die Reste der Klosterkirche in Wörschweiler sind ein Beispiel für dieses Bauen.
Die Kirche war eine turmlose dreischiffige Pfeilerbasilika mit Querhaus und Rechteckchor. An die beiden Querhausarme lagerten sich nach Osten je zwei rechteckige Kapellen an. Da die Mönche alle geweihte Priester waren, brauchte man mehrere Altäre für das Lesen von Messen. Im südlichen Querhaus erkennt man noch den Aufgang in den Schlafsaal der Mönche, das Dormitorium. Diesen Zugang benötigten die Mönche, da sie sich auch nachts in der Kirche zum Gebet versammelten. Ins Langhaus vorgeschoben befand sich der steinerne Lettner, der den Chorraum der Mönche von dem Laienteil trennte. Dieser diente nicht für die Betreuung der Leute aus der Umgebung, sondern war der Raum für die „Konversen", Laienbrüder, die in einem durch den „Klostergang" im Westen von der Klausur getrennten gesonderten Gebäudetrakt wohnten und dort ihren Speisesaal hatten. Im Westen hatte die Kirche eine Vorhalle. Sehr schön ist in der Westfassade das Portal mit den eingestellten Säulen und sorgfältig gearbeiteten Kapitellen. Über dem Portal haben sich die Reste eines großen Rosenfensters erhalten. Man erkennt links neben dem Portal auch den Beginn einer kleinen Wendeltreppe, die den Zugang zum Dach ermöglichte. Für die geistliche Betreuung von Besuchern und Laien aus der Umgebung diente eine Kapelle bei der Klosterpforte im Zuge der Klostermauer, etwa 100 m westlich der Kirche. Im an das Querhaus anschließenden Bau der Klausur lagen im Erdgeschoß unter dem Dormitorium die Sakristei, der Kapitelsaal und das Parlatorium (der Raum, in dem es den Mönchen erlaubt war, sich zu unterhalten), dahinter der Krankenbau und der Arbeitssaal. Im südlichen Trakt befanden sich das Herrenrefektorium und die Küche, von der aus auch der Westtrakt mit dem Konversenrefektorium bedient werden konnte.
Im südlichen Querhaus der Kirche findet sich ein Arkosolgrab, vermutlich das Grab Ludwigs II., des Jüngeren von Saarwerden, gest. 1180. Er hatte die Zisterzienser nach Wörschweiler geholt. Das Kloster war begehrter Begräbnisort für den Adel der Gegend. Gräber mit zum Teil aufwendigen Grabplatten fanden sich in der Kirche, im Kapitelsaal und in der Vorhalle. Ein Teil dieser Platten ist im ehemaligen Kreuzgang entlang der Kirche aufgestellt, eine befindet sich als Leihgabe in Saarbrücken im Saarlandmuseum, weitere sind in der Kapelle in Gutenbrunn am Fuße des Klosterberges aufgestellt.
Im 14. Jahrhundert wurden die Herzöge von Zweibrücken Schirmvögte der Abtei, woraus sich allmählich eine Herrschaft über das Kloster ausbildete, die es den Herzögen ermöglichte, das Kloster nach Einführung der Reformation aufzuheben. Herzog Gustav Samuel ließ 1723 am Fuße des Berges in Gutenbrunn für seine Gemahlin Louise das Schlößchen „Louisenthal" vom Architekten Jean François Duchenois erbauen. Es wurde in der Französischen Revolution 1793 zerstört, nur noch Fundamente lassen die Lage erkennen. Erhalten haben sich nur Nebengebäude und die erwähnte Schloßkapelle, der hl. Walburgis geweiht, ein gestreckter Achteckbau. Für kurze Zeit hat der Herzog hier in Gutenbrunn im 18. Jahrhundert eine Porzellanmanufaktur betreiben lassen. Die Produkte dieser Manufaktur sind gesuchte Rarissima für Sammler und Museen. Der ganze Bereich mit Berg und Klosterruine ist Privateigentum und wird vom Besitzer mit Verständnis und nach Möglichkeit erhalten.

Wilhelmitenkloster Gräfinthal. In der Mitte des 13. Jahrhunderts entstand ein weiteres

51 Das Vesperbild „Muttergottes mit den Pfeilen" aus dem Kloster Gräfinthal befindet sich heute in der Blieskasteler Kreuzkapelle.

Kloster im Gebiet des heutigen Kreises. Die Gräfin Elisabeth von Blieskastel gründete der Überlieferung nach 1243, wahrscheinlich jedoch erst 1253 oder später, ein Wilhelmitenkloster nahe dem Ort Bliesmengen. Das Grafengeschlecht ging aus einer Linie der Grafen von Lunéville (Lothringen) hervor. Der Vater Elisabeths, Heinrich, war der Letzte im Mannesstamm dieser Linie. Die Gründungslegende berichtet, die Gräfin Elisabeth sei durch das Gnadenbild eines Einsiedlers, der „Muttergottes mit den Pfeilen", von einem Augenleiden und Erblinden geheilt worden, und sie habe aus Dankbarkeit das Kloster gestiftet. Das Gnadenbild ist erhalten und befindet sich seit der Auflösung des Klosters in Blieskastel. Es ist sowohl dem Thema (eine Beweinungsgruppe) als auch dem Stil nach nicht früher als Ende des 14. Jahrhunderts entstanden. Der Orden ist als Eremiten- und Büßerorden von dem Adligen Wilhelm von Malevalle 1157 gegründet worden und hatte eine sehr harte Regel. Papst Gregor IX. ersetzte 1230 diese durch die mildere Benediktinerregel (seitdem werden die Mönche auch als Benediktiner-Eremiten bezeichnet) und bildete den Orden zu einem Bettelorden um. Das Kloster ist im Laufe seiner Geschichte immer wieder in Kriegen zerstört, beschädigt und wieder aufgebaut worden. Kaiser Joseph II. löste in der zweiten Hälfte des 18. Jahrhunderts die deutschen Wilhelmitenklöster auf, Gräfinthal war schließlich das letzte auf deutschem Boden. 1785 hob Papst Clemens XIV. auf Betreiben der Blieskasteler Gräfin Marianne von der Leyen und des Dekans des Klosters Gräfinthal auf. Die letzten Mönche wurden Stiftsherren eines weltlichen Stiftes, das die Gräfin in Blieskastel gründete und ausstattete. Das bewegliche Klostergut wurde veräußert, die Gebäude verfielen zum Teil, bis die Klostergebäude nach der Französischen Revolution 1803 von dem Handelsmann und Bürgermeister von Saargemünd Joh. Bapt. Matthieu erworben wurden.

Heute ist das ehemalige Kloster Ziel vieler Besucher und Ausflügler, auch von Wallfahrten. Es bereitet Denkmalpflege und Naturschutz Sorgen. Es gilt, soweit möglich, Substanz zu erhalten, den Verfall aufzuhalten, den Zusammenklang von Geschichte, religiöser Volksfrömmigkeit und Schönheit der Lage im Tale in abgelegener Landschaft nahe der Grenze zu bewahren. Das ist nicht leicht, denn das Areal ist im Besitz von mehreren Eigentümern, die ihren wirtschaftlichen Nutzen daraus ziehen müssen. So wird manches verändert, was bleiben sollte, manches wird zu sehr auf „ansehnlich" zurechtgemacht, damit es dem Besucher gefällt, aber man hat sich zu einer Zielvorstellung zusammengefunden und ist an der Arbeit. Gräfinthal wird schön bleiben.

Das wichtigste Baudenkmal im Klosterbereich ist die Kirche. Aus der Gründungszeit des Klosters ist fast nichts erhalten. Im Chor auf der linken Seite ist ein Arkosolgrab, das Grab der Gräfin Elisabeth. Die liegende Figur ist arg beschädigt, das Gesicht ist von einer anderen Skulptur genommen und plump eingesetzt, die Arme mit den gefalteten Händen sind aus Gips geformt, aber der schöne Faltenwurf des Gewandes hat etwas von der ursprünglichen Qualität bewahrt. Die Kirche in ihrer heutigen Gestalt ist nach den Zerstörungen des 17. Jahrhunderts ein Neubau des schwedischen Architekten Z. E. Sundahl von 1719. Er befand sich am Hofe in Zweibrücken, da die Herzöge einige Zeit zugleich Könige von Schweden waren. Der Polenkönig Stanislaus Leszczynski, der sich nach Verlust seines Thrones von 1714 bis 1720 in Zweibrücken aufhielt, war ein Förderer des Klosters, so daß es noch einmal zur Blüte kam. Hier ließ er auch seine Tochter Anna beisetzen, vermutlich in einer Gruft auf der rechten Seite des Chores, in der dann wohl auch Joh. Bapt. Matthieu beigesetzt wurde, dessen Grabmonument erhalten ist. Der Bau von Sundahl verfiel nach 1785. Die Mauern des Langhauses stehen als Ruine. An der Nordseite außen hat sich ein spätromanisches Rundbogenportal erhalten, im Bogenfeld mit einer Rosette geschmückt. Portal und Arkosolgrab der Gräfin Elisabeth machen es wahrscheinlich, daß Sundahl bei seinem Neubau Teile der Vorgängerkirche erhielt. Das Westportal trägt im Schlußstein die Jahreszahl 1719. J. B. Matthieu, der das verfallende Kloster sehr liebte, hat viel getan, den Verfall aufzuhalten. So hat er in den Chor der Kirche eine achteckige Kapelle bauen lassen und sie mit Dingen, die er erwerben konnte, ausgestattet. Ebenso war er es wohl, der den lebensgroßen Kruzifixus an der Nordwand erwarb. Restaurierungen im Jahre 1959 legten eine feine und ausdrucksvolle Fassung frei, der Corpus erwies sich als ein großartiges Werk des 14. Jahrhunderts von hoher Qualität. Es ist schade, daß die ursprüngliche Herkunft nicht bekannt ist. Wahrscheinlich stammt es aus unserem weiteren Raum. Im offenen Langhaus der Ruine befindet sich ein steinerner Altar des 18. Jahrhunderts.

Das Inventar der Kirche wurde nach Aufhebung des Klosters und nach der Französischen Revolution verkauft, versteigert und verschenkt. Nach dem, was noch festzustellen ist, muß sie sehr reich ausgestattet gewesen sein. Es lohnt sich, die umliegenden Dorfkirchen aufzusuchen, in denen sich Teile dieser Ausstattung befinden. Sie bringen uns einen Bildhauermeister aus der Mitte des 18. Jahrhunderts nahe, der in seiner Zeit im Bliesgau und darüber hinaus führend war: Jean Madersteck (Martersteck) aus Saarbockenheim, Ortsteil der heutigen Stadt Saarunion an der oberen Saar. Ein Altar – vielleicht der ehemalige Hochaltar aus der Klosterkirche – steht in der Friedhofskapelle in Bliesmengen-Bolchen, der früheren Pfarrkirche des Ortes. Er war noch vor wenigen Jahren in der Kapelle in Gräfinthal und zeigt Spuren der Veränderung. Der wichtigste Bestand aus Gräfinthal befindet sich heute in der Kirche in Reinheim. Der Jungfrauenverein des Dorfes hat ihn nach der Aufhebung des Klosters ersteigert und auch durch die Wirren der Französischen Revolution zu bewahren gewußt. Es sind dies die Chorvertäfelung, die beiden Beichtstühle und die Kanzel. Der Hochaltar fügt sich in das Ensemble gut ein. Er ist aus den Teilen mehrerer Barockaltäre nach dem Zweiten Weltkrieg zusammengefügt. Bei genauerem Hinsehen sind nur wenige Teile von Madersteck. Die Altarmensa und Teile des Retabels stammen von einem anderen Altar des 18. Jahrhunderts. Die Marienfigur wurde im Kunsthandel wohl in den zwanziger Jahren erworben, sie ist eine sehr schöne Plastik aus der zweiten Hälfte des 15. Jahrhunderts, vermutlich eine Arbeit aus dem südwestdeutschen Raum. Die farbige Fassung ist unter Zugrundelegung gefundener Farbspuren bei den Wiederherstellungsarbeiten nach dem Kriege aufgebracht worden. So können wir in Reinheim eine gute Vorstellung vom inneren Aussehen der Gräfinthaler Klosterkirche in der zweiten Hälfte des 18. Jahrhunderts gewinnen. Nicht nur das: Dort können wir uns auch an dem wichtigsten erhaltenen Ensemble und Werk von Jean Madersteck erfreuen, seine gute, über das Mittelmaß herausragende Qualität erkennen und kritisch würdigen. Seine Qualität liegt im feinen Empfinden für Proportion und Sinn fürs Detail. Seine Reliefs sind flach und zart. Das große Pathos lag ihm nicht. Selbst der kanzeltragende Samson von Reinheim hat nicht allzuviel vom wilden, die Feinde erschlagenden Berserker, und die Eselskinnbacke in seiner Hand ist nur Attribut. Aber man sehe sich die Gesimse der Beichtstühle an: Mit wieviel Liebe ist da das kleine Getier dargestellt, die Schnecke, das Eichhörnchen und anderes. Madersteck war ein konservativer Meister, vielleicht war er schon älter, als er in der Mitte des Jahrhunderts für das Kloster gearbeitet hat. Er ist fast unberührt vom Rokoko seiner Zeit. Man findet keine Rocaillen in seinen Ornamenten. Es sind die symmetrischen Gehänge des 17. Jahrhunderts, die hier eine beruhigte, stille Nachfeier halten, vielleicht auch manches über die Mode bewahren, was dann am Ende des Jahrhunderts im Zopfstil verändert wieder auftaucht. Das bestätigt auch der Rest eines anderen Altares, der heute Mittelstück des Hochaltares in Bübingen ist und den Madersteck ursprünglich für die alte Pfarrkir-

52 Gersheim-Reinheim. Der kanzeltragende Samson von Jean Madersteck aus der Klosterkirche Gräfinthal

che in Kleinblittersdorf geschaffen hat. In seinen figürlichen Gestaltungen, etwa in seinen Reliefs am Altar in Bliesmengen, der Kanzel in Reinheim, dem Hubertusrelief in Niederwürzbach (im Besitz der Pfarrei), auch in seinen Kruzifixen, vor allem Wegekreuze in Ormesheim und Gräfinthal, werden seine Grenzen deutlich. Hier ist er ein solider Handwerker, aber es fehlt fühlbar die Kraft der Aussage. Doch freuen wir uns auch hier an dem Bodenständigen seiner Kunst. Wenn irgendwo, wird im Werk von Madersteck etwas vom Wesen der Menschen in diesem Land spürbar: das Gediegene, das Beharren auch

Tafel 19 Blieskastel. Das „Schlößchen" der Grafen von der Leyen mit seinen monumentalen Toreinfahrten und den Segmentgiebeln.

Tafel 20   Das ehemalige Wilhelmitenkloster Gräfinthal bei Bliesmengen-Bolchen (Mandelbachtal)

gegen die Mode, das selbstbewußte Insichruhen, keine großen Gesten.
Verlassen wir Jean Madersteck. Auch die Pfarrei Rubenheim besaß etwas, das aus Gräfinthal stammte: zwei Altarblätter. Der damalige Pfarrer, Dekan Adam Sebastian Diehl, hat mir davon erzählt. Auf dem einen war der Ordensgründer dargestellt, der hl. Wilhelm. (Nach Diehls Schilderungen handelte es sich aber nicht um den Gründer Wilhelm von Malevalle, sondern um den hl. Herzog Wilhelm von Aquitanien, er sei in Ritterrüstung dargestellt gewesen. Eine Verwechslung, die in der Tradition des Ordens immer wieder auftaucht.) Ich kann mich nicht erinnern, was auf dem zweiten Altarblatt dargestellt war, ich meine, die Jungfrau Maria. Diehl hatte die beiden Gemälde hinter einem Schrank versteckt, als das Dorf im Kriege evakuiert wurde. Nach der Rückkehr fand er Fetzen der Leinwände auf der Straße im Dorf, wohl von Soldaten mutwillig zerstört. Für mich ist unklar, wo in der doch sehr kleinen Klosterkirche noch Platz für zwei weitere Altäre gewesen sein könnte. Vielleicht stammten die Gemälde nicht aus der Kirche, sondern befanden sich in einem der Räume des Klosters.

Kehren wir abschließend nach Gräfinthal zurück. Von den Klausurbauten hat sich nichts erhalten. Sehr beschränkte Grabungen haben einige Fundamente zutage gefördert, deren Zugehörigkeit im einzelnen aber nicht zu bestimmen war. Ein Gewölbe unter dem Gebäude rechts der Toreinfahrt zum Wirtschaftshof dürfte zum mittelalterlichen Bestand gehören. Die Gebäude, die heute im Klosterbereich stehen, sind aber alle noch in der Klosterzeit entstanden, sie gehörten zum Wirtschaftshof des Klosters. Es sind zumeist Bauten des 18. Jahrhunderts, allerdings alle stark verändert, den Zwecken der heutigen Besitzer angepaßt, und teilweise sind es kopierende Wiederaufbauten nach dem Zweiten Weltkrieg. Im Hof liegt ein kleines Gewässer, eine Quelle, sie war sicher wichtig gewesen bei der Wahl des Ortes für die mönchische Niederlassung. Daneben steht ein kleines Bauwerk auf vier Säulen, ein Taubenhaus aus dem 17. Jahrhundert, das dem Wirtschaftshof malerischen Reiz verleiht.

Burgen

Vom Bauen des Adels in der frühmittelalterlichen Zeit hat sich nur wenig erhalten, und auch das ist nur unsicher zeitlich einzuordnen und ebenso unsicher in der Deutung und Rekonstruktion der Befunde. Der Stiefel bei St.

53 Wegekreuz (mit Chronogramm) von Jean Madersteck in Mandelbachtal-Ormesheim

Ingbert war wohl schon im frühen Mittelalter befestigt gewesen, doch ist es schwierig, aus den Befunden, die von vorgeschichtlicher Zeit bis ins Mittelalter reichen, den frühmittelalterlichen Bestand herauszusondern. In dieser Zeit war der Burgengrundriß im allgemeinen sehr einfach: ein Wohnturm, von einem Wall und einem Palisadenzaun umwehrt. Erst mit Beginn des 2. Jahrtausends dürften Wohnbau, Gesindehaus und Wirtschaftsgebäude hinzugekommen sein und – vielleicht etwas früher – anstelle des Palisadenzaunes eine steinerne Ummauerung des Burgbereiches getreten sein. So dürften die spärlichen Reste der Merburg bei Kirrberg im wesentlichen aus dieser Zeit (Mitte 11. Jh.) stammen. Auf einer Bergnase, dem Malsfelsen, angelegt, hatte sie einen runden Wohnturm und bescheidene Wirtschaftsgebäude. Das Ganze war von einer steinernen Burgmauer umgeben. Das Geschlecht der Herren von Merburg, dem niederen Adel zugehörig, wird in Urkunden des 12. Jahrhunderts erwähnt. Starke Impulse erhielt der Burgenbau durch die Kreuzzüge. Im Heiligen Land lernten die Kreuzfahrer den an griechischer Festungsbaukunst geschulten Burgenbau der Araber kennen und brachten die Erfahrungen mit heim nach Europa. Von dem, was wir heute als Burgruinen sehen, ist weniges aus der vorstaufischen Zeit und das meiste erst aus dem 14. Jahrhundert. 1289 wurde die Wasserburg Mengen urkundlich erwähnt. Sie lag südlich des Ortes Bliesmengen. Von ihr sind nur wenige Mauerreste im Gelände zu finden. Noch später dürfte der Hahnenhof bei Rentrisch entstanden sein. Heute sind im Wald an der Straße von Rentrisch nach Dudweiler nur noch Graben und Wall einer fast quadratischen Anlage zu erkennen. Es war ein befestigtes Gehöft, das mehrfach in Urkunden erwähnt wird.

Bedeutender als die genannten Burganlagen sind für die Geschichte des Landes vier Burgen gewesen. Auch sie sind nur in Ruinenresten erhalten, lohnen aber einen Besuch: Blieskastel, Homburg, Kirkel und Jägersburg.

Blieskastel. Das Geschlecht der Grafen von Blieskastel lernten wir schon kennen: Die Gräfin Elisabeth von Blieskastel gründete das Kloster Gräfinthal und liegt dort begraben. Die Grafen hatten ihre Burg in Blieskastel auf dem heutigen Schloßberg. Sie sind dort um 1100 nachweisbar. Es ist immer wieder vermutet worden, daß dort bereits die Römer eine Befestigung oder eine Siedlung gehabt haben, doch gibt es keine Bodenfunde, die diese Annahme rechtfertigen. Von der Burg der Grafen aus der Gründungszeit hat sich nichts erhalten. Bei Grabungen im Bereich des Gartens vor der Orangerie in den achtziger Jahren fand man allerlei Fundamente, deren zeitliche Zugehörigkeit schwer zu deuten ist. Die rückseitige Wand der Orangerie ist ein Teil der mittelalterlichen Burgmauer. In deren weiterem Verlauf hat sich der untere Teil eines Rundturmes erhalten, der im Erdgeschoß ein Rippengewölbe hatte, das aus dem 14. Jahrhundert stammt. Nach Aussterben der Grafen hatten Grafschaft und Burg mehrfach den Besitzer gewechselt, bis sie im 14. Jahrhundert in den Besitz des Erzbistums Trier kamen. Der damalige Erzbischof Balduin hat die Territorien des Erzbistums durch zahlreiche Burgenbauten gesichert, dazu würde die Datierung der vorhandenen Burgreste passen. Vom 15. Jahrhundert an wurde die Herrschaft von Trierer Amtmännern verwaltet, bis dann 1663 Erzbischof Karl Kaspar von der Leyen seine Brüder mit der Herrschaft Blieskastel belehnte. Diese waren zunächst Freiherren, später Reichsgrafen und zuletzt Fürsten, bis 1815 die Grafschaft mit der Pfalz vereinigt wurde und an Bayern fiel. Die Freiherren von der Leyen hatten in der zweiten Hälfte des 17. Jahrhunderts anstelle der Burg ein Schloß gebaut, und im 18. Jahrhundert wählten die Grafen dann Blieskastel zum Wohnsitz. Sie verwandelten den Ort in eine kleine Residenz, deren Schönheiten an späterer Stelle gewürdigt werden.

Homburg. Das Schicksal Homburgs ist dem von Blieskastel verwandt. Auch diese Stadt wird vom Schloßberg überragt, der ursprünglich eine Burg, die Hohenburg, trug. Von dieser Burg ist nicht viel mehr erhalten als von der Burg Blieskastel. Man findet nur minimale Reste im Bereich des aufragenden Burgfelsens aus Buntsandstein. Die Festungsanlagen des 17. Jahrhunderts haben die Gestalt des Bergrückens weitgehend umgeformt. Wahrscheinlich wurde bereits im 10. Jahrhundert auf dem Berg eine Reichsburg errichtet. Ende des 12. Jahrhunderts war sie im Besitz der Grafen von Homburg, einer Nebenlinie der Grafen von Lunéville, wie in Blieskastel. Das Geschlecht starb 1449 aus. Die Grafschaft kam an die Grafen von Saarbrücken, die die Burg in der zweiten Hälfte des 16. Jahrhunderts zu einer starken Festung ausbauten. Ein für die Geschichte des Burgberges entscheidendes Intermezzo ereignete sich in der Reunionszeit. Ludwig XIV. ließ Homburg 1679 besetzen und den Burgberg von seinem Festungsbaumeister Vauban – unter teilweiser Einbeziehung auch der Stadt – mit großen Gräben und Bastionen zu einer gewaltigen Festung ausbauen. Sie hat nicht lange bestanden und auch keine Bewährungsprobe bestehen müssen. Nach dem Frieden von Rijswijk 1697 wurde die Festung geschleift. Die beeindruckende Anlage, die der Besucher heute auf dem Schloßberg findet, ist der Rest der Festung Vaubans. Die Bergnase mit dem Burgfelsen ist vom Bergrücken durch einen breiten Halsgraben abgetrennt und durch eine davor gelegte Dreiecksschanze gesichert. An der Stelle, an der heute das Schloßberg-Hotel steht, befand sich eine weitere kleinere Dreiecksschanze, der „Kleine Teller". In seiner Nähe wurde bei den Erdarbeiten für das Hotel eine große, tiefe Zisterne freigelegt. Im Schloßberg findet sich ein viele Kilometer langes System von Höhlen in mehreren Stockwerken. Sie sind nicht natürlich entstanden, sondern von Menschenhand in den Sandstein gegraben. Ihr Beginn geht, soweit feststellbar, in mittelalterliche Zeiten zurück, sie dürften schon damals als Lagerräume, vor allem für Munition, und als Zuflucht gedient haben. Sie sind im Laufe der Zeiten immer weiter vergrößert worden. Noch im Zweiten Weltkrieg wurden Teile als Zuflucht eingerichtet. Heute kann man die Höhlen besichtigen.

Jägersburg. Besser erhalten als Blieskastel und Homburg sind die Burgen von Jägersburg und Kirkel, wenn sie auch nicht von solch geschichtlicher Bedeutung sind wie die vorgenannten.

Jägersburg hieß ursprünglich Hattweiler. Die Wasserburg, im 13. oder 14. Jahrhundert von den Grafen von Zweibrücken erbaut, trug den gleichen Namen. Sie wurde im Dreißigjährigen Krieg niedergebrannt. Von ihr hat sich ein Rundturm erhalten. Herzog Gustav Samuel von Zweibrücken ließ im Burgbereich neue Wohn- und Wirtschaftsbauten errichten und nannte die Anlage Gustavsburg. Diese Bauten sind erhalten. Architekt war der Schwede Z. E. Sundahl, der uns schon in Gräfinthal begegnete. Herzog Christian IV. ließ nahe dem Dorf ein weiteres Schloß bauen, das er Jägersburg nannte. Er übertrug diesen Namen auf das bisherige Dorf Hattweiler. Das Schloß Jägersburg ging in der Französischen Revolution unter.

Die Gustavsburg macht einen stattlichen Eindruck, wenn man über den breiten, heute trockenen Burggraben auf den Wohnbau mit dem großen barocken Wappen des Herzogs Gustav Samuel schaut. Kommt man über die Brücke in den Schloßbereich, hat man zur

Linken den Wohnbau und vor sich die Wirtschaftsscheune. Rechter Hand, etwas in dem kleinen Park versteckt, findet man die Ruine der einstigen Schloßkapelle von 1720, wie in Gutenbrunn ein freistehender gestreckter Achteckbau. An der Westseite blieb die alte Burgmauer erhalten, dahinter liegt der malerische Schloßweiher. Die Räume des Wohnbaus sind nicht zu besichtigen.

Kirkel liegt an der alten großen Handelsstraße, die von Paris nach Osten zum Rhein führte. Straßengeleit dürfte schon früh an diesem Platz Anlaß zum Burgenbau gewesen sein. Allerdings lag die ältere Burg nicht an der Stelle der heutigen Anlage im Dorf. Sie befand sich auf dem Hirschberg im Kirkeler Wald bei der „Hollerkanzel", einer Bergnase. Die geringen Reste lassen eine zuverlässige zeitliche Bestimmung nicht zu. Die Burg wurde wohl vor 1075 auf den Burgberg über dem Ort Neuhäusel verlegt. Diese Burg war eine Reichsburg, die um 1200 als Lehen an die Grafen von Saarwerden und 1242 an die Herren von Siersburg kam. In der Folge wechselte sie mehrfach die Besitzer, bis sie im 15. Jahrhundert an die Herzöge von Zweibrücken kam.

Die Baugeschichte der Burg ist von mehrfachen Umbauten, Zerstörungen und Wiederaufbauten bestimmt: ein weitgehender Neubau im 16. Jahrhundert, dann Eroberung im Dreißigjährigen Krieg und 1671, Brand 1679, Zerstörung 1689 und teilweiser Abbruch der Ruine 1740. Erhalten blieben ein Rundturm, der nach dem Zweiten Weltkrieg wieder aufgebaut und mit einer Turmhaube versehen wurde, und ein aufragender Stumpf eines fünfeckigen Turmes mit staufischem Buckelquaderwerk. Zwischen den beiden Türmen lag der Palas. Um diese „Oberburg" lagerte sich die Unterburg mit etwa kreisrunder Umfassungsmauer (daher der Name Kirkel). Von den Bauten der Unterburg wurden Reste durch Grabungen festgestellt. Das Dorf unterhalb der Burg hieß ursprünglich Neuhäusel, hier finden sich in einigen Häusern die Reste von einstigen Burgmannenhäusern.

Pfarrkirchen

Haben wir bisher die Bauten der Klöster und des Adels im Mittelalter betrachtet, so fragen wir uns im folgenden nach den Leistungen des einfachen Volkes in den Dörfern und Städten in jenen Zeiten. Städte gab es im Kreisgebiet in der frühen Zeit überhaupt nicht. Stadtrechte entwickelten sich im Mittelalter erst allmählich, etwa, indem ein Ort Marktrecht er-

54 Die Statue des hl. Mauritius aus dem 18. Jahrhundert in der kath. Kirche in Rubenheim

55 Weihnachtskrippe in Erfweiler-Ehlingen (Mandelbachtal)

hielt oder das Recht, den Ort zu ummauern. So erhielt 1286 Blieskastel von Bischof Burkhard von Metz einen Freiheitsbrief. Homburg erhielt 1330 von Kaiser Ludwig dem Bayern einen Freiheitsbrief. Medelsheim wird im 14. Jahrhundert mehrfach als Stadt erwähnt, ohne daß Näheres bekannt ist. Der Ort war umwehrt und mit Türmen versehen, es gab eine Burg. Noch Matthäus Merian erwähnte Medelsheim 1645 in seiner „Topographia Palatinatus" als „Zweybrückisch und Bitschische Stadt". Es muß dahingestellt bleiben, ob der Ort je volle Stadtrechte hatte, er ist später wieder zum Dorf herabgesunken.

Zunächst waren alle Orte im Kreisgebiet Dörfer. Es ist bezeichnend, daß sich in diesem Gebiet und darüber hinaus keine mittelalterliche romanische Dorfkirche erhalten hat. Erhalten hat sich aus dieser Zeit nur eine Anzahl Kirchtürme. Sie waren mit ihren dicken Mauern der festeste Bestandteil der Kirchen, zum guten Teil wehrhaft als Zuflucht in Gefahren, an denen es in den damaligen Zeiten mit unsicherem Recht nicht fehlte. Die Kirchräume waren so klein, daß sie bei zunehmenden Einwohnerzahlen bald nicht mehr ausreichten und durch entsprechend größere ersetzt wurden. Im 14. Jahrhundert scheint es ein solches Aufblühen gegeben zu haben und dann nach den Kriegen des 17. Jahrhunderts eine weitere Blüte der Dörfer, während der in fast allen Dörfern die Kirchenschiffe erneuert und häufig auch die Türme erhöht wurden, weil die Dörfer wuchsen und die Glocken in weiterem Umkreis gehört werden sollten.

In 18 Dörfern des Kreisgebietes stehen noch

mittelalterliche Kirchtürme. Es ist nicht immer leicht, ihr Alter zu bestimmen, zumal dann, wenn spätere Umbauten oder Veränderungen das Aussehen der Türme verändert haben. Der älteste erhaltene Kirchturm steht in *Rubenheim*, die Würfelkapitelle in der Schallarkade des Glockengeschosses weisen auf eine Entstehung im 11. Jahrhundert hin. Der Turm wurde 1768 erhöht. Die Kirche erlitt im Zweiten Weltkrieg schwere Schäden, das heutige Schiff ist ein weitgehender Neubau.

Die meisten der mittelalterlichen Kirchtürme dürften aus dem 12. und der ersten Hälfte des 13. Jahrhunderts stammen. In diese Entstehungszeit gehört die bemerkenswerte Gruppe von drei runden Kirchtürmen in Bebelsheim, Erfweiler-Ehlingen und Reinheim. Solche Rundtürme waren in der Pfalz und bis ins benachbarte Lothringen weit verbreitet. Sie standen nicht im Verband mit der zugehörigen Kirche, sondern waren freistehende Glockentürme. Sie haben sicher auch der Zuflucht gedient. Die oberen Geschosse waren ursprünglich nur über Leitern erreichbar, die eingezogen werden konnten.

In *Erfweiler-Ehlingen* bewahrte sich zwar nichts von der romanischen Kirche, doch blieb immerhin der Chor vom Neubau des 14. Jahrhunderts erhalten. Auch bei dieser gotischen Kirche stand der Rundturm frei. Der Rechteckchor hat ein Kreuzrippengewölbe, das von Ecksäulen mit Kelchkapitellen getragen wird. Bei einer Restaurierung 1977 wurden eine Sakramentsnische mit Okulusfensterchen und geringe Reste einer ornamentalen Ausmalung festgestellt. Der Hochaltar hat ein steinernes Retabel mit einer Reiterfigur des hl. Mauritius, um 1700. Das Langhaus von 1904 ist ein Saalbau mit offenem Dachstuhl, letzterer findet sich selten in den katholischen Kirchen des Historismus.

Eindrucksvoll steht der Rundturm der Kirche in *Reinheim* neben der großen Freitreppe, die

56 Gersheim-Reinheim. Romanisches Kapitell mit Gesichtsmaske in der kath. Kirche.

den Hang hinauf zum Kirchenportal führt. Ein Gesims mit einer Tierkopfmaske trennt das Untergeschoß vom Glockengeschoß. Der Zugang zum Obergeschoß liegt über einer Treppe an der Nordseite. Das Kirchenschiff der romanischen Zeit wurde im 15. Jahrhundert ersetzt durch einen Neubau. Für diesen wurde in das Erdgeschoß des Turmes eine spitzbogige Öffnung gebrochen und das Geschoß als Chor ausgebaut. Hierfür erhielt der Raum zwei schmale gotische Fenster und ein Rippengewölbe mit ringförmigem Schlußstein mit Öffnung für das Glockenseil. Die Rippen werden von Säulen mit Kelchkapitellen getragen. Den Schlußstein und die Kapi-

Pfarrkirchen

57 Barocker Grabstein an der Kirche von Reinheim

hat die Kirche eine beachtenswerte Ausstattung. Der rechte Seitenaltar mit der Figur des Titelheiligen der Kirche St. Markus war, bevor das Inventar aus Gräfinthal kam, Hochaltar im Chor, bezeichnet 1709. Im ehemaligen Friedhof an der Kirche stehen noch einige schöne Grabsteine aus dem 18. Jahrhundert. Der dritte der Rundtürme steht in *Bebelsheim*. Das romanische Langhaus wurde erst 1717 abgebrochen und durch eine große Saalkirche ersetzt. Von der mittelalterlichen Ausstattung haben sich immerhin zwei geschnitzte Figuren erhalten, die hl. Margaretha und der hl. Remigius. Die sonstige Ausstattung ist zu Teilen aus dem 18. Jahrhundert, zum Teil später.

telle schmücken Gesichtsmasken. Eine Sakramentsnische trägt das Datum 1488, wohl auch das Datum für den gotischen Umbau. Im 18. Jahrhundert gehörte Reinheim zur Grafschaft Blieskastel, und die Gräfin Marianne von der Leyen hat manches für den Ort getan. Nach den Plänen ihres Architekten Peter Reheis wurde 1790 ein neues Kirchenschiff, nun quer zur bisherigen Ausrichtung der Kirche, erbaut. Diese Kirche hat ihre besondere Anmut durch die Ausstattung aus der Klosterkirche Gräfinthal von der Hand des Bildhauers Jean Madersteck. Wir haben dieses Inventar schon im Zusammenhang mit der Klosterkirche Gräfinthal gewürdigt. Auch darüber hinaus

58 Der romanische Turm der ev. Kirche in Kirkel-Limbach

59 Die ev. Kirche in Gersheim-Walsheim reicht in ihren Ursprüngen ins 12. Jahrhundert zurück.

Die übrigen mittelalterlichen Türme im Kreisgebiet haben rechteckigen oder auch quadratischen Grundriß. Bei der evangelischen Kirche in *Limbach* blieb nicht nur der Turm bis zur Höhe von etwa vier Meter aus romanischer Zeit erhalten, sondern auch die Kirchenschiffmauern stammen teilweise aus dieser Zeit und weisen Quadermauerwerk und romanische Sockelprofile auf. Hier diente das Turmerdgeschoß von Anfang an als Chorraum, wie eine romanische Doppelpiscina belegt (diese diente zum Ausgießen der Reste von Wein und Spülwasser während der Messe). Der Chor erhielt in gotischer Zeit Kreuzrippengewölbe auf Konsolen ohne Säulen. Das Obergeschoß des Turmes wurde 1580 (Inschrift) aufgesetzt. Das Schiff wurde 1726 umgebaut und 1771 nach Westen erweitert. Auch die evangelische Kirche in *Walsheim* hat nicht nur den Turm aus dem 12. Jahrhundert mit seinen Schallarkaden, deren Mittelsäulchen Hornbacher Einfluß verraten, bewahrt. Der quadratische Chor mit den Strebepfeilern außen, der Sakramentsnische in der Ostwand und dem Altartisch stammt aus dem 15. Jahrhundert, lediglich das kurze Schiff wurde im 18. Jahrhundert erneuert. Limbach und Walsheim geben uns einen Eindruck von den romanischen Dorfkirchen. Es waren bescheidene kleine Kirchen; sie boten nicht sehr vielen Kirchenbesuchern Platz und waren doch meist kirchliches Zentrum für mehrere Dörfer, die jeweils nur sehr wenige Gehöfte zählten. So dürfte auch die Kirche in *Altheim* ausgesehen haben, von der allein der Chorturm aus dem 13. oder 14. Jahrhundert, das Erdgeschoß mit Kreuzrippengewölbe und in der Turmwand eine Sakramentsnische erhalten blieben. Oder die Kirche in *Mimbach*, deren Chorturm des 14. Jahrhunderts 1767 erhöht wurde. Oder die anderen Kirchen des Mittelalters, von denen nur die Türme überdauerten, in *Niederbexbach* (unterer Teil des Turmes 14. Jh.), *Brenschelbach* (Chorturm 14. Jh.), *Blickweiler* (14. Jh.?), *Habkirchen* (12. Jh.). Jeder dieser Türme ist ehrwürdig und schön und zeugt von einer langen Geschichte des Christentums in seinem Bereich. Es sei am Ende dieser Aufzählung noch die Kirchenruine von *Beeden* gewürdigt. Da zur Pfarrei Beeden ursprünglich auch der Ort Homburg gehörte, finden wir in Homburg auch keine ins Mittelalter zurückreichende Kirche. Beeden gehörte zum Kloster Wörschweiler, die Kirche hatte das Remigiuspatrozinium, das sich des öfteren bei von Wörschweiler abhängigen Dorfkirchen findet. Die einstige Kirche liegt malerisch in ihrem ehemaligen Friedhof. Ihr Ursprung dürfte in romanischer Zeit liegen, heute finden wir davon nichts mehr. Erhalten ist eigentlich nur der Chorturm aus dem 14. Jahrhundert, er hatte im Osten ein großes gotisches Maßwerkfenster. Von dem Kreuzrippengewölbe sind nur noch die Ecksäulchen mit Ansätzen der Rippen zu sehen. Die Kelchkapitelle sind mit Lanzettblättern geschmückt. Die an der Westseite

Tafel 21　Die protestantische Dreikonchenkirche in Blieskastel-Böckweiler mit den Fundamenten des Vorgängerbaus

Tafel 22 Homburg. Die Gustavsburg im Stadtteil Jägersburg, nach dem Spanischen Erbfolgekrieg 1721 von Herzog Gustav Samuel von Zweibrücken wiederaufgebaut

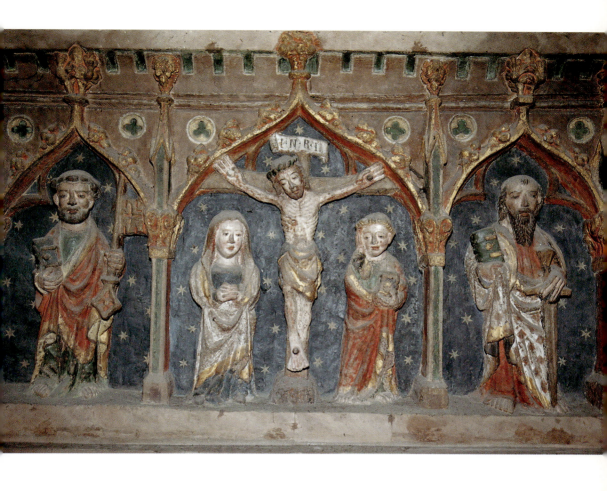

Tafel 23 Gotisches Altarretabel in der Kirche von Medelsheim (Ausschnitt). Es wurde 1959 bei der Instandsetzung der Kreuzkapelle entdeckt. Bei der Restaurierung konnte die farbige Fassung freigelegt werden. Zu seiten der Kreuzigungsgruppe die Apostel Petrus und Paulus mit ihren Attributen

Tafel 24 Gersheim-Medelsheim. Eines der für den Saarpfalz-Kreis typischen Wegekreuze

des Turmes erkennbaren Dachansätze des Schiffes erlauben es, sich das anschließende Langhaus als Stufenhalle vorzustellen, wie solche auch außerhalb des Kreisgebietes im Saarland bekannt sind (Köllerbach, Niederkirchen im Ostertal).

In *Blieskastel* kennen wir zwar den Ort der alten Andreaskirche, doch kam sie nach der Errichtung der Schloßkirche außer Gebrauch und wurde abgerissen.

Wenn wir nach städtischem Bauen im Mittelalter im Kreisgebiet suchen wollen, bleibt also nur *Medelsheim*, und dieses Städtlein war kaum je größer als ein Dorf. Immerhin hat sich hier einiges aus dem Mittelalter erhalten, zunächst einmal der Chorturm der Pfarrkirche. Da der Ort unmittelbar grenznah zu Frankreich liegt, wurde der Kirchturm schon in den ersten Kriegstagen im September 1939 von Artilleriegeschossen getroffen und schwer beschädigt. Eine Sicherung war nur in sehr bescheidenem Umfang möglich (ein Notdach, das dann auch wieder zerschossen wurde), und so bröckelte im Turmerdgeschoß durch die eindringende Feuchtigkeit der Putz zu erheblichen Teilen ab. Dabei kamen Reste von Malerei zutage, und diese Fresken wurden 1954 freigelegt.

Es war ein bedeutender Fund für das Saarland. Bis zu diesem Zeitpunkt gab es kein einziges Beispiel für mittelalterliche Malerei aus dem Saarland. Alle sicher einmal vorhanden gewesenen Altartafeln wurden irgendwann in einem der vielen Kriege, die das Land im Laufe seiner Geschichte heimgesucht haben, vernichtet, verbrannten oder wurden zerstört. So waren die freigelegten Fresken ein erster Blick in eine bis dahin verschlossene Überlieferung unserer Landschaft. An den Wänden und in den Gewölbefeldern des kleinen Chores entfaltete sich einst ein umfangreiches ikonographisches Programm. Im westlichen Joch erlauben nur spärliche Reste eine Deutung der Inhalte. Danach waren in den Gewölbefeldern Szenen aus der Genesis dargestellt. Der Engel mit dem Schwert und Adam und Eva sind zu erkennen, hier war die Austreibung aus dem Paradies abgebildet; in dem anderen Gewölbefeld weisen die Reste eines Baumes und die Köpfe von zwei Gestalten auf die Darstellung des Sündenfalles. Darunter an der Südwand sieht man die Reste einer Verkündigungsszene: das Christkind und die Taube des Hl. Geistes kommen vom Himmel herab zu Maria. Im östlichen Chorjoch finden sich Reste einer Darstellung der Himmelfahrt Christi: der Berg mit den Fußabdrücken im Fels und die Apostel, die dem Auffahrenden nachschauen. Die Malereien der Ostwand sind am besten erhalten, hier ist das Jüngste Gericht dargestellt: Links vom Chorfenster werden die Seligen von Petrus ins himmlische Jerusalem hineingeführt, rechts des Fensters werden die Verdammten von Teufeln mit einer Kette in den Höllenrachen gezerrt. Oberhalb dieser Szenen steigen die Auferstehenden aus den Särgen. In der Gewölbekappe darüber wird sich Christus als Weltenrichter thronend befunden haben (diese Darstellung ist völlig verlorengegangen). Hingegen ist auf der nördlichen Gewölbekappe daneben noch eine Begleitfigur zu erkennen, wohl einer der vier Evangelisten an einem Pult schreibend. In der Ostwand, unterhalb des Jüngsten Gerichtes, befindet sich eine Sakramentsnische, deren Sandsteineinfassung in späterer Zeit verstümmelt wurde. Neben diese Nische hat der Meister das Fresko eines knienden Engels mit einer gedrehten Kerze gemalt, eine besonders schöne Arbeit. Die Ausmalung des Chores dürfte gegen Ende des 14. Jahrhunderts vorgenommen worden sein, dafür sprechen stilistische Merkmale in der Zeichnung der Figuren. Der Meister stammte wohl aus der pfälzischen Region, verwandte Arbeiten finden wir etwa in der Wolfskapelle zu Bosenbach bei

60 Fresko „Engel mit Kerze" aus dem 14. Jahrhundert im Chorturm der Kirche von Medelsheim

Kusel. Die Qualität der Medelsheimer Fresken ist die eines guten regionalen Meisters. Die Kirche besitzt noch ein weiteres seltenes Kunstwerk. Auf dem Hochaltar steht ein steinernes mittelalterliches Altarretabel. Es wurde bei der Instandsetzung der Kreuzkapelle bei Medelsheim 1959 entdeckt, ausgebaut und geborgen. Man fand es hinter einer Holzplatte im dortigen Altar. Bei der Restaurierung konnte die farbige Fassung freigelegt werden. Da im Saarland kein einziger hölzerner Altar und keine Altartafel aus dem Mittelalter erhalten blieb, gibt dieses Steinretabel als einziges einen Anhalt, wie die Altäre hier im Lande ausgesehen haben. Es ist eine rechteckige Tafel, die durch eine spätgotische Arkadenarchitektur in fünf Felder geteilt wird. Im Mittelfeld ist die Passion dargestellt: Christus am Kreuz mit Maria und Johannes. In den beiden Arkaden zu seiten des Mittelfeldes sind Petrus und Paulus mit ihren Attributen, Schlüssel und Schwert, abgebildet. In den Außenfeldern befindet sich rechts St. Martin zu Pferde, den Mantel teilend, im linken Feld ein Bischof, der als Attribut einen Fisch in der Hand hält, wohl St. Ulrich. Solche Tafeln haben sich ganz oder in Fragmenten mehrfach im Saarland erhalten: in Marpingen, Kastel (bei Wadern) und im Schloß Dagstuhl. An keiner hat sich jedoch die farbige Fassung erhalten, dafür müßte man die beiden Wendalinussarkophage in St. Wendel zum Vergleich heranziehen. Die Vorbilder für diese Platten finden wir in Lothringen, etwa in Vignory. Die Tafeln in Lothringen unterscheiden sich aber im Material – meist Kalkstein – und in der Qualität von denen im Saarland. Dem Medelsheimer Retabel fehlt die Eleganz, es ist gröber und provinzieller. Um so überraschender ist die Qualität der Fassung, etwa in der Wiedergabe der Gewänder. Waren in der Architektur die Zugehörigkeit zum pfälzischen Raum und der Einfluß von dort offensichtlich, so ist bei dem Retabel das Vorbild im Westen zu suchen, zugleich ist aber auch die Umformung zu unverwechselbar unserer Grenzlandschaft Eigenem ablesbar.

Das 16. und 17. Jahrhundert

Von den Leistungen des 16. Jahrhunderts hat sich im Kreisgebiet nichts Herausgehobenes erhalten. In der Reformationszeit bestand kein Bedarf an Kirchen, im Gegenteil, durch das Ende vieler Klöster standen Kirchen leer und wurden zu Ruinen wie in Wörschweiler. Es war zugleich ein Jahrhundert, in dem die mittelalterlichen Burgen ihren Befestigungswert durch die immer entscheidender werdenden Kanonen verloren. Der Tod Franz von Sickingens auf seiner Burg Nannstein über Landstuhl durch einen Kanonenschuß ist ein beredtes Beispiel für diesen Niedergang der Burgen. Noch einmal wurden Versuche unternommen, sie zu Festungen mit Erdbastionen umzubauen, die gegen Kanonenkugeln widerstandsfähiger waren. Doch gab man sehr bald die Burgen ganz auf und baute nun Schlösser, bei denen der Wohnwert den Verteidigungswert ablöste. So erging es der Hohenburg über *Homburg*. Die Grafen von Saarbrücken ließen die Burg abreißen und an ihrer Statt ab 1549 durch Ludwig Kempf und später durch Christmann Strohmeyer ein aufwendiges Renaissanceschloß erbauen, immerhin noch mit Verteidigungswert. Es ist uns durch Abbildungen bekannt. Die Anlage hat nur etwa 100 Jahre gestanden, dann wurde sie – wie schon erwähnt – durch Vauban zu einer starken Festung umgebaut, die schließlich nach wenigen Jahren 1697 geschleift wurde. So ist in den Ruinenresten heute kaum etwas von dem Renaissanceschloß zu entdecken.

Im Bereich der Skulptur ist aus der protestantischen Kirche in *Mimbach* das Doppelgrabmal für Johann Adluff von Eltz und Blieskastel (gest. 1574) und seine Gemahlin Katharina Brandscheid (gest. 1592) zu erwähnen. Diese charakteristische Arbeit setzt in manieristischer Weise Formen der Renaissance in den Geschmack der Zeit um. Die Standfiguren der Eheleute im Hochrelief haben Ahnenproben zur Seite (die Wappen ihrer Vorfahren). Die Signatur HB weist auf Hans Bildhauer von Trier hin.

Die erste Hälfte des 17. Jahrhunderts war bestimmt durch den alles zerstörenden Dreißigjährigen Krieg, und in der zweiten Hälfte des Jahrhunderts ging abermals ein Krieg über das Land: der Pfälzische Erbfolgekrieg. Um so erstaunlicher ist es, daß sich gerade aus dieser

61 Blieskastel-Mimbach. Doppelgrabmal derer von Eltz aus der Renaissance in der ev. Kirche (Detail)

zweiten Hälfte des Jahrhunderts in unserem Kreisgebiet ein Bau von hoher Qualität erhalten hat, die sogenannte Orangerie in Blieskastel. Sie gehörte zu der Schloßanlage, die anstelle der einstigen Burg ab 1661 entstanden war. Das Schicksal dieser Burg war dem der Hohenburg ähnlich. Sie wurde 1522 durch Franz von Sickingen als zu Kurtrier gehörig zerstört und bald danach teilweise wieder aufgebaut. Nach dem Dreißigjährigen Krieg war sie in schlechtem Zustand. Als der Erzbischof von Trier, Karl Kaspar von der Leyen, 1660 seine beiden Brüder mit der Herrschaft *Blieskastel* belehnte, ließen diese auf dem Schloßberg ein stattliches Schloß errichten. 1793 von

62 Bieskastel. Kreuzigungsgruppe vor der Kreuzkapelle auf dem Han, die einzigen Großplastiken des 17. Jahrhunderts im Saarland

Das 16. und 17. Jahrhundert

den Franzosen schwer beschädigt, wurde das Schloß bis 1820 dann völlig abgetragen. Übrig blieb allein die sogenannte Orangerie. Sie wird gelegentlich in den Akten als „Langer Bau" erwähnt. Bei den Renovierungsarbeiten im vergangenen Jahrzehnt wurde festgestellt, daß das Erdgeschoß nie verglast war, es kann also nicht Winteraufenthalt von Orangenbäumen gewesen sein. Das Erhaltene war Teil eines längeren Bauwerkes, einer Wandelhalle um einen Garten. Aber der bis heute stehende Teil ist erstaunlich, er allein lohnt schon einen Besuch der einstigen kleinen Residenz. Wie eine Holzuntersuchung gesichert hat, ist er 1669 errichtet worden. Es ist kaum zu verstehen, daß zwanzig Jahre nach Ende des großen Krieges hier ein Bauwerk von dieser Qualität entstehen konnte. Es ist kein Gebäude, wie es in dieser Zeit zu erwarten ist, in schwerem volltönenden Hochbarock, sondern scheint in seiner feinen zarten Fassade die italienische Renaissance nachzuholen, wie wir sie in Deutschland nirgends sonst gehabt haben. Der Bau ist zweigeschossig, hat aber keine durchgehende Säulenordnung. So stand sein Erbauer vor dem alten Renaissanceproblem, wie das Hauptgesims zu proportionieren sei: bezogen auf die Gesamthöhe des Bauwerks oder allein auf die Höhe des Obergeschosses mit den zierlichen Säulen. Er entschloß sich – ganz gegen den Geist seiner Zeit – zu letzterer Lösung, und dadurch erhielt die Orangerie die Zierlichkeit und Schönheit. Die offene Wandelhalle im Erdgeschoß mit Quadermauerwerk und pilasterartigen Wandvorsprüngen trägt ein Obergeschoß, das mit Halbsäulchen und Fenstern mit aufgebrochenen Segmentgiebeln geschmückt ist. Die Wiederherstellung einer barocken Gartenanlage macht den Anblick zur Freude.

Ein weiterer sehenswerter Bau aus dem 17. Jahrhundert steht in *Blieskastel*: die Kreuzkapelle auf dem Han, die heute von den Mönchen des bei der Kapelle errichteten Kapuzinerklosters betreut wird. Sie birgt das Gnadenbild der „Muttergottes mit den Pfeilen", das sich bis zur Aufhebung des Klosters Gräfinthal dort befand. Die erste Kreuzkapelle wurde im Jahre 1669 erbaut. Bereits 1682 wurde sie nach einer Zerstörung durch einen etwas größeren Neubau ersetzt. Die Kapelle hat im Innern eine Stuckdecke aus der Erbauungszeit. Über dem Hochaltar schwebt Gottvater (der Künstler muß Michelangelos Gottvater aus der Sixtinischen Kapelle gekannt haben). In den Wolken und über die Decke verteilt tragen Engel die Leidenswerkzeuge Christi, in der Mitte das Kreuz. Vor der Kreuzkapelle steht eine Kreuzigungsgruppe. Die beiden Schächer stammen von 1685 (Inschrift), wurden aber bereits 1688/89 beschädigt. Es sind die einzigen überlieferten Großplastiken des 17. Jahrhunderts im Saarland. Das Kreuz in der Mitte ist aus dem Jahre 1804.

Bildhauerische Arbeiten aus dem 16. und 17. Jahrhundert haben sich an zwei weiteren Orten im Kreis erhalten. Die Restaurierung des Altares in der Kreuzkapelle in *Medelsheim* wurde schon im Zusammenhang mit der Bergung des gotischen Altarretabels erwähnt. Dieser Altar, wie er sich heute darbietet, ist datiert 1669. Auch er ist aus Sandstein und farbig gefaßt, eine von Säulen getragene Ädikula mit aufgebrochenem Segmentbogen. In der Muschelnische steht eine Beweinungsgruppe aus Sandstein – etwas provinziell, doch darum reizvoll. Ein örtlicher Meister muß sie gearbeitet haben, und so ist sie ein Zeugnis der Landschaft. Sie ist wohl älter als der Altaraufbau, etwa um 1554 (Datum über der Figur) entstanden. Ein Bildstock aus dem 17. Jahrhundert steht in *Habkirchen* vor einem Gartengrundstück am Straßenrand, Ortsstraße 15, mit einer Darstellung Christi als Schmerzensmann.

Rokoko und Französische Revolution

Nachdem die Franzosen *Homburg* besetzt hatten, wurden 1684 Franziskaner in die protestantische Stadt geholt. Sie gründeten hier ein Kloster (in der heutigen Klosterstraße), das 1793 wieder aufgehoben wurde. Die 1697 bis 1699 errichtete Klosterkirche wurde 1859 Synagoge. Während des Judenpogroms 1938 zerstörten die Nationalsozialisten sie bis auf die Außenmauern. Erst in den letzten Jahren hat man diese Reste konserviert. Aus dem Kloster stammen zwei Figuren aus Sandstein in der katholischen Kirche in Bliesdalheim, eine Maria und ein hl. Antonius, beide um 1700 entstanden.

Am Beginn des 18. Jahrhunderts steht wieder ein Krieg: der Spanische Erbfolgekrieg. Aufs neue wurde das Land verwüstet, und nach dem Frieden von Rastatt 1714 begann rege Wiederaufbautätigkeit. Es wurde bescheiden gebaut. Während man anderweitig in Deutschland sich in unendlicher Formen-

64 Die Annakapelle in Mandelbachtal-Habkirchen

63 Gersheim-Bliesdalheim. Die Figur des hl. Antonius (um 1700) in der kath. Kirche stammt aus dem ehem. Franziskanerkloster Homburg.

freude dem rauschenden Spiel des Rokoko öffnete, stand hier die Not der zerstörten Dörfer und der leeren Kassen hinter dem Aufbauwillen. Zunächst wurden die Gehöfte, die Häuser und Arbeitsstätten repariert und neu errichtet, und fast gleichzeitig begann man, Kirchen zu bauen. Die Türme hatten meist überdauert, an sie baute man einfache rechteckige Saalkirchen an, für die Katholiken wurde ein Chor mit 5/8-Schluß angefügt. Bei den protestantischen Kirchen verzichtete man selbst darauf. Oft sind sie später, in besseren Zeiten bereichert oder nach den Zerstörungen in weiteren Kriegen verändert worden, aber sie prägen bis heute wesentlich unsere Dörfer. Schöne Beispiele für den damaligen Kirchenbau bieten *Altheim, Medelsheim, Gersheim*, die Kirchen in *Mandelbachtal, Habkirchen* oder *Bebelsheim*. Einzelne sind etwas aufwendiger: Reinheim etwa, wie mehrfach erwähnt. Hier hat der Architekt der Gräfin Marianne von der Leyen ebenfalls einen Saal gebaut, der einfa-

Rokoko und Französische Revolution

65　St. Ingbert. Blick in die Kirche St. Engelbert, erbaut 1755 von den Grafen von der Leyen

cher war als er sich heute darbietet, denn er hatte kein Muldengewölbe, sondern eine flache Decke. Der Chor war schmaler als das Schiff und mit Vorjoch gestreckt, ein Grundriß, wie wir ihn ähnlich in der Schloßkirche in Blieskastel finden.

Das Dorf *St. Ingbert* war für die Grafen von der Leyen wichtig. Zwar war es noch vorwiegend ein Bauerndorf, aber bereits seit Anfang des 17. Jahrhunderts wurde hier nach Kohle gegraben, und Anfang des 18. Jahrhunderts entstand die Eisenschmelze. Die Möllerhalle von 1750 des Eisenwerkes ist erhalten. Auch war St. Ingbert für Reisende von Saarbrücken her der erste Ort der Grafschaft. So wurde die vom Grafen 1755 neu errichtete Engelbertkirche eindrucksvoll in den Scheitel einer Krümmung der Kaiserstraße verlegt und erhielt eine aufwendige Fassade mit dem gräflichen Allianzwappen über dem Portal. Sie blieb im Grundriß bei dem einfachen Saal mit 5/8-Schluß. Im Inneren wurden die beiden vorderen Bänke ebenfalls mit dem gräflichen Wappen geschmückt. Der Altar ist nicht alt, die Kanzel mit den Reliefs der vier Evangelisten stammt aus der Erbauungszeit. Hier wird das Formengut des Rokoko spürbar.

Vom ursprünglichen Inventar des 18. Jahrhunderts hat sich in allen diesen Kirchen etwas erhalten, Altar, Kanzel oder Gestühl, auch meist geschnitzte und farbig gefaßte Heiligenfiguren. Die Pfarreien besitzen hie und da noch schön gestickte kirchliche Gewänder, Monstranzen oder Meßgerät aus dieser Zeit. Es lohnt, von Dorf zu Dorf zu fahren und sich an den erhaltenen Schönheiten zu erfreuen.

Wenn man weiß, daß sie nach Notzeiten entstanden, dann wird man die schlichten Dorfkirchen liebgewinnen, wird sich daran freuen, wie sie prägend im alten Ortskern liegen, und wird ihrer feinen Proportionierung nachspüren. Das gilt auch für die evangelischen Kirchen. Besonders eindrucksvolles Beispiel ist *Mimbach*. Neben dem im unteren Teil älteren Kirchturm steht der einfache Rechteckbau. Die große Weite wirkt im Inneren fast scheunenartig. Kein Chor, nur auf der Eingangsseite die Orgelempore. Die Kanzel befindet sich in der Mitte der Langseite, davor steht der Altar, und die Gestühlblöcke sind zu dieser Mitte hin ausgerichtet. Hier hat sich der bewußt schlichte protestantische Predigtsaal in klarer Form erhalten. Ist das Innere der katholischen Kirchen auf den Altar, auf das Allerheiligste, auf das Meßopfergeschehen im Chor ausgerichtet, so steht in der protestantischen Kirche das Wort Gottes, die Verkündigung der Frohen Botschaft und damit die Kanzel im Mittelpunkt. Es ist der Typus der Betsaalkirche. Wir haben im Lande noch einige solche Kirchen, letztlich folgt selbst die Ludwigskirche in Saarbrücken diesem Grundkonzept. Aber nirgends wird dieser Grundsatz bis heute so konsequent und kompromißlos vorgetragen wie hier in Mimbach. Hoffen wir, daß ihr auch in Zukunft diese Würde erhalten bleibt.

In der Mitte des 18. Jahrhunderts hatte sich das Land so weit erholt, daß intensive und aufwendige Bautätigkeit die zweite Hälfte des Jahrhunderts bestimmte. Die Gustavsburg in Jägersburg wurde schon 1721 durch den Herzog Gustav Samuel von Zweibrücken wieder aufgebaut, es war ein erster bescheidener Anfang. 1756 erwarb der Herzog von Zweibrücken durch Tausch die Stadt Homburg vom Fürsten von Nassau-Saarbrücken, und 1776 bis 1785 ließ Herzog Karl II. August von Zweibrücken auf dem Karlsberg über Homburg eine riesige Schloßanlage errichten. Mit den Nebenbauten soll sie vier Kilometer lang und damit die größte in Europa gewesen sein. Ein Theater mit vier Bühnen, eine Orangerie, Stallungen für 1000 Pferde und Zwinger für 1500 Jagdhunde, Wasserspiele mit einer großen Kaskade gehörten dazu. Das Schloß selbst, zweigeschossig, eine Dreiflügelanlage mit Ehrenhof, war im Außenbau nicht sehr prunkvoll. Hinter dem Schloß befand sich eine große Parkanlage mit allerlei Lustbauten, wie sie damals beliebt waren. Der Herzog hat sich nur wenige Jahre an seinem Schloß erfreuen können. 1793 kamen die französischen Revolutionstruppen, er mußte fliehen, das Schloß ging in Flammen unter. Heute ist über alledem Wald gewachsen. Man findet bei Spaziergängen spärliche Ruinen, von der Orangerie, vom Theater, von den Lustbauten. Archi-

66 Unter Leitung von Johann Christian Mannlich wurde von 1778 bis 1785 die Schloßanlage auf dem Karlsberg erbaut.

Tafel 25   Blieskastel-Niederwürzbach. Roter Bau oder „Monplaisir" heißt dieses Gebäude, von der Familie von der Leyen im 18. Jahrhundert erbaut.

Tafel 26   Die Kirche in Gersheim-Reinheim. Teile ihres Inventars stammen aus dem ehemaligen ▷ Kloster Gräfinthal.

Rokoko und Französische Revolution 177

tekt der Anlage war der Hofmaler des Herzogs, Johann Christian Mannlich.
Johann Christian Mannlich war ein bedeutender Künstler und eine vielseitige Persönlichkeit, kulturell prägend in der Westpfalz und später in München. Er war Höfling, Maler, Architekt, er betreute die Kunstsammlungen, hatte für den Herzog im Bereich des römischen Schwarzenacker Ausgrabungen durchgeführt und begleitete den Herzog Maximilian, als dieser die Kurpfalz und Bayern erbte und den Thron Bayerns als Maximilian I. bestieg, nach München. Dort wurde Mannlich der erste Generaldirektor der Museen.
Der Reichsgraf Franz Karl von der Leyen hatte 1771 seine Residenz von Koblenz nach *Blieskastel* verlegt. Nun begann in der Grafschaft eine lebhafte Bautätigkeit, die nach dem frühen Tode des Grafen von seiner Witwe Marianne von der Leyen fortgeführt wurde. Die finanziellen Möglichkeiten des Grafen waren geringer als die des benachbarten Zweibrücker Herzogs, und man richtete sich danach ein. So wurde kein Schloßneubau begonnen, die gräfliche Familie logierte zunächst in einem Interimsschlößchen (es ist das Gebäude oben am Schloßberg mit den Segmentgiebeln), während das Schloß umgebaut und hergerichtet wurde, und zog nach Vollendung des Umbaues in das alte Schloß. Aber man verschönerte die Residenz. Unten im Tal, vor dem kleinen Städtchen, wurde der Ort erweitert und ein „Paradeplatz" angelegt mit einem Mehrzweckbau an der einen Langseite, der als Rathaus, Waisenhaus, Gefängnis und Markthalle diente. Der Platz ist ein Kleinod der Stadtbaukunst mit Charme und Eleganz. Auch die von der Leyen hatten ihren Architekten: Peter Reheis. Er hatte bei Friedrich Joachim Stengel in Saarbrücken gelernt und unter diesem gearbeitet. Er erreichte nicht den Rang seines Lehrers, aber er war ein tüchtiger und manchmal eigenwilliger Architekt mit ei-

67   Blieskastel. Das heutige Rathaus diente zur Zeit der Grafen von der Leyen als Waisenhaus und Markthalle.

gener Handschrift. Das gilt vor allem für seine wichtigste Schöpfung, die Schloßkirche in Blieskastel, die von 1778 bis 1781 erbaut wurde und zunächst auch als Kirche für das auf dem Berge errichtete Franziskanerkloster gedacht war. Sie ist eine Saalkirche mit eingezogenem Chor, außen mit Pilastern gegliedert. Völlig überraschend ist die Fassade. Reheis hat das Vorbild hierfür wohl im italienischen Hochbarock gesucht, nichts ist darin zu spüren vom Rokoko, auch nichts vom beginnenden Klassizismus. Sie ist schwer und wuchtig, an einigen Stellen hat man den Eindruck, daß während der Ausführung am Plan geändert wurde. Eigentümlich sind die beiden Dachreiter. Das Innere ist ebenfalls reich aus-

68 Die Schloßkirche in Blieskastel, erbaut von 1778 bis 1781 von Peter Reheis, Architekt der Grafen von der Leyen

gestaltet. Die Wände sind mit Doppelpilastern gegliedert und stukkiert. Der Hochaltar ist völlig vergoldet. Auch die übrige Ausstattung, Beichtstühle, Seitenaltäre, Kanzel, Gestühl, ist aus der Erbauungszeit der Kirche. Unter der Kirche befindet sich eine Gruft, die die Gebeine des Grafen Franz Karl und der Gräfin Marianne von der Leyen bergen.

Im benachbarten *Niederwürzbach* hatte die Gräfin drei kleine Schlößchen bauen lassen, das Schlößchen Monplaisir, auch „Roter Bau" genannt, und den Annahof, ein Ovalgebäude um einen Hof herum, beide Schlößchen am Weiher gelegen. Das dritte, die Philippsburg, lag etwas höher am Berg. Es gehörte dem jungen Reichsgrafen Philipp, für den die Mutter bis 1791 regierte. Von diesem Bau ist nur ein

69 Die Philippsburg in Niederwürzbach

Das 19. Jahrhundert: Die Westpfalz kommt zu Bayern

kleiner Teil, ein Wirtschaftsgebäude erhalten, ein schlichter Bau mit spitzbogigen Fenstern. So ist ein ungewöhnliches Beispiel für frühe Neugotik schon im 18. Jahrhundert auf uns überkommen.

Damit stehen wir wieder an der Schwelle zu einem neuen Jahrhundert, und es endet wie begonnen mit einem Krieg: Die französischen Revolutionstruppen verwüsten vor allem die Herrschaftssitze, so gehen die Schlösser Karlsberg, Jägersburg und Blieskastel unter.

Das 19. Jahrhundert: Die Westpfalz kommt zu Bayern

Das Jahrhundert begann mit der Herrschaft der Franzosen, und man richtete sich ein. In Blieskastel wurde auf dem kleinen Markt 1804 zu Ehren Napoleons der Schlangenbrunnen errichtet, ein Obelisk, durch den sich eine Schlange windet. Als kulturelle Leistung dieser Zeit im Kreisgebiet sind die Bemühungen des Saargemünder Bürgermeisters J.B. Mat-

70   Blieskastel. Der kleine Marktplatz mit dem Schlangenbrunnen, errichtet zu Ehren Napoleons

71 Die neuromanische Kirche in Bexbach-Höchen

für Bayern. Erhalten hat sich in St. Ingbert der Stollenmund des Rischbachstollens von 1852, durch den Kohle gefördert wurde. Die Entwicklung der Industrie brachte ab der Mitte des 19. Jahrhunderts verstärkt Zuzug ins Land, und in der Folge entstanden Kirchen von Bedeutung. Evangelische Kirchen wurden gebaut in *St. Ingbert* (1858), *Webenheim* (1857), *Homburg* (1874, diese neugotische Kirche ist durch ihre gußeisernen Säulen im Innern interessant) und *Kirkel* (1876). Am Ende des Jahrhunderts entstand die schönste dieser Kirchen in *Bexbach* (1888/89) nach Plänen von Prof. Ludwig Levy, Karlsruhe. Im Äußeren in romanischem Stil errichtet, ist ihr Inneres durch phantasievollen Einbau von hölzernen Emporen und Gewölben bestimmt. Katholische Kirchen entstanden im 19. Jahrhundert nicht im gleichen Umfang, hier genügten die vorhandenen. Aus dem Anfang des Jahrhunderts ist die Kirche in *Ommersheim* von 1829 zu nennen, ein eindrucksvoller, am Berghang gelegener klassizistischer Bau. Er wurde bei der Erweiterung von 1968 als querhausartiger Chor erhalten. Am Ende des Jahrhunderts wurde die Engelbertkirche in *St. Ingbert* zu klein, und so entstand 1890/93 die neue Pfarrkirche St. Joseph. Eine eindrucksvolle Treppe führt von der Kaiserstraße hinauf zu der neu-

thieu um das ehemalige Kloster Gräfinthal zu nennen, über die schon berichtet wurde. In Einöd wurde 1808 die evangelische Kirche umgebaut, sie erhielt dabei Fenster im gotischen Stil mit eisernem Maßwerk. 1816 kam das Gebiet an Bayern, wo seit 1806 Maximilian Joseph herrschte, der jüngere Bruder Karls II. August von Zweibrücken. Auch für diesen König gibt es in Blieskastel ein Denkmal, die Maximilianssäule, die an die Fertigstellung der Straße von Blieskastel nach Saargemünd 1823 erinnern soll.

Für Bayern blieb dieser westlichste Teil der Pfalz wichtig, waren doch die Steinkohlevorkommen im Raum St. Ingbert und Bexbach die einzigen von wirtschaftlicher Bedeutung

72 Sakramentsnische in der 1829 erbauten kath. Kirche in Ommersheim (Detail)

gotischen Kirche, die einen weithin bestimmenden Akzent setzt.

Das 19. Jahrhundert war ein Jahrhundert des erstarkenden Bürgertums. Die Zeit, in der die Landwirtschaft den Reichtum ausmachte, ging zu Ende. Die Industrie wurde bestimmend, zog die Menschen vom Land in die Städte. Dort bildeten sich Vorstädte, so auch in den Städten des Kreisgebietes, in Homburg und St. Ingbert vor allem. Dörfer verloren ihren ländlichen Charakter wie in Bexbach. In den Städten zählte die Bildung. Schulen wurden wichtig, als Beispiel sei die Luitpoldschule in St. Ingbert genannt, deren Fassade an der Kaiserstraße etwas von der bayerischen Eigenart der Zeit widerspiegelt. Die Besitzenden bauten sich Villen wie in St. Ingbert das Krämersche Schlößchen. Villenvororte und Arbeitersiedlungen entstanden, Mietshäuser wurden gebaut. Das alles veränderte die Städte im Kreis. Es lohnt sich, offenen Auges durch die Orte zu gehen. Manches ist damals unorganisch hinzugekommen, aber manches hat auch neue Wohnkultur gebracht.

Unser Jahrhundert, der Weg in die Gegenwart

Die Industrie wurde immer bestimmender für das Leben. Doch zunächst wurde zu Beginn des 20. Jahrhunderts der eingeschlagene Weg ungebrochen fortgesetzt. Zwei Kirchen wurden am Anfang des Jahrhunderts gebaut, die ganz in der Tradition des 19. Jahrhunderts stehen. In *Biesingen* wurde 1902 eine katholische Kirche errichtet, ganz der Neugotik verpflichtet und sehenswert, weil sie auch ihr urprüngliches Inventar bewahrt hat. In *Höchen* entstand im gleichen Jahr eine neuromanische Kirche, ein protestantischer Betsaal, rechteckig, ohne Turm und ohne Chor. Dieser Charakter wurde nicht lange durchgehalten und 1910 ein Turm mit neubarocker Haube angebaut. 1920 folgte dann auch ein Choranbau mit merkwürdigen, nun nicht mehr historistisch erklärbaren Stichbogenfenstern, die man am ehesten als jugendstilnah bezeichnen kann.

In den Jahren bis zum Ersten Weltkrieg wendete man sich dem Neubarock zu. Das bedeutendste Beispiel hierfür ist die protestantische Kirche in *Blieskastel* von 1912. Sie ist städtebaulich eine Glanzleistung im Widerspiel zur katholischen Schloßkirche auf dem Hügel gegenüber. Aber auch der damals moderne Jugendstil hat im Kreisgebiet zahlreiche Bauten hinterlassen, vor allem Villenbauten. Als Beispiele seien in *St. Ingbert* die Villa in der

73 St. Ingbert-Hassel. Die ev. Kirche, erbaut 1908

Rickertstr. 13–15 (1904) und in *Homburg-Beeden* das ehemalige Kraftwerk (1914), in Hassel die protestantische Kirche (1908) genannt.

Aus der Zeit zwischen den beiden Weltkriegen hat *St. Ingbert* zwei hervorragende Bauten, die St.-Hildegard-Kirche und den „Bekkerturm". Bei der Hildegardkirche, von Albert Boßlet 1928/29 in den klaren kubischen Formen seiner Zeit erbaut, wurden im Innern Formen verwendet, wie sie in den Streben im Bergbau zu finden sind. Das Sudhochhaus der Brauerei, von Hans Herkommer 1927 erbaut, ist ein bedeutender städtebaulicher Akzent mit unverwechselbarer Silhouette für St. Ingbert. Es wurde seitdem viel im Kreisgebiet gebaut, vor allem nach dem Zweiten Weltkrieg. Stadtviertel mit unterschiedlichen Aufgaben sind entstanden, neue Wohnviertel, neue Industrieviertel. Kohle und Eisen haben ihre Bedeutung verloren, in St. Ingbert gibt es keinen Bergbau mehr.

In den Stadtkernen entstanden Fußgängerzonen, dort wurden Plastiken und Brunnen aufgestellt. Leider wurden auch viele alte Häuser in den Stadtkernen abgerissen oder in den Erdgeschossen großflächig für Schaufenster verglast, und die Fassaden verschwanden hinter Werbereklamen. Für unsere Betrachtung ist es vielleicht noch wesentlicher, daß die alten Stadtkerne ihren urbanen Mittelpunkt verloren haben, vor allem gilt das für St. Ingbert, wo das Bürgermeisteramt gegenüber der Engelbertkirche abgerissen und ein Neubau außerhalb des alten Ortskernes errichtet wurde, aber auch in Homburg ist die Stadtverwaltung in einen Neubau auf der grünen Wiese gezogen, wenn auch das alte Rathaus am Markt noch steht. Trotzdem: Es ist viel Neues hinzugekommen, das berechtigte Beachtung verdient. Aber eine Würdigung dessen, was in den letzten Jahrzehnten neu gebaut wurde, würde den hier gesetzten Rahmen sprengen. Es wären nicht nur Bauten des her-

74   Blick in die kath. Pfarrkirche in Herbitzheim (Gersheim), ein Beispiel des modernen Betongußbaus aus dem Jahre 1975

kömmlichen Kunstgeschichtsbereiches zu besprechen, wie etwa die Kirche St. Fronleichnam in Homburg oder die katholische Pfarrkirche in Herbitzheim (als zwei Beispiele), sondern auch die Bauten der öffentlichen Dienste, das Landratsamt, die Stadtverwaltung in Homburg, das neue Rathaus in St. Ingbert, die Krankenhausbauten der Universität in Homburg, die Kaufhäuser, die Industriebauten, etwa das neue Kraftwerk Bexbach. Es wäre einzugehen auf die neuen Museen im Kreis, Schwarzenacker mit den römischen Ausgrabungen, das Albert-Weisgerber-Museum in St. Ingbert, die Heimatmuseen in Homburg und St. Ingbert, das Dorfmuseum in Rubenheim. Es ist unser heutiger Lebensraum, der auch den Stadtplanern, Architekten und Künstlern neue Aufgaben stellt; ein Lebensraum, den jeder selbst durchmessen und erfahren sollte, und das ist ein lohnendes Unterfangen im Saarpfalz-Kreis.

Literatur

Fischer, K. (Hrsg.): Deine Kirche deine Heimat. Die tausendjährige Kirche in Böckweiler. Böckweiler 1950

Schenk, C.: Die Klosterkirche von Böckweiler. In: 6. Bericht der Staatlichen Denkmalpflege im Saarland 1953. Saarbrücken 1953

Kolling, A.: Der Römerhügel von Wörschweiler. In: 16. Bericht der Staatlichen Denkmalpflege im Saarland. Saarbrücken 1969

Schmoll, J. Adolf, gen. Eisenwerth: Wie sah die mittelalterliche Baugruppe auf dem Wörschweiler Klosterberg aus? In: Homburger Hefte 1981. Homburg 1982

Seyler, R.: Die „Hollerburg" auf dem Hirschberg bei Kirkel. In: Zeitschrift für Saarländische Heimatkunde, 5. Jg., Heft 1–4, 1955

Klewitz, M.: Die Konservierung der Sakristei der katholischen Pfarrkirche in Medelsheim und ihrer Wandmalereien. In: 7. Bericht der Staatlichen Denkmalpflege im Saarland. Saarbrücken 1959

Weber, W.: Schloß Karlsberg, Legende und Wirklichkeit. Homburg 1987

Leben und Werk des Malers Albert Weisgerber

von Marika Flierl

Albert Weisgerber (1878–1915), der zu den bedeutendsten Künstlern aus dem Südwesten Deutschlands gehört, sind nur wenige Jahre geblieben, seinen künstlerischen Weg auszumessen. Er erlitt ein Schicksal, das vielen seiner Kollegen ebenso zugedacht war und das die Reihen einer ganzen Künstlergeneration lichtete. Er gehörte, wie August Macke, Franz Marc und Wilhelm Morgner, zu jenen Künstlern, die jung im Ersten Weltkrieg fielen. Mit Albert Weisgerber verlor die deutsche Kunst allzufrüh einen begabten Maler. In seiner Person und in seinem Werk scheint sich die Unruhe der Zeit an der Wende vom 19. zum 20. Jahrhundert unmittelbar niedergeschlagen zu haben. Er bildete sich zu einem Künstler ganz eigener Prägung am Übergang zur expressionistischen Gestaltungsweise.

Albert Weisgerber, am 21. April 1878 in der damals noch bayerisch-pfälzischen Stadt St. Ingbert geboren, besuchte zunächst die Kreisbaugewerbeschule in Kaiserslautern und absolvierte eine Lehre bei einem Dekorationsmaler in Frankfurt. 1894 trat er in die Kunstgewerbeschule in München ein, 1897 in die Akademie der Bildenden Künste, wo Franz von Stuck sein Lehrer war. Während seiner Akademiezeit in München stand er unter dem Einfluß eines dunkeltonigen, etwas schwerblütigen Realismus, der sich mit Elementen des Symbolismus und des Jugendstils verbindet. München wurde für Weisgerber zum Dreh- und Angelpunkt aller seiner Aktivitäten. Finanzielle Probleme machten Auftragsarbeiten als Graphiker notwendig. Für die Münchner illustrierte Wochenschrift für Kunst und Leben, die „Jugend", war Weisgerber gelegentlich bereits seit 1897 und als ständiger Mitarbeiter seit 1903 tätig. Er schuf bis zu seinem Tod 1915 rund 500 Karikaturen und Illustrationen, deren Thematik dem aktuellen Tagesgeschehen entnommen und die zum Teil von bissiger Gesellschaftskritik waren. In der St. Ingberter Sammlung ist dieser Zweig seiner künstlerischen Tätigkeit, die oft geringschätzig übergangen wurde, zahlreich vertreten. München war für Weisgerber Ausgangspunkt für eine Vielzahl von Studienaufenthalten in der bayerischen Landschaft und in der Lüneburger Heide; aber auch Reisen nach Rom, Florenz, Pompeji, Venedig und Paris hat er von hier aus unternommen. In die Jahre 1905 bis 1907 fallen mehrere Paris-Aufenthalte mit vielen Kontakten zur künstlerischen und literarischen Szene, so trifft er im Kreis des Café du Dôme mit Uhde-Bernays, Uhde, Lévy, Pascin, Matisse, dem Studienfreund Purrmann und Theodor Heuss zusammen. Diese Zeit in Paris nutzte er zur Auseinandersetzung mit einer Reihe von Künstlern, denen gegenüber er trotz Verbundenheit eine ambivalente Haltung einnahm. Ihn beschäftigten die Bilder Cézannes, Manets, Toulouse-Lautrecs, aber auch die El Grecos oder die der Fauves. Neben Biergartenszenen, Prozessions- und Jahrmarktbildern sind es vor allem Porträtstudien und Selbstbildnisse, die er wiederholt aufgreift und die in reicher Zahl in der St. Ingberter Sammlung vertreten sind.

Überwindung und Durchdringung des Stofflichen durch den Geist war die künstlerische Tendenz seines späten Schaffens. Die Thema-

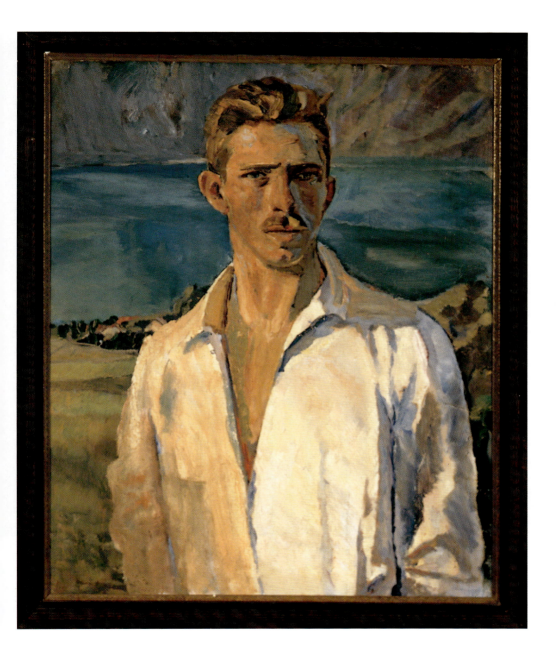

Tafel 27 Albert Weisgerber (1878–1915), Selbstbildnis am Attersee (1911), Öl auf Leinwand, 78×65 cm, Albert Weisgerber Stiftung, Museum St. Ingbert

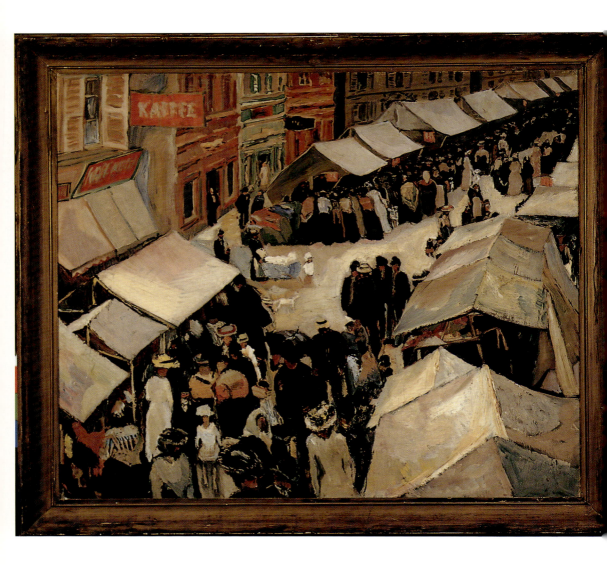

Tafel 28 Albert Weisgerber (1878–1915), Jahrmarkt in St. Ingbert (I) 1906, Öl auf Leinwand, 85×105 cm, Albert Weisgerber Stiftung, Museum St. Ingbert

tik hatte bei Weisgerber große Bedeutung, mythologische, religiöse Themen und Heiligenlegenden bestimmen seine letzten Schaffensjahre. Das Generalthema war jedoch der Mensch – liegend, stehend, nackt, bekleidet, im Raum und in der Natur. Von Ahnungen eines frühen Todes und Katastrophenangst gequält, suchte er nach Weltdeutung und Leidensaussage in seinen Bildern.
Es entstanden in vielen Versuchsstadien Kompositionen über Absalom, Jeremias, David und Goliath, die ihn, gleichzeitig wie Oskar Kokoschka und Max Beckmann, auf dem Weg zur Monumental- und Wandmalerei zeigen. Die Gestalt des Märtyrers Sebastian wurde für Weisgerber zur Symbolfigur geopferter Jugend.
Weisgerber hatte 1913 den Höhepunkt seiner Karriere erreicht, als er zum Präsidenten der Künstlervereinigung „Neue Münchner Secession" gewählt wurde. Noch während 1914 die erste Ausstellung der „Neuen Münchner Secession" stattfand, die er organisiert hatte und an der unter anderen Paul Klee, Max Beckmann, Emil Nolde, August Macke und Hans Purrmann teilnahmen, wurde er zum Kriegsdienst einberufen. Er fiel am 10. Mai 1915 bei Fromelles, Ypern. Der 37jährige Albert Weisgerber starb zu einem Zeitpunkt, an dem er sich aus der Flut von Vorbildern und einflußnehmenden Begegnungen freizuschwimmen begonnen hatte; er verfügte bereits über ein bemerkenswertes Œuvre und fand Anerkennung in der öffentlichen Kunstwelt. Von seinen Zeitgenossen schätzte ihn vor allem Max Beckmann, der am 19. Mai 1915 in sein Tagebuch eintrug: „Albert Weisgerber ist im Westen gefallen, es hat mich sehr erschüttert."
Bereits am 16. Mai 1915 meldeten die Münchner Neuesten Nachrichten in einem Nachruf: „Der Tod dieses im besten Schaffensalter stehenden Münchner Malers und Zeichners bedeutet für die Kunst einen schmerzlichen Verlust. Als der Führer der Jungen in der Münchner Malerei wird Weisgerbers Name auf den Blättern der Kunstgeschichte verzeichnet sein. Seine oft heiß umstrittene, durchaus persönliche Art, sein hohes Maß von künstlerischer Energie, räumten dem Maler einen besonderen Platz im Kunstleben ein. Schon in Ausstellungen der Münchner Secession konnte man den immer fortschreitenden und intensiv um einen selbständigen Ausdruck Ringenden beobachten."
Sein Werk, das zu seinen Lebzeiten hohe Anerkennung gefunden hatte, geriet in den folgenden Jahren zunehmend in Vergessenheit. Die Geburtsstadt Weisgerbers, St. Ingbert, bemüht sich um sein Vermächtnis. In St. Ingbert entstand im Laufe der Jahre eine der bemerkenswertesten Weisgerber-Sammlungen überhaupt. Mit all den Brüchen und Widersprüchen läßt sich in der jetzigen Albert-Weisgerber-Stiftung das Werk Weisgerbers besichtigen. Nahezu 70 Ölgemälde, rund ein Siebtel des malerischen Gesamtwerkes Weisgerbers, über 200 Exponate wie Zeichnungen, grafische Blätter, Dokumente, Texte und Fotografien beleuchten und dokumentieren eindrucksvoll die künstlerische Leistung und die Lebensumstände des großen Malers, der zum Jahrhundertbeginn zu den Bewegern der neuen deutschen Kunst gehört hat.
Weitere Kunstwerke befinden sich in zahlreichen Kunstsammlungen des 20. Jahrhunderts und sind darüber hinaus auch in bedeutenden europäischen Sammlungen vertreten.

Literatur
Ishikawa-Franke, Saskia: Albert Weisgerbers Leben und Werk (Gemälde). Saarbrücken 1978
Weber, Wilhelm: Albert Weisgerber (1878–1915) zum 70. Todestag. St. Ingbert 1985
Költzsch, Georg-W.: Meisterwerke deutscher Kunst zwischen Impressionismus und Expressionismus. Katalog der Ausstellung der Stiftung Saarländischer Kulturbesitz, Saarland Museum Saarbrücken, in der Volksrepublik China. Saarbrücken 1984

Brauchtum in der Saarpfalz

von Gunter Altenkirch

Der Mensch war immer beeindruckt von der Vergangenheit. Ihn faszinieren die Stationen des menschlichen Werdeganges in der geschlossenen Dorfgesellschaft, und er „erlebt" durch Erzählung und Erinnerung noch einmal den ritualisierten Alltag mit all seinen Festen innerhalb des Jahreslaufes. Reste des als Brauchtum bezeichneten Teiles des Alltags findet man in einer Reihe neuer Feste wieder. Oft treten diese neuen Feste nur an die Stelle der alten. Im Saarland fällt in einigen Landstrichen auf, daß überdurchschnittlich viele Reste alten Brauchtums erhalten blieben. Zu diesen Regionen zählt auch die Saarpfalz.

Der Volkskundler kennt drei Hauptgruppen des Brauchtums:
– die Lebensabschnitte Geburt, Taufe, Reife, Hochzeit oder Tod;
– die Alltagsarbeit wie Aussaat, Bitten um gutes Wetter, Ernte, Kirmes oder Schlachten;
– den an die christliche, besonders die katholische Lehre gebundenen Jahreslauf wie Lichtmeß, Fasten, Ostern, Pfingsten, Johannistag, Krautwischtag, Allerheiligen oder Weihnachten.

An dieser Stelle können nicht alle Bräuche aufgezählt werden; drei Bräuchen wollen wir uns hier ausführlich widmen.

Der Hochzeitsbrauch

Die Hochzeit war ehemals das wichtigste Ereignis im Leben der Dorfbewohner. Die Ehe war die wichtigste wirtschaftliche Entscheidung im Leben junger Menschen. Die Familie war die kleinste Wirtschaftsform im Dorf. Die Entscheidung zur Ehe lag deshalb bei denen, die Werte aus ihrem Vermögen in dieses neue „Unternehmen" hineinsteckten, also bei den Eltern und Schwiegereltern. Zwischen den Besitzenden wurde das bevorstehende Ereignis ausgehandelt, ob geheiratet und wie die Besitzanteile verteilt wurden. Man bediente sich dabei eines „Hochzeiters" als Mittler. Auch die dörfliche „Brauchersch" war eingeschaltet, die aufgrund ihres Wissens über Verwandtschaftsverhältnisse im Dorf und aufgetretene Krankheiten guten Rat zu einer gesunden Familienbildung wußte.

Waren die wirtschaftlichen Seiten geregelt, konnte das große Fest beginnen. Doch davor lag noch der Gang zum Standesamt, das „Kopulieren".

Die Hochzeit war ein Fest mit vorgeschriebenen Brauchtumsregeln, die dem Aberglauben näher lagen als christlicher Überzeugung. So konnte man in katholischen Dörfern nur in Zeiten heiraten, in denen weder Fasten noch Trauer angesagt waren. Ferner galt es, die unerwünschte Anwesenheit von Geistern (z. B. zwischen Weihnachten und Dreikönig) auszuschließen. Neue Bräuche, z. B. das Lärmen mit hupenden Autos oder das Nachziehen von Blechdosen, haben ebenfalls ihren Ursprung im alten Geisterglauben. Der beliebteste Hochzeitstag bei den Katholiken war der Dienstag und bei den Protestanten der Freitag. Mittelpunkt des Hochzeitsbrauches war und ist auch heute noch das Brautkleid. Einst war es schwarz und wurde nur von einem weißen Schleier geziert. Seit etwa 1920 muß es weiß sein, die Braut muß die Farbe der Unschuld tragen. Im Gegensatz zu früher wird heute jedoch vielfach schon ein gebrauchtes Brautkleid getragen. Der Glaube an den übertragenen „bösen Zauber" durch ein gebrauchtes Kleid ist dahin. Das Kleid wird von der Braut nach der Hochzeit nicht mehr getragen, es wurde noch vor einigen Jahrzehnten fein säuberlich zusammengelegt und gut verwahrt, denn es diente der Braut schlechtestenfalls noch einmal, wenn sie als Wöchnerin starb. Dann wurde sie mit diesem Brautkleid beerdigt.

Zu den Vorbereitungen der Hochzeit gehörte auch der „Kammerwagen", den nur die Bauern benutzten. Die junge Arbeiterschaft im 19. Jahrhundert kannte ihn mangels Aussteuer nicht mehr. Mit dem Kammerwagen fuhr die Braut ihre Aussteuer am Vorabend in das Haus des Bräutigams. In der „Kammertruhe" lag das selbstgemachte Weißzeug, Gerät und obenauf der Zylinder, den die Braut dem Bräutigam schenkte, dies als Zeichen der Selbständigkeit der Braut. Heute wird mitgebrachtes Vermögen vielfach schon vor der Hochzeit notariell gesichert.

Wird heute eine Woche vor dem Hochzeitstag gründlich mit dem halben Dorf gefeiert und gepoltert, so gab es diesen „Polterabend" vor dem Zweiten Weltkrieg in der Saarpfalz noch nicht.

Der Brautzug formierte sich vor dem Haus der Brauteltern. Auch da spielten Symbolik und Aberglauben eine wichtige Rolle: Vorneweg ging die Braut mit dem Brautführer und dahinter der Bräutigam mit dem Brautmädchen. Diese Symbolik erklärt sich wie folgt: In einem Zug, gleich welcher Art, geht nach alter Sitte immer das Haupt voran. In einem Hochzeitszug geht deshalb in der ersten Reihe der Brautführer, den böse Geister für den Bräutigam halten, gefolgt von dem echten Bräutigam mit einer vorgetäuschten Braut, der Bräutigam-Begleiterin. In jüngster Zeit sind Brautzug und dazugehörige Symbolik nicht mehr bekannt. Im Brautzug folgen dem Brautpaar die Eltern des Paares, die Geschwister und dann die weiter entfernten Verwandten. Eine besondere Regel wurde in Ormesheim und Rubenheim noch bis zu Beginn dieses Jahrhunderts eingehalten: Die unverheirateten Verwandten gingen immer hinter den verheirateten.

Sollte heute doch noch ein Brautzug durch das Dorf gehen (z. B. in Rubenheim), wird diese Reihenfolge oft nicht mehr eingehalten. So begleitet der Vater seine Tochter, die Mutter den Sohn, oder es begleiten die Trauzeugen die einzelnen Brautleute. Auch das Tragen der Enden des Schleiers durch kleine Kinder in weißer Kleidung ist eine neue Mode ohne Wurzeln im alten Brauchtum.

Kam man an einem Busch oder Baum vorbei, schoß man hinein, um die Geister zu vertreiben. In einigen Dörfern (Gersheim, Reinheim) ging man bis zum Ersten Weltkrieg noch weiter: Man eilte vor das Dorf und zündete dort die „Katzekepp", das waren kleine aus Gußeisen gegossene Kanonen, mit Schwarzpulver und Papier gefüllt. Schießen und Knallen ist als Brauch bis heute bei einigen Familien erhalten geblieben, doch erfolgt die Ausübung ausschließlich nach der kirchlichen Trauung.

Dörfer ohne eigene Kirche (Ballweiler, Utweiler, Peppenkum u. a.) zwangen den Brautzug zur Fahrt ins Nachbardorf, was mit gereinigten und geschmückten Kuhwagen geschah.

In der Kirche nahm der Pfarrer die feierliche Trauung vor. Die Braut mußte vor dem Altar weinen, damit sie in der Ehe nicht mehr viel zu weinen brauchte. Als Lohn für die Trauung

erhielt der Pfarrer vom Brautpaar vier Hühnereier (Altheim, Rubenheim, in Erfweiler-Ehlingen in einem Taschentuch).
Vor der Kirche fanden allerlei Bräuche statt, die in den letzten Jahren teilweise eine Renaissance erleben: Man warf zur Geistervertreibung Erbsen (heute Reis). Die Mutter küßte die Braut und übergab ihr das Rückgeld (einige wertvolle Münzen, dieser Brauch lebt wieder auf). Dann mußten die Frischvermählten zum Beweis, daß sie zusammen arbeiten konnten, ein Scheit Holz mit einer Drumsäge zersägen (auch das ist heute wieder zu sehen, leider nimmt man heute widersinnigerweise die Bügelsäge). Dem Paar wurde der Weg versperrt („Zoll" erhoben). Dieser Brauch war besonders in Rohrbach und Niederwürzbach bei Bergleuten beliebt.
Heiratete der jüngere Sohn vor dem älteren, so hatte dieser einen Geißbock zu stiften. Dieser Opferbrauch erfreut sich wieder großer Beliebtheit. Die Geiß wird heute jedoch ausgeliehen.
Nach all diesen Vorkehrungen ging das Brautpaar um Kirche und Kirchhof („mir mache's Büßchen"), und die Braut legte auf den Gräbern der toten Verwandten einzelne Blüten aus dem Brautstrauß nieder. In Reinheim wurden vor 1900 kleine Stückchen des Brautschleiers abgeschnitten und an das Grabkreuz gesteckt. In Rubenheim und einigen anderen Dörfern ist ein ähnlicher Friedhofsbrauch bis heute erhalten.
Von der Kirche aus ging es einst in das Hochzeitshaus, heute ist der Saal einer Wirtschaft gemietet, und das oft auch außerhalb des eigenen Dorfes. Kam man früher zu Hause an, stand der Besen quer in der Tür, der Bräutigam mußte die Braut über die Schwelle heben.
Nach der kirchlichen Trauung, die noch in jüngster Zeit vormittags war, wurde ausgiebig gefeiert, bei reichen Bauern sogar drei Tage lang. Bergleute und Arbeiter im späten 19. Jahrhundert (St. Ingbert, Rohrbach, Hassel) feierten nur einen Tag. Hochzeitsessen war einst eine Rindfleischsuppe mit etwas Reis darin, Hauptmahlzeit war das Rindfleisch mit Meerrettich und Salzkartoffeln. Reiche Bauern schlachteten vor dem Fest und trugen entsprechend üppig auf. Am Nachmittag gab es einfache Bauernkuchen, und bei jeder Gelegenheit wurde kräftig getrunken. In der Zeit zwischen den Mahlzeiten waren allerlei Spielchen beliebt, die vom (Braut-)Schuhversteigern über die weinende Köchin bis zum Entführen der Braut reichten. Am Abend waren viele der Eingeladenen bereits betrunken. Hochzeitsfeste blieben von Schlägereien nicht verschont. Wer nicht eingeladen war, „ging gaue" (Blickweiler: „gauare"). Gaue war ein alter Bettelbrauch, bei dem die Brautleute an die nicht eingeladenen Armen des Dorfes einfachen Kuchen verteilen ließen.
Heute werden teure Speisen aufgetischt. Die hohen Kosten veranlassen deshalb immer mehr Brautleute, nachmittags zu heiraten, um mindestens eine Mahlzeit einzusparen. Üblich ist auch geworden, daß am Tag nach der Feier die Reise in die Flitterwochen beginnt. Dieser Brauch ist erst wenige Jahrzehnte alt. In der damaligen Bauerngesellschaft und bei den Arbeiterfamilien ging man schon am Tag nach der Hochzeitsfeier wieder seiner gewohnten Arbeit nach.

Die Kirmes

Wenn man in den Dörfern der Saarpfalz von Kirmes spricht, meint man „Kerb" oder „Kirf", und das ist nicht die Kirchweih. Die saarpfälzische Kirmes war ein Erntefest. Noch im 19. Jahrhundert gab es kein Dorf, an dem dieses Fest nicht am 11. November, also „Martini", stattfand. Martini war die Zeit, in der sich die Herbstarbeit auf dem Feld dem Ende näherte, die Zeit der eingebrachten Ernten und Schlachttermin der Schweine und Gänse. So hatte man Zeit und war mit Eß- und Trinkbarem reichlich versorgt. Die saarpfälzische Kirmes war eine bäuerliche Freß- und Sauforgie.

In jeder Kirchengemeinde, sei sie protestantisch oder katholisch, war noch vor 100 Jahren die Gemeinde- und Kirchenfron zu entrichten. Jeder Mann mußte bei Bau- und Reparaturarbeiten an der Kirche, dem Friedhof und ähnlichen Einrichtungen unentgeltlich mithelfen. Doch einmal im Leben durfte jeder junge Mann Gast der Dorfgesellschaft sein, und zwar an Martini, dem alten Ernte- und Zinstag in unseren Dörfern. Wer 18 Jahre alt war, wurde eingeladen, drei Tage zu essen, zu trinken und zu tanzen, und das gesamte Dorf feierte mit. Dieses Fest nannte man die „Kerb". Man kam „unter den Strauß" und war „Straußbuub". Straußmädchen, wie man sie heute auf den Dörfern findet, gab es in alten Zeiten nicht, denn sie wurden auch nicht zur Fronarbeit herangezogen. Doch es gab Mädchen, die beim Schmücken des Straußes halfen, die ihn begleiteten, wenn er am Sonntagnachmittag durch das Dorf getragen und schließlich über der Wirtschaftstür befestigt wurde. Außerdem mußten sie während der drei Tage auch mit den auf diese Weise Geehrten tanzen.

Auf diesen Tag fiel aber noch ein weiterer Brauch, eines der typischen saarpfälzischen Volksgerichte: der „Kirwespruch". Es gehörte zur Aufgabe der Straußbuben, diesen Brauch auszurichten: In jedem Dorf gab es Streitigkeiten. Diese wurden am ersten Kirmesnachmittag ausgetragen, indem einer der Straußbuben in Frack und Zylinder vor der Dorfwirtschaft auf eine meterhohe Leiter kletterte, um von dieser herunter der versammelten Dorfgemeinschaft das Geschehen glossierend zu erläutern. Selbstverständlich geschah dies in mundartlicher Versform.

75 „Kirwespruch" oder „Kerweredd", ein typisches saarpfälzisches Volksgericht am Kirmestag (Kirkel-Neuhäusel)

Die „Kerweredd" oder der „Kerwespruch" hat zwar zur Belustigung am Kirmestag beigetragen, doch war der eigentliche Zweck die alljährliche Wiederherstellung des Dorffriedens. Jede Behauptung mußte, wie nun einmal in einem ordentlichen Gerichtsverfahren üblich, auch bewiesen werden. So wurde z. B. ein Stückchen Glas vorgezeigt, das (angeblich) beim Steinwurf des Bauern A gegen das Haus seines Nachbarn B klirrend aus dessen Fenster gebrochen war.

Alle Beweisstücke wurden in einer Schachtel gesammelt und am letzten Kirmestag beim

Kirmesumzug in jedem Haus „erklärt". Diesen Umzug begleiteten Musikanten, und die Frauen und Mädchen der besuchten Häuser mußten mit den Straußbuben auch noch einen Tanz wagen. Die Straußbuben erhielten einen Schnaps und bei den reichen Bauern eine Mahlzeit.

Am Ende fand man sogar (in einigen Dörfern, z. B. Rubenheim) einen Schuldigen, der für die Streitigkeiten im Dorf verantwortlich war – den „Kirweekel" oder „Kirwehonnes", der von den Straußbuben in einer „Sitzung", zu der nur diese zugelassen waren, zum Tode durch Erhängen verurteilt wurde. Dem Urteil folgte in der Nacht zum Dienstag die Exekution an einem Dorfbaum.

Das Fest endete mit deren Beerdigung der Kirmes. Die Straußbuben schaufelten außerhalb des Dorfes ein Loch und begruben darin die Kiste mit den Beweisstücken. Über das in der Kirmesrede Gesagte sollte nun nicht mehr gezankt werden (Rubenheim). In einigen Dörfern wird heute eine Flasche Schnaps oder Wein beerdigt (Gersheim).

Weitere Höhepunkte der Kirmes waren der Kirmestanz und das „Hammelaustanzen". Der Kirmestanz fand auf der Straße, seit etwa 1900 im Saal statt und mußte bezahlt werden. Als „Quittung" erhielten die Tanzenden kleine bunte Bändchen, die sie an der Kleidung trugen. Nur die Straußbuben durften kostenlos tanzen. Die Tänze waren einfallsreiche Spielchen im Walzer- oder Polkaschritt. In allen Dörfern der unteren Blies war der Blieswalzer der beliebteste Tanz, bei dem die Straußbuben ihre Mädchen tanzend „durch" die mit Kreide auf die Tanzfläche gezeichnete Blies trugen.

Das Austanzen des Hammels geschah am letzten Abend. Ein wohlhabender Bauer aus dem Dorf stiftete das schlachtreife Tier. Der Hammel galt dem, der den Birnenwein, seit etwa 80 Jahren das Faß Bier, stiftete. Vom Kirmesstrauß wurde ein Zweig abgebrochen, mit dem ein Paar tanzte. Der Mann dieses Paares reichte den Zweig möglichst schnell weiter zum nächsten und der neue Besitzer ebenfalls zum nächsten, bis „plötzlich" die Musik aufhörte. Derjenige, der in diesem Moment den Zweig noch in der Hand führte, „durfte" den Birnenwein bzw. das Bier spendieren. Dabei ging es nicht immer ganz ehrlich zu, es traf genau den, den es treffen sollte. Der neue Hammelbesitzer ließ den Hammel schlachten, und einige Tage nach der Kirmes wurde er dann im Wirtshaus gebraten und serviert. Hammelbesitzer und Wirt waren zu dem Mahl von den Straußbuben eingeladen. Dafür mußte der Wirt den Trunk zu diesem Essen bezahlen. Bei ihm ging immer die Rechnung auf: Er hatte als Kirmeswirt über die Tage genügend verdient. In den meisten Dörfern ist nach dem Zweiten Weltkrieg die Kirmes auf ein „wärmeres" Wochenende vorverlegt worden. Darunter hatte der Brauch zunächst stark gelitten. In einigen Dörfern verschwand er sogar (Erfweiler-Ehlingen). Erfreulicherweise hat die Jugend in vielen Dörfern (Ormesheim, Ommersheim, Habkirchen, Niederbexbach) wieder Spaß an diesem Brauch gefunden, so daß er als einer der bedeutendsten Bräuche im Saarpfalz-Kreis weiterlebt.

Der Pfingstquack

Wenn man am Pfingstmontag durch Niederbexbach, Limbach oder Altstadt geht, sieht man Schulkinder, die auf einem kleinen selbstgebastelten Wägelchen einen merkwürdigen geschmückten Busch fahren. Das ist der letzte spärliche Rest eines sehr alten Brauches, der noch vor 100 Jahren in der Saarpfalz weit verbreitet war. Der Quack ist möglicherweise auf keltisch-germanisches Frühlingsbrauchtum zurückzuführen. Zeitlich fiel die Ausübung des Brauches auf den Hochfrühling. Im

Der Pfingstquack

Mai ist der Frühling voll entfaltet, war also am lebendigsten. Die Natur war „queck" (Grimm „Deutsches Wörterbuch": lebendig). Und es war die Zeit, in der die Geister den Lebensraum der Lebenden verlassen haben sollten. Der Ursprung des Quackbrauchs liegt in Geisterabwehrbräuchen.

Der Brauch des Quacks war im Saarland nicht allgemein verbreitet. Außer im Saarpfalz-Kreis fand man ihn nur in angrenzenden geographischen Räumen. Im 19. Jahrhundert war er noch in verschiedenen Varianten im unteren (Webenheim, Mimbach, Breitfurt, Wolfersheim) und oberen Bliestal (Altstadt, Limbach, Bexbach) zu finden. Im Saarraum gab es einst fünf Formen des Quacks, von denen hier vier nachweisbar sind: den wandelnden Quack (Niederbexbach zu Beginn dieses Jahrhunderts), den reitenden (Oberbexbach, Höchen und möglicherweise auch Niederbexbach im 19. Jahrhundert), den getragenen Strauß-Quack (Mimbach, Wolfersheim) und den wandelnden Quack zwischen zwei Reitern (Webenheim). Der im Handwagen fahrende Quack (Werschweiler und Steinbach bei Ottweiler, heute in ähnlicher Form in Niederbexbach) war im Saarpfalzraum um 1900 nicht üblich.

Der erst seit den dreißiger Jahren von Blieskasteler Mönchen eingeführte Brauch des Bruder-Konrad-Ritts in Utweiler hat seinen Ursprung nicht im Quackbrauch, doch weist er typisches Quack-Brauchtum auf, das im Laufe der Zeit übernommen wurde. Andere Quackformen sind übergegangen in einfache Feste mit Eiersammeln und einem gemeinsamen Essen (Wolfersheim), oder sie wurden von anderen Maibräuchen einvernommen (1. Mai und Vatertag).

Der Quackbrauch vollzog sich in drei Phasen, die in allen genannten Formen vorhanden sind:

Das Gestell bereiten: Strauchwerk und Blumen sind das Grundmaterial für die Quackfigur bzw. für den Strauß. Grundlage ist ein hölzernes, kegelförmiges Gestell aus Zweigen von Weide, Buche, Eiche, Birke oder Haselruten. Die Ruten dieser Gehölze wurden zweigespleißt. Ginster, seltener auch Birkenreis, bildeten das äußere Strauchwerk. Ginster zählte im Volksglauben zu den Hexenpflanzen und wurde als Herberge dieser und böser Geister verstanden.

Die äußere Hülle schmückte man mit allerlei Blumen, u. a. auch Flieder, in der Mundart „Nächel" genannt, Stiefmütterchen („Frätzjer") und Pfingstrosen.

Überliefert ist aus der Mitte des 19. Jahrhun-

76 Der Pfingstquack in Kirkel-Altstadt

derts folgende Schilderung des Mittelbexbacher Brauches: „Am Nachmittag des ersten Pfingsttages sammelten die Burschen zwischen 18 und 24 Jahren für die Pferde einen Blumenschmuck, wobei die Mädchen, die am ersten Mai von den Burschen einen Maibaum gestellt bekamen [dieser Brauch lebt heute noch in Rubenheim], aus dem elterlichen Garten Blumen herbeibringen mußten." Da sind überliefert: Pfingstrosen, Geldweilchen (das ist Goldlack), Stiefmütterchen und Flieder. Die Burschen sammelten den blühenden Ginster. In Oberbexbach achtete man im 19. Jahrhundert darauf, daß immer neun (eine alte Symbolzahl im Zusammenhang mit der Hexen- und Geisterabwehr) verschiedene Blumen und Kräuter benutzt wurden. Seit dem späten 19. Jahrhundert kamen lange bunte Papierbänder in Mode.

In Webenheim hatte man zu Anfang dieses Jahrhunderts den Quack nur (noch?) übervoll mit blühendem Ginster („Bremmen") behangen. Möglicherweise war das Gewicht dieses Quacks auch ausschlaggebend für das Führen zwischen zwei Pferden.

Die Ausübung des Brauches: Der älteste Bericht eines Quackfestes ist aus dem benachbarten Konken überliefert:

„Mit wildem Geschrei reitet die Jugend am Morgen ins Dorf und schreit: 'Quack-quack'. Dreimal ritten sie um die Linde herum, und die Leute kamen und rissen dem mit allerlei Reisern umbundenen Knaben Gezweig ab, das sie als Bewahrer gegen Schäden wohl allerart mit nach Hause nahmen." Eine alte schriftliche Schilderung eines saarpfälzischen Quackfestes ist aus Mittelbexbach erhalten. Sie beschreibt den Wandel des Reiterquacks zum wandelnden Quack: „Am Morgen des zweiten Pfingsttages wurden die Pferde gefüttert. Dann zogen die Burschen mit Pferden und Blumen zum Grubenwald, wo der diesjährige Quackträger bestimmt wurde. Dieser wurde dann in ein Gestell von grünem Gezweig und Ginsterblüten gehüllt. Arme, Beine und Gesicht blieben frei. Die Pferde wurden mit den Blumen geschmückt. Die den Quack begleitenden Burschen steckten sich Zweige an die Hüte und Blumen an den Rock. Der Quack saß sattellos auf dem Pferd und ritt dem Zug vorneweg. Im Dorf sang man das eintönige Quacklied, und die mitgegangenen Burschen heischten." Die im weiteren Saarpfalz-Kreis üblichen Bräuche ähnelten diesem.

Der Heischebrauch: Heischen bedeutet „Betteln von Eßbarem oder kleinen Münzen bei zugestandenem Bettelrecht". Der Quackbrauch sollte ursprünglich Geister vertreiben. Außerdem lieferte der Quack Hexenkräuter, die die Leute sich vom Quack abzupften und als Schutz vor bösen Geistern mit nach Hause nahmen oder auf den Friedhof brachten. Wer sich in der Dorfgemeinschaft auf diese Weise sozial tätig zeigte, der hatte ein Recht auf einen Lohn, der geheischt wurde. Wie so oft im Brauchtum erfolgte das Heischen auch hier in Spruchform. Mittelbexbacher Sprüche lauteten:

„Quack, quack, owwenaus,
heb die junge Vechel aus,
die blodde wie die blinne
de Quack, den wolle mer schinne.

Quack, quack, owwenaus,
gewwe'n uns drei Eier raus,
sechse in die Pann,
e Dutzend woll' mer hann.
Ri, ra, ro,
heit iwwers Johr
simmer werre do."

Im Laufe der Zeit wurden die Heischesprüche einfacher. Sie reduzierten sich schließlich auf (Wolfersheim):

Der Pfingstquack

„Quack, quack.
Senn die Eier schunn geback?
Häär die Eier unn de Speck,
sunschd geh mer nimmee weck."

In einigen Orten gehen die Burschen oder Kinder nur noch durch das Dorf, rufen „Quack, quack" und erhalten neben Eiern auch Geld (u. a. in Wolfersheim). Das üppige Essen (Eier und Schinken) wurde von der Dorfjugend einst draußen in der Feldmark am Abend gemeinsam zubereitet und gegessen. Die Burschen und Mädchen waren nun unter sich (Mittelbexbach). In Resten ist dieser Brauch noch in einigen Dörfern erhalten, wenn auch im Laufe der Zeit verändert, wie in der Rubenheimer „Pingschdwies".

Heute feiern viele Dörfer und Vereine Feste ohne Bezug zu einem ursprünglichen Brauchtum. Die jüngsten Besucherzahlen zeigen, daß viele dieser Feste weniger besucht werden. Um so mehr wenden sich die Menschen in einigen Dörfern wieder den alten Brauchtumsfesten zu. Doch leider ist das Interesse der Dorfjugend daran durch die oft mehr als zehn Jahre dauernde Unterbrechung der Tradition geschwunden. Grund dafür ist auch die fehlende Kenntnis der ursprünglichen Symbolik. In einer Reihe von Dorfgemeinschaften hat die Feuerwehr, in einigen anderen Dörfern ein Verein die Rolle der Burschenschaft übernommen und bemüht sich um den Erhalt alter Tradition.

Mundart

von Rudolf Post

Der Saarpfalz-Kreis liegt in einer vielfältigen und reich gegliederten Mundartlandschaft, die einerseits von deutlichen Sprachlinien, andererseits jedoch auch von allmählichen Übergängen von Ort zu Ort geprägt ist. Diese Vielfalt wird noch dadurch gesteigert, daß neben diese räumliche Gliederung zusätzlich eine horizontale Schichtung tritt, denn in einem Ort können z. B. ältere und neuere Formen nebeneinander existieren. Wir finden also eine landschaftliche wie auch zeitlich-soziale Gliederung vor.

Die Mundartlandschaft

Die Mundarten des Saarpfalz-Kreises gehören größtenteils zum sogenannten Rheinfränkischen, genauer zum mittleren Rheinfränkischen oder Pfälzischen. Auch wenn der Saarpfalz-Kreis heute zum Saarland gehört, so wird hier nicht „Saarländisch" gesprochen. „Saarländisch" als Mundartbezeichnung gibt es ohnehin nicht, denn nach Ansicht der Sprachwissenschaftler bedient man sich im Saarland entweder des Rhein- oder aber des Moselfränkischen. Die sprachliche Scheidelinie zwischen Rhein- und Moselfränkisch ist die sogenannte *das-dat*-Linie. Nordwestlich dieser Linie, in Saarlouis, im Hochwald und Hunsrück, sagt man also *dat, wat, et*, während man auf der anderen Seite, also auch im Saarpfalz-Kreis, *das, was, es* sagt. Natürlich gibt es noch weitere Spracheigenheiten, die die Mundarten des Hunsrücks und Hochwaldes von unserem Gebiet abheben: So hört man im Hunsrück *eich* „ich", *dau* „du", *auch* „euch", *uus* „uns", *uuser* „unser", hier aber *ich, du, eich, uns, unser*. Zusammen mit dem Pfälzischen sagt man hier *raache* „rauchen", *Fraa* „Frau" usw., im Hochwald und Hunsrück dagegen *rauche, Frau*. Wollen wir die Mundarten des Raumes Homburg-St. Ingbert von denen des Saarbrücker Raumes abgrenzen, so eignet sich hierfür das Passiv, das im Raume Saarbrücken und darüber hinaus mit *geben* gebildet werden kann: *Er gebbt geschlaa* „Er wird geschlagen", *Se sinn nit gefroot genn* „Sie sind nicht gefragt worden".

Wenn auch die Mundart des Saarpfalz-Kreises zum Pfälzischen gehört, so gibt es doch eine große Anzahl von Spracheigenheiten, die unser Gebiet vom übrigen Pfälzischen abheben, so daß wir hier von einer eigenen Untermundart des Pfälzischen, nämlich dem Südwestpfälzischen sprechen können. Merkmal des Südwestpfälzischen ist das erhaltene -n im Auslaut bestimmter Wörter, z. B. *Been* „Bein", *Waan* „Wagen", *scheen* „schön", *Gemeen* „Gemeinde", *Zahn/Zann* „Zahn" usw., die im übrigen Pfälzischen als *Bee, Waa/Wache, schee, Gemee, Zah* erscheinen.

Im Süden reicht der Saarpfalz-Kreis, sprachlich gesehen, in das Lothringische hinein, das anhand der sogenannten *Is-Eis-* oder *Hus-Haus*-Linie abgegrenzt werden kann. Diese Sprachlinie trennt die südlichsten Orte des

Die Mundartlandschaft

77 Mundartgrenzen im Saarpfalz-Kreis

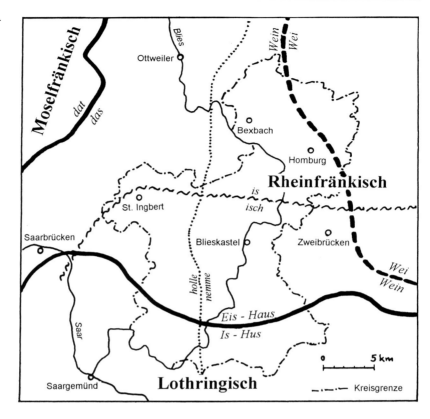

Saarpfalz-Kreises vom Pfälzischen ab, denn hier werden alle Wörter, die ein altes langes i, ü oder u enthielten, nicht wie im nördlich angrenzenden Gebiet zu ei oder au diphthongiert. Die Wörter *Is, Hus* stehen hier stellvertretend für viele weitere Beispiele dieser Spracheigenheit (*Gehschde nus us mim Hus!*). Auch innerhalb des Saarpfalz-Kreises bestehen Mundartgrenzen, die es uns ermöglichen, Sprecher aus den verschiedenen Teilgebieten des Kreises zu lokalisieren. Im südlichen Kreisgebiet sagt man *isch* „ist", nördlich davon *iss*. Eine Ost-West-Teilung ergibt sich bei den Bezeichnungen für „nehmen": Im Westen gebraucht man dafür, wie im anschließenden Saarland, das Verb *holle*, im Osten aber *nemme*, z. B.: *sich 's Lewe holle* „sich das Leben nehmen", *ebbes metholle* „etwas mitnehmen" usw. Auffällig für den Westteil des Kreisgebietes ist auch, daß bei bestimmten Verbformen in der 1. Person Einzahl stets ein -e im Auslaut steht, also z. B. *ich helfe, laafe, schreiwe, schaffe,* während dieses -e im Osten, wie in der ganzen Pfalz, nicht gesprochen wird: *ich helf, laaf, schreib, schaff.* Neben Laut- und Formenunterschieden können auch viele Eigenheiten des Wortschatzes die mundartliche Differenzierung unseres Gebiets belegen:

Begriff	mundartliche Bezeichnungen in der Saarpfalz
Biene	*Imm, Ihm, Bien*
Bohnenschoten	*Hemmsche, Schodde, Schale*
Brombeere	*Brem-, Schwarzbeer, schwarz Embeer*
Brotanschnitt	*Knippche, Knaisje, Kärschtche, Knärzje*
Eichhörnchen	*Äächert, Aichert, Ääch-, Aichhernche*
Gang zw. Häusern	*Gäßche, Suh, Prangel, Reil, Raul*
Gurgel	*Struß, Stroß, Gorjel, Gurchel*
Hagebutte	*Arschkrätzel(che), Arschkitzel(che)*
Heidelbeere	*Staule-, Stauel-, Staudelbeer, Heidelbeer*
Marienkäfer	*Herrgottstierche, -beebche, Hansbeebche*
Euter	*Ditz, Eider, Auder, Idder*
Pflaumenmus	*Leckmerich, Latwerch, Latmerich*
Pflugwendestelle	*Aangewann, Aanwenner, Aning*
Rabe	*Ramm, Schack,* die *Rab*
Schaukel	*Gunsch, Gunschel, Glunsch, Tronsch(el)*
Spielkreisel	*Dänzer, Danzknopp, Driller, Brummser*
Stachelbeere	*Druschel, Dro(n)schel, Groschel, Gresel*
Straßenrinne	*Koleß, Klam, Renn, Rinn*
Zimmerdecke	*Plaffoo, Deck, Gediens*
Zuchtstier	*Farre, Fassel, Molle*

Die Mundart der Saarpfalz, wie überhaupt die Mundart eines jeden anderen Gebietes, bezieht für die darin ansässigen Sprecher ihre Charakteristik jedoch nicht allein aus den Unterschieden zu benachbarten Mundartgebieten, sondern vor allem aus dem Kontrast zur Standardsprache. Betrachten wir z. B. die Aussprache *Humborch* für den Namen der Stadt Homburg, so scheint es, daß hier die Vokalverhältnisse total auf den Kopf gestellt sind, denn o und u sind hier gerade umgekehrt gebraucht! In anderen Wörtern, z. B. *Kopp* „Kopf" oder *gugge* „gucken" sind die Vokalverhältnisse jedoch der Standardsprache entsprechend, was zu dem voreiligen Schluß führen könnte, daß in der Mundart völlige Regellosigkeit herrsche. Dennoch ist *Humborch* die im Pfälzischen korrekte Aussprache, denn u wird vor r im Pfälzischen lautgesetzlich zu o, also *Dorscht* „Durst", *Worm* „Wurm", *Borsch* „Bursche", und genauso muß Burg zu *Borch* werden (auslautendes -g wird zu -ch, -sch oder schwindet gar). Auch daß Hom- zu *Hum-* wird, ist regulär, denn vor Nasalen finden wir häufig die Entsprechung u: *schun* „schon", *Summer* „Sommer", *Sunn* „Sonne", *Ummerschem* „Ommersheim" usw. Abenteuerlicher nehmen sich die mundartlichen Bezeichnungen *Dingmert, Dingmart, Dengmert, Dimbert* u. ä. für St. Ingbert aus, doch auch sie sind nicht völlig willkürlich: Das D- im Anlaut stammt vom vorhergehenden *Sankt,* dessen auslautendes t (es wird jedoch in unserer Mundart als d gesprochen) bei vokalisch anlautenden Namen zum zweiten Wortteil gezogen wird. Dieselbe Regel gilt für St. Alban ›

Delwe, St. Arnual › *Darle*, St. Julian › *Dillje*. Der Wechsel -ngb- zu -ngm-, -mb- kann lautgesetzlich als Assimilation gedeutet werden, Formen auf *Deng-* zeigen Senkung i › e, (*met* „mit", *gegresch* „gekrischen"). Betrachten wir andere Ortsnamen, z. B. *Weewenem* „Webenheim", so finden wir hier ein Beispiel für die Regel, daß zwischenvokalisches b › w wird (*Lewe* „Leben", *reiwe* „reiben", *Gawwel* „Gabel"), *Kärgel* „Kirkel" zeigt, daß i vor r zu ä wird (*Härn* „Hirn", *Wert* „Wirt" usw.) oder *Heesche* „Höchen", daß in der Mundart ö zu e wird (*Kenisch* „König", *scheen* „schön" usw.). Genauso wird ü zu i (*Rieb* „Rübe", *Schissel* „Schüssel" usw.).

Die kurze Betrachtung einiger Spracheigenheiten, die hier nicht systematisch durchgeführt werden konnte, soll zeigen, daß gewisse Lautwandelerscheinungen der saarpfälzischen Mundarten weitgehend lautgesetzlich ablaufen und somit den Dialekt als altes eigenständiges Sprachsystem ausweisen.

Zum Mundartwandel

Die Grenzen und sprachlichen Eigenheiten, von denen im vorigen Abschnitt gesprochen wurde, sind keine festen Größen, die unwandelbar durch alle Zeiten so bleiben müßten, sondern sie unterliegen einem fortwährenden Wandel, der teils durch sprachimmanente Gegebenheiten, häufiger jedoch durch außersprachliche Faktoren wie soziale Kontakte, Verkehr, Arbeits- und Lebensbedingungen beeinflußt wird. Es war wohl immer der Eindruck in einer Sprachgemeinschaft, daß die Jüngeren etwas anders sprechen als die Alten und daß „Neumodisches" sich in der Mundart breitmacht, während „uralte" Formen und Wörter allmählich aussterben. Doch das ist alles relativ. Vor 200 Jahren waren Wörter wie *Schossee* oder *Schees* neumodische Wörter, heute gelten sie als alte urige Mundartwörter, und man bedauert, daß *Schossee* allmählich durch Neuerungen wie *Landstrooß, Bundesstrooß, Audobahn* oder daß das Wort *Kinnerschees* durch *Kinnerwaan* u. ä. verdrängt wird. Die Mundarten haben sich in den letzten Jahrzehnten deutlich gewandelt. Dennoch kann von einem Aussterben keine Rede sein. Ramge sagt zum Fortleben und zur Rolle des Dialekts in der Zukunft: „Als Ausdruck des Zusammengehörigkeitsgefühls und der raumgebundenen Sprechkultur bleiben die Dialekte auch im mittelsaarländischen Sprachraum erhalten. Für den oft beklagten und manchmal gewünschten Untergang der Dialekte gibt es hier keine überzeugenden Anhaltspunkte, so sehr die sprachlichen Verhältnisse im Wandel sind. Aber das waren sie immer."

Erkennbare Dialektveränderungen können im Saarpfalz-Kreis im Lautlichen und im Wortschatz festgestellt werden. Bestimmte Lauteigenheiten, die als besonders derb mundartlich empfunden werden, sind im Rückgang. Dies betrifft vor allem den sogenannten Rhotazismus und Lambdazismus, also die Aussprache bestimmter d- oder t-Laute als r oder sogar l, z. B. *Farem, Falem* „Faden", *Fuurer, Fuuler* „Futter" usw., ferner Senkungsformen wie *met* „mit", oder „Zwischenformen" zwischen dem Rheinfränkischen und Lothringischen in Wörten wie *Hous* „Haus", *Krejz* „Kreuz", die zugunsten von *Haus, Kreiz* aufgegeben werden. Gegen die Standardsprache hat sich in den letzten Jahrzehnten die sch-Aussprache in Wörtern wie *isch* „ich", *Kersch* „Kirche" oder *dischdisch* „tüchtig" durchgesetzt.

Im Wortschatz haben sich zahlreiche Veränderungen ergeben. Es ist klar, daß Benennungen der alten ländlich-bäuerlich geprägten Sachkultur mit deren Verschwinden ebenfalls in Vergessenheit geraten, da sie in der alltäglichen Kommunikation nicht mehr vorkommen. Beispiele sind: *Länkert/Länke* „Stange unter Vorder- und Hinterwagen", *Mickanick* „Bremse am Bauernwagen", *Loone* „Radnagel", *Dummelwaan* „Kastenwagen, Kippkarre", *Schlacht* „Reihe gemähten Grases", *Driesch* „Brachland", *Glääch* „Kettenglied", *illeriche/irreriche* „wiederkäuen", *Wieche* „Docht", *Dääsem* „Sauerteig" usw. Bei anderen Wörtern, die nicht einer untergehenden Sachkultur angehören, kann teilweise eine Ersetzung von älteren durch neuere Formen festgestellt werden, z. B. *Tochtermann* durch *Schwieersohn, Sohnsfraa* durch *Schwieerdochder, Sommerspreckele* durch *Sommersprosse, Biller* durch *Zannflääsch, Fixfeier* durch *Streichholz* usw.

Die Veränderung des Dialektes in der Saarpfalz, die hier nur in wenigen Beispielen namhaft gemacht werden konnte, kann nicht generell als Auflösung des Dialektes insgesamt gedeutet werden. Es besteht eine Tendenz zum Aufgeben kleinräumiger und exotischer Mundarteigenheiten zugunsten regional weiter verbreiteter Varianten, wobei nicht immer die Nähe zur Standardsprache entscheidend ist. Eine dialektal geprägte Sprechweise wird es hier also auch in ferner Zukunft noch geben.

Literatur

Bonner, Maria: Umgangssprache in Neunkirchen. Eine Studie zur Sprachschichtenmischung. Saarbrücken 1986 (Beiträge zur Sprache im Saarland 7)

Braun, Edith, Mangold, Max: Saarbrücker Wörterbuch. Saarbrücken 1984 (Beiträge zur Sprache im Saarland 5)

Hollinger, Heinz (Hrsg.): Humborjer Dialekt. Das Wörterbuch der Saarpfalz. Homburg-Saar 1986

Pfälzisches Wörterbuch. Begr. v. Ernst Christmann, fortgeführt von Julius Krämer, bearbeitet von Rudolf Post unter Mitarbeit von Sigrid Bingenheimer und Josef Schwing. Wiesbaden 1965 ff.

Post, Rudolf: Pfälzisch. Einführung in eine Sprachlandschaft. Landau² 1992

Ramge, Hans: Dialektwandel im mittleren Saarland. Saarbrücken 1982 (Veröffentlichungen des Instituts für Landeskunde im Saarland 30)

Sehenswürdigkeiten aus dem Saarpfalz-Kreis auf Briefmarken

von Ludwig Brettar

Saargebiet (1920–1935). Tafel 29, 1–5

Am Tag des Waffenstillstandabkommens von Compiègne (Ende des 1. Weltkrieges), dem 11. November 1918, marschierten französische Besatzungstruppen in Saarbrücken ein; an der Saar wurde eine Militärverwaltung eingesetzt. Für den preußischen Teil des Gebietes setzte der Oberbefehlshaber der 10. französischen Armee, General Mangin, eine „Administration Supérieure de la Sarre" mit Sitz in Saarbrücken ein. Ihr wurden nach der Ratifikation des Versailler Friedensvertrags durch Frankreich (2. Oktober 1919) auch die saarpfälzischen Bezirke des Gebietes unterstellt. In die Zuständigkeit dieser militärischen Verwaltungsbehörde, an deren Spitze zunächst General Andlauer, später General Wirbel stand, fiel u. a. auch das Verkehrswesen mit dem Post- und Fernmeldedienst.

In der Zeit vom 30. Januar 1920 bis 28. Februar 1935 wurden durch Erlaß der militärischen Verwaltungsbehörde die weltweit bekannten Saarbriefmarken mit Abbildungen von Bauwerken und Motiven der Saar an den Postschaltern verausgabt. Sie zählen zu den schönsten philatelistischen Ausgaben ihrer Zeit und wurden bei Vaugirard in Paris gedruckt.

Zu 1 und 2 An die Postschalter des Saargebiets kamen am 9. April 1925 die beiden Briefmarken zu 45 C. und 10 Fr. mit der Abbildung der Pfeilenmadonna von Blieskastel. Die Briefmarken wurden nach einem Entwurf von E. Wagner hergestellt und haben eine Auflage von einer Million (45 C.) und 265 000 Stück (10 Fr.)

Zu 3 und 4 Im Rahmen der Wohlfahrtsausgabe zugunsten der Volkshilfe, Burgen und Kirchen, erschienen am 20. Dezember 1932 die beiden Briefmarken 40 + 15 C. Burgruine Kirkel und 60 + 20 C. Schloßkirche Blieskastel. Der Entwurf wurde nach Fotos von Wentz gefertigt und die Auflage betrug 34 662 Stück (40 C.) und 35 733 Stück (60 C.).

Zu 5 Am 1. November 1934 wurde u. a. die 10 Fr. Sondermarke „Madonna von Blieskastel" mit dem Aufdruck „VOLKSABSTIMMUNG 1935" verausgabt. Dies geschah im Hinblick auf die im Friedensvertrag von Versailles festgelegte Volksabstimmung im Saargebiet, die am 13. Januar 1935 stattfand. Die Briefmarke wurde nach einem Entwurf von E. Wagner ausgeführt und hatte eine Auflage von 70 000 Stück.

Saarland (1947–1956) Tafel 29, 6–8

Nach der Kapitulation des Deutschen Reiches im Mai 1945 gehörte das Saarland zunächst zur Französischen Zone Deutschlands. Mit Verfügung Nr. 254 vom 12. November 1947 des Administrateur Général der französischen Militärregierung in Baden-Baden wurde der

Post-, Telegrafen- und Telefondienst im Saarland auf eine völlig neue rechtliche und organisatorische Grundlage gestellt.

Von 1947 bis 1956 wurden im Saarland eigene Briefmarken verausgabt, die in der französischen Staatsdruckerei Paris oder bei Vaugirard in Paris gedruckt wurden.

Zu 6 Am 20. Dezember 1949 erschien an den Postschaltern des Saarlandes die Wohlfahrtsausgabe zugunsten der Volkshilfe. Für den höchsten Wert des Satzes 50 + 20 Fr. wurde als Motiv die Holzstatue der „Madonna von Blieskastel" gewählt. Der Druck der Wohlfahrtsausgabe wurde von der Staatsdruckerei Paris ausgeführt, von diesem Wert wurden 117 669 Stück verausgabt.

Zu 7 Von 1949 bis 1951 hatte die Freimarken-Ausgabe zum Thema: „Bilder aus Industrie, Handel und Landwirtschaft"; von Vaugirard in Paris wurden diese Marken gedruckt. Am 15. Februar 1951 kam die Briefmarke im Wert zu 45 Fr. mit dem Motiv „Der große Stiefel bei St. Ingbert" an die Postschalter; es sind davon 3 109 911 Stück nach einem Entwurf von Mees erschienen.

Zu 8 Im Rahmen der Sonderausgaben von Briefmarken erschien am 16. Juni 1951 anläßlich der Ausstellung „Garten und Blumen im sozialen Wohnungsbau des Saarlandes" im damaligen Mittelbexbach die Marke zu 15 Fr. mit dem Motiv „Blumen und Hindenburgturm". Gedruckt wurde diese Briefmarke nach einem Entwurf von H. Blum von der Staatsdruckerei in Paris; es sind davon 1,2 Millionen erschienen.

Oberpostdirektion (OPD) Saarbrücken (1957–1959) Tafel 29, 9/10

Am 1. Januar 1957 wurde das Saarland in die Bundesrepublik Deutschland eingegliedert und verwendete hier als OPD Saarbrücken, unter Zuständigkeit der Deutschen Bundespost, bis zum 5. Juli 1959 noch eigene Briefmarken in Fr.-Währung

Zu 9 Das saarländische Wappen ist auf der Sondermarke (Nennwert 15 Fr.) der OPD Saarbrücken abgebildet, die am 1. Januar 1957 zur Eingliederung des Saarlandes in die Bundesrepublik Deutschland an den saarländischen Postschaltern verausgabt wurde.

Das Markenbild wurde von H. Kern entworfen; der Druck wurde in der Bundes-Staatsdruckerei in Berlin ausgeführt und die Auflage betrug 2 994 290 Stück.

Das Saarland ist nach der Volksbefragung vom 23. Oktober 1955 am 1. Januar 1957 als zehntes Bundesland nach Deutschland zurückgekehrt. Es gehörte vor dem Ersten Weltkrieg als Bestandteil des Deutschen Reiches zum Königreich Preußen und mit den Kreisen Homburg und St. Ingbert zum Königreich Bayern, außerdem einige Gemeinden im Nordosten des Gebietes zum Fürstentum Birkenfeld, das ein Bestandteil des Großherzogtums Oldenburg war. Die Erinnerung aber an jene große Territorien, die während des Mittelalters und bis zur Französischen Revolution die politische Geschichte unseres Landes bestimmten, als da waren Nassau-Saarbrücken, Kurtrier, Pfalz und Lothringen, kehren auch in dem Wappen wieder, das sich der Landtag des Saarlandes durch Gesetz vom 9. Juli 1956 als Hoheitszeichen gegeben hat und das als Motiv sowohl auf der Briefmarke des Saarlandes als auch auf der in der Bundesrepublik erschienenen Marke abgebildet ist (vgl. S. 201).

Zu 10 Aus Anlaß der 400-Jahr-Feier der Stadt Homburg erschien als Sonderausgabe am 14. Juni 1958 die Briefmarke mit dem Stadtbild von Homburg mit Schloßberg im Wert von 15 Fr. Die Briefmarke wurde in der Bundes-Staatsdruckerei Berlin nach einem Entwurf von H. Lau hergestellt; es erschienen 1 498 555 Stück.

Tafel 29 Briefmarken mit Sehenswürdigkeiten aus dem Saarpfalz-Kreis

Saarpfalz-Kreis

Tafel 30/31 Mitarbeiterinnen und Mitarbeiter der Kreisverwaltung vor dem Landratsamt in Homburg

Tafel 32 Blick von Süden über Stadt und Kraftwerk Bexbach am Höcherberg

Bundesrepublik Deutschland
Tafel 29, 11–16

Zu 11 Von der Bundesrepublik Deutschland wurde aus Anlaß der Eingliederung des Saarlandes als zehntes Bundesland am 2. Januar 1957 eine Sondermarke mit dem Wappenschild des Saarlandes zum Nennwert von 10 Pfg. an die Postschalter gebracht. Der Entwurf des Markenbildes stammte von H. Kern; die Auflage betrug 20 Millionen Stück.

Zu 12 Die 2. Ausgabe „Archäologisches Kulturgut" der Bundespost am 16. August 1977 umfaßte drei Werte, wobei auf dem Höchstwert 200 Pfg., der in Homburg-Schwarzenacker gefundene „Bronze Kentaurenkopf" dargestellt worden ist. Nach dem Entwurf von Schillinger wurden von der Staatsdruckerei 8,9 Millionen Stück hergestellt.

Zu 13 Zum „Tag der Briefmarke 1979" erschien am 11. Oktober 1979 die Briefmarke im Wert von 60 + 30 Pfg. mit dem Motiv des Posthausschildes von Altheim/Saar nach einem Entwurf von Schillinger in einer Auflage von 27,79 Millionen Stück (deutsch beschriftete Seite des Posthausschildes: „Alhir ist die Königliche Bost").

Zu 14 Am 13. November 1980 erschien zum „FIP-Kongreß Essen 1980" die zweite Seite des Posthausschildes von Altheim/Saar auf der Briefmarke zum Nennwert von 60 + 30 Pfg. in einer Auflage von 34,81 Millionen Stück (französisch beschriftete Seite des Posthausschildes: „A la Post Roiale"). Am Postschalter des Postamtes 1 in St. Ingbert kamen Kleinbögen (gedruckt zu 10 Marken) des Posthausschildes Altheim zur Ausgabe, die einseitig (links) einen um 5 mm breiteren Rand haben.

Zu 15 und 16 In der Freimarkenserie der Deutschen Bundespost „Sehenswürdigkeiten" wurde am 11. August 1988 die Briefmarke mit dem Motiv der Bronzekanne Reinheim nach einem Entwurf von Haase zu einem Nennwert von 90 Pfg. herausgegeben und am 12. Januar 1989 mit dem gleichen Motiv und einem Nennwert zu 140 Pfg. verausgabt. Die Briefmarken wurden in Bögen und Rollen je nach Bedarf gedruckt. Von den drei Ausgaben der Bronzekanne Reinheim wurden auch verschiedene Privat-Ganzsachen herausgegeben.

Berlin (West) Tafel 29, 17

Mit der Einführung der D-Mark in den Westsektoren von Berlin am 26. Juni 1948 gelangten an die Postschalter von Berlin Briefmarken der Bundespost, die zunächst mit „BERLIN" überdruckt wurden, später aber im Rahmen der Deutschen Bundespost mit dem Zusatz BERLIN erschienen.

Zu 17 Am 12. Januar 1989 in der Freimarkenserie „Sehenswürdigkeiten" erschien an den Postschaltern von Berlin-West die Briefmarke mit dem Motiv der Bronzekanne Reinheim zum Nennwert 140 Pfg., die ebenfalls in Bögen und Rollen gedruckt wurde. Die Briefmarke unterscheidet sich von der Ausgabe in der Bundesrepublik lediglich durch die zusätzliche Inschrift – Berlin –.

Der Saarpfalz-Kreis, seine Städte und Gemeinden

Der Saarpfalz-Kreis – seine Aufgaben und Leistungen

von Clemens Lindemann

Der Saarpfalz-Kreis wurde im Rahmen der kommunalen Gebiets- und Verwaltungsreform im Saarland zum 1. Januar 1974 gebildet. Er ist Rechtsnachfolger der früheren Landkreise St. Ingbert und Homburg und hat seinen Sitz in der Kreis- und Universitätsstadt Homburg. Der Name „Saarpfalz-Kreis" hat seinen Ursprung in der Geschichte des Kreisgebietes, das ehemals zur bayerischen Pfalz gehörte.

Der Saarpfalz-Kreis hat 155000 Einwohner und umfaßt auf einer Gesamtfläche von 420 km^2 die Städte Bexbach, Blieskastel, Homburg und St. Ingbert sowie die Gemeinden Gersheim, Kirkel und Mandelbachtal. Im Südosten des Saarlandes gelegen, verbindet den Saarpfalz-Kreis eine 30 km lange Grenze mit Frankreich. Strukturell läßt sich der Saarpfalz-Kreis in zwei unterschiedliche Zonen einteilen. Im nördlichen und nordwestlichen Teil sind zahlreiche Betriebe der weiterverarbeitenden Industrie angesiedelt, der südliche und südöstliche Teil dagegen ist landwirtschaftlich geprägt.

Aufgrund seiner geographisch günstigen Lage ist der Saarpfalz-Kreis eine zentrale Wirtschaftsregion im Bereich der Europäischen Gemeinschaft, verbunden durch ein gut ausgebautes Verkehrsnetz mit den benachbarten Wirtschaftsräumen. Die Kreisstadt Homburg ist nach Saarbrücken der wichtigste Verkehrsknotenpunkt des Saarlandes. Dominierende Fernverkehrsstraßen sind die Bundesautobahn Saarbrücken – Mannheim und die Bundesstraße 10. Die Kreisstadt ist außerdem ein wichtiger Knotenpunkt im Schienenverkehr mit hervorragenden direkten Verbindungen nach Mannheim, Stuttgart, Frankfurt, Saarbrücken, Metz und Paris.

Das Wappen

Das Wappen des Saarpfalz-Kreises wurde dem Landkreis am 21. Mai 1975 vom saarländischen Innenministerium verliehen. Das Wappen ist geviert und bringt die wesentlichen Herrschaftsräume der Region, wie sie im 18. Jahrhundert bestanden haben, zum Ausdruck. Oben links, oder heraldisch rechts, weist ein goldener Löwe im schwarzen Feld auf die Herzöge von Pfalz-Zweibrücken hin. Das rote Kreuz im silbernen Feld ist Symbol für die 300jährige Herrschaft des Erzbistums Trier. Der blaue Abtsstab im goldenen Feld steht für die Herrschaft der Familie von der Leyen von 1660 bis 1793 und deren Besitztümer, die Klöster Wörschweiler, Gräfinthal und Herbitzheim. Der silberne Löwe im roten Feld unten links vertritt die Herrschaft Homburg, die 1449 an die Grafen von Nassau-Saarbrücken gelangte.

Das Landratsamt

Im Landratsamt ist sowohl die kreiskommunale als auch die untere staatliche Verwaltung des Landkreises untergebracht. Die kreiskommunalen Aufgaben der Selbstverwaltung sind nach Maßgabe der Entscheidungen des Kreistages und des Kreisausschusses zu erledigen. Im Gegensatz dazu ist die untere staatliche Verwaltungsbehörde bei Hoheitsaufgaben Vollzugsorgan des Landes und Rechtsaufsichtsbehörde über die Gemeinden. In Abgrenzung zu den Aufgaben der Städte und Gemeinden sieht das saarländische Kommunalselbstverwaltungsgesetz (KSVG) die Zuständigkeit der Landkreise in der Erfüllung der „überörtlichen, in ihrer Bedeutung auf das Kreisgebiet beschränkten öffentlichen Aufgaben", also Aufgaben, die das Leistungsvermögen einer einzelnen Gemeinde übersteigen. Zu den kreiskommunalen Aufgaben gehören beispielsweise die Durchführung des Bundessozialhilfegesetzes (BSHG) und des Kinder- und Jugendhilfegesetzes (KJHG), der Bau und die Unterhaltung von Schulen, die Versorgung des ländlichen Bereiches mit Weiterbildungsmöglichkeiten für Erwachsene, die Unterhaltung eines Kreiskrankenhauses, Natur- und Umweltschutzmaßnahmen, die Förderung der Landwirtschaft und der Heimat- und Denkmalpflege sowie Bereiche der Frauenpolitik.

Als untere staatliche Verwaltungsbehörde ist das Landratsamt beispielsweise zuständig für die Zulassung von Kraftfahrzeugen, für das Staatsangehörigkeits- und Ausländerwesen, für den Katastrophen- und Zivilschutz, für Natur- und Wasserschutz, für die Flächennutzungs- und Bauleitplanung, das Gewerbe- und Gesundheitswesen, das Jagdrecht und allgemeine Polizeiangelegenheiten.

Um diese breite Aufgabenpalette im Sinne der Bürgerinnen und Bürger erfüllen zu können, sind im Landratsamt in der staatlichen Verwaltung in sieben Abteilungen 89 Personen und in der kreiskommunalen Verwaltung in vier Dezernaten 258 Personen beschäftigt. Davon sind in den 18 kreiseigenen Schulen 86 Personen als Hausmeister, als Sekretärinnen und Sekretäre sowie im Reinigungsdienst tätig. Das Kreiskrankenhaus in St. Ingbert beschäftigt 398 Personen. (Stand: Dez. 1992)

Nachdem die verschiedenen Ämter und Abteilungen der Kreisbehörde bis 1982 auf verschiedene Gebäude in der Stadt verteilt waren, konnte im Dezember 1982 nach vierjähriger Bauzeit „Am Forum" ein modernes Verwaltungszentrum bezogen werden, das heute nicht nur das Landratsamt, sondern auch das Rathaus der Stadt Homburg und die gemeinsam genutzten Sitzungs- und Fraktionsräume beherbergt.

Die Selbstverwaltungsorgane des Kreises

Nach dem Kommunalselbstverwaltungsgesetz (KSVG) sind der Kreistag, der Kreisausschuß und der Landrat die Organe des Landkreises.

Der Kreistag ist die Volksvertretung. Er wird von den wahlberechtigten Einwohnern des Kreises in allgemeiner, unmittelbarer, freier, gleicher und geheimer Wahl für fünf Jahre gewählt.

Der Kreistag des Saarpfalz-Kreises hat 33 Mitglieder, von denen derzeit (1992) 16 Mitglieder der SPD, 13 der CDU und je zwei der Freien Wählergemeinschaft (FWG) und den

Die Selbstverwaltungsorgane des Kreises

Tabelle 1: Organisationsschema des Saarpfalz-Kreises

Landrat

Kreiskommunale Verwaltung

- Rechnungsprüfungsamt
- Kreisbauamt

Dezernat I: Hauptverwaltung
- Hauptamt
- Personalamt
- Presse- und Öffentlichkeitsarbeit, Bürgerberatung
- Gleichstellungsstelle
- Amt für Schule, Kultur und Sport

Dezernat II: Finanzverwaltung
- Kämmerei
- Kreiskasse

Dezernat III: Sozialverwaltung
- Sozialamt
- Jugendamt

Dezernat IV: Natur und Umwelt
- Amt für Natur- und Umweltschutz
- Amt für Heimat- und Denkmalpflege
- Amt für Städtebau und Bauleitplanung
- Amt für Landschaftsgestaltung
- Amt für Abfallwirtschaft
- Amt für Landwirtschaft und Gartenbau

Staatliche Verwaltung

- Hauptverwaltung, Katastrophenschutz
- Gemeindeaufsicht
- Kreispolizeibehörde
- Amt für Ordnungswidrigkeiten
- Untere Bauaufsichtsbehörde
- Staatshoheitsangelegenheiten
- Straßenverkehrsstelle
- Kreisrechtsausschuß

Ihren Sitz beim Landrat haben ferner das Veterinäramt und das Schulamt.

Grünen angehören. SPD: Rudolf Clohs, Robert Gehring (Erster Kreisbeigeordneter), Gertrud Giesen (Fraktionsvorsitzende), Edgar Grund, Rudi Hartz, Werner Höfler, Helmut Kihl, Franz-Josef König, Margit Lebong, Richard Lutz, Sonja Redel, Oswald Sattler, Manfred Schneider, Gerhard Schwenk (Kreisbeigeordneter), Karl Seib und Roland Weber. – CDU: Arno Degel, Gerd-Dieter Gabriel, Wolfgang Giffel, Beate Gräf, Angelika Kuhn, Manfred Lauer, Hans Quirin (Fraktionsvorsitzender), Dieter Schmidt, Alban Schwarz, Johannes Sebastian, Hansjörg Steinfeltz, Leo Wahrheit (Kreisbeigeordneter) und Peter Weber. – FWG: Bernd-Jürgen Ecker und Walter Grand-Montagne (Fraktionssprecher). – Die Grünen: Gudrun Ballhorn und Josef Schömann (Fraktionssprecher).

Der Kreistag beschließt über alle Selbstverwaltungsangelegenheiten des Landkreises, insbesondere setzt er die Haushaltssatzung fest, verabschiedet den Haushaltsplan, erläßt Satzungen zur Regelung kommunaler Angelegenheiten und beschließt über die Einstellung des Personals sowie über die Durchführung von Maßnahmen und Projekten.

Die Sitzungen des Kreistages sind grundsätzlich öffentlich. Den Vorsitz führt der Landrat. Er ist nicht stimmberechtigt.

Zur Vorbereitung seiner Beschlüsse hat der Kreistag des Saarpfalz-Kreises aus seiner Mitte neun Kreistagsausschüsse mit je 13 Mitgliedern gebildet: Haushalts- und Finanzwesen; Landwirtschaftsfragen; Wirtschaft, Verkehr und Raumordnung; Kultur, Schule und Sport; Umwelt; Bauwesen; Soziales; Rechnungsprüfung; Kreiskrankenhaus.

Der Kreisausschuß des Saarpfalz-Kreises setzt sich aus elf Kreistagsmitgliedern zusammen. Den Vorsitz führt – wie im Kreistag – der Landrat: Er hat auch hier kein Stimmrecht. Der Kreisausschuß entscheidet eigenständig über solche Selbstverwaltungsangelegenheiten, die nicht in den ausschließlichen Zuständigkeitsbereich des Kreistages fallen. Außerdem bereitet er die Entscheidungen des Kreistages in den Bereichen vor, für die kein eigener Kreistagsausschuß gebildet wurde. In Dringlichkeitsfällen hat der Kreisausschuß das Recht, anstelle des Kreistages zu beschließen.

Der Landrat ist der gesetzliche Vertreter des Landkreises. Er ist kommunaler Wahlbeamter und wird vom Kreistag für die Dauer von zehn Jahren gewählt.

Der Landrat leitet die Verwaltung, bereitet die Beschlüsse des Kreistages und des Kreisausschusses vor und führt sie aus. Er erledigt die Geschäfte der laufenden Verwaltung, die ihm übertragenen Selbstverwaltungsangelegenheiten sowie die dem Landkreis übertragenen staatlichen Aufgaben. Im Falle seiner Verhinderung wird er in Angelegenheiten des Landkreises von Kreisbeigeordneten vertreten, die aus der Mitte des Kreistages gewählt werden. Als Leiter der unteren staatlichen Verwaltungsbehörde ist der Landrat der allgemeine Vertreter der Landesregierung in seinem Landkreis.

Aufgaben

Die Selbstverwaltungsangelegenheiten eines Landkreises bestehen aus Pflichtaufgaben, wie z. B. der Ausführung des Bundessozialhilfegesetzes und des Kinder- und Jugendhilfegesetzes, und aus freiwilligen Aufgaben, wie z. B. der Förderung der Landwirtschaft und der Heimat- und Denkmalpflege. Im Zuge der Kommunalisierung zahlreicher Aufgaben, die bisher in Landeshand waren, wie beispielsweise die Übertragung der Trägerschaft der Gymnasien auf die Landkreise im April 1992, erwarten die Kreise auch in den kommenden Jahren weitere Zuständigkeitsbereiche, deren Verwaltung im Sinne der Bürger kosten- und lohnintensiv sein werden.

Aufgaben 207

78 Mitglieder des Kreistags im Landratsamt

Bereits heute verschlingen die Pflichtaufgaben etwa 95,5 Prozent der zur Verfügung stehenden Finanzmittel, für die freiwilligen Leistungen bleibt immer weniger Spielraum. Den größten Raum im Haushalt des Saarpfalz-Kreises, dessen Gesamtvolumen 1993 bei 112 Mio. DM liegt, nehmen mit steigender Tendenz die Einzeletats Soziales und Jugendhilfe ein.

Tabelle 2: Das Haushaltsvolumen im Saarpfalz-Kreis (in Mio. DM)

	1974	1993
Soziales	32,97	44,04
Jugendhilfe	19,10	23,81
Frauen	–	0,36
Schule, Kultur und Sport	14,45	13,94
Natur- und Umweltschutz	0,04	0,91
Heimat- und Denkmalpflege	0,20	0,38
Wirtschaftsförderung	1,19	2,28
Kreiskrankenhaus	2,39	0,66
Fremdenverkehr	0,01	0,46
Sonstiges	29,65	13,16

Soziales

Der Saarpfalz-Kreis ist örtlicher Träger der Sozialhilfe, die nach dem Bundessozialhilfegesetz (BSHG) gewährt wird und Menschen in schwierigen Lagen helfen soll, aus eigener Kraft am Leben in der Gemeinschaft teilzunehmen und ein menschenwürdiges Leben zu führen. Sozialhilfe erhält, wer sich nicht selbst helfen und die erforderliche Hilfe auch nicht von anderen, insbesondere von Angehörigen oder anderen Sozialleistungsträgern erhalten kann.

Die Sozialhilfe umfaßt „Hilfe zum Lebensunterhalt" und „Hilfe in besonderen Lebenslagen". Hilfe zum Lebensunterhalt wird geleistet, wenn eine Person aufgrund ihrer Einkommens- und Vermögensverhältnisse nicht in der Lage ist, ihren Lebensunterhalt aus eigenen Mitteln zu bestreiten. Die Hilfe in besonderen Lebenslagen dient dagegen nicht der Sicherung des reinen Lebensunterhalts, sondern hilft in speziellen Bedarfssituationen, wie z. B. im Krankheits- oder Pflegefall.

Unter dem Motto „Hilfe zur Arbeit – Hilfe zur Selbsthilfe" hat sich der Saarpfalz-Kreis zum Ziel gesetzt, Sozialhilfeempfängern, die lange Zeit arbeitslos sind, neue Zukunftsperspektiven zu eröffnen, indem nicht sinnloses Nichtstun alimentiert, sondern sinnvolle Arbeit finanziert wird.

Seit 1984 betreibt das Kreissozialamt in Zusammenarbeit mit den Städten und Gemeinden des Saarpfalz-Kreises, Trägern der freien Wohlfahrtspflege und der Neuen Arbeit Saar (NAS) das Projekt „Hilfe zur Arbeit". Auf der Grundlage von § 19 BSHG werden Betroffene jeweils für ein Jahr in den Bereichen Umweltschutz, Archäologie und Soziales in eine Beschäftigungsmaßnahme aufgenommen, die neben einer materiellen Absicherung auch eine sozialpädagogische Betreuung der Teilnehmerinnen und Teilnehmer sicherstellt. Spezielle Qualifizierungsmaßnahmen im Rahmen des Projektes tragen erheblich zur Verbesserung der Arbeitsmarktchancen der Betroffenen bei. Bisher konnten so über 500 Personen neue Chancen auf eine Wiedereingliederung in das Berufsleben eröffnet werden. Ein eigenes Programm zur Reintegration von Frauen wurde 1990 im Tätigkeitsfeld Altenhilfe und -pflege initiiert.

Neben den Leistungen nach dem Bundessozialhilfegesetz erbringt das Kreissozialamt noch zahlreiche Leistungen nach anderen Bundes- bzw. Landesgesetzen, wie die Kriegsopferfürsorge nach dem Bundesversorgungsgesetz oder Leistungen nach dem Unterhaltssicherungsgesetz. Seit 1986 besteht beim Sozialamt des Saarpfalz-Kreises eine Schuldnerberatungsstelle, die Familien mit besonderen finanziellen Schwierigkeiten in finanziellen, lebenspraktischen und psychosozialen Fragen berät und Unterstützung anbietet.

In den kommenden Jahren wird die Altenpolitik einen immer wichtigeren Stellenwert einnehmen. Aufgrund von demographischen Veränderungen in der Bevölkerungsstruktur und veränderten gesellschaftlichen Rahmenbedingungen bedarf die Altenarbeit neuer Impulse, um den Bedürfnissen älterer Menschen in unserer Gesellschaft gerecht zu werden. Um dieser Entwicklung Rechnung zu tragen, hat der Saarpfalz-Kreis vom Institut für Kommunale Sozialforschung und Sozialpolitik aus Saarbrücken einen Altenplan für unsere Region erstellen lassen. Der Kreisaltenplan dient der 1992 eingerichteten Leitstelle „Älter werden" als Arbeitsgrundlage, um in Zusammenarbeit mit Wohlfahrtsverbänden, Vereinen und Organisationen Wege aufzuzeigen, wie älteren Menschen so lange wie möglich eine eigenständige Lebensführung ermöglicht werden kann.

Wichtigste Eckpunkte bilden hierbei die Sozialstationen und die Mobilen Sozialen Dienste (MSD), deren flächendeckendes Angebot an medizinisch-pflegerischen Diensten und Hilfen im Haushalt, beim Einkauf und bei der Essensbereitung älteren Menschen ein Höchstmaß an Selbständigkeit und Lebensqualität garantieren soll. Neue flexiblere Wohnformen, wo älteren Menschen je nach Hilfebedürftigkeit Unterstützung und Betreuung angeboten wird, sollen in Zukunft verstärkt geschaffen werden. Mit der Schaffung von Tages- und Kurzzeitpflegeplätzen können Familien entlastet werden, in deren Haushalt Angehörige gepflegt werden. Seniorenorientierte Programme an Volkshochschulen und ähnlichen Einrichtungen berücksichtigen das gestiegene Interesse von älteren Menschen, sich weiterzubilden und auch im Alter aktiv und kreativ zu bleiben.

Behinderte Menschen bedürfen ebenso wie Alte und Kranke einer besonderen Infrastruktur, um ihnen ein Höchstmaß an Selbständigkeit und Teilhabe am gesellschaftlichen Leben zu ermöglichen. Der Saarpfalz-Kreis unterstützt deshalb einen Behindertenfahrdienst, den das Deutsche Rote Kreuz für Rollstuhlfahrer, außergewöhnlich gehbehinderte Menschen und Blinde eingerichtet hat.

Für psychisch Kranke hat der Saarpfalz-Kreis von 1980 bis 1985 im Rahmen eines bundesweiten „Modellprogramms Psychiatrie" die Grundlage für ein abgestuftes System geschaffen, das eine gemeindenahe, bedarfsgerechte und umfassende Versorgung psychisch kranker Menschen garantiert. Voll- und teilstationäre klinische Einrichtungen, Wohnmöglichkeiten in Heimen und Wohngemeinschaften, Hilfen zur Integration in die Arbeitswelt und Beratung in Fragen der Freizeitgestaltung helfen Betroffenen und Angehörigen, ihre besondere Situation zu bewältigen. Um den Bestand und die Weiterentwicklung dieser Versorgungsstruktur zu gewährleisten, steht der Saarpfalz-Kreis in ständigem Dialog mit den Versorgungsträgern. Eine wesentliche Rolle kommt dabei dem regionalen Psychiatrie-Beirat zu, der sich mit planerischen und konzeptionellen Fragen auseinandersetzt.

Jugendhilfe

Jeder junge Mensch hat laut Kinder- und Jugendhilfegesetz ein „Recht auf . . . Erziehung zu einer eigenverantwortlichen und gemeinschaftsfähigen Persönlichkeit". Das Kreisjugendamt unterstützt und hilft Eltern, diesem Erziehungsanspruch gerecht zu werden, und nimmt für Kinder und Jugendliche eine Lobbyfunktion in diesem Sinne wahr. Diese Funktion soll insbesondere „dazu beitragen, positive Lebensbedingungen für junge Menschen und ihre Familien sowie eine kinder- und familienfreundliche Umwelt zu erhalten oder zu schaffen" (§ 1 KJHG).
Kinder brauchen funktionierende Familien, die ihnen einen „sozialen Schutzraum" bieten, in dem sie ihre Bedürfnisse entwickeln und ausleben können. Steigende ökonomische und soziale Belastungen überfordern viele Familien in dieser Funktion. Das Kreisjugendamt bietet mit seinen Mitarbeiterinnen und Mitarbeitern (aus den Bereichen Sozialarbeit, Sozialpädagogik, Psychologie und Verwaltung) eine Vielzahl von Beratungs- und Hilfeangeboten, um bei Familienproblemen aufgrund von Arbeitslosigkeit, Krankheit, Scheidung, unzureichenden Wohnverhältnissen oder Erziehungsschwierigkeiten mit Rat und Tat zur Seite zu stehen. Die Form, in welcher das geschieht, ist immer am Einzelfall orientiert.
Ambulante Erziehungshilfen, die in den Bezirkssozialdiensten organisiert sind, umfassen persönliche Hilfen in Form von Familienberatung, Erziehungsbeistandschaften und sozialpädagogischer Familienhilfe. In allen Fragen findet eine enge Zusammenarbeit mit den freien Wohlfahrtsverbänden, Schulen, Kindergärten, dem Sozialamt und Arbeitsamt, dem Kinderschutzbund und Ärzten statt.
Bei straffällig gewordenen Jugendlichen bringen Sozialarbeiter und -arbeiterinnen im Rahmen der Jugendgerichtshilfe das soziale Umfeld und die persönliche Entwicklung des Betroffenen für eine Entscheidungsfindung bei Gericht ein. Auch bei einer Verurteilung werden die Jugendlichen auf ihrem weiteren Weg begleitet und in persönlichen Fragen beraten. Konkrete Hilfen in Sachen Ausbildung, Freizeitgestaltung u. ä. können in Anspruch genommen werden.
Für Kinder, deren Eltern – aus welchen Gründen auch immer – für ihre Kinder nicht oder nicht den ganzen Tag da sein können, wurde ein umfassendes System des Pflegewesens aufgebaut, das eine familiengerechte Unterbringung der Kinder gewährleisten soll. Die Angebote reichen von Tages- und Wochenpflegestellen bis zur Kurzzeit- und Dauerpflegestelle. Die Pflegeeltern werden vom Jugendamt beraten, auf ihre verantwortungsvolle Aufgabe vorbereitet und während der Aufnahme eines Kindes unterstützt.
Neben Beratungs- und Hilfetätigkeiten erfüllt das Jugendamt noch andere Aufgaben. Seit Jahren veranstaltet das Jugendamt vor allem in den Sommerferien im In- und Ausland attraktive Freizeitmaßnahmen für Kinder und Jugendliche. Das Angebot reicht von eintägigen dezentralen Maßnahmen im Kreisgebiet bis hin zu mehrwöchigen Aufenthalten in Jugendherbergen und Zeltlagern an der Nordsee oder in Südfrankreich. Auch Familien mit niedrigem Einkommen haben so die Gelegenheit, ihren Kindern erlebnisreiche Ferien zu ermöglichen. Aktivitäten in der Kinder- und

Jugendhilfe

79 Das Familienfest findet seit 1992 jedes Jahr rund um das Forum in Homburg statt.

Jugendkulturarbeit wie die jährliche Kindertheaterwoche stoßen ebenso auf ein erfreulich großes Interesse wie das seit 1992 jährlich stattfindende Familienfest rund um das Forum in Homburg.

Begleitet wird das Jugendamt in seiner Arbeit vom Jugendhilfeausschuß, einem Gremium mit Vertretern des Kreistages, der Kreisverwaltung und den Trägern der öffentlichen Jugendhilfe. Der Jugendhilfeausschuß befaßt sich mit der Weiterentwicklung und der Fortschreibung der Jugendhilfeplanung und der Förderung der freien Jugendhilfe.

Zur Jugendhilfeplanung gehört auch ein flächendeckendes Angebot an Einrichtungen der Jugendhilfe wie Kindergärten, Kinderkrippen und Kinderhorte. Kindertageseinrichtungen sind ein wichtiger Bestandteil der örtlichen sozialen Infrastruktur. Sie ermöglichen es Kindern, frühzeitig Kontakte zu anderen Kindern zu knüpfen und familienübergreifende Erfahrungen zu machen. Auch sind sie vor allem für Frauen Voraussetzung für die Vereinbarkeit von Familie und Beruf.

Der kontinuierliche Ausbau von Kindertageseinrichtungen im Saarpfalz-Kreis wird daher seitens der zuständigen Gremien in Kreistag und Jugendhilfeausschuß seit Jahren gefördert. Ziel ist die Schaffung von Kindergartenplätzen für alle Kinder ab drei Jahren und mehr Ganztagsplätzen, wobei sich die Öffnungszeiten der Einrichtungen an den Bedürfnissen von Eltern und Kindern orientieren sollen. 1992 gab es im Kreisgebiet 72 Kindergärten mit 4623 Kindergartenplätzen, davon 325 Plätze mit Ganztagsbetreuung. Der weitere Ausbau eines wohnviertelnahen und bedarfsgerechten Angebotes an Kindergartenplätzen umfaßt auch die funktionelle Verbesserung älterer Einrichtungen und die Integration behinderter Kinder in den Regelkindergarten. Altersgemischte Betreuung, sogenannte Familiengruppen und Kinderhäuser, wird in der Zukunft wichtige neue pädagogische Akzente setzen.

Für Kinder im Alter bis zu drei Jahren und von sechs bis zwölf Jahren soll in den kommenden Jahren das noch recht dürftige Angebot an Betreuungsplätzen in Kinderkrippen und Kinderhorten verbessert werden. Die Kinderkrippen- und Kinderhortplanung sieht in einer ersten Phase die Schaffung von 180 Krippenplätzen und 160 Hortplätzen vor.

Der Saarpfalz-Kreis wendet Jahr für Jahr große Summen für den Ausbau des Angebotes an Einrichtungen der Jugendhilfe auf und investiert damit sinnvoll Geld in die Entwicklung und die Zukunft „seiner" Kinder. Im Jahr 1992 wurden die Träger der Kindertageseinrichtungen allein mit 7,4 Mio. DM an Personalkostenzuschüssen unterstützt.

Frauen

Frauen sind nach dem Grundgesetz Artikel 3 gleichberechtigt. Weil die gesellschaftliche Wirklichkeit jedoch vielfach noch anders aussieht, hat der Kreistag des Saarpfalz-Kreises 1989 eine Frauenbeauftragte eingestellt, die sich für die Interessen von Frauen innerhalb und außerhalb der Kreisverwaltung einsetzt. Innerhalb der Verwaltung achtet die Frauenbeauftragte bei Einstellungen und Höhergruppierungen auf eine entsprechende Berücksichtigung von Bewerberinnen.

Mit regelmäßigen Sprechstunden ist die Gleichstellungsstelle Anlaufstelle für Frauen mit beruflichen und privaten Problemen. Die Frauenbeauftragte arbeitet mit Frauengruppen, -verbänden und -initiativen zusammen und sucht den Kontakt zu Gewerkschaften, Personal- und Betriebsräten, Arbeitgebern, Weiterbildungseinrichtungen und anderen Institutionen, die an der Gleichstellung der Frauen in Wirtschaft und Gesellschaft mitwirken können. In Zusammenarbeit mit der Kreisvolkshochschule bietet die Gleichstellungsstelle interessierten Frauen ein umfangreiches Fort- und Weiterbildungsprogramm an. Die Kurse umfassen Themen von Selbstbehauptung und Rhetorik über Tanz, Körperausdruck, Gesundheit, Selbstverteidigung und Entspannung bis hin zu pädagogischen und psychologischen Themen. Besonders stark nachgefragt ist Jahr für Jahr ein Autopannenkurs für Frauen. Seit November 1991 findet ein „Wiedereingliederungsprojekt" großen Anklang bei Frauen, die nach der sogenannten Familienphase einen Wiedereinstieg in den Beruf suchen. Die Qualifizierungsmaßnahme bildet die Frauen vor allem im EDV-Bereich weiter und erhöht so die Chance auf eine Anstellung.

Jedes Jahr im Herbst veranstaltet die Gleichstellungsstelle eine „Frauen-Kultur-Aktionswoche", eine Mischung aus Information und Kultur von Frauen für Frauen. Kernstück der Frauen-Kultur-Aktionswoche ist ein großer Informationstag mit Film-Frühstück, Rahmenprogramm und etwa 70 Organisationen, die sich und ihre Arbeit präsentieren. Eine Woche lang finden Informationsveranstaltungen, Diskussionsrunden, Ausstellungen, Filmvorführungen, Kabarett und Kultur zu Themen, die Frauen berühren und angehen, statt – ein umfangreiches Programm mit vielen Gelegenheiten für Gespräche, Kontakte, Informationen und gemeinsames Feiern. Die Frauen-Kultur-Aktionswoche endet mit einem großen Frauenfest.

Frauen – Schule, Kultur und Sport

80 Das Saarpfalz-Gymnasium in Homburg, seit 1992 in der Trägerschaft des Kreises.

Durch ihre vielfältigen Kontakte zu anderen Organisationen hat sich die Gleichstellungsstelle des Saarpfalz-Kreises mittlerweile zu einem frauenspezifischen Informationspool entwickelt, wo interessierte Frauen wichtige Adressen und Telefonnummern erfragen und Hinweise auf Veranstaltungen, regelmäßige Treffs, Beratungsangebote und Selbsthilfegruppen erhalten können. In einer Infothek liegen aktuelle Broschüren zu frauenpolitischen Themen, Ratgeber und Selbstdarstellungen zahlreicher Organisationen zum Mitnehmen aus.

Schule, Kultur und Sport

Im Saarpfalz-Kreis steht ein umfassendes Angebot schulischer Bildungseinrichtungen von der Grundschule, der Sekundarstufen I und II, der beruflichen Bildung bis zur Erwachsenenbildung zur Verfügung.

Der Kreis ist Träger von insgesamt 18 Schulen, die von über 8400 Schülerinnen und Schülern besucht werden. Während die Gemeinden für die Unterhaltung der Grund- und Hauptschulen verantwortlich sind, liegen vier Realschulen, zwei Gesamtschulen, vier berufsbildende Schulen, vier Sonderschulen und seit April 1992 auch die vier Gymnasien im Saarpfalz-Kreis in der Verantwortung der Kreisbehörde. Dabei ist das Bauamt des Kreises verantwortlich für Bau und Unterhaltung der Schulgebäude, das Schulamt kümmert sich um die Inneneinrichtung der Schulsäle, die technische Ausstattung der Funktionsräume sowie die Beschaffung von Lehr-,

81   Die Gesamtschule in Gersheim

Lern- und Unterrichtsmitteln. Die Hausmeister, die Büroangestellten sowie das Reinigungspersonal sind Bedienstete des Saarpfalz-Kreises. Die Lehrerinnen und Lehrer sind Beschäftigte des Landes, und das Bildungsministerium ist verantwortlich für pädagogische Fragen und die Besetzung des Lehrkörpers. Mit den kreiseigenen Schulen verwaltet das Schulamt mehrere Sportanlagen und -hallen, die von Vereinen kostenlos genutzt werden können.

Im Bereich der Erwachsenenbildung bemüht sich die Kreisvolkshochschule gemäß dem verfassungsrechtlichen Auftrag, vergleichbare Lebensverhältnisse in Stadt und Land zu garantieren, um ein bürgernahes, teilnehmerorientiertes und flächendeckendes Weiterbildungsprogramm auf Kreisebene. Während die Städte Homburg und St. Ingbert über eigene Volkshochschulen verfügen, bietet die Kreisvolkshochschule gemeinsam mit ihren fünf Außenstellen in Blieskastel, Bexbach, Kirkel, Gersheim und Mandelbachtal Jahr für Jahr ein vielfältiges Programm mit über 400 Kursen und etwa 100 Einzelveranstaltungen an, die von fast 8000 Teilnehmern besucht werden. Damit nimmt die Kreisvolkshochschule des Saarpfalz-Kreises mit ihrem Angebot eine führende Position auf Landesebene ein. Die Themenpalette der Kurse umfaßt alle Bildungsbereiche von Fremdsprachen, EDV, Künstlerischem Arbeiten, Musik, Sport, über Rhetorik, Literatur, Hauswirtschaft, Gesundheit bis hin zu Länder- und Heimatkunde, Geschichte, Politik und Psychologie. Neben den Kursen finden auch die zahlreichen Vorträge und Studienreisen großen Anklang. Deutschkurse für Aussiedler, die täglich stattfinden und vom Arbeitsamt finanziert werden, sollen Aussiedlern die rasche Eingliederung in unsere Gesellschaft erleichtern und auf den Einstieg in das Berufsleben vorbereiten.

Die Hauptaufgabe der zwei Kreisbildstellen des Saarpfalz-Kreises liegt im Verleih von audiovisuellen Medien an schulische und außerschulische Bildungseinrichtungen. Die Kreisbildstellen in Homburg und St. Ingbert bieten über 3500 Medieneinheiten an. Das Angebot reicht von Diareihen über 16-mm- und Super-8-mm-Filme bis hin zu Video- und Tonkassetten. Über 13 000 Ausleihvorgänge pro Jahr zeugen von dem großen Bedarf, wobei in den Schulen mit einem Anteil von über 90 Prozent an der Ausleihe die Medienarbeit und Medienerziehung offensichtlich ein immer größeres Gewicht erhält. Neben der Bereitstellung von Medien werden in den Kreisbildstellen auch die zugehörigen Geräte wie Film-, Dia- und Overheadprojektoren, Videorekorder und -kameras zur Verfügung gestellt. In regelmäßigen Schulungen werden vor allem Lehrerinnen und Lehrer in die Bedienung der Geräte eingewiesen. Die Wartung der Geräte und der Medien übernimmt die Kreisbildstelle ebenso wie die Beratung von Schulen bei der Anschaffung von schuleigenen Geräten. Künftige Entwicklungen im Medienbereich und in der Medienerziehung lassen umfassende organisatorische Veränderungen der Bildstellen erwarten. Neue Medienformen wie EDV-Software und optische Speicherplattensysteme sowie verbesserte und vereinfachte Techniken im Videobereich erfordern ein verändertes Angebot der Kreisbildstellen. Neue Investitionen in die Sachausstattung sind notwendig, eine engere Zusammenarbeit mit den anderen Bildstellen des Saarlandes und Institutionen wie dem Landesinstitut für Pädagogik und Medien (LPM) und dem Offenen Kanal scheint geboten, um dem veränderten Bedarf gerecht zu werden.

Natur- und Umweltschutz

Der Saarpfalz-Kreis ist in weiten Teilen ländlich strukturiert. Das Landschaftsbild ist vor allem im Südkreis geprägt von Wiesen und Äckern, durch den spürbaren Rückzug der Landwirtschaft auch zunehmend von Brachflächen. Insgesamt 24 Naturschutzgebiete umfassen eine Fläche von 471,5 ha. Das Bliestal ist mit 11 000 ha das größte Wasserschutzgebiet im Saarland, die Blies eine der ökologisch wertvollsten Flußlandschaften des Saarlandes. Die Verantwortung gegenüber der Natur und der Erhaltung unserer heimischen Landschaft erfordert vielfältige Schutz- und Pflegemaßnahmen, denen sich das 1986 gegründete Fachdezernat für Natur und Umwelt widmet. Unter einem Dach sind in diesem Dezernat so unterschiedliche Ämter wie Natur- und Umweltschutz, Landwirtschaft und Gartenbau, Landschaftsgestaltung, Abfallbewirtschaftung und Städte- und Bauleitplanung zusammengefaßt. Da diese Fachämter oft konträre Interessen zu vertreten haben, ist ein frühzeitiger Dialog unter Berücksichtigung aller Interessen in anstehenden Sachfragen unumgänglich und sehr zum Vorteil für die Lösung von Problemen und die Entwicklung von Projekten. So konnten in der Vergangenheit zahlreiche Umweltschutzprogramme in Zusammenarbeit mit den Landwirten des Saarpfalz-Kreises initiiert und Bauleitplanungen einer umweltverträglicheren Umsetzung zugeführt werden, als dies ohne die frühzeitige Berücksichtigung umweltschutzrelevanter Aspekte der Fall gewesen wäre.

Dem Arten- und Biotopschutz wird im Saarpfalz-Kreis eine große Bedeutung zugemessen. Ökologisch wertvolle und damit schutzwürdige Biotope werden erfaßt und Pflegemaßnahmen zu ihrer Erhaltung entwickelt. Ein eigener Pflegetrupp, bestehend aus drei Zivildienstleistenden, den sogenannten „Umweltzivis", und mehreren Personen aus dem Projekt „Hilfe zur Arbeit" übernimmt die Pflege der vielfach verbuschten Brachen, die als ehemals extensiv genutzte Feuchtwiesen oder Halbtrockenrasen für viele selten gewordene Tier- und Pflanzenarten eine besondere Bedeutung haben. Projekte wie ein Fledermausschutzprogramm, ein Ackerrandstreifenprogramm zum Schutz von Ackerwildkräutern sowie ein Kopfweiden- und ein Alleenprogramm dienen ebenso der Erhaltung unserer Kulturlandschaft, der Wahrung des kulturhistorischen Erbes und der Schaffung wertvoller Lebensräume für bedrohte Tiere und Pflanzen wie die Eingrünung von Aussiedlerhöfen und Feldwirtschaftswegen und die Sanierung alter Rebmauern in ehemaligen Weinbergterrassen.

Wichtige Partner bei der Umsetzung all dieser Projekte sind neben den naturschutztreibenden Verbänden die Landwirte. Im Saarpfalz-Kreis wirtschaften noch rund 500 Landwirte, davon 180 im Haupterwerb, Tendenz stark abnehmend. Landwirte konnten bei der Pflege von Brachflächen zur Mitarbeit gewonnen werden. Auch wurden in der Vergangenheit zahlreiche Umweltschutzprogramme im landwirtschaftlichen Bereich entwickelt und umgesetzt. Das Projekt „Umweltschonender Maisanbau" mit dem Ziel, durch technische Maßnahmen eine chemische Unkrautbekämpfung zu ersetzen und damit den Nitrateintrag ins Grundwasser zu verringern, wurde 1990 initiiert und findet über die Kreisgrenzen hinaus große Beachtung.

Im Zuge eines gewandelten Natur- und Gesundheitsverständnisses widmen sich immer mehr Menschen dem eigenen Anbau von Gartenprodukten. Das notwendige Fachwissen vermittelt das Amt für Landwirtschaft und Gartenbau in Vorträgen, Seminaren und praktischen Demonstrationen. Baumpflanzaktionen, die in enger Kooperation mit den 42 Obst- und Gartenbauvereinen des Saarpfalz-Kreises durchgeführt werden, dienen der Erhaltung der traditionellen Streuobstgürtel. Seit 1973 konnten bereits über 21 000 Obstbäume gepflanzt werden.

Gemeinsam mit den Schulen des Saarpfalz-Kreises erarbeitet das Umweltdezernat Konzepte für die ökologische Umgestaltung von Schulhöfen. Aus den oft tristen und zubetonierten Schulhöfen sollen Erlebniswelten für Kinder und Jugendliche entstehen, die Lernen und Spielen in einer naturnahen und kindgerechten Umgebung ermöglichen.

Mit der Erstellung von Indirekteinleiterkatastern in Zusammenarbeit mit den Gemeinden des Saarpfalz-Kreises und der Förderung von privaten Regenwasseranlagen leistet das Dezernat für Natur und Umwelt einen wichtigen Beitrag zum Wasserschutz.

Unter dem Motto „Feste ohne Reste" verleiht der Saarpfalz-Kreis den Veranstaltern von Dorf- und Vereinsfesten ein Geschirrmobil und eine Geschirrspülbox, um der Papp- und Plastikflut bei Festen entgegenzuwirken. Das große Mobil ist mit einer Geschirrspül- und einer Gläserspülmaschine sowie 200 Gedekken ausgestattet und bietet eine praktikable Alternative zu Einweggeschirr.

Die Umweltberatung des Saarpfalz-Kreises betreibt Öffentlichkeitsarbeit und gibt Tips für den Umweltschutz im Alltag. Die Themenpalette reicht von umweltbewußtem Einkauf, gesunder Ernährung, Wasser- und Energiesparen über selbstgemachte Kosmetika bis zur Abfallberatung.

Seit 1977 unterhält der Saarpfalz-Kreis „Auf dem Hölschberg" eine geordnete Bauschutt-

Natur- und Umweltschutz – Heimat- und Denkmalpflege

82 Die Kompostieranlage auf dem Hölschberg in Blieskastel-Biesingen

und Erdmassendeponie sowie eine Kompostieranlage, wo angelieferte Baum-, Strauch- und Gartenabfälle gesammelt, zerkleinert und zu Holzkompost und Mulchmaterial verarbeitet werden.

Ein immer stärkeres Gewicht kommt dem öffentlichen Personennahverkehr (ÖPNV) zu. Hier werden sich die saarländischen Landkreise in Zukunft stärker engagieren müssen, als dies bisher der Fall war, will man ein leistungsfähiges und attraktives Nahverkehrssystem erhalten oder in manchen Teilen gar erst aufbauen. Nachdem sich die Bundesbahn zunehmend aus dem ländlichen Bereich zurückzieht, hat auch der Saarpfalz-Kreis mit der Bliestallinie von Homburg nach Reinheim eine wichtige Schienenstrecke verloren. Mit der Schaffung des Bliestalbusses konnte zumindest für eine Übergangsphase ein adäquates Angebot aufrechterhalten werden. Mit Werbemaßnahmen, Sonderfahrten und attraktiven Sondertarifen wurden Anreize geschaffen, vom Auto auf den Bliestalbus umzusteigen. Es bleibt abzuwarten, ob die Nutzung der Bliestalstrecke nach Ablauf der Probephase die bisherige Bedienung des Südkreises rechtfertigt. Mit der Gründung eines Zweckverbandes ÖPNV, dem neben den saarländischen Landkreisen auch das Saarland angehört, wurde auf Landesebene ein Gremium mit Koordinierungsfunktionen für die künftige Organisation des landesweiten Personennahverkehrs geschaffen.

Heimat- und Denkmalpflege

Der Kreis engagiert sich stark in der Heimat- und Denkmalpflege, indem er die Arbeit von Historischen Vereinen unterstützt und selbst forscht. Mit der Herausgabe von Publikationen wie der historischen Vierteljahresschrift „Die Saarpfalz – Blätter für Geschichte und Volkskunde" und zahlreicher Monographien sollen die Geschichte, das Leben und Denken der Menschen unserer Region in der Erinnerung lebendig erhalten werden. An zahlreichen Zeugnissen, deren Bedeutung dem Laien oft verschlossen bleibt, läßt sich die wechselvolle Geschichte unserer Region nachvollziehen. Die Inventarisierung der Wegekreuze in unserem Kreis gibt beispielsweise eindrucksvoll Aufschluß über die Mentalität unserer Vorfahren und wurde ebenfalls in Buchform publiziert.

Der Schwerpunkt der eigenen Aktivitäten liegt in der Erforschung und Präsentation von Leben und Wirken Philipp Jakob Siebenpfeiffers, der als Mitinitiator des Hambacher Festes in der Einheits- und Freiheitsbewegung des Vormärz eine entscheidende Rolle spielte. Philipp Jakob Siebenpfeiffer war von 1818 bis 1830 als erster Landkommissär des ehemaligen Landkreises Homburg tätig. Ihm und seinem Mitstreiter Johann Georg August Wirth hat der Saarpfalz-Kreis zahlreiche Publikationen, Veranstaltungen und eine Wanderausstellung gewidmet. Alle zwei Jahre verleiht der Saarpfalz-Kreis in Erinnerung an die von Siebenpfeiffer in eindrucksvoller Weise pro-

83 Verleihung des Siebenpfeiffer-Preises an die beiden Kameramänner Siegbert Schefke und Aram Radonski im Jahre 1991. Der Preis wird alle 2 Jahre von der Siebenpfeiffer-Stiftung verliehen.

klamierte Pressefreiheit den „Siebenpfeiffer-Preis" für mutigen und engagierten Journalismus. Nach Franz Alt von der ARD-Sendung „Report" und Marie-Luise Scherer vom „Spiegel" erhielten 1991 die beiden Kameramänner Siegbert Schefke und Aram Radomski für ihre während der friedlichen Revolution in der DDR unter großer persönlicher Gefahr gefilmten Beiträge über die Leipziger Montagsdemonstrationen den dritten Siebenpfeiffer-Preis. Ziel einer eigens gegründeten Siebenpfeiffer-Stiftung, der sich neben dem Saarpfalz-Kreis auch die Städte Homburg, Zweibrücken und Rastatt, der Kreis Bad Dürkheim sowie der saarländische, der rheinland-pfälzische und der baden-württembergische Landesverband des Deutschen Journalistenverbandes angeschlossen haben, ist es unter anderem, die bestehende Wanderausstellung zu einem Museum auszubauen. In diesem Rahmen werden weitere Forschungsprojekte mit dem Ziel angestrebt, historische Ereignisse und Persönlichkeiten des Vormärz zu beleuchten. August Ferdinand Culmann, der in unserer Region ein Stück Wirtschafts- und Sozialgeschichte geschrieben hat und aufgrund seines entschiedenen Eintretens für eine freiheitliche Verfassung 1849 flüchten mußte, ist eine solche Persönlichkeit, deren Leben und Wirken im Rahmen von Publikationen und einer Ausstellung gewürdigt wurde. Weitere werden folgen.

Die Geschichte unserer Region beginnt aber nicht mit dem Vormärz, sondern geht viel weiter zurück. Bereits Kelten und Römer schätzten das heutige Kreisgebiet als Besiedlungsgebiet. Überall im Saarpfalz-Kreis finden sich zahlreiche keltische und römische Zeugnisse, die bedeutendsten sind wohl in den Ausgrabungen in Schwarzenacker und in dem deutsch-französischen Projekt „Europäischer Kulturpark Reinheim-Bliesbruck" zu sehen. Neben der Mitgliedschaft in der „Stiftung Römerhaus" engagiert sich der Saarpfalz-Kreis vor allem in der „Stiftung Europäischer Kulturpark", wo er gemeinsam mit der Gemeinde Gersheim und den französischen Partnern unter dem Motto „Von der Geschichte lernend die Zukunft gestalten" ein Ausgrabungsprojekt realisiert, das unter Einbindung der naturräumlichen Gegebenheiten archäologische Funde präsentiert und den Besuchern einen hautnahen Bezug zur Vergangenheit unserer Region vermittelt.

Mit der Mitgliedschaft in der gemeinsam mit der Stadt St. Ingbert gegründeten „Albert-Weisgerber-Stiftung" ist der Saarpfalz-Kreis verstärkt in die Kunstförderung eingestiegen. Zwar finden auch im Landratsamt in der „Galerie im Forum" regelmäßig Ausstellungen mit Künstlerinnen und Künstlern der Region statt, im Albert-Weisgerber-Museum in St. Ingbert werden dagegen künftig neben der ständigen Ausstellung mit Bildern von Albert Weisgerber vorrangig Ausstellungen zu sehen sein, die auch überregional auf großes Interesse hoffen dürfen.

Denkmalschutz ist ein weiteres Gebiet, für das der Kreis die Verantwortung trägt. Neben der Bestandsaufnahme und Dokumentation erhaltenswerter Bausubstanz werden Konzepte zu ihrer Erhaltung und Restaurierung entwickelt. Mit den im jährlichen Wechsel stattfindenden landesweiten Wettbewerben „Saarländische Bauernhäuser" und „Saarländische Arbeiterhäuser" sollen Eigentümer und die Öffentlichkeit für die Schutzwürdigkeit und die fachgerechte Erhaltung regionaltypischer historischer Gebäude sensibilisiert werden.

Wirtschaftsförderung

Der Saarpfalz-Kreis ist seit vielen Jahren an der Wirtschaftsförderungsgesellschaft Saar-Ost/Westpfalz beteiligt. Idee bei der Gründung dieser Gesellschaft war, Wirtschaftsförderung nicht nur kreisbezogen zu betreiben, sondern in Wirtschaftsräumen zu denken. Deshalb ist diese Gesellschaft nicht nur kreisüberschreitend, sondern sogar länderüberschreitend tätig. Der Raum Homburg–Zweibrücken–Blieskastel ist von jeher in vielfältiger Weise miteinander verflochten, was sich auch in den Wirtschaftsbeziehungen niederschlägt. Deshalb gehören der Wirtschaftsförderungsgesellschaft die Stadt Zweibrücken, der Saarpfalz-Kreis, Stadt und Kreis Neunkirchen, die SaarLB sowie die Sparkassen Neunkirchen, Saarpfalz und Zweibrücken an. Im Zuge des zusammenwachsenden Europa wird die Gesellschaft im Jahre 1993 auch die Grenze nach Frankreich überschreiten. Die Stadt Bitche wird neue Gesellschafterin. Wirtschaftsförderung ohne Grenzen wird dadurch möglich in einem Raum, der für Unternehmer wegen nicht mehr vorhandener Schranken besonders attraktiv ist.

Kreiskrankenhaus

Seit über 25 Jahren unterhält der Kreis St. Ingbert bzw. in der Rechtsnachfolge der Saarpfalz-Kreis in St. Ingbert ein Kreiskrankenhaus. Das Kreiskrankenhaus nimmt Aufgaben im Bereich der Grund- und Regelversorgung wahr. Es ist in der Bevölkerung breit akzeptiert und hat seinen Einzugsbereich im gesamten Saarpfalz-Kreis und aufgrund seiner geographischen Lage auch in Teilen des Kreises Neunkirchen. Es verfügt derzeit über 227

Der Saarpfalz-Kreis – seine Aufgaben und Leistungen

84 Das Kreiskrankenhaus in St. Ingbert

Betten, zwei Hauptfachabteilungen für Innere Medizin und Chirurgie und Belegbetten für die Bereiche Gynäkologie, Hals-Nasen-Ohren und Orthopädie. Fast 400 Beschäftigte finden in diesem Krankenhaus Arbeit. Das jetzige Hauptgebäude des Krankenhauses wird derzeit mit einem Kostenaufwand von rund 30 Mio. DM renoviert, wobei insbesondere die Funktionsräume den gewachsenen medizinischen Erfordernissen angepaßt werden. Auch im Bereich der Patientenzimmer ist eine bessere Ausstattung, mehr Komfort und damit ein besserer Service vorgesehen. Krankenhäuser waren lange Zeit für die Kreise als Träger ein Zuschußgeschäft. Seit einigen Jahren hat sich dies gewandelt, Konkurrenzfähigkeit erforderte ein neues betriebswirtschaftliches Kostendenken. In dieser Konsequenz soll der bisherige Eigenbetrieb des Kreiskrankenhauses St. Ingbert in eine GmbH umgewandelt werden. Durch Umstrukturierungs- und wirtschaftliche Konsolidierungsmaßnahmen ist auch für die Zukunft gewährleistet, daß das Angebot an medizinischer Versorgung in St. Ingbert gesichert ist.

Damit ist auch ein wichtiger Beitrag zur Stabilität der Arbeitsplätze in St. Ingbert geleistet. Ein Mehr an Arbeitsplätzen könnte dann entstehen, wenn Pläne des Kreistages, beim Krankenhaus zusätzlich eine geriatrische Rehabilitation einzurichten, Wirklichkeit werden. Damit wäre dann im Bereich St. Ingbert neben den bestehenden Altenpflegeeinrichtungen von Caritas und Arbeiterwohlfahrt ein sehr gutes Angebot, insbesondere auch für ältere Menschen, gegeben.

Fremdenverkehr

Ihrer abwechslungsreichen Geschichte verdankt die Region des Saarpfalz-Kreises eine Fülle von bau- und kunsthistorischen Sehenswürdigkeiten. Eine überaus vielfältige Landschaft mit ausgedehnten Wäldern im nördlichen Teil und vielen Wiesen mit Obstbaumhainen und Orchideenoasen im Bliesgau machen den Saarpfalz-Kreis zu einem abwechslungsreichen Erholungsgebiet.

Das römische Freilichtmuseum in Schwarzenacker weist auf die frühe Besiedlung durch Kelten und Römer hin. Von der Burg-, Schloß- und Festungsanlage Hohenburg erhielt die Kreisstadt ihren Namen. Unterhalb dieser Ruinen befinden sich Europas größte Buntsandsteinhöhlen, deren kilometerlange Gänge sich über zwölf Stockwerke erstrecken und Jahr für Jahr 60 000 Besucher anziehen. Auch der Blumengarten und das Bergbaumuseum in Bexbach, das barocke Blieskastel, das Albert-Weisgerber-Museum in St. Ingbert, die Kirkeler Burg, die Naturbühne Gräfinthal oder die Ausgrabungen im „Europäischen Kulturpark Reinheim-Bliesbruck" bieten viele Möglichkeiten der touristischen Erkundung unserer Region. Bereits heute liegt der Saarpfalz-Kreis mit über 410 000 Übernachtungen pro Jahr landesweit noch vor der Landeshauptstadt Saarbrücken an der Spitze. Damit kommt dem Tourismus im Saarpfalz-Kreis eine nicht unerhebliche wirtschaftliche Bedeutung zu.

Um die Kräfte in der Fremdenverkehrspolitik zu bündeln und eine effektive Förderung zu betreiben, haben sich die Städte und Gemeinden des Kreises und der Saarpfalz-Kreis zu einem Zweckverband zusammengeschlossen. Die „Saarpfalz-Touristik" entwickelt umwelt- und sozialverträgliche Konzepte zur Fremdenverkehrsplanung, betreibt Werbung und Öffentlichkeitsarbeit für die Region, gibt Informationsbroschüren heraus, koordiniert die Angebote von Hotels und Gastronomie, vertritt den Saarpfalz-Kreis bei Messen und erarbeitet zielgruppengerechte Direktwerbeaktionen. Diese breite Aufgabenpalette erfordert eine enge Zusammenarbeit mit den Städten und Gemeinden des Saarpfalz-Kreises und dem Fremdenverkehrsverband Saarland e. V. Bei der Konzeption umwelt- und sozialverträglicher Angebote bedient sich der Zweckverband der Beratung durch „futour", einer international anerkannten Beratergruppe aus München, die viel Erfahrung in der Entwicklung von Projekten im Sanften Tourismus aufweisen kann.

In Zusammenarbeit mit der Kreisvolkshochschule bildet die Saarpfalz-Touristik Gästeführer aus, die bei Stadtführungen, Kreisrundfahrten, Rad- und Wandertouren sowie zur Standbetreuung auf Messen eingesetzt werden können.

Wissenswertes aus den Städten und Gemeinden

von Martin Baus

Altheim → Blieskastel
Altstadt → Kirkel
Aßweiler → Blieskastel
Ballweiler-Wecklingen → Blieskastel
Bebelsheim → Mandelbachtal

Bexbach

19 744 Einw., 3094 ha, 231–518 m NN, Kleinstadt im Verdichtungsraum Homburg-Neunkirchen mit Industrie, Gewerbe und Einrichtungen zur Naherholung, Wohngemeinde, Bundeswehrstandort. Im Zuge der Gebiets- und Verwaltungsreform zum 1. 1. 1974 durch die Vereinigung der Stadt Bexbach mit fünf ehemals selbständigen Gemeinden gebildet.

Bexbach 1219 als „Beckensbach" belegt; das lokale Fließgewässer war für den Ort namengebend. Dessen Bezeichnung konnte bislang allerdings nicht gedeutet werden. Erste Grundherren waren im 13. Jh. die Edelknechte von „Beckensbach", deren Stammsitz sich nahe der Grenze zu Niederbexbach befand. Zur besseren Unterscheidung der einzelnen Ortschaften ist Mittelbexbach erstmals 1299 erwähnt. Durch Schenkungen gelangten Teile des Dorfes auch an das Kloster Wörschweiler (1223) und 1310 an die Komturei des Deutschen Ordens in Saarbrücken. 1323 wurde der Edelknecht von Bexbach als Vasall der Kirkeler Burgherren bezeichnet. 1410 kam Bexbach mit dem Amt Kirkel zum Herzogtum Zweibrücken. 1576 gab es in Bexbach drei Herrschaften: Pfalz-Zweibrücken, der Deutsche Orden und das Haus Mauchenheimer/von der Leyen. Deren Lehen fiel 1580 an Pfalz-Zweibrücken, das Bexbach 1603 im „Limbacher Abschied" an Nassau-Saarbrücken abgab. Diese Herrschaft wurde erst durch die Franz. Revolution beendet. 1937 wurden mehrere Ortschaften zur Großgemeinde Höcherberg zusammengefaßt; diese wurde 1947 wieder aufgelöst. Die Stadtrechte erhielt Bexbach 1970. Tradition hat in Bexbach der Steinkohlenbergbau, der bereits im 16. Jh. betrieben wurde. Die Bexbacher Grube, die 1816 zur Staatsgrube geworden war, erhielt mit dem Bau der pfälzischen Ludwigsbahn 1849 einen Eisenbahnanschluß, der mithin ausschlaggebend für die Industrialisierung der gesamten Region war. Der Bahnhof Bexbach war der erste Bahnhof auf dem Gebiet des heutigen Saarlandes. Bexbach ist heute Sitz von Teilen der Kommunalverwaltung.

Stadtteil Frankenholz Der Ortsname, der 1578 nicht für eine Ansiedlung, sondern für ein ausgedehntes Waldgebiet urkundlich belegt ist, erklärt sich als „Wald eines freien Franken". In diesem Bereich besaß das Kloster Wörschweiler das Hofgut „Winrispach", das allerdings schon im 16. Jh. aufgegeben wurde. 1697 erhielt Nicola de Mont aus Luxemburg die Erlaubnis, den ehemaligen Klosterhof wieder zu besiedeln. Der Weiler gehörte zunächst zum Herzogtum Pfalz-Zweibrücken, wurde aber 1755 an Nassau-Saarbrücken abgetreten. Erst die Inbetriebnahme der Frankenholzer Steinkohlengrube leitete

85 Bexbach-Höchen. Ehemalige Lehrwerkstatt von Schacht III der Grube Frankenholz

1872 die Expansion des Ortes zur Bergarbeitersiedlung ein. Dieses Bergwerk hatte zeitweise mehr als 2000 Beschäftigte und wurde 1959 geschlossen.

Stadtteil Höchen 1262 als „Haycken" belegt. Der Ortsname geht auf einen Gebüschgürtel zurück, von dem größere Teile des Ortes ursprünglich umgeben waren. Im Jahr der urkundlichen Ersterwähnung verkaufte „Wirich" aus Senheim an der Mosel den Ort an das Kloster Wadgassen. 1263 werden Besitzansprüche der Saarbrücker Gräfin Loretta erwähnt, die nach deren Tod an das Kloster Wörschweiler übergingen. Nach dessen Auflösung 1558 kam Höchen ganz in den Besitz des Herzogtums Pfalz-Zweibrücken. 1741 gehörte die Ortschaft zur Schultheißerei Limbach. Als die Pfalz 1816 bayerisch wurde, gehörte Höchen zur Gemeinde Waldmohr. Zur selbständigen Gemeinde wurde das Dorf 1902. Zu diesem Zeitpunkt war der Aufbau der Grube „Consolidirtes Nordfeld" im Gange. Mit dieser Zeche, die mit enormem finanziellem Aufwand hochmodern ausgestattet wurde, sollte das Kohlevorkommen am oberen Höcherberg ausgebeutet werden. 1905 wurde das Bergwerk wieder geschlossen, da es völlig unrentabel arbeitete. Zu Höchen gehörten auch Teile der Grube Frankenholz.

Stadtteil Kleinottweiler 1258 als „Adewilre" erstmals belegt. Der Ortsname erklärt sich als Niederlassung des „Ado"(ad. Rufname). Der Zusatz „Klein-" diente der Unterscheidung von dem größeren Ottweiler an der Blies. Besitz im Ort hatten im 13. Jh. die Grafen von Zweibrücken und von Veldenz, aber auch die Grafen von Saarbrücken. 1308 erhielt das Kloster Wörschweiler Besitzungen in Kleinottweiler, 1337 verkaufte der Zweibrücker Graf Walram das Dorf an den Juden Jacob Daniels aus Trier, der es Kurtrier übergab. 1440 gehörte der gesamte Ort wieder zum Herzogtum Pfalz-Zweibrücken, das ihn von 1579 bis 1590 an Nassau-Saarbrücken verpfändete. Nach 1700 war Kleinottweiler Bestandteil der Schultheißerei bzw. in bayerischer Zeit der Bürgermeisterei Limbach. Erst die Eingliederung in die Stadt Bexbach 1974 beendete diese jahrhundertealte Bindung.

Stadtteil Niederbexbach 1310 belegt, der Ortsname hat den gleichen Ursprung wie Bexbach. Der Zusatz, der sich durch die geographische Lage erklärt, diente zur Unterscheidung. Der Ort gehörte zur Zeit der urkundlichen Ersterwähnung zur Grafschaft Zweibrücken, die ihn 1461 an das Kloster Wörschweiler verpfändete. Nach dessen Auflösung 1558 fiel Niederbexbach wieder an das Herzogtum zurück. Dort verblieb der Ort bis 1755, als er im Tausch gegen die Herrschaft Homburg an Nassau-Saarbrücken übergeben wurde. Dem Bürgermeisteramt Limbach war Niederbexbach als selbständige Gemeinde bis zur Eingliederung nach Bexbach 1974 zugeordnet.

Stadtteil Oberbexbach Ebenfalls 1310 erstmals erwähnt, findet der Ortsname dieselbe Erklärung wie Bexbach. Zur Unterscheidung wurde, nach der geographischen Lage des Dorfes, der Zusatz vorangestellt. Der Ort, in dem zunächst auch die Komturei des Deutschen Ordens in Saarbrücken begütert war, gehörte bis 1558 zu Zweibrücken, danach zu Nassau-Saarbrücken. 1755 wurde der Ort der Meierei Mittelbexbach im Oberamt Ottweiler, 1798 der Bürgermeisterei Limbach zugehörig genannt. Die wesentlichen Impulse zur Expansion des Dorfes kamen durch die nahen Bergwerke, vor allem durch die Grube Frankenholz. Oberbexbach wurde zur Bergarbeitersiedlung. Im Ort haben heute Teile der Stadtverwaltung (Bauamt, Bauhof, Finanzverwaltung) ihren Sitz.

Obwohl es in Bexbach heute keine Grube mehr gibt, steht der gesamte Höcherbergraum nach wie vor in der Tradition des Bergbaus. Weithin sichtbares Zeichen dafür ist das Steinkohlekraftwerk Bexbach mit einer Leistung von 750 MW. So ist die Stadt auch nicht von ungefähr Standort eines Bergbaumuseums: Während in den allgemeinen und heimatkundlichen Abteilungen die historische Entwicklung Revue passiert, wird im geologischen Teil die Entstehung der Kohle erläutert. Der Technologie und insbesondere den Sicherheitsvorkehrungen zum Schutz der Bergleute ist der dritte Abschnitt des Museums gewidmet. In der unterirdischen Schauanlage ist schließlich nachzuvollziehen, welche Arbeit unter Tage zu verrichten war. Das Bergbaumuseum befindet sich im „Hindenburgturm", einem zum Aussichtsturm umgebauten Wasserhochbehälter, der heute das Wahrzeichen der Stadt darstellt. Von einer Plattform in 40 m Höhe bietet sich ein Rundblick über die Höcherbergregion, weite Teile des Saarlandes und der Sickinger Höhe. Bergbaumuseum und Hindenburgturm sind Bestandteile des Blumengartens, einer Anlage, in der vielerlei Aspekte der Gartengestaltung und Gartennutzung in Augenschein genommen werden können. Größte Attraktion in Bexbach ist schließlich die Campingausstellung, die seit 1962 alljährlich Ende April/Anfang Mai im Blumengarten durchgeführt wird. Parallel dazu findet im Blumengarten die Sonderschau „100 000 Tulpen blühen" statt. Die Parkanlage im Umfeld des Hindenburgturmes nimmt für die Stadt wichtige Funktionen in den Bereichen Naherholung

Tafel 33 Blieskastel-Ballweiler, ein Dorf inmitten von Streuobstwiesen

Tafel 34 Die Kreisstadt Homburg vom Schloßberg aus. Im Vordergrund die evangelische Stadtkirche, im Hintergrund der Grüngürtel des ehemaligen Zollbahnhofs

86 Bexbach. Ehem. Wasserbehälter („Hindenburgturm"), heute Bergbaumuseum im „Bexbacher Blumengarten"

und Fremdenverkehr ein. Ein weiteres beliebtes Ausflugsziel in Bexbach ist aber auch der Höcherbergturm im Stadtteil Höchen, der auf dem höchsten Punkt des Saarpfalz-Kreises (518 m) errichtet ist. Von ihm aus bietet sich bei klarem Wetter ein weiter Rundblick.

Eher untergeordnet ist hingegen die Rolle, die Bexbach als Wirtschaftsstandort einnimmt. Deutlich wird dies auch dadurch, daß die Kommune zwar über 7500 Erwerbstätige zählt, im Stadtbereich aber nur knapp 4000 Arbeitsplätze zur Verfügung stehen. Die Stadt, in der zeitweise drei Bergwerke mit insgesamt 3000 Beschäftigten in Betrieb waren, hat sich von der Berg- und Hüttenarbeitersiedlung zur Wohngemeinde gewandelt. In diesem Zusammenhang ist auch die Ausweisung von zahlreichen Neubaugebieten zu verstehen. Parallel dazu sind auch Bestrebungen im Gange, die gewachsenen Strukturen der dörflichen Stadtteile zu berücksichtigen. So wurde in Höchen modellhaft eine Dorfkernsanierung durchgeführt, und in Niederbexbach findet sich eine stattliche Anzahl restaurierter Bauernhäuser. Dieser Stadtteil ist im übrigen der einzige Bexbacher Gemeindebezirk, in dem die Landwirtschaft noch von Bedeutung ist und noch mehrere Betriebe im Vollerwerb arbeiten.

Recht gut ausgestattet ist Bexbach im Vorschul- und Bildungsbereich. Mit Ausnahme von Kleinottweiler gibt es in allen Stadtteilen Kindergärten und Grundschulen. Zum Goetheschulzentrum in Bexbach gehört eine Gesamtschule, die zu einem mittleren Schulabschluß hinführt, und mit der Freien Waldorfschule ist ein Schulträger auf privater Basis vorhanden, der als Abschluß auch das Abitur anbietet. Bexbach und seine Stadtteile verfügen auch über eine recht gute Infrastruktur, was Einrichtungen auf sportlichem Sektor anbelangt. Sportplätze und Hallen gibt es flächendeckend. Ein Hallenbad steht in der Höcherberg-Halle zur Verfügung, ein Freibad an der Hochwiesmühle in Oberbexbach. Anhänger der Segelfliegerei kommen auf dem Fluggelände unweit des Blumengartens auf ihre Kosten.

Bierbach → Blieskastel
Biesingen → Blieskastel
Blickweiler → Blieskastel
Bliesdalheim → Gersheim

Blieskastel

24 744 Einw., 10 822 ha, 210–400 m NN, Stadt mit Gewerbe, Behörden und Landwirtschaft. Kleinzentrum im ländlichen Raum. Im Zuge der Gebiets- und Verwaltungsreform zum 1. 1. 1974 durch die Vereinigung der Stadt Blieskastel mit 14 Dörfern der Umgebung entstanden.

Blieskastel 1098 wurde Blieskastel, das seinen Namen von einer kastellähnlichen Anlage auf den Anhöhen an der Blies ableitet, mit dem Grafen Gottfried, „comes de castele", erstmals urkundlich belegt. Langwierige Erbschwierigkeiten folgten nach dem Tod des letzten Bliesgaugrafen Heinrich von Castel im Jahre 1273. Als besiedelter Ort wird Blieskastel erstmals 1286 genannt; Bischof Burkhard von Metz als nunmehriger Eigentümer erließ in diesem Jahr den „Freiheitsbrief", in dem Blieskastel als „villa Castris", als Dorf, erwähnt ist. 1326 verpfändete der Bischof von Metz Blieskastel an die lothringischen Herren von Finstingen. Seit 1337 endgültig im kurtrierischen Besitz, überließ Erzbischof Jakob von Trier aus Geldnöten die Hälfte der Rechte dem Ritter Friedrich von Lewenstein. Auf seinem Kriegszug gegen Trier fiel 1522 Franz von Sickingen in Blieskastel ein und brannte es nieder. Die weitere Entwicklung Blieskastels ist eng mit dem Namen von der Leyen verbunden. Diese von der Mosel stammende Familie erhielt erstmals 1456 Rechte und Gü-

87　Blick auf Blieskastel-Altheim

ter in und um Blieskastel. Zum systematischen Ausbau der Herrschaft kam es aber erst 200 Jahre später, als der im Bliesgau ansässige Adel nach der Zerstörung seiner Güter im Dreißigjährigen Krieg und der Verarmung bereit war, seine unrentabel gewordenen Besitz- und Lehensrechte zu veräußern. Systematisch betrieb Karl Kaspar von der Leyen die Ausweitung des Leyenschen Besitzes im Bliesgau, und als Kurfürst von Trier übertrug er 1660 das Amt Blieskastel den Freiherren von der Leyen. 1661 begann die Errichtung des Schlosses, 1773 wurde Blieskastel zur Residenzstadt. Aus dieser Epoche stammen zahlreiche Gebäude spätbarocken Stils in der historischen Altstadt. 1775 wurde Blieskastel zum Oberamt aufgewertet. Beendet wurde die von-der-Leyen-Herrschaft durch die Franz. Revolution 1793. Die Stadt erhielt 1798 die Verwaltung des Kantons Blieskastel, der 1816 dem Landkommissariat Zweibrücken zugeordnet wurde. Die Industrialisierung des 19. Jh. ging an Blieskastel völlig vorbei. Ausschlaggebend dafür waren die neuen Verkehrsmittel, die zu den Kohlerevieren hinführten. Nach 1902 gehörte Blieskastel bis 1974 zum Kreis St. Ingbert. Zu Blieskastel gehören heute die Ortsteile Lautzkirchen und Alschbach.

Stadtteil Altheim Erstmals als „Altheim" („altes Heim", Hinweis auf die Besiedlung seit alters her) 1275 urkundlich erwähnt. Der Ort bestand bereits im frühen Mittelalter, wie die Entdeckung eines Gräberfeldes aus der Merowingerzeit zeigte. Die Grafen von Zweibrücken verpfändeten Altheim 1333 an Bitsch; 1570 ging der Ort über an das Herzogtum Lothringen, mit denen er 1766 französisch wurde. Durch Tausch kam Altheim 1781 zum Haus von der Leyen.

Stadtteil Aßweiler Der Name „Assewilre" (Ansiedlung unweit Eschenbäumen) findet sich erstmals in einer Urkunde aus dem Jahre 1212. Der Ort war vermutlich ein Hofgut mit nur wenigen Einwohnern, der seit alters her zum Besitz der Herren von Eltz gehörte. Diese wiederum hatten ihn an die Herren von Bitsch verpfändet. 1660 ging das Dorf durch Verkauf in das Eigentum der Freiherren von der Leyen über, wo es bis zur Franz. Revolution verblieb. Aßweiler gehörte damals zur Oberschultheißerei Blieskastel.

Stadtteil Ballweiler-Wecklingen Ballweiler, dessen Ortsname sich als ursprüngliche Niederlassung eines fränkischen Sippenführers namens „Ballo" erklärt, ist 1231 erstmals erwähnt und gilt als Tochtersiedlung des heute kleineren Ortsteils Wecklingen. Zunächst im Besitz des Klosters Wörschweiler, gehörten beide Orte im 14. Jh. je zur Hälfte zu Kurtrier und den Herren von Eppelborn. 1410 kam das Land an die Herren von Lewenstein, zu Beginn des 16. Jh. fielen die Ortschaften an die Familie von Eltz, die um 1554/55 in Wecklingen mit dem Bau eines Schlosses begann. Dieses wurde von den Bewohnern der umliegenden Orte 1560 geplündert. 1660 gingen Ballweiler und Wecklingen in den Besitz des Hauses von der Leyen über.

Stadtteil Bierbach Ein Grabdenkmal mit Darstellungen aus der römischen Götter- und Sagenwelt, eine prächtige Villa mit 21 Räumen und einer Säulenhalle sowie ein Tempelbezirk belegen, daß Bierbach bereits in römischer Zeit besiedelt war. Der Ort selbst ist 1230 als „Birbach" (Bach an einem Gebäude, ahd. bûri) erstmals erwähnt: Die Grafen von Blieskastel und von Kirkel waren einen Tausch mit dem Kloster Wörschweiler um Güter in Bierbach eingegangen. Als mit der Reformation das Kloster Wörschweiler aufgegeben wurde, gelangte Bierbach an Pfalz-Zweibrücken. Das Dorf gehörte vor 1798 zur Schultheißerei Einöd im Oberamt Zweibrücken, danach wurde es der Bürgermeisterei Blieskastel angegliedert.

Blieskastel

88 Blick auf Blieskastel-Biesingen

Stadtteil Biesingen Als „Bunsingen" 1206 erstmals erwähnt, erklärt sich der Ortsname als ursprüngliche Niederlassung eines fränkischen Sippenführers namens „Bunizo". Die auf fränkische Zeit zurückgehende Siedlung gehörte zu Beginn des 13. Jh. dem Kloster Wörschweiler. 1339 war der Ort in kurtrierischem Besitz. Im 16. Jh. kam ein Großteil des Ortes als Lehen an die Familie von Eltz, ein kleinerer Teil gelangte durch Erbfolge an die Herren von St. Ingbert. 1660 ging Biesingen in den Besitz des Hauses von der Leyen über und gehörte zu deren Meierei Gersheim.
Stadtteil Blickweiler Als „Blickwilre" (Weiler des „Blicco", ad. Rufname) im Mettlacher Urbar aus dem 9. bis 11. Jh. erwähnt. Bereits in römischer Zeit befanden sich an diesem Ort Töpfereien. 1243 schenkte Gräfin Elisabeth von Blieskastel den Ort dem Kloster Gräfinthal. 1339 kam er dann in den Besitz von Kurtrier. 1553 werden Herren von Steinkallenfels aus Großbundenbach als Besitzer eines Hofes in Blickweiler genannt, der 1784 an die Familie von der Leyen übergeht: Dieser gehörte das Dorf bereits seit 1660.
Stadtteil Böckweiler Als „Bickwilre" („Weiler am Berg") erstmals 1149 erwähnt, ist aus dieser Zeit die Dreikonchenkirche in der Böckweiler Ortsmitte erhalten. Sie entstand aus dem Umbau einer frühromanischen Kirche aus dem 11. Jh., deren Entstehung wiederum auf eine karolingische Basilika aus dem 9. Jh. zurückreicht. Ab 1333 befand sich der Ort im Besitz der Grafen von Zweibrücken. Von Anfang an hatte Böckweiler seinen Dorfbann gemeinsam mit Altheim, was häufig zu Schwie-

rigkeiten führte, vor allem, seit Altheim zu Lothringen gehörte. 1617 wurde ein Teil des Ortes selbst lothringisch.

Stadtteil Breitfurt Der Fund zweier römischer Reiterstandbilder in einem Steinbruch 1887, die sich heute im Historischen Museum der Pfalz in Speyer befinden, belegt die Anwesenheit der Römer in Breitfurt. Als Ausbausiedlung des Dorfes Kirchheim, das nach 1540 unterging, ist „Breidenvort" (breite Furt) 1271 erstmals erwähnt. Bis ins 16. Jh. hinein war der Ort im Besitz des Klosters Herbitzheim in Lothringen, ehe es an die Grafen von Nassau-Saarbrücken überging, die ehedem die Hochgerichtsbarkeit innehatten. 1603 wurde Breitfurt an Pfalz-Zweibrücken getauscht. Zum Ende des 17. Jh. stand das Dorf unter französischer Herrschaft.

Stadtteil Brenschelbach-Riesweiler Als „Brenstelbach" (Bach an einer Brennstelle, mhd. brenstal) 1150 erstmals erwähnt, gehörte der Ort zum Herzogtum Lothringen. Der kleinere Ortsteil Riesweiler ist bereits 960 als „Risswiller" (Siedlung eines fränk. Sippenältesten namens „Riso") belegt. Gemeinsam kamen beide Ortschaften 1333 zur Grafschaft Zweibrücken. Im 14. Jh. war im Ort eine Adelsfamilie von Blumenau ansässig: 1403 wurde die „Blumenauer Mühle" dem Kloster Hornbach vermacht. 1453 war Brenschelbach Sitz einer Schultheißerei, die bis ins 18. Jh. Bestand hatte.

Stadtteil Mimbach Herzog Wido von Lothringen und dessen Bruder Warinus schenkten im Jahre 796 das Dorf „Myndenbach"(nach ahd. mandjan: tanzender, hüpfender Bach) dem Kloster Hornbach. Dessen Äbte hatten bis zur Reformation „Gericht, Freiheit und Herrlichkeit" in Mimbach, ehe der Ort von 1568 bis 1793 zu Pfalz-Zweibrücken gehörte. Dessen Hochgerichtsbarkeit in Mimbach war von 1335 bis 1456 an Dagstuhl-Fleckenstein verpfändet worden. 1816 mit der Pfalz bayerisch geworden, bildete Mimbach bis 1843 mit Webenheim eine Gemeinde. Bis 1974 war der Ort Bestandteil des Kreises Homburg.

Stadtteil Neualtheim In der Reunionszeit erbauten drei Medelsheimer Gemeinsleute unter der Obhut des Schultheißen von Bitsch südlich von Altheim und Böckweiler, im Bereich des einstigen Hornbacher Klosterhofes Pinningen, drei Hofhäuser. Die Ansiedlung vergrößerte sich rasch, wurde aber von Böckweiler aus zerstört. 1726 wurden die Streitigkeiten im „Altheimer Vertrag" beigelegt. Darin ist Neualtheim erstmals erwähnt. Die Ortschaft gehörte bis 1766 zum Herzogtum Lothringen und war danach, bis zur Franz. Revolution, im Besitz der Grafen von der Leyen.

Stadtteil Niederwürzbach Die erste Nennung von „Wirtzbach" bei Casteln (Bach mit würzigen Kräutern) stammt aus dem Jahr 1087. Der Bischof von Metz belehnte damals die Grafen von Metz-Lunéville mit Blieskastel, die ihrerseits die Grafschaft Veldenz mit Würzbach belehnten. Der kleinere Ortsteil Seelbach wurde 1180 als „Selebach" (Bach mit Salweiden, ahd. salaha) erstmals erwähnt. Die Besitzer der beiden Ansiedlungen waren mehrere kleinadelige Familien wie etwa die Herren von Bitsch genannt Gentersberg, von St. Ingbert, von Eltz und später die Grafen von der Leyen, in deren Besitz Niederwürzbach 1660 mit dem Amt Blieskastel überging. Seelbach war im 15. Jh. zur Wüstung geworden, nachdem die Bewohner in die Dörfer Lautzkirchen und Niederwürzbach gezogen waren. Die Wiederbesiedlung erfolgte in der Reunionszeit. In den siebziger Jahren des 18. Jh. entstanden am Niederwürzbacher Weiher die leyenschen Schloßbauten, die im Verlauf der Franz. Revolution zum Teil wieder zerstört wurden.

Stadtteil Webenheim Als „Webenauwe" (nach der Talaue der Blies, in der der Wasserstand schwankt, ahd: weibôn) 1303 erstmals urkundlich erwähnt, stand der Ort immer in enger Verbindung zum Zweibrücker Herrscherhaus. Erst die Franz. Revolution beendete 1793 diese jahrhundertelange Bindung. Mit der Pfalz 1816 bayerisch geworden, bildete das Dorf bis 1843 mit Mimbach eine Gemeinde.

Stadtteil Wolfersheim Als „Wolfirsheym" (Ansiedlung eines fränkischen Sippenführers mit Namen Wolfhari) 1274 erstmals erwähnt, gehörte der Ort vermutlich zunächst zu den Besitzungen des Hornbacher Klosters, ging aber nach und nach in Zweibrücker Besitz über und wurde von dort als Lehen weitergegeben. Auch das Kloster Gräfinthal hatte in Wolfersheim Eigentum. Nach mehreren Besitzerwechseln kam das Dorf 1777 durch Tausch vom Herzogtum Pfalz-Zweibrücken an den Bundenbacher Baron Christian Cathcart zu Carbiston. Finanzielle Schwierigkeiten zwangen den Zweibrücker Hofbeamten aber bereits ein Jahr später wieder, Wolfersheim an Reichsgräfin Marianne von der Leyen zu verkaufen.

Das noch weitgehend intakte Erscheinungsbild des barocken Stadtkerns hat dazu geführt, daß Blieskastel sich insbesondere als Ausflugsziel und für den Fremdenverkehr einen Namen machen konnte. Enge, verwinkelte Gassen, weiträumige Plätze, Häuser mit restaurierten Barockfassaden und schöne Brunnen mit historischem Hintergrund verleihen der Altstadt einen zeitlosen Charme. Der barocke Kern von Blieskastel wurde mit 154 Einzeldenkmälern zum Denkmalschutzgebiet „Alt Blieskastel" erklärt, um für eine dauerhafte Erhaltung der historischen Bausubstanz Sorge zu tragen.

Mit etwa 3000 ha Forst ist Blieskastel eine der waldreichsten Gemeinden des Saarlandes. Ein Netz von Wanderwegen erschließt eine Fülle von Sehenswürdigkeiten wie etwa den „Gollenstein", einen sieben Meter hohen Menhir, der vor mehr als 4000 Jahren errichtet wurde. Um den Weiher des Stadtteils Niederwürzbach, ein vielbesuchtes Naherholungsgebiet, gruppieren sich mit dem „Runden Bau", dem „Annahof" und dem Rest der „Philippsburg" weitere barocke Herrschaftsbauten aus der leyenschen Zeit.

Aufgrund seiner Lage in der reizvollen Landschaft des Bliesgaues und der heilklimatischen Verhältnisse wurde Blieskastel-Mitte im Jahre 1978 als Kneipp-Kurort staatlich anerkannt. In drei Bauabschnitten wurden bis 1982 im Ortsteil Lautzkirchen die Bliestal-Kliniken erbaut, die mit den Fachrichtungen Innere Medizin, psychogene Erkrankungen und konservative Orthopädie über 500 Betten verfügen. Patienten aus der gesamten Bundesrepublik kommen zur Genesung nach Blieskastel. Parallel zum Aufbau der Klinik entstand nahe der Stadtmitte ein Freizeitzentrum mit Frei- und Hallenbad, Spiel- und Sporthalle sowie mit medizinischen Badeanlagen. Sportplätze, Tennisanlagen und Mehrzweckhallen stehen auch in den Stadtteilen zur Verfügung. Bekannt ist Blieskastel daneben auch als Wallfahrtsort. Mehrere tausend Pilger kommen jährlich zur sagenumwobenen Pieta „Unsere liebe Frau mit den Pfeilen", die sich in der über 300 Jahre alten Heilig-Kreuz-Kapelle befindet. Eine besondere Bedeutung kommt Blieskastel schließlich auch als Schulstandort im mittleren Saarpfalz-Kreis zu: Wirtschaftsakademie, Gymnasium, Realschule, Berufs- und Sonderschule sowie Hauptschulen lassen vielfältige Ausbildungswege zu. Ähnlich bedeutsam ist die Funktion der Stadt als Sitz von Ämtern und Behörden. So finden sich in Blieskastel-Mitte Forst- und Finanzverwaltung, Straßenbau- und Zollamt. Das Amtsgericht, das Arbeitsamt und das Gesundheitsamt unterhalten in Blieskastel Nebenstellen. Die Stadt hat sich aber auch in der Ansiedlung von

Industrie- und Gewerbebetrieben engagiert. Speziell das Areal „Auf Scharlen" in den Stadtteilen Mimbach und Webenheim sowie das Lautzkircher Gewerbegebiet beherbergen zahlreiche kleinere und mittlere Unternehmen. Daß Blieskastel eine Kleinstadt im ländlichen Raum ist, belegt die Funktion, die die Landwirtschaft insbesondere in den dörflich geprägten Stadtteilen einnimmt. Rund 60 Betriebe werden im Vollerwerb geführt, weitere 75 arbeiten nebenerwerblich. Von besonderer Bedeutung ist die Landwirtschaft noch im Stadtteil Webenheim. Ausdruck dafür ist letztlich das „Webenheimer Bauernfest", das im Juli gefeiert wird und das sich zum größten Volksfest im Saarpfalz-Kreis entwickelt hat. Von vielfältigem Reiz sind auch die fünf Naturschutzgebiete in Blieskastel, die mit rund 100 ha (0,9 % der Gesamtfläche) Refugien für seltene Pflanzen wie Orchideen und Trockenrasen darstellen. Große Teile der Bliesaue sind zudem Lebensraum seltener Vogelarten.

Bliesmengen-Bolchen → Mandelbachtal
Böckweiler → Blieskastel
Breitfurt → Blieskastel
Brenschelbach-Riesweiler → Blieskastel
Einöd → Homburg
Erfweiler-Ehlingen → Mandelbachtal
Frankenholz → Bexbach

Gersheim

6944 Einw., 5738 ha, 205–387 m NN, Wohngemeinde an der Grenze zu Frankreich mit Landwirtschaft und Einrichtungen zur Naherholung, Schulzentrum im ländlichen Raum. Im Zuge der Gebiets- und Verwaltungsreform zum 1. 1. 1974 durch die Zusammenfassung von elf ehemals selbständigen Gemeinden entstanden.
Gersheim Als „Geroldesheim" (nach dem ad. Rufnamen „Gerold") 1150 erstmals urkundlich erwähnt, gehörte der Ort zunächst zum Kloster Herbitzheim in Lothringen. Im Bauernkrieg erhoben sich die Gersheimer gegen dieses Kloster, dessen Leibeigene sie waren. 1544 ging die Ortschaft an Nassau-Saarbrücken über, 1670 wurde sie an die Grafen von der Leyen getauscht. Als größter Ortsteil gab Gersheim der 1974 neugegründeten Großgemeinde den Namen und wurde Sitz der Kommunalverwaltung.
Ortsteil Bliesdalheim Als „Daleheim" (Heim, Dorf im Tal) 1218 erstmalig nachgewiesen, trägt der Ort erst seit pfalz-bayerischer Zeit den Namen Bliesdalheim: Der Flußname wurde zur Unterscheidung von Heckendalheim (zu Mandelbachtal) beigefügt. Reichen Grundbesitz in Bliesdalheim hatte bis ins 15. Jh. das Kloster Wörschweiler. Nach dessen Auflösung wurde das Herzogtum Pfalz-Zweibrücken 1558 alleiniger Grundherr und blieb es bis zur Franz. Revolution. Allein die Grafen von der Leyen hatten im 18. Jh. noch Ansprüche im Ort.
Ortsteil Herbitzheim Als „Herbdzheim" (nach dem ad. Rufnamen „Herobod") 1377 erwähnt, wird der Ort 1382 im Besitz der Herren von Kirkel genannt. 1410 ging das Dorf an Pfalz-Zweibrücken über. Weitere Besitzerwechsel folgten; nach 1453 war die Ortschaft im Besitz derer von Sötern, 1458 gehörte sie den Herzögen von Veldenz, und im 17. Jh. fiel das Dorf an Nassau-Saarbrücken, ehe es wieder an Pfalz-Zweibrücken ging. 1777 kam der Ort an den Bundenbacher Baron von Cathcart zu Carbiston, der ihn 1778 an die Grafen von der Leyen verkaufte. Herbitzheim gehörte fortan zur Meierei Rubenheim.
Ortsteil Medelsheim „Medilinesheim" (nach dem ad. Rufnamen „Madalo") ist erstmals 888 erwähnt. Im 13. Jh. werden die Grafen von Zweibrücken als Besitzer genannt, die 1385 über eine Burg in Medelsheim verfügen. 1504 brachte König Maximilian als Erzherzog von

Österreich das Dorf in sein Eigentum. 1525 zogen die Untertanen im Amt Medelsheim in den Bauernkrieg, 1620 ging der Ort als Lehen an Johann Ernst Fugger. Nach der Verwüstung im Dreißigjährigen Krieg gelangte das Dorf 1656 in den Besitz der Grafen von der Leyen. Von 1793 bis 1814 französisch, wurde Medelsheim 1816 Bürgermeisterei. Medelsheim bildet mit *Seyweiler*, 1307 als „Suwilre" (nach dem ad. Rufnamen „Siboald") erwähnt, einen Gemeindebezirk. Beide Ortschaften waren stets eng miteinander verbunden und haben die gleiche Geschichte.

Ortsteil Niedergailbach Als Teil der Grafschaft Zweibrücken-Bitsch ist „Gelebach" (nach dem Fließgewässer, dessen Färbung namengebend war) 1150 erstmals belegt. Wegen der Namensgleichheit mit Obergailbach in Lothringen ist die Unterscheidung historischer Vorgänge allerdings schwierig. 1172 vermachte die Grafschaft Saarwerden den Ort zur Hälfte dem Kloster Wörschweiler, die andere Hälfte verpfändete sie an die dortigen Zisterzienser. 1449 sind Besitzungen der Herren von Steinkallenfels (Bundenbach) in Niedergailbach belegt. 1532 gehörte die Ortschaft wieder zu Zweibrücken-Bitsch, 1604 fiel sie im Tauschverfahren an Lothringen und in der Folge 1766 an Frankreich. In den Besitz der Grafen von der Leyen kam Niedergailbach im Jahre 1781.

Ortsteil Peppenkum-Utweiler Peppenkum ist 1308 als „Boppenheim" (Niederlassung des „Boppo", ad. Rufname) erstmals nachgewiesen. Zunächst den Grafen von Zweibrücken eigen, brachte König Maximilian als Erzherzog von Österreich den Ort 1504 in seinen Besitz. 1620 kam Peppenkum als Lehen an Johann Ernst Fugger, ehe es 1656 an die Grafen von der Leyen überging. Auch die weitere geschichtliche Entwicklung vollzog sich analog zu Medelsheim, zu dessen Bürgermeisterei die Ortschaft nach 1816 gehörte. Peppenkum bildet heute mit Utweiler einen Gemeindebezirk. Utweiler ist 1310 als „Udewilre" (Weiler des „Uto", ad. Rufname) erstmals erwähnt und war zunächst im Besitz der Grafen von Zweibrücken-Bitsch. Bevor der Ort 1781 leyisch wurde, gehörte er ab 1582 zu Lothringen und ab 1766 zu Frankreich.

Ortsteil Reinheim Als „Rynheim" (Niederlassung des „Rîno", ad. Rufname) 1267 erstmals erwähnt. Die Geschichte des Ortes reicht in vorchristliche Zeit zurück. Ausgrabungen förderten Funde aus keltischer Zeit zutage und belegten damit die jahrhundertealte Besiedlung des Ortes. Im Mittelalter gehörte Reinheim (bis 1284) zur Bliesgaugrafschaft. Veränderungen in den Eigentumsverhältnissen waren häufig. Besitzanteile hatten etwa das Bistum Metz, das Deutschordenshaus in Saarbrücken, die Grafen von Saarbrücken und von Zweibrücken, die Herren von Forbach und die Zweibrücker Familie Mauchenheimer. 1339 kam Reinheim an Kurtrier, das den Ort 1657 an die Grafen von der Leyen abgab.

Ortsteil Rubenheim Erstmals als „Ropoinhem" (Niederlassung des „Rubo", ad. Rufname) 1245 urkundlich erwähnt. Die Ursprünge des Ortes reichen weiter zurück. Hügelgräber und Trichterwohnungen belegen die Besiedlung bereits für das 7. Jh. v. Chr. Rubenheim gehörte ursprünglich zur Bliesgaugrafschaft und kam mit ihr 1284 zum Bistum Metz. 1339 geriet der Ort zur Hälfte in kurtrierischen Besitz, während die andere Hälfte zu Zweibrücken gehörte. Um 1530 werden die Herren von Eltz als Eigentümer erwähnt, deren Anteil 1659 an die Grafen von der Leyen überging. 1777 kam der Zweibrücker Anteil durch Tausch an den Baron von Cathcart zu Carbiston. Ein Jahr später erwarb das Haus von der Leyen auch diesen Anteil.

Ortsteil Walsheim Erstmalig urkundlich erwähnt ist Walsheim 888 als „Walahesheim" (Niederlassung des „Walah", ad. Rufname).

Um 1100 kam das Dorf in den Besitz der Grafen von Saarwerden. Aus deren Händen erhielt das Kloster Wörschweiler einen Teil der Ortschaft, und um 1350 waren die Wörschweiler Zisterzienser die größten Besitzer in Walsheim, der kleinere Teil gehörte zu Zweibrücken-Bitsch. 1572 gelangte Walsheim ganz in das Eigentum von Pfalz-Zweibrücken, wo es bis zur Franz. Revolution blieb.

Hallstatt, Latène, gallo-römisch lauten die Stichworte, die mit Gersheim heute zwangsläufig in Verbindung gebracht werden. Die Konzentration von archäologischen Funden im unteren Bliestal ist Beleg dafür, daß dieser Bereich schon in vor- und frühgeschichtlicher Zeit besiedelt war. Wo das weitläufige Tal der Blies das Landschaftsbild bestimmt, befindet sich, zumeist bedeckt vom Ackerboden, eine kleinräumige Siedlungskammer, die heute wissenschaftlich ausgegraben wird. Von der Grenze zwischen Frankreich und Deutschland durchschnitten, blieb das seit alters her besiedelte Areal von neuzeitlicher Bebauung verschont und bietet deshalb wertvolle Einblicke in die Vergangenheit. Vor dem Hintergrund der Staatsgrenzen ist auch das Projekt zu verstehen, im saarpfälzischen Reinheim und im lothringischen Bliesbruck einen „Europäischen Kulturpark" aufzubauen. Im Bewußtsein, daß die heutigen Grenzen willkürlich gezogen sind und keineswegs weit in die Geschichte zurückreichen, soll der „Kulturpark" auch zu einem Symbol grenzüberschreitender Freundschaft und Zusammenarbeit werden.

Den besonderen Reiz der Gemeinde Gersheim macht deren landschaftliche Lage aus. Durchzogen von der Blies, bieten die sanften Hänge beidseits des Flusses mit Streuobstbeständen und Heckengürteln ein recht idyllisches Bild. Darin eingebettet sind die Ortsteile, die sich ihren ländlichen Charakter bewahrt haben. In diesen Dörfern begegnet man auch Spuren des Mittelalters. Herausragende Monumente sind vor allem sakrale Bauten wie die Kirchen in Medelsheim, Rubenheim und Reinheim. In diesem Zusammenhang zu sehen sind auch die Wegekreuze, die vor allem in der „Parr", dem linksseitigen Höhenzug über der Blies, zu finden sind. Insgesamt elf dieser aus vier Jahrhunderten stammenden Denkmäler sind in Medelsheim zu einem „Kreuz-Rundwanderweg" verbunden.

Eine andere Variante der Geschichte ist in Rubenheim unter die Lupe zu nehmen: Im Museum für Alltagsgeschichte ist nachzuvollziehen, wie das normale Leben vergangener Tage ausgesehen hat. In Walsheim befindet sich ein Campingplatz mit 200 Stellplätzen, ein beheiztes Freibad mit großer Liegewiese ist unmittelbar daneben. Der Naherholung dient auch die Weiheranlage im Rohrental in Rubenheim.

Auf ihre Kosten kommen in der Gemeinde auch Naturfreunde. Vor allem das Gersheimer Orchideengebiet mit einer Größe von 32 ha ist ein vielbesuchtes Ausflugsziel. Unter fachkundiger Führung können diese geschützten und seltenen Pflanzen, von denen hier allein 30 Arten gedeihen, in Augenschein genommen werden. Zwar zählt Gersheim insgesamt vier Naturschutzgebiete mit einer Gesamtfläche von 70 ha, doch sind große Teile der Gemarkung unter ornithologischen Gesichtspunkten von Bedeutung. Viele vom Aussterben bedrohte Vogelarten können hier noch beobachtet oder vernommen werden. Als problematisch hat sich der Rückgang der Landwirtschaft erwiesen. Zwar gibt es in der Gemeinde noch 44 Landwirte, die ihren Beruf im Haupterwerb ausüben, sowie über 50 Nebenerwerbsbetriebe, gleichwohl reicht diese Zahl nicht aus, um die traditionelle Kulturlandschaft zu erhalten. Der Pflege dieser Landschaft kommt in Gersheim künftig besondere Aufmerksamkeit zu.

Von wirtschaftlicher Bedeutung ist das 1895

Gersheim

89   Gersheim. Pfarrkirche mit ehemaliger Kalkofenanlage

gegründete Kalkbergwerk, das noch heute in Betrieb ist. Neben dem Kalkabbau findet in den 150 km langen Stollen auch die Einlagerung von Rückständen aus den Filteranlagen der Kohlekraftwerke statt. Das Bergwerk kann besichtigt werden. Der Muschelkalk zieht auch Fossiliensucher an, die hier allerlei Versteinerungen finden. Als Standort einer Gesamtschule kommt der Gemeinde Gersheim schließlich auch Bedeutung als Schulstandort zu.

Hassel → St. Ingbert
Habkirchen → Mandelbachtal
Heckendalheim → Mandelbachtal
Herbitzheim → Gersheim
Höchen → Bexbach

Homburg

43 763 Einw., 8258 ha, 219–381 m NN, Kreisstadt und wichtiger regionaler Industriestandort, Einkaufs- und Dienstleistungszentrum, Sitz des Landeskrankenhauses und der Universitätskliniken des Saarlandes. Im Zuge der Gebiets- und Verwaltungsreform zum 1. 1. 1974 durch die Vereinigung der Stadt Homburg mit den Gemeinden Einöd, Jägersburg, Kirrberg und Wörschweiler entstanden. *Homburg* Als „Homberc" (Ableitung von „Hohem Berg") 1180 erstmals erwähnt, wurde im 12. Jh. auf dem Schloßberg die Hohenburg gebaut, die Sitz der Grafen von Homburg war. Kaiser Ludwig der Bayer verlieh 1330 die Stadtrechte. Als 1449 der letzte Graf von Homburg starb, fiel die Stadt an Nassau-Saarbrücken. Unter Kaiser Karl V. erhielt Homburg 1551 die Marktrechte, und 1558 war es dann Kaiser Ferdinand I., der in Verbindung mit dem Recht, eine Stadtmauer zu errichten, zum zweiten Male die Stadtrechte verlieh. Im 16. Jh. wurde die Burg unter Johann IV. von Nassau-Saarbrücken zu einer Schloßanlage im Renaissancestil umgebaut. Im Dreißigjährigen Krieg folgte die totale Zerstörung. Nach den Plänen des französischen Festungsbaumeisters Vauban wurden Stadt und Festungsanlage 1682–1692 neu aufgebaut. Infolge der Friedensschlüsse von Rijswijk und Baden wurde die Festung 1697 und 1714 geschleift. Durch Gebietstausch kamen Stadt und Amt Homburg 1755 zum Herzogtum Pfalz-Zweibrücken, und 1776 begann unter der Regentschaft von Karl II. August die Errichtung von Schloß Karlsberg, der prunkvollsten Landresidenz des 18. Jh. Mit Unterstützung der heimischen Bevölkerung brannten französische Revolutionstruppen 1793 die Schloßanlage bis auf die Grundmauern nieder. Von 1798 bis 1813 war Homburg Kantonsstadt im Département Donnersberg; 1816 mit der Pfalz bayerisch geworden, wurde Homburg 1818 Sitz des Landkommissariats. Erster Landkommissär war Philipp Jakob Siebenpfeiffer, der 1832 einer der Initiatoren des Hambacher Festes war. Der Stadt Homburg eingegliedert wurden 1913 die Dörfer Beeden und Schwarzenbach, 1936 Erbach und Reiskirchen sowie 1938 Bruchhof und Sanddorf. *Stadtteil Einöd* Als „Eynot" (einzeln liegendes Gehöft) 1290 erstmals erwähnt, gehörte Einöd zunächst zur Herrschaft Kirkel, ehe es 1410 zu Pfalz-Zweibrücken kam. Nach 1648 kam das Dorf zu Ixheim, ab 1700 zur Schultheißerei Limbach. 1760 wurde der Ort dann selbst zur Schultheißerei und 1798 Bestandteil des Kantons Zweibrücken. Eine eigene Bürgermeisterei erhielt Einöd 1849, 1919 wurde das Dorf dem Bezirksamt Homburg zugeordnet. Zu Einöd gehören die Ortsteile Ingweiler und Schwarzenacker; letzterer war bereits in römischer Zeit eine bedeutende Etappenstadt. *Stadtteil Jägersburg* Jägersburg bekam seinen Namen 1749 durch Herzog Christian IV. von Pfalz-Zweibrücken, der die Umgebung des Dorfes als Jagdrevier nutzte. Ursprünglich hieß der Ort Hattweiler, 1271 als „Hetwilre"

90 St. Andreas in Homburg-Erbach

(Weiler des „Hetto", fränk. Name) erstmals belegt. Die Grafen von Zweibrücken-Bitsch wurden 1395 mit Hattweiler belehnt, 1522 wurde es von Kurtrier erobert, 1590 kaufte der Wittelsbacher Johann I. den Ort und gab ihm den Namen Hansweiler. Nach wechselnden Besitzverhältnissen und Zerstörungen während des Dreißigjährigen Kriegs war der Ort 1681 im Eigentum der schwedischen Könige und gelangte 1710 durch Erbschaft an Pfalz-Zweibrücken. 1721 begann der Bau der Gustavsburg, 1752 die Errichtung des Jagdschlosses Jägersburg. Von 1776 bis 1778 war der Ort inoffizielle Residenz des Herzogs. Zu Jägersburg gehören die Ortsteile Websweiler, das 1895 als Bergarbeitersiedlung neu gegründet wurde, und Altbreitenfelderhof. Jägersburg war bis zur Saargrenzziehung 1919 stets mit der Schultheißerei, dem Kanton und der Bürgermeisterei Waldmohr verbunden.

Stadtteil Kirrberg 1203 erstmals als „Kirperc" erwähnt, war es eine auf dem Berg stehende Kirche, die den Anstoß zum Ortsnamen gab. Etwa aus gleicher Zeit stammt die Merburg, eine kleine Bergfestung, die 1172 erstmals belegt ist. Kirrberg gehörte zunächst den Grafen von Homburg, die ihren Besitz teilweise an das Kloster Wörschweiler schenkten. Im 16. Jh. gehörte der Ort zwei Herrschaften: Pfalz-Zweibrücken und Nassau-Saarbrücken. Im Gebietstausch ging die gesamte Ortschaft Kirrberg 1755 in Zweibrücker Eigentum über. Kirrberg gehörte von 1919 bis 1935 nicht zum Saargebiet, sondern zum Bezirksamt Zweibrücken. Ähnlich war es nach 1945, als Kirrberg zur Pfalz gehörte. Eine Volksabstimmung führte 1949 zur Eingliederung in das Saarland.

Stadtteil Wörschweiler Als „Werneswilre" 1131 erstmals erwähnt, erklärt sich der Ortsname als frühe Niederlassung eines fränkischen Sippenältesten namens Werner. Graf Friedrich von Saarwerden gründete auf dem 370 m hohen Berg über der Blies ein Priorat, das mit Benediktinermönchen des Klosters Hornbach besetzt wurde. 1171 ging das Kloster an Zisterzienser über, die von nun an in ihrem Reformeifer vor allem den Ortschaften in der Umgebung vielerlei Entwicklungsimpulse insbesondere auf landwirtschaftlichem Gebiet gaben. Über den territorialen Einfluß geben die Regesten des Klosters Auskunft. Die Reformation beendete schließlich die Geschichte des Klosters, dessen Besitz an das Herzogtum Pfalz-Zweibrücken fiel. Die Klostergebäude brannten 1614 nieder. Die Entstehung des Dorfes Wörschweiler datiert auf die Zeit nach 1700. Dabei entstanden zwei Ortskerne, nämlich einer am Fuße des Klosterberges, der den Namen übernahm, und der andere im Gutenbrunner Tal, wo Heilquellen namengebend waren. Dort entstanden eine Glashütte und eine Ziegelei. Aus dem Lustschlößchen Louisenthal, das der Zweibrücker Herzog Gustav Samuel Leopold erbaute, wurde vorübergehend eine Porzellanmanufaktur. Wörschweiler gehörte bis 1974 als eigenständige Gemeinde zum Landkreis St. Ingbert.

Grundlage für die Entwicklung von Homburg ist die seit dem Beginn des 20. Jh. forcierte Ansiedlung von Industriebetrieben. Ein Großteil jener Unternehmen, die heute in Homburg ansässig sind, arbeitet in der Zulieferung der Automobilproduktion. Daneben gibt es im Stadtbereich auch mehr als 300 Handwerksbetriebe in über 60 Metiers. Insgesamt stehen in Homburg 32 000 Arbeitsplätze zur Verfügung. Die Arbeitnehmer kommen nicht allein aus dem Stadtbereich; 17 000 Pendler aus dem östlichen Bereich des Saarlandes, der Westpfalz und aus Frankreich machen deutlich, welche wirtschaftliche Bedeutung der Industriestandort Homburg für die Region einnimmt. Als Schulzentrum des Saarpfalz-Kreises ermöglicht die Stadt in drei

Homburg

Gymnasien, einer Realschule, einer Handels- und Höheren Handelsschule sowie in Berufs-, Gewerbe-, Fach- und Sonderschulen zahlreiche Ausbildungen. Hinzu kommt das Jugenddorf in Schwarzenbach, das körper- und lernbehinderten Jugendlichen zu einem qualifizierten Ausbildungsabschluß verhilft. Kaufhäuser und Fachgeschäfte sowie eine Vielzahl niedergelassener Ärzte und nicht zuletzt zahlreiche Behörden (Amtsgericht, Arbeitsamt, Finanzverwaltung, Gesundheitsamt, Katasteramt, Kreisverwaltung) und soziale Dienste sorgen dafür, daß die Stadt eine wichtige Funktion als Einkaufs- und Dienstleistungszentrum hat. Im Rahmen der Altstadtsanierung und der Innenstadterneuerung wurden in Homburg Fußgängerzonen, Plätze und Brunnen geschaffen, die die Attraktivität der Innenstadt ebenso erhöhen sollen wie die hier stattfindenden Feste. Volksfeste auf dem Marktplatz in der Altstadt, aber auch der monatliche Flohmarkt im gesamten Stadtzentrum stellen besondere Publikumsmagnete dar. Mit 42 Prozent ist der Waldanteil an der Gesamtfläche der Stadt relativ hoch. Durch den „Kulturpark Homburg" führt ein Netz von Wanderwegen, die auch die Ruinen der Hohenburg, des Schlosses Karlsberg und des Klosters Wörschweiler sowie die restaurierte Gustavsburg zum Ziel haben. Eine ausgesprochene Touristenattraktion sind die Schloßberghöhlen, die jährlich jeweils über 40 000 Besucher anlocken. Die größten Buntsandsteinhöhlen in Europa sind zwischen dem 11.

91 Homburg. Das römische Freilichtmuseum Schwarzenacker ist eine Touristenattraktion.

und 17. Jh. entstanden und dienten vornehmlich Verteidigungszwecken; die mehrere Kilometer langen Gänge mit mächtigen Kuppelhallen durchziehen den Schloßberg in zwölf Stockwerken.

Ebenfalls touristischer Anziehungspunkt ist das Römermuseum: Die Römerstadt in Schwarzenacker wird seit 1954 ausgegraben, Teile der Gebäude wurden rekonstruiert und bilden mit dem übrigen Mauerwerk ein Freilichtmuseum. Die Funde sind im benachbarten Edelhaus, einem Landsitz aus dem 18. Jh., ausgestellt. Auch für die Naherholung gibt es vielfältige Einrichtungen, insbesondere die Freizeitanlagen der Jägersburger Weiher sind vielbesucht. Für sportliche Aktivität stehen das Waldstadion mit einer modernen Kunststoff-Leichtathletikanlage, ein Hallenbad, ein beheiztes Freibad, zahlreiche Sporthallen sowie Sport- und Tennisanlagen auch in den Stadtteilen zur Verfügung. Auf dem Websweiler Hof befindet sich außerdem ein fast 100 ha großer Golfplatz. Über 60 Vereine sind Träger des sportlichen Lebens in der Stadt und ermöglichen die Ausübung fast jeder Sportart. Eine große Resonanz findet schließlich auch das kulturelle Angebot. Theaterabende, Kunstausstellungen und Konzerte für jeden Geschmack gewinnen ihr Publikum immer wieder. Überregionale Beachtung haben die „Homburger Meisterkonzerte" erlangt, die den Vergleich mit großstädtischen Programmen nicht zu scheuen brauchen. In den ländlichen Stadtteilen, insbesondere in Einöd, ist die Landwirtschaft von Bedeutung: In Homburg gibt es noch 29 bzw. 39 Voll- oder Nebenerwerbsbetriebe in der Landwirtschaft. Insgesamt wird mehr als ein Viertel des Stadtgebietes landwirtschaftlich genutzt. Homburg zählt vier Naturschutzgebiete, die als Feuchtbiotope Lebensraum für seltene Vogelarten von Bedeutung sind. Unter Naturschutz stehen rund 100 ha (1,2 % der Gesamtfläche).

Jägersburg → Homburg

Kirkel

9603 Einw., 3145 ha, 225–381 m NN, Wohngemeinde mit Gewerbe und Landwirtschaft im Verdichtungsraum Homburg. Im Zuge der Gebiets- und Verwaltungsreform zum 1. 1. 1974 durch die Vereinigung der Gemeinden Kirkel-Neuhäusel, Limbach und Altstadt entstanden.

Ortsteil Altstadt 1299 als „Altenstatt" erstmalig erwähnt; ursprünglich hieß der Ort am linken Bliesufer Limbach. Durch die Umsiedlung der Bewohner im 13. Jh. auf die gegenüberliegende Seite entstanden „die beiden Limpach, in der alten und nuwen statt" (1434). Im hohen Mittelalter zunächst im Besitz der Grafen von Homburg, die in Altstadt Hochgericht hielten, übergab 1479 das Kloster Wörschweiler den Ort an Pfalz-Zweibrücken. 1492 gelangte das Dorf an Nassau-Saarbrücken, bis es 1755 an Pfalz-Zweibrücken zurückfiel. Mit der Pfalz ab 1816 dem Königreich Bayern zugeordnet, war Altstadt selbständige Gemeinde der Bürgermeisterei Limbach.

Ortsteil Kirkel-Neuhäusel Kirkel ist 1075 als „Kirchila" (nach lat. circulus: Kreis, kreisrunde Basis des Burgbergs) erstmalig genannt. Der Zusatz Neuhäusel (1708) erklärt sich als Bezeichnung für neue Gebäude, die auf dem Boden der Wüstung Volkerskirchen entstanden und die mit Kirkel zusammengewachsen sind. Weithin sichtbares Wahrzeichen von Kirkel-Neuhäusel ist die Burgruine, die aus dem 11. Jh. stammt und deren Aussichtsturm 1955 neu aufgebaut wurde. Der Ort war zunächst im Besitz der Grafen von Saarwerden, ehe von 1214 bis 1385 eine eigene Herrschaft bestand. 1251 wurde Kirkel als Reichslehen bezeichnet. Von 1410 bis zur Franz. Revolution gehörte das Dorf zum

Tafel 35   Homburg-Schwarzenacker. Im Edelhaus, einem Landsitz aus dem 18. Jahrhundert, sind die römischen Funde aus Schwarzenacker ausgestellt.

Tafel 36   Kirkel. Der Glockenturm im Ortsteil Altstadt aus dem 19. Jahrhundert. ▷

Herzogtum Pfalz-Zweibrücken; in diese Zeit fällt die Zerstörung der Burg (1689). Der Ortsteil gab der 1974 entstandenen Gemeinde Kirkel den Namen; vorher war es ab 1885 Bürgermeisterei.

Ortsteil Limbach Erstmals 1219 als „Limpach" (ahd. limo: Schlamm, Lehm) erwähnt, befand sich der Ort damals auf dem östlichen Bliesufer (heute Altstadt). Im 13. Jh., aus dem Teile der ev. Kirche stammen, siedelten die Bewohner in die Talaue der Blies um. Die Bliesbrücke an der „Geleitstraße" von Metz nach Mainz bildete nach Altstadt hin eine Zollstelle, die für das Herzogtum Pfalz-Zweibrücken eine einträgliche Einnahmequelle war. Bereits im 16. Jh. als Schultheißerei genannt, war der Ort nach 1798 Bürgermeisterei für mehrere Dörfer in der Umgebung. In Limbach hat heute auch die Verwaltung der Gemeinde Kirkel ihren Sitz.

Die Gemeinde Kirkel ist Schnittpunkt überregionaler Verkehrsführungen: Die Autobahnen Saarbrücken–Mannheim (A 6) und Neunkirchen–Pirmasens (A 8), die stark befahrene Landstraße 119 (ehemalige B 40/Kaiserstraße) und die Bundesbahnlinie Saarbrücken–Mannheim durchqueren den Ort. Die Nähe zu drei unmittelbar angrenzenden Städten mit hohem Arbeitsplatz- und Dienstleistungsangebot hat dazu geführt, daß in Kirkel in hohem Maße Flächen für den Wohnungsbau zur Verfügung gestellt werden. Eine Vorreiterrolle zur Erhöhung der Wohnqualität hat die Gemeinde Kirkel mit dem Bau von verkehrsberuhigten Straßen übernommen: Sowohl Neubauareale als auch ältere Wohngebiete werden verstärkt damit ausgestattet. In Kirkel selbst sind vor allem kleinere und mittlere Gewerbebetriebe ansässig. Die Gemeinde besteht fast zur Hälfte aus einem zusammenhängenden Waldgebiet: Der Kirkeler Wald, durch ein Netz von Wanderwegen erschlossen, birgt Sehenswürdigkeiten wie den „Felsenpfad", eine Kette bizarr verwitterter Buntsandsteinfelsen, und einen geologischen Lehrpfad. Daneben wurden bislang sechs Naturschutzgebiete mit einer Fläche von insgesamt 61 ha (1,9 % der Gesamtfläche) ausgewiesen. Sie zeichnen sich insbesondere als Lebensraum für seltene Vogelarten und durch geologische Besonderheiten aus. Ein Drittel der Gemeindefläche wird landwirtschaftlich genutzt; in Kirkel gibt es 12 Voll- und 6 Nebenerwerbsbetriebe. Im Zuge der Bemühungen, Kirkel für die Naherholung und den Fremdenverkehr attraktiv zu machen, entstanden zahlreiche Freizeiteinrichtungen. So verfügt die Gemeinde über eine Vielzahl von Sportstätten und Mehrzweckhallen, ein beheiztes Freibad in Limbach sowie ein Naturfreibad und einen Caravanplatz in Kirkel-Neuhäusel. Größter Publikumsmagnet unter den zahlreichen Festen ist der „Kirkeler Wurstmarkt", ein Volksfest mit Rummelplatz, das im Sommer gefeiert wird und alljährlich mehrere zehntausend Besucher anlockt. Die Gemeinde hat sich auch als Tagungsort einen Namen gemacht. So befindet sich in Kirkel das Bildungszentrum der Saarländischen Arbeitskammer.

Kirkel-Neuhäusel → Kirkel
Kirrberg → Homburg
Kleinottweiler → Bexbach
Limbach → Kirkel

Mandelbachtal

11 676 Einw., 5852 ha, 150–385 m NN, Wohngemeinde im ländlichen Raum an der Grenze zu Frankreich mit Landwirtschaft und Einrichtungen zur Naherholung. Im Zuge der Gebiets- und Verwaltungsreform zum 1. 1. 1974 durch die Zusammenfassung von acht ehemals selbständigen Gemeinden gebildet.

Ortsteil Bebelsheim Als Eigentum des Kirkeler Grafen Johann ist Bebelsheim (nach dem ad. Rufnamen „Bâbilin") 1223 erstmals erwähnt. Über zwei Jahrhunderte hinweg ist danach eine kleinadelige Ritterfamilie belegt, die sich nach dem Ort nannte. Von deren Burganlage stammt möglicherweise der heute zur Kirche gehörende romanische Rundturm. 1444 gelangten die Besitzungen der Bebelsheimer Ritter sämtlich an die Familie von der Ecken. Aber auch andere Eigentümer werden genannt: die Herren von Lewenstein und Montclair, die Mauchenheimer, die Klöster Wörschweiler und Gräfinthal, Nassau-Saarbrücken, Kurtrier und die Herren von Eltz. 1661 wurden die Grafen von der Leyen alleinige Eigentümer von Bebelsheim, das fortan zur Meierei Wittersheim gehörte.

Ortsteil Bliesmengen-Bolchen Bliesmengen ist 1180 als „Maingen" (Ort des „Mago", ad. Rufname) erwähnt, Bolchen erstmals 1288 (von lat. betuletum: Birkenwäldchen). Nach der Ortschaft nannte sich eine Ritterfamilie, deren Wasserburg nahe der Blies 1362 zerstört wurde. Die Herren von Mengen waren Vasallen der Herzöge von Lothringen. Zur gleichen Zeit waren auch die Klöster Gräfinthal, Wörschweiler, Wadgassen und Tholey durch Schenkungen Eigentümer im Ort geworden. Danach wechselten die Besitzer ständig: Rechte und Eigentum hatten die Grafen von Saarbrücken oder das Herzogtum Lothringen. Mit letzteren wurde die Ortschaft 1766 französisch, ehe sie 1781 an die Grafen von der Leyen überging. Zu Bliesmengen-Bolchen gehört Gräfinthal, ein ehemaliges Wilhelmitenkloster, das der Legende nach 1243 gegründet wurde. Es wurde im Laufe seiner Geschichte mehrfach zerstört und wieder aufgebaut.

Ortsteil Erfweiler-Ehlingen „Erfwilre" („Weiler des Erfo") ist 1223, „Elyngen" (Ansiedlung des „Allo") 1383 erstmals erwähnt: Die Ortsnamen weisen auf die Anwesenheit fränkischer Sippen hin. Bereits die Römer siedelten hier, wie die Ausgrabung eines Gutshofs belegte. Beide Orte gehörten zunächst zur Bliesgaugrafschaft; bis 1318 ist eine Adelsfamilie von Erfweiler nachgewiesen, die Burgmänner in Blieskastel stellte. Von deren Burg könnte der romanische Rundturm der Kirche stammen. 1339 gelangten die Ortschaften an Kurtrier, 1376 sind mehrere Besitzer genannt: die Mauchenheimer von Zweibrücken, die Klöster Wörschweiler und Gräfinthal etwa. Von 1661 bis zur Franz. Revolution gehörte Erfweiler-Ehlingen den Grafen von der Leyen.

Ortsteil Habkirchen Bereits 819 ist „Apponies ecclesia" (Kirche des „Appo", ad. Rufname) urkundlich nachgewiesen. 1046 wird der Ort als Sitz der Bliesgaugrafen erwähnt, und 1243 wies die Blieskasteler Gräfin Elisabeth ihre Einkünfte in Habkirchen dem Kloster Gräfinthal zu. Bis zum Ende des 14. Jh. ist eine Adelsfamilie genannt, die sich „Schado von Habkirchen" nannte und die in Diensten der Blieskasteler Grafen stand. Habkirchen gelangte 1339 in die Hände des Kurfürstentums Trier und gehörte 1553 zu dessen Hochgericht Blieskastel. Ab 1661 war der Ort im Besitz der Grafen von der Leyen. Die geistliche Herrschaft in Habkirchen übte ab 1312 der Deutsche Orden aus, der bis 1686 Besitzansprüche im Ort hatte.

Ortsteil Heckendalheim Als „Dalheim" (Heim, Dorf im Tal) 1342 nachgewiesen, ist der heutige Ortsname erstmals 1655 genannt. Abgeleitet von der natürlichen Umgebung des Ortes, diente der Zusatz zur Unterscheidung von Bliesdalheim (Gemeinde Gersheim). Aus den Händen des Edelknechtes Hugo von Bübingen gelangte der Ort in der Zeit der Ersterwähnung an das Kloster Wadgassen. 1523 sind als Besitzer die Familie Steinkallenfels und Nassau-Saarbrücken genannt, die 1655 bzw. 1660 ihren Besitz an die

Grafen von der Leyen abtraten. Heckendalheim wurde sodann mit dem benachbarten Ommersheim vereinigt.

Ortsteil Ommersheim Als „Oimersheim" (nach dem ad. Rufnamen „Otmar") 1180 erstmals genannt. Der Ort gehörte den Zweibrücker Grafen, von denen er 1220 an das Kloster Wadgassen überging. Daneben gab es weitere Besitzer wie Konrad von Grumbach (Mainz), Johann von Schomburg (Baden) oder die Blieskasteler Gaugrafen. 1580 teilten sich die Bundenbacher Herren von Steinkallenfels und die Grafen von Nassau-Saarbrücken den Ort. Beider Anteile gingen 1655 bzw. 1660 an die Grafen von der Leyen über, die das Dorf zur Meierei machten. Im Verlauf der Franz. Revolution stellten die Ommersheimer Bauern konkrete Forderungen zur Verbesserung ihrer Lage an die Adresse ihrer Herrschaft.

Ortsteil Ormesheim Als „Ormersheim" (nach dem ad. Rufnamen „Ormâr") 1180 nachgewiesen. Die Besiedlung des Ortes reicht weiter zurück, wie Grabhügel aus der Bronzezeit belegen. 1269 gehörte Ormesheim zur Abtei Tholey. Verschiedene Eigentümer werden nach 1339 genannt: Kurtrier, die Herrschaftshäuser Hunoltstein, Hubenriß, Löwenstein, schließlich auch die Herren von Eltz (1535). Ab 1654 waren die Grafen von der Leyen Eigentümer; in deren Zeit gehörte Ormesheim zur Meierei Ommersheim. In bayerischer Zeit war das Dorf abwechselnd Aßweiler und Erfweiler-Ehlingen zugeordnet, bis es 1900 selbständig wurde. Seit der Gebiets- und Verwaltungsreform 1974 ist Ormesheim Verwaltungssitz der Gemeinde Mandelbachtal.

Ortsteil Wittersheim Als „Witersheim" (nach dem ad. Rufnamen „Wîthari") 1267 erstmals erwähnt, wird bis 1383 die Blieskasteler Adelsfamilie Schade in Verbindung mit Rechten im Ort genannt. Eine Vielzahl von Eigentümern findet sich im 14. Jh.: die Klöster

92 Mandelbachtal-Ormesheim. Strudelpeterkapelle

Wörschweiler und Gräfinthal, die Herren von Bitsch und St. Ingbert sowie die Mauchenheimer von Zweibrücken. Im 16. Jh. sind die Herren von Eltz und Pfalz-Zweibrücken als Eigentümer belegt; 1601/02 erhoben sich die Wittersheimer Bauern gegen die eltzsche Herrschaft. 1660 gelangte der Ort als Ganzes an die Grafen von der Leyen.

Namengebend für die Gemeinde war der Mandelbach, ein Fließgewässer, an dem Kopfweiden wachsen. Nur noch selten weisen sie allerdings ihre eigentümliche, typische Form auf, die durch den regelmäßigen Rückschnitt bedingt ist. Kopfweide, Korbweide, Mandel – stets ist der gleiche Baum gemeint, dessen Blätter denen des Mandelbaumes ähnlich sehen. Aus den geschnittenen Ruten wurden in früheren Zeiten Körbe geflochten, ein Handwerk, das heute nur noch wenige Menschen beherrschen.

Kurz vor der Mündung des Mandelbachs in die Blies lag im Mittelalter der Ort Mandelbach (erstmals 1239 erwähnt). Der Name Mandelbachtal für acht ehemals selbständige Dörfer hat damit einen sowohl historischen als auch geographischen Hintergrund, auch wenn nicht alle Ortsteile der Gemeinde unmittelbar an diesem Bach liegen. Der Bliesgau ist von alters her Kulturland, von Menschenhand über die Jahrtausende hinweg gestaltet und genutzt. Durch eine Vielzahl von Funden und Ausgrabungen ist die frühe Besiedlung immer wieder belegt worden. Aufgrund der klimatisch und geographisch günstigen Lage gehörte das Gebiet der heutigen Gemeinde Mandelbachtal zu jenen Landstrichen, die von den Römern bevorzugt besiedelt wurden. Allein in Erfweiler-Ehlingen und in Wittersheim wurden mehr als zehn römische Siedlungsstellen entdeckt, darunter auch zwei größere Gutshöfe. Auf einem Friedhof aus der Merowingerzeit, ebenfalls in Wittersheim ausgegraben, wurden prachtvolle Grabbeigaben gefunden.

Aus dem hohen Mittelalter stammen die Rundtürme in Bebelsheim und Erfweiler-Ehlingen, die ursprünglich zu burgähnlichen Gebäuden gehörten. Im Volksmund „Römertürme" genannt, dienen beide heute als Kirchtürme. In die Zeit des Mittelalters zurück reichen schließlich die Anfänge des Klosters Gräfinthal, das wohl bekannteste Bauwerk der

93 Mandelbachtal. Die Gräfinthaler Freilichtbühne

Gemeinde, das ein beliebtes Ausflugsziel ist. Markantes Erkennungszeichen der Klosteranlage, die von einer alten Mauer umgeben ist, ist das aus dem 18. Jh. stammende Taubenhaus, das einzige Gebäude dieser Art im Saarland. Die Ruine der Marienkapelle ist von jeher ein Wallfahrtsort. Unweit des Klosters befindet sich in landschaftlich reizvoller Lage die Gräfinthaler Naturbühne, ein Freilichttheater, in dem regelmäßig sowohl für Kinder als auch für Erwachsene Aufführungen stattfinden. Die Akteure sind ausschließlich Laienschauspieler aus den Orten Bliesmengen-Bolchen und Habkirchen.

Naherholung und Fremdenverkehr sind die beiden Bereiche, deren Förderung sich die Gemeinde zum Ziel gesetzt hat. So ermöglicht es ein Netz von Wanderwegen, die Region zwischen Mandelbach, Saarbach und Blies – sie bildet hier die Grenze zu Frankreich hin – zu Fuß oder mit dem Fahrrad zu erkunden. Einheimische Bauernhöfe bieten sich als Urlaubsdomizile an; die Vermietung von Pferden, markierte Reitwege und geführte Wanderungen zu Pferd auch über die Grenze hinweg stehen auf dem Veranstaltungsprogramm. Gelegenheiten zur Freizeitgestaltung ergeben sich vielerlei. Sportanlagen wie Tennisplätze, Minigolf oder auch eine Bocciabahn finden sich ebenso wie die Anlage am „Gangelbrunnen" in Ommersheim mit Weiher und Kneippeinrichtung.

Obwohl sich der Strukturwandel in der Landwirtschaft auch in Mandelbachtal einschneidend auswirkte und die Zahl der Betriebe erheblich zurückging, ist die bewirtschaftete Kulturlandschaft nach wie vor prägend. Noch arbeiten 22 Landwirte im Haupterwerb und 38 im Nebenerwerb. Eingebettet in einen Ausläufer des lothringischen Hochplateaus, sind alle Dörfer von artenreichen Streuobstgürteln umgeben. Nicht zuletzt auch die Ruinen des Westwalls sind ausschlaggebend dafür, daß der Gemeinde insgesamt große Bedeutung im Naturschutz zukommt. Alte Rebmauern an klimatisch besonders günstigen Stellen erinnern daran, daß bis weit ins 20. Jh. hinein Weinbau betrieben wurde. Nur Flurnamen zeugen heute noch davon. Die Ortsteile der Gemeinde Mandelbachtal haben sich von Arbeiterbauerndörfern zu Wohngemeinden gewandelt. Obwohl sich Dienstleistungs-, Handwerksbetriebe und Geschäfte in den einzelnen Orten finden, müssen Berufstätige zur täglichen Arbeit in die nahe gelegenen Zentren Saarbrücken, St. Ingbert und Homburg pendeln.

Medelsheim → Gersheim
Mimbach → Blieskastel
Neualtheim → Blieskastel
Niederbexbach → Bexbach
Niedergailbach → Gersheim
Niederwürzbach → Blieskastel
Oberbexbach → Bexbach
Oberwürzbach → St. Ingbert
Ommersheim → Mandelbachtal
Ormesheim → Mandelbachtal
Peppenkum-Utweiler → Gersheim
Reinheim → Gersheim
Rentrisch → St. Ingbert
Rohrbach → St. Ingbert
Rubenheim → Gersheim

St. Ingbert

41 435 Einw., 5004 ha, 215 – 402 m NN, Mittelstadt im Verdichtungsraum Saarbrücken; regionaler Industrie- und Gewerbestandort, Einkaufs-, Dienstleistungs- und Schulzentrum. Im Zuge der Gebiets- und Verwaltungsreform zum 1. 1. 1974 aus dem Zusammenschluß der Stadt St. Ingbert mit vier Gemeinden entstanden.

St. Ingbert Als „Sancto Ingebrechto" 1174 erstmals erwähnt, wird der Ortsname auf den hl. Ingobertus zurückgeführt, einen im 6. Jh. in der Region wirkenden Missionar. Die ältere Bezeichnung ist indes *Lendelfingen*, das 888 erstmals erwähnt ist und bis zum Ende des 16. Jh. gebräuchlich war. Der Ort selbst gelangte 1284 an das Bistum Metz und 1326 an die Herren von Finstingen, die ihn 1339 an das Erzbistum Trier abtraten. Bann- und Grundrechte hatten neben Trier im 16. Jh. auch die Herren von Helmstatt im badischen Kraichgau. Das Haus von der Leyen, das 1487 erstmals Teilrechte erworben hatte, war ab 1667 bis zur Franz. Revolution alleiniger Besitzer des Ortes. Mit der Pfalz 1816 bayerisch geworden, erhielt St. Ingbert 1829 die Stadtrechte. Parallel dazu entwickelte sich aus dem Walddorf eine Industriestadt, in der in der Hauptsache Bergbau, Glashütten und Eisenwerke prosperierten. Nach 1902 bis zur Gebietsreform 1974 war St. Ingbert Kreisstadt. Seit 1936 ist Sengscheid, 1197 erstmals erwähnt, ein Ortsteil von St. Ingbert. Die Ortschaft gehörte vorher zu Ensheim. Der „Stiefel", ein weithin bekanntes Naturdenkmal, ist das Wahrzeichen dieser Ansiedlung, die unmittelbar an der Autobahn A 6 liegt.

Stadtteil Hassel Als „Hasell" (Haselsträucher) 1230 erwähnt. 1265 erhielten die Edelknechte Schorr von Hassel, die in Diensten der Kirkeler Burgherren standen, Rechte im Ort. Von 1431 an gehörte die Ortschaft größtenteils zum Herzogtum Pfalz-Zweibrücken, wenngleich die Familie Schorr weiterhin über Besitz verfügte und um 1700 ein Schloß in Hassel erbaute. Die Streitigkeiten um die Rechte wurden 1738 durch einen Vergleich beendet. 1771 verkaufte Schorrenburg seinen Besitz an Nassau-Saarbrücken, der 1778 ebenfalls an Pfalz-Zweibrücken kam. Nach der Franz. Revolution gehörte der Ort in pfalz-bayerischer Zeit zunächst zum Landkommissariat Zweibrücken und ab 1902 als selbständige Gemeinde zum Kreis St. Ingbert.

Stadtteil Oberwürzbach „Wercebach" (Bach mit würzigen Kräutern) ist 1181 als Besitz des Klosters Wadgassen erwähnt. Zur Unterscheidung wurde im 16. Jh. nach der geographischen Lage der Zusatz hinzugefügt. Oberwürzbach gehörte nun den Herren von Eltz. 1659 wurde der Ort an die Grafen von der Leyen verkauft, wo er bis zur Franz. Revolution blieb. 1816 mit der Pfalz bayerisch geworden, gehörte das Dorf zur Bürgermeisterei St. Ingbert. Ortsteile von Oberwürzbach sind heute Reichenbrunn (bis 1937 bei Ensheim) und Rittersmühle (bis 1937 bei Ommersheim).

Stadtteil Rentrisch Als „Bruder Mulen Driesch am Rennfeld" (unbebautes Land an der „Rennstraße", der „via regalis" oder „Geleitstraße" des Mittelalters) 1567 genannt, ist der Ortsname „Renndrisch" erstmals 1707 erwähnt. Zeugnis über die vorgeschichtliche Präsenz des Menschen im heutigen Rentrisch legt der „Spellenstein" ab, ein 4 m hoher Menhir in der Ortslage. Bis 1759 gehörte das Dorf zum Bann Ensheim des Klosters Wadgassen, danach zu Nassau-Saarbrücken. 1816 folgte die Zuordnung zur Gemeinde Scheidt (im Amt Brebach). Rentrisch gehörte zum Königreich Preußen.

Stadtteil Rohrbach 1179 als Besitz des Klosters Wadgassen erstmals erwähnt. Der Ortsname erklärt sich als Fließgewässer im Schilfröhricht. Begütert waren zudem die Herren von Kirkel, deren Rechte 1386 ebenfalls an Wadgassen übergingen. Von der Reformationszeit bis zur Franz. Revolution unterstand die Ortschaft dem Herzogtum Pfalz-Zweibrücken. Nach der Franz. Revolution und in pfalz-bayerischer Zeit gehörte der Ort zur Bürgermeisterei St. Ingbert. Von 1849 bis 1974 war er eigenständig.

Durch die Industrialisierung im 19. Jh. von Bergbau, Stahl- und Glasproduktion geprägt, begann die grundlegende wirtschaftliche Umstrukturierung für St. Ingbert nach dem Zweiten Weltkrieg. Nachdem bereits in den zwanziger Jahren die Eisenverhüttung einge-

stellt worden war, kam das Aus für die Grube 1959. Die Glashütte wurde 1975 stillgelegt. Zum strukturbestimmenden Wirtschaftszweig entwickelte sich parallel zum Niedergang der Montanindustrie die Weiterverarbeitung, vor allem im Bereich Eisen und Metalle. In den achtziger Jahren siedelten sich zudem Unternehmen aus dem Dienstleistungs- und Technologiesektor an. Großflächige Gewerbe- und Industriegebiete wurden erschlossen, und 1987/88 wurde im Rahmen kommunaler Wirtschaftsförderung ein „Gewerbe- und Technologiepark" angelegt, der speziell Jungunternehmern, die sich mit innovativer Technologie befassen, Starthilfe leisten soll.
Mit drei Auf- und Abfahrten an die Autobahn Mannheim–Saarbrücken (A 6) angebunden, ist St. Ingbert nicht allein eine Industriestadt. Bedeutung kommt der Stadt auch als Einkaufszentrum zu. Vor diesem Hintergrund wurde im Innenstadtbereich zwischen 1984 und 1990 eine Fußgängerzone eingerichtet, in der sich eine Vielzahl verschiedener Geschäfte befindet. Zwar verlor St. Ingbert durch die Gebiets- und Verwaltungsreform 1974 die Funktionen einer Kreisstadt, als Mittelstadt blieben gleichwohl weitreichende Kompetenzen gewahrt. Sichtbarer Ausdruck dafür ist beispielsweise das eigene Autokennzeichen, das St. Ingbert führt. Die Stadt ist als Dienstleistungszentrum Sitz zahlreicher Behörden: Amtsgericht, Arbeitsamt, Finanz- und Forstverwaltung, Katasteramt, Gesundheits- und Straßenbauamt sowie Schul- und Zollamt unterhalten Dienststellen. Darüber hinaus genießt St. Ingbert auch als Standort weiterführender und berufsbildender Schulen überörtliche Bedeutung. Zehn Grundschulen, je zwei Haupt- und Realschulen, zwei Gymnasien und zwei Sonderschulen stehen im Bereich allgemeinbildender und weiterführender Schulen zur Verfügung, zudem befinden sich in der Stadt zwei berufsbildende Schulen.

94   St. Ingbert. Fußgängerzone

Nachhaltige Initiativen entwickelte die Stadt auf kulturellem Gebiet. So genießt St. Ingbert insbesondere in der Kleinkunstszene einen weithin bekannten Ruf: In der „Woche der Kleinkunst", die Anfang September stattfindet, wird der einzige deutsche Förderpreis für Nachwuchstalente verliehen. Ein internationales Jazz-Festival im Frühjahr oder das Irish Folk Festival im Herbst stehen außerdem im Kulturkalender. St. Ingbert ist die Geburtsstadt des Malers Albert Weisgerber (1878–1915): 1988 entstand im ehemaligen Landratsamt eine der umfassendsten Weisgerber-Sammlungen. Über 70 Gemälde und 200 weitere Werke des Künstlers sind dort in einer ständigen Ausstellung zu sehen. Mit Wechselausstellungen namhafter anderer Künstler (1991: Max Ernst) soll die Attraktivität des Museums gesteigert werden. Im gleichen Gebäude befindet sich das Heimatmuseum der Stadt: Dargestellt wird dort die Arbeitswelt jener drei Industriezweige, die die Entwicklung der Stadt bedingten. Bereits seit 1972 besteht die Musikschule, die alle Altersgruppen anspricht und deren Angebot von der musikalischen Grundausbildung bis hin zur vorberuflichen Fachausbildung reicht.

Der hohe Waldanteil an der Gesamtfläche (50 %) bestimmt St. Ingberts Bedeutung für die Naherholung seiner Einwohner und Besucher. Mit der „Gustav-Clauß-Anlage" beginnen die Freizeiteinrichtungen schon mitten im Stadtgebiet: Das Auengebiet des Rohrbachs ist hier noch unverbaut und parkmäßig umgestaltet. Sportanlagen und ein Freibad (mit 2500 m² Liegewiese und 10-m-Sprungturm) schließen sich an. Ein Hallenbad steht in Rohrbach, ein weiteres in St. Ingbert zur Verfügung. Die Besonderheit des Hallenbades in der Stadtmitte: Für die Beheizung sorgt seit 1989 ein modernes Blockheizkraftwerk. Ein beliebtes Ausflugsziel ist zudem der Glashütter Weiher in Rohrbach mit einer großen Spiel- und Liegewiese sowie weiteren Freizeiteinrichtungen. Der Wombacher Weiher in St. Ingbert oder der Griesweiher in Hassel sind weitere Areale zur Naherholung. Lang ist die Liste der Ausflugsziele im Stadtbereich. Stellvertretend zu nennen sind der 371 m hohe Kahlenberg in Rohrbach (die Auffahrt zu diesem Aussichtspunkt ist über eine Sesselbahn möglich) oder der Weiler Schüren. Neben einem Netz von Wanderwegen gibt es auch historische Lehrpfade, die mit der Zielsetzung angelegt wurden, das Wissen um die engere Heimat und die Verantwortung der Natur gegenüber zu fördern.

Walsheim → Gersheim
Webenheim → Blieskastel
Wittersheim → Mandelbachtal
Wörschweiler → Homburg
Wolfersheim → Blieskastel

Die Wirtschaft

Industrie, Handel und Gewerbe im Saarpfalz-Kreis

von Hanspeter Georgi

Das Kreisgebiet mit einer Fläche von 420 km² besteht aus zwei von der Struktur her unterschiedlichen Zonen. Der Nordteil gehört zum Verdichtungsraum Saar, der sich V-förmig von Saarbrücken im Zentrum einerseits nach Nordwesten über Völklingen bis nach Dillingen und andererseits nach Nordosten über St. Ingbert bis nach Homburg erstreckt. Im relativ dicht besiedelten Nordteil des Saarpfalz-Kreises stellen neu angesiedelte Betriebe des Produzierenden Gewerbes eine große Zahl von Arbeitsplätzen zur Verfügung.

Der Südteil des Kreisgebietes ist eher landwirtschaftlich ausgerichtet. Nach wie vor gibt es hier, vorwiegend im Bliesgau, viele landwirtschaftliche Vollerwerbsbetriebe. Neuerdings bemüht man sich intensiv darum, die landschaftliche Schönheit dieses Raumes, die durch die abwechslungsreiche Topographie und die dörfliche Siedlungsstruktur geprägt ist, für den Fremdenverkehr zu nutzen. Der eher dünn besiedelte Südteil des Kreises senkt die Bevölkerungsdichte auf 371 Einwohner je km² (31. 12. 1991) ab, so daß der Saarpfalz-

Tabelle 1: Gemeinden im Saarpfalz-Kreis
Bevölkerungsstand und Bevölkerungsdichte am 31. Dezember 1991

Gemeinde	Fläche in km²	Bevölkerung	Bevölkerungsdichte
Bexbach, Stadt	31,08	19 288	621
Blieskastel, Stadt	109,99	22 790	207
Gersheim	57,53	7 101	123
Homburg, Kreisstadt	82,63	44 450	538
Kirkel	31,38	9 596	306
Mandelbachtal	57,70	11 722	203
St. Ingbert, Stadt	49,95	40 887	819
Saarpfalz-Kreis	420,26	155 834	371

Kreis insgesamt erst an vierter Stelle unter den sechs saarländischen Kreisen liegt. Trotzdem liegt die Bevölkerungsdichte weit über dem Durchschnitt der Bundesrepublik (alte Länder) von 250 Einwohnern je km².

Seine wirtschaftliche Entwicklung und Dynamik verdankt der Saarpfalz-Kreis in erster Linie dem Nordteil des Kreisgebietes mit der Kreisstadt Homburg, die (jeweils am 31. 12. 1991) 44 450 Einwohner hat, der Stadt St. Ingbert mit 40 887 Einwohnern und der Stadt Bexbach mit 19 288 Einwohnern. Die vierte Stadt des Saarpfalz-Kreises, Blieskastel mit 22 790 Einwohnern, liegt am Übergang vom Nord- zum Südteil des Kreisgebietes. Sie ist eher dem ländlich strukturierten Südteil zuzuordnen, für den sie als Mittelzentrum auch zentralörtliche Funktionen in den Bereichen Handel, Schulen, Verwaltung, Kultur etc. wahrnimmt.

Gewinner des Strukturwandels

Obwohl der Saarpfalz-Kreis mit den ehemaligen Grubenstandorten St. Ingbert und Bexbach Anteil an der Steinkohlenförderung und damit an der Montanindustrie des Saarlandes hatte, ist seine wirtschaftliche Entwicklung nicht in dem Maße von der Montanindustrie dominiert worden, wie dies in anderen Teilen des Saarlandes der Fall war. Zum einen waren die Gruben aufgrund ihrer ungünstigen geologischen Voraussetzungen gegenüber den anderen Grubenstandorten des Saarreviers benachteiligt und wurden deshalb bereits frühzeitig aufgegeben, zum anderen entwickelte sich die eisenschaffende Industrie als zweiter Bereich der Montanindustrie vorwiegend im Saartal (transportkostengünstig zur lothringischen Minette, die zur Verhüttung eingesetzt wurde). Daß im Saarpfalz-Kreis keine ausgeprägte Montanindustrie entstand, war wegen deren großen Beitrags zur gesamtwirtschaftlichen Entwicklung zunächst ein Nachteil, der sich aber später, insbesondere hinsichtlich der Bemühungen um Industrieansiedlungen, zu einem Vorteil wandeln sollte. Der Kreis wurde dadurch zu einem Gewinner des Strukturwandels.

Während im Saarpfalz-Kreis die Montanindustrie keine Rolle spielt, sind im Saarland insgesamt immer noch über 25 Prozent der Industriebeschäftigten im Bergbau oder in der eisenschaffenden Industrie tätig (Tab. 2). Dieser hohe Prozentsatz ist ein Beleg für die Strukturprobleme des Saarlandes. Allerdings war der Anteil des Montanbereiches an allen Industriebeschäftigten vor einigen Jahren noch wesentlich höher; er lag zu Beginn der sechziger Jahre bei rund 60 Prozent.

Der Schwerpunkt der Industrie im Saarpfalz-Kreis liegt eindeutig bei der Investitionsgüterindustrie, dem Entwicklungsträger der vergangenen Jahre. Allerdings sollte nicht unerwähnt bleiben, daß die Industrie des Saarpfalz-Kreises indirekt als Zulieferer auch schon sehr früh an der günstigen Entwicklung der Montanindustrie partizipieren konnte. Denn der hohe Bedarf der Gruben und Hütten an schweren Maschinen, Eisenkonstruktionen, Transportanlagen, Drahtseilen usw. wurde in Betrieben der sogenannten Eisenverarbeitung der zweiten Stufe hergestellt, von denen eine Reihe auch im Saarpfalz-Kreis ansässig war und auch heute noch ist.

Ansiedlungserfolge

Nach der wirtschaftlichen Rückgliederung des Saarlandes im Jahr 1959 sind im Saarpfalz-Kreis mehr neue Industriebetriebe entstanden als in jedem anderen Kreis des Landes. Könnte man Bilanz ziehen, was noch nicht möglich ist, weil genaue Angaben für die letzten Jahre leider nicht vorliegen, so käme man wohl auf die stolze Größenordnung von über

Tabelle 2: Beschäftigungsstruktur der Industrie im Saarpfalz-Kreis, im Saarland und in der Bundesrepublik in den Jahren 1974 und 1991, Anteilswerte der Industriegruppen in Prozent

Wirtschaftszweig	Saarpfalz-Kreis		Saarland		Bundesrepublik	
	1974	1991	1974	1991	1974	1991
Bergbau	1,4	1,0	13,1	14,0	2,7	2,2
Grundstoff- und Produktionsgüterindustrie darunter:	27,2	22,4	33,6	22,7	21,1	18,3
Eisenschaff. Industrie	–	1,6	23,7	11,8	3,9	2,3
Investitionsgüterindustrie	55,7	66,5	34,8	46,6	47,8	53,8
Verbrauchsgüterindustrie	10,2	4,1	14,0	10,6	22,0	18,9
Ernährungsgewerbe	5,5	6,0	4,4	6,1	6,0	6,8
Montanindustrie	–	2,6	36,8	25,8	6,6	4,5
Beschäftigte insg. in 1000	29,9	24,8	163,1	138,6	8143,5	7513,9

16 000 neuen Arbeitsplätzen, die hier seit 1959 allein im industriellen Bereich entstanden sind. Unternehmen wie Bosch, Michelin, Kleber, Schaeffler oder Festo wählten diesen Raum als Standort für ihre Zweigbetriebe. Aufgrund seiner Ansiedlungserfolge gehört der Saarpfalz-Kreis zu den bedeutendsten Industrieräumen im Südwesten der Bundesrepublik. Gemessen am Industriebesatz (Industriebeschäftigte je 1000 Einwohner) nimmt er mit 164 im Jahre 1990 gar die Spitzenposition unter den saarländischen Kreisen ein. Der Landesdurchschnitt beträgt 130 Industriebeschäftigte je 1000 Einwohner, der Bundesdurchschnitt (alte Länder) nur 118.

Begünstigt wurden die Ansiedlungserfolge der siebziger und achtziger Jahre durch die besonders guten Voraussetzungen dieser Wirtschaftsregion: sehr günstige topographische Verhältnisse für die Erschließung von Industrie- und Gewerbeflächen (vorwiegend ebenes, für die Bedürfnisse der Industrie geeignetes Gelände zwischen St. Ingbert und Homburg und in Bexbach), qualifiziertes und leistungsbereites Arbeitskräftepotential, gute Anbindung an das überregionale Fernstraßennetz, der Hauptbahnhof Homburg als IC-Haltepunkt sowie das Fehlen von Montanaltlasten. Die zum Teil sehr großflächigen Industriegebiete waren und sind weder durch kontaminierte Böden noch durch Bergschäden in ihrer Nutzbarkeit beschränkt.

Qualifizierte und mobile Arbeitskräfte

Eine wichtige Standortvoraussetzung für die Ansiedlung neuer Betriebe war die Verfügbarkeit von Arbeitskräften, hervorgerufen unter anderem durch die Freisetzung von Arbeitskräften infolge der Strukturkrise in der Montanindustrie. Ursprünglich pendelten die Arbeitskräfte des Saarpfalz-Kreises in den benachbarten Raum Neunkirchen, der vormals einer der bedeutendsten Montanstandorte im Saarland und deshalb auch in besonderem Maße von der Schwerindustrie abhängig war. Die durch die Krisen des Steinkohlenbergbaus und der eisenschaffenden Industrie in Neunkirchen freigewordenen Arbeitskräfte standen später für die neu anzusiedelnden Industriebetriebe im Saarpfalz-Kreis zur Verfügung. Die Pendlerbeziehungen kehrten sich um. Die vorhandene Industrieerfahrung dieser Arbeitskräfte sowie ihre Bereitschaft, im Schichtbetrieb zu arbeiten, kamen den neuen Betrieben im Saarpfalz-Kreis zugute.

Intensive Pendlerbeziehungen aus den benachbarten französischen Grenzräumen zu den Industriebetrieben vorwiegend in Homburg und St. Ingbert belegen, daß die Industrie im Saarpfalz-Kreis auch eine hohe Attraktivität für lothringische und elsässische Grenzgänger besitzt. Für ansiedlungswillige Betriebe bedeutet das auch, daß sie bei der Rekrutierung ihres Mitarbeiterstammes den lothringisch-elsässischen Arbeitsmarkt einbeziehen können.

Aber auch der ländlich strukturierte Südteil des Kreisgebietes stellte aufgrund des Strukturwandels in der Landwirtschaft ein Arbeitskräftepotential für neue Industriebetriebe dar. Immer mehr Vollerwerbslandwirte gaben ihre landwirtschaftlichen Betriebe auf und suchten Arbeit in der Industrie.

Verkehrswege – Lebensadern der Wirtschaft

Die Ansiedlungserfolge kamen auch wegen der günstigen Verkehrsinfrastruktur zustande. Sowohl auf der Straße als auch auf der Schiene ist dieser Wirtschaftsraum mit den Wirtschaftszentren Köln/Düsseldorf, Rhein/Main, Mannheim/Ludwigshafen, Karlsruhe und Paris fast ausnahmslos hervorragend verbunden. Durch die gute Verkehrsanbindung werden die Nachteile, die aus der Randlage des Saarlandes zu den bundesdeutschen Wirtschaftszentren resultieren, wirtschaftlich zum Teil kompensiert. Die Anbindung an das überregionale Fernstraßennetz hat sich in vielen Ansiedlungsfällen als wichtigstes Argument herausgestellt.

Die Kreisstadt Homburg ist nach Saarbrücken der bedeutendste Verkehrsknotenpunkt des Saarlandes. Die wichtigsten saarländischen Strecken der Verkehrsträger Straße und Schiene queren das Kreisgebiet. Die Bundesautobahnen A 6 (Paris –)Saarbrücken – Mannheim und A 8 Saarlouis – Pirmasens, mit geplanter Weiterführung nach Luxemburg zum einen und über den Ausbau der B 10/B 427 nach Karlsruhe zum anderen, kreuzen sich nur etwa fünf Kilometer westlich der Kreisstadt Homburg. Insbesondere die Weiterführung der A 8 nach Luxemburg und der dadurch ermöglichte Anschluß an das belgische Autobahnnetz sowie der Anschluß an das französische Autobahnnetz über die A 6 sind im Hinblick auf die Vollendung des europäischen Binnenmarktes wertvolle Standortfaktoren; denn der europäische Binnenmarkt wird den Saarpfalz-Kreis wie den Saar-Lor-Lux-Raum insgesamt standortpolitisch deutlich aufwerten. Aus der ehemals nationalen Randlage wird eine europäische Zentrallage, die es wirtschaftlich zu nutzen gilt.

Neben der ausgezeichneten Anbindung an das Fernstraßennetz existiert ein gut ausgebautes Bundes- und Landesstraßennetz (Bundesstraßen mit einer Gesamtlänge von 74 km, Landesstraßen 1. Ordnung mit einer Gesamtlänge von 137 km und Landesstraßen 2. Ordnung mit einer Gesamtlänge von 193 km). Das dichte Netz gut ausgebauter Straßen kommt insbesondere den intensiven Pendlerbeziehungen innerhalb des Kreisgebietes und zu den benachbarten Regionen zugute.

Auch in bezug auf den Eisenbahnverkehr ist der Kreis gut angebunden, so daß auch die Schiene diese aufblühende Wirtschaftsregion begünstigt. Die Kreisstadt Homburg ist Intercity-Haltepunkt an der Eisenbahnhauptstrecke Paris–Frankfurt. Auch die geplante

Hochgeschwindigkeitsstrecke Paris–Mannheim wird das Kreisgebiet queren. Die nächstliegenden Zusteigemöglichkeiten werden dann die ICE-Haltepunkte in Saarbrücken oder Kaiserslautern sein.

Nicht zu vergessen ist, daß das gesamte Kreisgebiet in der unmittelbaren Einflußsphäre des Flughafens Saarbrücken liegt. Von der Kreisstadt Homburg sind es nur etwa 20 Autominuten zum Flughafen Saarbrücken-Ensheim, von St. Ingbert beträgt die Fahrzeit sogar weniger als zehn Minuten. Die benachbarten Flughäfen von Luxemburg, Metz/Nancy, Straßburg und Frankfurt sind in einer bis eineinhalb Stunden erreichbar.

Eine dynamische Industrieregion

Die Betriebe der weiterverarbeitenden Industrie begründen den Ruf des Saarpfalz-Kreises als dynamische Industrieregion.
Heute stehen hier allein in der Industrie annähernd 25 000 Arbeitsplätze zur Verfügung. Das sind rund 18 Prozent aller Industriearbeitsplätze des Saarlandes bei einem Bevölkerungsanteil von 14 Prozent. Betrachtet man die Struktur bei den sozialversicherungspflichtig beschäftigten Arbeitnehmern, so wird deutlich, daß das Produzierende Gewerbe (Industrie und Handwerk) mit über 32 000 Beschäftigten (rd. 58 % aller Beschäftigten) eine führende Stellung einnimmt. Mit dem Anstieg von ehemals knapp 20 000 Industriearbeitsplätzen im Jahre 1960 auf heute 25 000 weist diese Region eine Dynamik auf wie kaum ein anderer vergleichbarer Raum. Zu den bedeutendsten Industriezweigen zählt das Investitionsgüter produzierende Gewerbe mit den Branchen Maschinenbau, Fahrzeugbau, Stahlverformung sowie Stahlbau. Aber auch die Branche Gummiverarbeitung, die zur Grundstoff- und Produktionsgüterindustrie zählt, gehört mit den beiden bedeutenden Reifenherstellern Michelin und Kleber zu den wichtigen Industriezweigen des Saarpfalz-Kreises. In den letzten Jahren hat sich ein besonderer Produktionsschwerpunkt auf dem Gebiet der Fahrzeugzulieferung entwickelt: So sind Hersteller von Kraftfahrzeugteilen, Gesenkschmiedestücken, Kugel- und Wälzlagern, Dieseleinspritzanlagen sowie von Reifen besonders stark im Saarpfalz-Kreis vertreten. Hierfür stehen Unternehmen wie Gerlach, Schaeffler, Saar Nadellager, Bosch, Michelin oder Kleber.

Daneben beherbergt die Stadt Homburg mit der Karlsberg Brauerei die größte saarländische Brauerei, die durch den Erwerb der traditionsreichen Becker-Brauerei in St. Ingbert im Kreisgebiet einen zweiten Produktionsstandort hat. Sie konnte sich durch stetige Ex-

Tabelle 3: Industrie im Saarpfalz-Kreis. Betriebe, Beschäftigte und Umsatz im Jahr 1991

	Betriebe	Beschäftigte	Umsatz in 1000 DM
Grundstoff- und Produktionsgütergewerbe	29	5 554	1 399 376
Investitionsgütergewerbe	53	16 517	3 183 611
Verbrauchsgütergewerbe	19	1 024	161 893
Bergbau und verarbeitendes Gewerbe	114	24 827	5 366 951

pansion einen Platz unter den größten bundesdeutschen Brauereien erobern. Sie hat ihre Operationsbasis ständig erweitert. Nach Standorten im benachbarten Frankreich hat die kürzlich erfolgte Übernahme der bekannten Koblenzer Brauerei Königsbacher die räumliche Produktionsstruktur erneut erweitert.

In St. Ingbert ist außerdem eines der bedeutendsten Bauunternehmen des südwestdeutschen Raumes beheimatet, die Peter Gross AG. Das Unternehmen, das sowohl im Hochbau als auch im Tiefbau tätig ist, hat sich auf den Stahlbetonbau und den Straßenbau spezialisiert. Es verfügt außerdem über ein Betonfertigteilewerk für großflächige Bauelemente.

Natürlich sind im Gefolge des Strukturwandels auch im Saarpfalz-Kreis Branchen ganz vom Markt verschwunden. Der Raum St. Ingbert war beispielsweise der einzige im Kreis, in dem über viele Jahrzehnte Kohle und Glas gefördert oder produziert wurden. Die Steinkohlengrube St. Ingbert wurde im Jahre 1959 geschlossen. Mit der Schließung der Vopeliusschen und Wenzelschen Glashütte im Jahre 1975 ging auch dieser ehemals für den Saarpfalz-Kreis bedeutende Industriezweig verloren.

Auch im Handel erfolgreich

Neben der gelungenen Ansiedlung umweltfreundlicher Industriebetriebe dürfen die Erfolge des Handels nicht unerwähnt bleiben. Die Entwicklung war hier nicht weniger eindrucksvoll. Die Zahl leistungsfähiger Fachgeschäfte in den Mittelzentren St. Ingbert, Homburg und Blieskastel ist in den letzten Jahren wesentlich gestiegen. Sie beleben die Innenstädte und stehen in gesunder Konkurrenz zu den Supermärkten und Einkaufszentren auf der grünen Wiese.

Attraktive Innenstädte

In Homburg wurden mit dem Talzentrum und dem Saarpfalz-Zentrum Baulücken in der City geschlossen. Wo einst eine Gärtnerei die Innenstadt eher atypisch nutzte, entstand ein Einkaufszentrum mit einer Vielzahl neuer Fachgeschäfte, die den Charakter der Talstraße als Homburger Geschäftszentrum weiter betonen. Die neuen Einkaufsmöglichkeiten sind nicht zuletzt aufgrund ihrer gelungenen Architektur ein Gewinn für die Innenstadt. Mit der Einrichtung einer autofreien Fußgängerzone erfuhr die Stadtmitte eine weitere Bereicherung.

In der Fußgängerzone zwischen dem Marktplatz und dem Rondell befinden sich viele leistungsfähige Fachgeschäfte. Es handelt sich dabei – im Gegensatz zu den erwähnten Geschäftszentren – zum großen Teil um Betriebe alteingesessener Homburger Kaufmannsfamilien, die sich bereits seit mehreren Generationen um den Ruf Homburgs als Einkaufsstadt bemühen. Die Geschäfte im Homburger Zentrum sind von den benachbart liegenden Parkplätzen, an denen in Homburg nach wie vor kein Mangel herrscht, gut zu erreichen.

In St. Ingbert ist es gelungen, durch eine autofreie Fußgängerzone die Innenstadt deutlich aufzuwerten und belebenden Wettbewerb zu einem großflächigen Einkaufszentrum am Stadtrand zu schaffen. Dem Gesichtspunkt Rechnung tragend, daß eine Fußgängerzone für die Geschäftswelt nur dann befriedigende Ergebnisse erzielen kann, wenn die Besucher in unmittelbarer Nähe parken können, wurde in St. Ingbert eine Vielzahl von Parkplätzen neu geschaffen. Um sich gegen die überaus große Attraktivität des nahe gelegenen Saarbrücken behaupten zu können, wurden bis heute alle Parkplätze in der Innenstadt unentgeltlich angeboten. Es ist deshalb nicht verwunderlich, daß zu den Stammkunden der St.

Ingberter Geschäfte viele Bürger der umliegenden Städte und Gemeinden gehören.
Auch in Blieskastel gibt es zahlreiche attraktive Fachgeschäfte. Sie ziehen Kundschaft aus dem gesamten Bliesgau an. Traditionell sind die Verflechtungen zwischen der Stadt Blieskastel und dem Bliesgau sehr ausgeprägt. So versorgen die städtischen Fachgeschäfte diesen ländlichen Raum mit Gütern des täglichen und des gehobenen Bedarfs. Zugute kam dem Handel in Blieskastel, daß die Altstadt durch städtebauliche Sanierungsmaßnahmen deutlich aufgewertet wurde. Das zog eine breite Palette von Boutiquen an. Die Fachgeschäfte Blieskastels genießen weit und breit einen guten Ruf, manch einer spricht gar von einem „Geheimtip".
Der nordöstliche Teil des Kreises, das Höcherbergland, wird vorwiegend von der Stadt Bexbach aus mit Gütern versorgt. Für den höherwertigen Bedarf sind jedoch nach wie vor die Geschäftszentren in Homburg und Neunkirchen maßgebend.

Güter des täglichen Bedarfs sind noch immer in allen Stadt- beziehungsweise Gemeindeteilen erhältlich. Die wohnungsnahe Versorgung der Bevölkerung ist nach wie vor flächendeckend gewährleistet.

Dienstleistungen im Aufwind

Der generelle Trend zur Dienstleistungsgesellschaft hat auch vor den Toren des Saarpfalz-Kreises nicht haltgemacht. Die stärksten Zuwachsraten bei den sozialversicherungspflichtig beschäftigten Arbeitnehmern sind im letzten Jahrzehnt (1991 zu 1980) bei den Dienstleistungen zu verzeichnen (Tab. 4). Für das starke Wachstum dieses Bereichs sind im Saarpfalz-Kreis vorwiegend das Gesundheitswesen sowie die zahlreich neu angesiedelten privaten und öffentlichen Forschungseinrichtungen verantwortlich.

Tabelle 4: Sozialversicherungspflichtig beschäftigte Arbeitnehmer im Saarpfalz-Kreis (Stand jeweils am 30. Juni)

Wirtschaftsabteilungen	1980	1991	1991 zu 1980 (%)
Land- und Forstwirtschaft	145	270	+ 86,2
Energiewirtschaft und Wasserversorgung, Bergbau	915	883	− 3,5
Verarbeitendes Gewerbe	27 309	27 868	+ 2,0
Baugewerbe	4 431	3 633	− 18,0
Handel	5 480	6 135	+ 12,0
Verkehr, Nachrichtenübermittlung	1 681	1 827	+ 8,7
Kreditinstitute, Versicherungsgewerbe	813	1 089	+ 33,9
Dienstleistungen soweit anders nicht genannt	8 834	11 422	+ 29,3
Organisationen ohne Erwerbscharakter, private Haushalte	234	468	+100
Gebietskörperschaften und Sozialversicherung	1 971	2 176	+ 10,4
insgesamt	51 813	55 771	+ 7,6

Die Universität – ein wichtiger Wirtschaftsfaktor

Bedeutendstes Dienstleistungsunternehmen und wichtiger Wirtschaftsfaktor sind die Universitätskliniken und die medizinische Fakultät der Universität des Saarlandes in Homburg. Kaum bezifferbar sind die Vorteile, die der Ruf und die internationale Ausstrahlung dieser Einrichtung für die Stadt haben. Die Universität mit ihrer Medizinischen Fakultät ist für Homburg zu einem unverzichtbaren Teil des öffentlichen Lebens geworden. Der Campus hat die wirtschaftliche Entwicklung Homburgs und seiner Umgebung entscheidend geprägt. Das Universitätsklinikum – lange Zeit größter Arbeitgeber Homburgs – war vor allem in den beiden zurückliegenden Jahrzehnten ein bestimmender Entwicklungsträger.

Mit rund 5000 Beschäftigten stehen die Kliniken heute immer noch an zweiter Stelle unter den Homburger „Großbetrieben" nach der Firma Bosch mit über 5000 Beschäftigten. Die Zahl der stationär behandelten Patienten lag im Jahre 1991 bei über 48 000, die der ambulant behandelten Patienten bei über 150 000. Insgesamt sind 76 Professoren und ca. 550 Ärzte in den Homburger Kliniken tätig.

Der Dienstleistungsbereich zeichnet sich im Saarpfalz-Kreis außerdem durch eine Reihe bedeutender Forschungseinrichtungen aus. Die Fraunhofer-Gesellschaft, Deutschlands größte Trägerorganisation für Einrichtungen der angewandten Forschung und Entwicklung, betreibt seit 1988 in St. Ingbert eine Hauptabteilung Medizintechnik des Institutes für zerstörungsfreie Prüfverfahren, die zu Beginn des Jahres 1992 zu einem eigenen Institut ausgebaut wurde. Im Vordergrund der Aktivitäten steht die Entwicklung von nicht invasiven (nicht in den Körper eindringenden) diagnostischen Verfahren sowie Verfahren zur Langzeitüberwachung unter Einsatz der Mikrosystemtechnik, Signalverarbeitung und der Telemetrie. Von den derzeit rund 100 Mitarbeitern verfügen etwa 40 Prozent über einen akademischen Abschluß.

Darüber hinaus ist im Saarpfalz-Kreis noch eine Reihe privatwirtschaftlicher Dienstleistungs- und Forschungsbetriebe tätig. Zu nennen wären etwa ein bedeutendes Unternehmen in Bexbach, die Firma GLT Gesellschaft für Lichtwellenleiter-Technik mbH, die sich mit der Projektierung, Planung und Realisierung von lokalen Netzen auf der Basis von Lichtwellenleiterkabeln und elektrooptischen Wandlern beschäftigt, oder ein anderer hochinnovativer Betrieb, ebenfalls in Bexbach, die Firma KD-Abwassertechnik, zu deren Hauptaktivitäten Forschung und Entwicklung auf dem Gebiet der Abwassertechnik gehören. Mit Recht kann man deshalb den Saarpfalz-Kreis auch als einen "High-Tech-Standort" bezeichnen.

Ein leistungsfähiger Wirtschaftsstandort, eine reizvolle Landschaft, große kulturelle Tradition, die Nähe zu attraktiven europäischen Wirtschaftsräumen – all das zusammen prädestiniert den Saarpfalz-Kreis als eine Region mit Zukunft im Herzen Europas.

Tafel 38   Blick auf Mandelbachtal-Ormesheim

◁ Tafel 37   Die deutsch-französische Freundschaftsbrücke zwischen Frunenberg in Lothringen und Mandelbachtal-Habkirchen

Das Handwerk

von Adolf Spaniol

Das Handwerk ist der größte mittelständisch strukturierte Wirtschaftsbereich. Es beschäftigt in Deutschland 4,7 Mio. Menschen und wird in 127 Berufen ausgeübt. Handwerksbetriebe stellen Güter für den täglichen Bedarf her, aber auch Investitionsgüter. Ein wachsender Bereich des Handwerks erbringt wichtige Dienstleistungen für den Bürger und die Wirtschaft. Gemeinsam ist allen Handwerksbetrieben, daß sie dort tätig werden, wo individuelle und maßgeschneiderte Erzeugnisse und Dienstleistungen gefragt sind. Das Handwerk hat im Laufe seiner Geschichte immer wieder seine außerordentlich große Stabilität und Lebenskraft unter Beweis gestellt. Trotz mancher Prognosen, die seinen Untergang für unvermeidbar darstellten, steht es heute als ein unverändert kraftvoller und dynamischer Wirtschaftsbereich da. Handwerk ist in vieler Hinsicht sogar stärker geworden als je zuvor.

Das saarländische Handwerk zählt heute in 9000 Unternehmen 78 000 Mitarbeiter. Seine Position innerhalb der Gesamtwirtschaft ist in den letzten 30 Jahren ständig gestiegen. Kamen 1960 noch auf 100 Industriebeschäftigte 35 Beschäftigte im Handwerk, so sind es heute bereits 50, d. h. auf zwei Industriebeschäftigte kommt ein Handwerksbeschäftigter.

Sehr positiv entwickelte sich auch das Handwerk im Saarpfalz-Kreis. Nach den Statistiken der Handwerkskammer des Saarlandes waren Ende 1991 im Kreis 1327 Handwerksbetriebe registriert. In den letzten 15 Jahren ist ihre Zahl um 64 gestiegen. Der Zuwachs lag damit bei über 5 Prozent. Die Betriebsentwicklung war in diesem Zeitraum nicht gleichmäßig nach oben gerichtet. Nachdem sie bis Anfang der achtziger Jahre mehr oder weniger stark rückläufig war, stieg sie in den letzten zehn Jahren wieder deutlich an.

Tabelle 1: Zahl der Handwerksbetriebe im Saarpfalz-Kreis

	1976	1991	Veränderung abs.	%
Bexbach	170	147	−23	−13,5
Blieskastel	207	228	+21	+10,2
Gersheim	51	49	− 2	− 3,9
Homburg	314	350	+36	+11,5
Kirkel	87	86	− 1	− 1,1
Mandelbachtal	67	75	+ 8	+11,9
St. Ingbert	367	392	+25	+ 6,8
	1263	1327	+64	+ 5,1

Die Entwicklung weist sehr deutliche branchenmäßige Differenzierungen auf. Den größten Anteil an Betriebsverlusten verzeichnet die Bekleidungsbranche. Schneiderhandwerk und Schuhmacherhandwerk verloren im Wettbewerb mit industriell angefertigten Erzeugnissen und aufgrund der höheren Lohnintensität handwerklicher Produkte viele Betriebe. Auch die Nahrungsmittelhandwerke mußten einen Verlust hinnehmen. Geringere Verluste waren in den holzverarbeitenden und Bauhandwerken zu verzeichnen. Dagegen erhöhten sich in den modernen technischen Handwerken, im Elektrobereich und in der Metallverarbeitung, die Betriebszahlen. Auch die Gesundheits-, Körperpflege- und Reinigungshandwerke zeigen steigende Betriebszahlen. Der aufgezeigte Umstrukturierungsprozeß innerhalb des Handwerks mit vergleichsweise hohen Betriebsverlusten vollzog sich vor allem in den sechziger und in der ersten Hälfte der siebziger Jahre.

Es bleibt festzuhalten, daß der Verlust von Betrieben nicht mit dem Verlust von Betriebsstätten und der Schwächung der Versorgungs- und Dienstleistungsfunktion des Handwerks gleichzusetzen ist. Der handwerkliche Unternehmer verstand es im Gegenteil, seine Betriebspolitik und Betriebsorganisation flexibel den Anforderungen des Marktes und den Wünschen des Verbrauchers anzupassen. Vor allem Betriebe in den Konsum- und Dienstleistungshandwerken unterhalten heute vielfach mehrere Betriebs- und Verkaufsstätten. Durch Betriebsübernahmen und die Neuerrichtung von Filialen konnten zahlreiche handwerkliche Betriebsstandorte erhalten und die Absatzchancen des Handwerks dank größerer Kundennähe im Wettbewerb gegen Warenhäuser und Großbetriebe des Handels gesichert und verbessert werden. Die Selbständigmachung ist heute im Handwerk wieder eine erstrebenswerte Alternative:

Jährlich machen landesweit rd. 500 junge Handwerker ihre Meisterprüfung und schaffen damit die Grundlage zur Gründung eines Unternehmens und zur Schaffung von Arbeitsplätzen. Alte und neue Betriebe des Handwerks beschäftigen im Kreis 12 000 Menschen.

Gründe für die wiedererlangte Attraktivität des Handwerks liegen im Bedarf an inviduellen Produkten und Leistungen, die heute vom Verbraucher vermehrt nachgefragt werden. Der Handwerker ist dabei als Spezialist sowohl für die Herstellung, Wartung und Reparatur immer komplizierter werdender technischer Gegenstände gefragt als auch im Konsumbereich mit steigenden Ansprüchen des Verbrauchers. Ortsnähe, Frische und Kundendienst sind hier die Trümpfe der kleineren Handwerksbetriebe im Wettbewerb mit den größeren nichthandwerklichen Anbietern. Auch die wachsende Wohnungsnachfrage bringt den Handwerkern am Bau Arbeit und Aufträge. Jede dritte Mark des von der Kammer auf 1,5 Mrd. DM bezifferten Gesamtumsatzes des Handwerkes im Kreis wird am und im Bau erwirtschaftet.

Es darf jedoch nicht übersehen werden, daß das Wachstum des Handwerks das Ergebnis ständigen Wandels ist. Neue Werkstoffe und Arbeitstechniken, die Entstehung neuer Bedürfnisse und neuer Arbeitsgebiete bestimmen den Kreislauf der Handwerkswirtschaft. Einzelne Handwerksberufe verschwinden vom Markt oder verlieren an Bedeutung, andere Berufe entstehen neu oder verändern ihr traditionelles Arbeitsgebiet. So entwickelte sich aus den Schlossern der Kraftfahrzeugmechaniker („Kraftfahrzeugschlosser"). Die Berufe des Schlossers und des Schmieds sind erst jüngst zum Metallbauer zusammengefaßt worden. Die Elektronik hat heute in allen Berufen Einzug gehalten.

Die Metall- und die Elektroberufe sind denn

auch mit dem Bauhandwerk die größten Handwerksbereiche. Im Saarpfalz-Kreis zählen diese Handwerksgruppen zusammen über 400 Betriebe. Eine große Zahl der schon erwähnten Metallbauer hat heute nicht mehr den privaten Kunden allein als Auftraggeber, sondern ist wichtiger Partner der Industrie geworden. Maschinenbaumechaniker, Werkzeugmacher und Dreher sind ausschließlich als Zulieferer für Industrieunternehmen tätig. Über 40 Unternehmen dieser Handwerkszweige liefern Werkzeuge, Vorrichtungen und sonstige Spezialteile an Industrieunternehmen, vornehmlich der Autoindustrie. Ihr Absatzfeld reicht dabei weit über den Kreis und das Land hinaus. Diese Handwerksbetriebe sind besonders stark in der Mittelstadt St. Ingbert und in der Gemeinde Kirkel vertreten. Die hohe Zahl metallverarbeitender Betriebe in diesen Gemeinden geht vor allem noch auf das traditionelle Umfeld und starke Gewicht der Eisen- und Stahlindustrie dieses Raumes zurück. Die Erschließung von Gewerbeflächen hat daneben aber auch bewirkt, daß zahlreiche junge Betriebe auch in anderen Gemeinden gute Standorte gefunden haben. Einer zielstrebigen Gewerbeflächenvorsorge – nicht zuletzt durch die relativ günstigen topographischen Bedingungen des Kreises erleichtert – ist es zu verdanken, daß mehr als die Hälfte aller handwerklichen Zulieferbetriebe des Kreises Betriebsgründungen der letzten zehn Jahre mit durchweg guten Entwicklungsmöglichkeiten sind.

Das Handwerk hat auch in der Kreisstadt Homburg eine positive Entwicklung genommen. 350 Handwerksbetriebe werden hier gezählt. Eine hohe Kaufkraft und ein wirtschaftsfreundliches Klima sind ein guter Nährboden für das Wachstum handwerklicher Betriebe. Ein sehr interessanter Platz für das Handwerk ist das alte Residenzstädtchen Blieskastel. Hier hat sich die Handwerkskammer mit großem Engagement für die Restaurierung des im Saarland einzigartigen barocken Stadtkerns eingesetzt. Handwerk und Denkmalpflege war denn auch das Thema des 1992 in Blieskastel stattgefundenen Tages der Denkmalpflege Rheinland-Pfalz-Saarland. Er hat mit vielen gelungenen Restaurierungsarbeiten vor Ort den Blick auf die wieder eine neue Wertschätzung erfahrenden Leistungen des Handwerks in der Erhaltung und Erneuerung alter Bausubstanz gelenkt. Dies ist ein Feld, auf dem auch in Zukunft der gute Handwerker gefragt sein wird und sein meisterliches Können unter Beweis stellen kann.

Die Landwirtschaft

von Norbert Lamberty

Die Landwirtschaft einer Region wird entscheidend durch die natürlichen Bedingungen bestimmt. Hierzu gehören in erster Linie der Faktor Boden und das Klima. Aufgrund unterschiedlichen Ausgangsgesteins werden die landwirtschaftlichen Böden des Kreisgebietes in Muschelkalkböden im Süden und Buntsandsteinböden mit einem kleinen Flächenanteil Rotliegendem im Norden gegliedert. Diese geologische Ausgangssituation ist mitbestimmend für die agrarstrukturelle räumliche Gliederung des Kreises und somit für die Art der landwirtschaftlichen Nutzung. Sie prägt damit auch die Kulturlandschaft dieses Raumes. Die aus dem Muschelkalk verwitterten Böden sind lehmige, kalkhaltige schwere Böden mit nährstoffarmen Wiesen auf den Höhen sowie fruchtbaren Tälern, die überwiegend als Grünland genutzt werden. Die Ackerflächen sind an den sanften Hängen zu finden. Die günstige klimatische Lage sowie die tiefgründigen nährstoffreichen Böden ermöglichen eine gute landwirtschaftliche Bodennutzung mit sicheren Erträgen. Charakteristisch für das Landschaftsbild ist hier wie auch im übrigen Kreisgebiet die kleinparzellierte, reich gegliederte Feldflur mit einem stark verbreiteten, wenn auch zum Teil überalterten Streuobstbestand.

Verwitterungsprodukte des mittleren und oberen Buntsandsteins bilden die armen, sandigen, leichten Böden. Für eine landwirtschaftliche Nutzung sind nur die Räume Limbach, Altstadt, Einöd und Bexbach interessant. Das Rotliegende, auf den Raum Höcherberg begrenzt, ist, von den ebenen, ackerbaufähigen Standorten der Gemarkung Websweiler abgesehen, ebenfalls von geringer landwirtschaftlicher Bedeutung.

Eine Sonderstellung nehmen die Talauen, insbesondere die Bliesaue ein. Hier herrschen sandig-tonige bis sandig-kiesige Schwemmlandböden vor. Sie zeichnen sich mit Ausnahme der Staunässebereiche durch eine hohe Fruchtbarkeit aus.

Neben der landwirtschaftlichen Eignung des Bodens nehmen Niederschlagsmenge und durchschnittliche Jahrestemperaturen Einfluß auf die Bodennutzung. Das Klima der Region ist ein mildes humides Klima. Es ist gekennzeichnet durch relativ geringe Temperaturunterschiede zwischen Sommer und Winter sowie ausreichende, übers Jahr verteilte Niederschläge. Die Niederschläge schwanken im Jahresmittel zwischen 700 und 900 mm. Typisch sind im Vergleich zum Jahresmittel deutlich weniger Niederschläge im Frühjahr und mehr im Spätherbst. Oft sind die für die Vegetation in den Monaten Mai bis Juni wichtigen Niederschlagsmengen für eine gute Pflanzenentwicklung nicht ausreichend. Die vorherrschende Windrichtung ist Südwest. Extrem kalte Winter sind selten. Im Durchschnitt liegen die langjährigen mittleren Monatstemperaturen in der kalten Jahreszeit bei 0–1 Grad Celsius, die mittlere Höchsttempe-

Die Landwirtschaft

95   Kleinparzellierte landwirtschaftliche Nutzungsflächen im Bliesgau

ratur in den Sommermonaten beläuft sich auf 15–16 Grad Celsius. Die durchschnittliche mittlere Jahrestemperatur wird mit 8–9 Grad Celsius angegeben.
Während aufgrund der natürlichen Bedingungen Industrie und Gewerbe im Norden des Kreisgebietes vorherrschen, wird der südliche Teil von der Landwirtschaft geprägt. Die landwirtschaftliche Nutzfläche beträgt, gestützt auf eine Erhebung aus dem Jahr 1991, 12 969 ha. Bleiben die wenigen Baumschulen und Obstanlagen unberücksichtigt, entfallen hiervon 7123 ha auf das Ackerland und 5735 ha auf die Dauergrünlandnutzung.
Die landwirtschaftliche Entwicklung im ehemaligen Kreisgebiet unterscheidet sich im wesentlichen von der im übrigen Bundesgebiet und wurde stark durch den Zweiten Weltkrieg, bedingt durch die Grenzlage zu Frankreich, beeinflußt. Zweimal mußten die Landwirte im Saarpfalz-Kreis infolge der Kriegswirren ihre Dörfer verlassen. Mit der Rückkehr 1945 war ihnen nichts mehr geblieben als zerstörte Gehöfte und leere Stallungen. Mit bescheidenen Mitteln begann der Wiederaufbau. Kranke Viehbestände erschwerten den Neuanfang.
In den folgenden Jahrzehnten hat sich die landwirtschaftliche Nutzfläche kontinuierlich verringert und beträgt heute noch 30,8 Prozent der Kreisfläche. Die Ursache für den Rückgang liegt bei nahezu unverändertem Waldanteil in dem zunehmenden Bedarf an Flächen für Gewerbe, Industrie, Verkehr und Woh-

96   Die Flurbereinigung in den sechziger und siebziger Jahren brachte größere Bewirtschaftungseinheiten, die einer modernen Landwirtschaft Rechnung tragen.

nen. Vom Rückgang der landwirtschaftlichen Nutzfläche ist in erster Linie das Ackerland betroffen. Auch eine Änderung der pflanzlichen Bodenproduktion im Kreisgebiet ist, bedingt durch den noch anhaltenden Strukturwandel, seit 1950 erkennbar.

Der Ackerbau entwickelte sich in dieser Zeit von arbeitsintensiven zu arbeitsextensiven Fruchtfolgen. Noch 1950 betrug der Anteil von Hackfrüchten wie Kartoffeln und Futterrüben ca. 30 Prozent der Gesamtackerfläche. Der Kartoffelanbau war gerade im ehemaligen Kreis Homburg, aber auch in Teilen des damaligen Kreises St. Ingbert ein wichtiger Produktionszweig der Betriebe. Das Getreide machte ca. 50 Prozent der Ackerfläche aus. Überwiegend wurde Winterweizen und aufgrund des hohen Pferdebestandes im ehemaligen Kreis Homburg auch Hafer angebaut. In den siebziger Jahren zeigte sich zunehmend ein anderes Bild. Der Anteil des Getreides in der Fruchtfolge stieg, wobei die größte Fläche mit Winterweizen und Sommergerste bestanden war. Der Anteil des Hafers nahm hingegen bis heute ständig ab. Mit der Zunahme des Silomaisanbaues gewann auch nach rückläufiger Tendenz der Feldfutterbau ab 1975 wieder an Bedeutung.

Die landwirtschaftlichen Betriebe im Saarpfalz-Kreis sind zu über 80 Prozent Futterbau- bzw. Marktfruchtbetriebe. Der Hauptanteil des Einkommens wird aus der Viehhaltung erzielt. Hierbei kommt seit jeher der Milchgewinnung die größte Bedeutung zu.

Die Landwirtschaft

Tabelle 1: Bodennutzung in den ehemaligen Kreisen St. Ingbert und Homburg sowie im heutigen Saarpfalz-Kreis

	LF/ha	Betriebe	Acker-land	davon Getreide u. Hülsen-früchte	davon Hack-früchte	Kar-toffeln	Grün-land
St. Ingbert							
1950	–	–	5182	2527	1447	770	–
1971	6 456	680	3364	2602	277	125	2975
Homburg							
1950	–	–	7780	4115	2177	1323	–
1971	9 252	758	5514	4149	657	352	3673
Saarpfalz-Kreis							
1991	12 969	495	7123	5069	75	44	5735

Auch in der Tierhaltung vollzog sich in den letzten Jahrzehnten ein Strukturwandel. Die Zahl der gehaltenen Tiere und der tierhaltenden Betriebe ging mit Ausnahme der Pferdezuchtbetriebe und der Schafhaltung zurück. Um 1950 war der Milchviehbestand überwiegend auf Betriebe mit ein bis drei Kühen aufgeteilt. Sie hielten, wenn man von den wenigen Rotbuntrinderzüchtern in Medelsheim und Reiskirchen absieht, in erster Linie Rinder der Rasse Fleckvieh. Das Fleckvieh zeichnete sich als ein Zweinutzungsrind mit guter Fleischfülle und Fleischqualität aus. Dies entspach auch dem Zuchtziel in den Jahren 1920 bis 1950. Damals wurden hauptsächlich Mehrnutzungsrinder gezüchtet. Sie fügten sich am besten in die vielgestaltigen landwirtschaftlichen Betriebe ein. 9500 Milchkühe aller Rassen wurden 1950 in den beiden ehemaligen Kreisen gehalten. Der Rückgang der Milchkuhbestände war bis in die sechziger Jahre auf den Wegfall der Milchkühe, die auch als Spann- oder Zugtiere genutzt wurden, begrenzt. Eine weitere Reduzierung setzte als Folge von EG-Marktordnungsmaßnahmen Mitte der siebziger Jahre ein. Heute werden noch 3520 Milchkühe in 176 Betrieben gehalten. Hierbei handelt es sich fast ausschließlich um die Rasse Schwarzbunt. Das ursprünglich vorhandene Fleckvieh ist nur noch in zwei Betrieben des Kreises zu finden. Die Milchleistung ist seit Beginn der fünfziger Jahre von rund 1800 kg Milch/Tier und Jahr auf 4878 kg Milch/Tier und Jahr angestiegen. Die Bestände haben heute eine durchschnittliche Größe von 20 Milchkühen. Trotz größerer Herden werden die Tiere in den modernen Stallungen artgerecht und mit „Familienanschluß" gehalten.

Der Schweinezucht wurde von jeher eine geringe Aufmerksamkeit gewidmet. Die Züchter bevorzugten das deutsche veredelte Landschwein, ein gedrungenes Schwein mit starken Fettanteilen. Durch sehr frühes Einkreuzen der holländischen Landrasse züchtete man selektiv in der vierten bis fünften Generation die deutsche Landrasse, die sich sehr schnell in der Landeszucht verbreitete. Ganz nach dem

97　Fohlenkoppel auf dem Kahlenberger Hof

Wunsche des Verbrauchers war es ein fettarmes Schwein und hatte obendrein auch noch eine Rippe mehr. Es war aber auch ein empfindliches und wenig streßresistentes Tier. Mit diesen neuen Schweinen und den Vatertieren aus Holland brach schlagartig die alte Kreisschweinezucht zusammen. Für die fettreichen Tiere der deutschen veredelten Landrasse war kein Markt mehr da. Auch gelang es aufgrund der dichten Besiedlung des Kreises in den späteren Jahren nicht, geeignete Standorte für die Errichtung von modernen und rentabel arbeitenden Betrieben zu finden.

Eine positive Entwicklung erfuhr hingegen, und dies erst in den letzten Jahren, die Schaf- und Pferdehaltung im Kreis. Erstere erfolgte im Rahmen der zunehmenden Hobbytierhaltung und der Möglichkeit der Pflege von Standorten, die aus der landwirtschaftlichen Produktion fielen, die Pferdehaltung durch das zunehmende Freizeitreiten und den Reitsport.

Die Pferdehaltung war auch schon in den ehemaligen Kreisen von großer Bedeutung. So wurde im damaligen Kreis Homburg das Zweibrücker Pferd gezüchtet, während im südlichen Kreisgebiet und um St. Ingbert mehr das Kaltblutpferd und hier das Ardenner Kaltblut vorzufinden war. Das Pferd diente als Zug- und Spanntier in den landwirtschaftlichen Betrieben. Die zunehmende Ausbreitung des Zweibrücker Pferdes in den ehemaligen Kreis St. Ingbert und das südliche Kreisgebiet wurde nach dem Zweiten Weltkrieg

Die Landwirtschaft

98 Erbhöfe bei Betelsheim, Bauernhäuser aus der Zeit des NS-Wiederaufbau-Programms

von den französischen Besatzungsmächten nur ungern gesehen. Die Staatsgrenze sollte auch die Zuchtgebietsgrenze zu Frankreich bleiben. Um den zunehmenden Rückgang der Kaltblutpferde zu verhindern, brachte die französische Landwirtschaftsverwaltung zwei Normäner Hengste aus der Normandie in die Kreiszucht. Dieser beabsichtigte züchterische Einfluß konnte sich jedoch nicht behaupten, und die Haltung der Kaltblutpferde verlor weiter an Bedeutung. Die Pferdezüchter waren eigentlich die ersten, die schon sehr früh ein klares Zuchtziel in der saarpfälzischen Tierzucht aufzeigten. Deutlich war die Zuwendung zu dem für den Reitsport geeigneten Pferdetyp erkennbar. Trotz starker Anfeindungen durch die Kaltblutzüchter kam der richtige Durchbruch mit dem Einzug des Schleppers und den damit nicht mehr notwendigen Zug- und Spannpferden.

Heute wirtschaften insgesamt noch 495 landwirtschaftliche Betriebe im Saarpfalz-Kreis, davon 181 Betriebe im Haupterwerb und 314 Betriebe im Nebenerwerb. Die Betriebe sind durch den ständigen Strukturwandel weiter gewachsen. Durch freiwilligen Landtausch und Flurbereinigung, insbesondere in den sechziger und siebziger Jahren, konnten im Realteilungsgebiet mit seiner großen Eigentumsstreuung Bewirtschaftungseinheiten geschaffen werden, die einer modernen Landwirtschaft entsprechen. Und trotzdem gibt es keine Monokulturen, sondern durch eine vielgestaltige Fruchtfolge bestimmte Landbe-

Tabelle 2: Viehbestand in den ehemaligen Kreisen St. Ingbert und Homburg sowie im heutigen Saarpfalz-Kreis

	Milchkühe	Betriebe	Schweine	Betriebe	Schafe	Ziegen	Pferde
St. Ingbert							
1950	5120	3135	5574	–	437	7301	804
1972	1787	230	3621	449	341	45	260
Homburg							
1950	4405	–	6392	–	364	5859	1469
1972	3537	405	9723	576	699	26	425
Saarpfalz-Kreis							
1990	3520	176	5303	151	4034	–	1112

wirtschaftung mit einer im bundesdurchschnittlichen Vergleich extensiven Bodennutzung. Heute werden 60 Prozent der landwirtschaftlichen Nutzfläche von Betrieben mit mehr als 50 ha bewirtschaftet. Die meisten Milchkühe stehen in Beständen mit 30 bis 40 Kühen. Insgesamt sind in der Landwirtschaft 1040 familieneigene und 130 Fremdarbeitskräfte beschäftigt. Hinzu kommen Saisonkräfte. Maschinell sind die Betriebe gut ausgestattet und bedienen sich des über die Kreisgrenze hinweg tätigen Maschinenbetriebshilfsrings. Aufgrund der Altersstruktur der Betriebsleiter und fehlender Hofnachfolger wird sich die Zahl der landwirtschaftlichen Betriebe auch in Zukunft deutlich verringern, eine Entwicklung, die agrarpolitisch ertragen werden kann, deren regionale Folgen für den ländlichen Raum und für die Entwicklung der vielgestaltigen artenreichen Kulturlandschaft jedoch nicht zu überschauen ist.

Wald und Forstwirtschaft

von Walter Cronauer und Wolfgang Hausknecht

Die Wälder im Saarpfalz-Kreis werden von zwei Forstämtern bewirtschaftet: dem Forstamt Blieskastel und dem Forstamt Homburg. Das Forstamt Blieskastel ist 1974 bei der Neugliederung der staatlichen Forstämter in seinen ungefähren Grenzen vom Anfang des 19. Jahrhunderts – damals königlich-bayerisches Forstamt – wiedererstanden. Es ist zuständig für die Waldfläche von St. Ingbert, Blieskastel, Mandelbachtal und Gersheim.
In Homburg wurde das erste Forstamt im Jahre 1822 eingerichtet. Damals wurde das königlich-bayerische Forstamt Waldmohr nach Homburg verlegt. Im Laufe des 19. Jahrhunderts wurde es mehrmals aufgelöst und umgesiedelt. Im etwa heutigen Zuschnitt kann es mit kontinuierlichem Sitz in Homburg dieses Jahr sein 100jähriges Bestehen begehen. Es umfaßt die Gebiete von Homburg, Bexbach, Kirkel und den Staatswald auf der Gemarkung Bierbach aus dem Bereich von Blieskastel.
Die Forstämter sind untere Forstbehörden. Sie unterstehen dem Ministerium für Wirtschaft, Abteilung E – Landwirtschaft und Forsten. Sie übernehmen die Hoheitsaufgaben für den gesamten Wald in ihren Bereichen, verwalten und bewirtschaften den Staatswald als Eigentum des Landes, üben die technische Betreuung im Auftrage der Waldbesitzer für den Kommunalwald aus und beraten auf Wunsch oder auch im Vertragswege die Privatwaldeigentümer.
Die Waldfläche des Saarpfalz-Kreises insgesamt beträgt ca. 16 000 ha. Davon ist ungefähr die Hälfte Staatswald und ca. 3500 ha Kommunalwald. Der Rest ist Privatwald, teilweise aus kleinen und kleinsten Flächen bestehend.

Böden und Vegetation

Der größte Teil des Waldes stockt auf dem mittleren Buntsandstein. Diese Waldlandschaft wird geprägt von steilen Hängen mit häufig oberflächlich anstehenden massiven Felsformationen. Uralte Grabenbrüche und die Verwitterung führten zu eigenartig schönen und sehr reizvollen Formen der Sandsteinfelsen, die eine große Anziehungskraft für Waldbesucher haben. Der sog. Kirkeler Felsenpfad und der Stiefeler Felsen bilden hierfür besonders schöne Beispiele. Die nährstoffarmen und mäßig trockenen Standorte des mittleren Buntsandstein sind günstig für Kiefer und Traubeneiche. Dazu gesellt sich die Buche mit wichtigen bodenbiologischen Funktionen.
Auf den Muschelkalkstandorten des Waldes, vor allem im Bliesgau, wächst der Eichen-Hainbuchenwald. Die gut mit Nährstoffen versorgten Böden sind besonders für den An-

bau von Edellaubhölzern wie Ulme, Esche, Ahorn und Vogelkirsche geeignet.

Als Besonderheit tritt an ganz wenigen Stellen der obere Buntsandstein in geringer Mächtigkeit auf. Seine Standorte sind mit ihren Ton- und Lehmgehalten den Laubmischbeständen vorbehalten. In diesen Bereichen wachsen teilweise besonders wertvolle Eichenbestände, und auf dem Karlsberg stehen die einzigen, sehr selten gewordenen Winter-Linden.

Klimatisch liegt der Saarpfalz-Kreis in einem für das Waldwachstum gut geeigneten Bereich. Das langfristige Mittel der Jahresniederschläge liegt bei 750–850 mm, davon fällt knapp die Hälfte während der Vegetationszeit. Typisch ist der mehrjährige Wechsel zwischen Jahren mit Niederschlagsdefiziten und solchen mit Niederschlagsüberschüssen, gemessen am langfristigen Mittel.

In letzter Zeit mehren sich Hitzewellen und sommerliche Trockenzeiten, verbunden mit zu warmen, schneearmen Wintern. Das führte zur Massenvermehrung von Schadinsekten. Die durch Immissionen und die Orkane im Jahr 1990 vorgeschädigten Bestände wurden dadurch in ihrer Vitalität weiter geschwächt. Die Waldschadenserhebung von 1992 bestätigt dies. Die daraus gewonnene Prognose ist für alle über 60 Jahre alten Waldbestände sehr

99 Im Februar und März 1990 vernichteten zwei Orkane große Waldflächen im Saarpfalz-Kreis.

Böden und Vegetation – Die Aufgaben des Waldes

100 Auf dem Erholungssektor nimmt der Wald heute wichtige Funktionen ein – auch im Saarpfalz-Kreis.

schlecht. Fast jeder zweite Baum weist danach merkliche Schäden auf. Daraus kann nur gefolgert werden, daß die Bemühungen um eine europaweite Luftreinhaltepolitik verstärkt werden müssen, und daß auf waldbaulichem Gebiet auf naturnahe Wälder mit möglichst hoher Artenzahl hingearbeitet werden muß. Die Einführung der naturnahen Waldwirtschaft im Saarland ist der richtige Schritt in diese Richtung.

Die Aufgaben des Waldes

Das Landeswaldgesetz bestimmt, den Wald wegen seiner Nutz-, Schutz- und Erholungsfunktionen zu erhalten und erforderlichenfalls zu mehren, seine ordnungsgemäße Bewirtschaftung nachhaltig zu sichern.

Eine der wichtigsten Funktionen des Waldes ist heute der Immissionsschutz: die Ausfilterung von Schadstoffen aus der Luft und die Dämmung des Lärms. Dank der Fähigkeit des Waldes zur Verbesserung der Luft durch Belebung des Luftaustauschs beizutragen, hat er auch eine außerordentlich positive Wirkung auf das Klima.

Der Wald trägt dank seiner reinigenden Wirkung auf das Wasser – er wird heute ohne Düngemittel und Pestizide bewirtschaftet – zur Versorgung der Bevölkerung mit Trinkwasser bei. Er erfüllt, wo notwendig, die Aufgaben des Boden- und Erosionsschutzes.

Besonders wichtig ist heute die Erholungsfunktion des Waldes als Naherholung. Um diesen Bedürfnissen der Bevölkerung Rechnung zu tragen, hat der Saarpfalz-Kreis in vielen Waldteilen Wanderwege angelegt und Schutzhütten errichtet.

Auch beim Neuaufbau versuchen die Forstämter die ökologischen Forderungen an den Wald zu erfüllen. Eine besondere Rolle spielen dabei die im Wald liegenden Naturschutzgebiete, die in jüngster Zeit erheblich vermehrt wurden. Im Gebiet des Forstamtes Homburg liegen sieben Naturschutzgebiete und neun Naturdenkmale, das wichtigste Naturdenkmal im Raum St. Ingbert ist der sog. Stiefel. Dort sind auch fast alle Waldflächen unter Landschaftsschutz gestellt, außerdem Wälder links und rechts der Blies. Der Schutzzweck ist dabei die Erhaltung und Förderung seltener Lebensgemeinschaften für den hiesigen Naturraum. Seine Tier- und Pflanzenarten auf nährstoffarmem, trockenem oder naßsaurem Substrat sind bedroht und sollen deshalb geschützt und gesichert werden. So ist z. B. das Kiesgrubengelände bei Bliesmengen-Bolchen zum Vogelschutzgebiet der saarländischen Landesforstverwaltung erklärt worden.

Eine für das Saarland einmalige Besonderheit bildet das Naturschutzgebiet Jägersburger Moor. Es liegt östlich der Bundesbahnlinie Homburg – Waldmohr und zählt zu den westlichen Ausläufern des Landstuhler Bruches. Durch Grundwasserentzug (Trink- und Brauchwassergewinnung im Raum Homburg) wurde das Moor seit Jahren zunehmend ausgetrocknet. Heute sind Moor- (Torf-) und Moorrandstandorte, die bis etwa 1970 ganzjährig als feucht bis naß beschrieben wurden, völlig trocken. Viele für das Saarland unersetzliche Arten der Bodenflora sind verschwunden. Hierzu zählen z. B. die Moosbeere, der Sonnentau, mehrere Torfmoosarten, der Rippenfarn, das Haarmützenmoos und beide Wollgrasarten. Hier ist also der Schutzzweck bereits durch menschliche Einflüsse verlorengegangen. Seine Entwicklung wird als sehr negativ angesehen.

Das Jägersburger Moor wird umgeben von der gleichnamigen Naturwaldzelle, deren westlicher Teil seit 1960 nicht mehr bewirtschaftet wird. Durch Rechtsverordnung wurde die forstliche Bewirtschaftung eingestellt. Die natürliche Entwicklung der knapp 40 ha großen Fläche wird beobachtet, um so Erkenntnisse für die waldbauliche Behandlung der Bestände auf früher nassem Moorstandort und heute eher trockenem Torf zu gewinnen.

Ganz allgemein kann gesagt werden, daß ein auf standortsgemäße Baumartenwahl, natürliche Verjüngung des Laubholzes aufbauender Waldbau die Voraussetzungen für eine Nutzung im Hinblick auf die Forstwirtschaft, für eine pflegliche Landschaftgestaltung und für die Belange der Naherholung erfüllt. Dies schließt nicht die gezielte Gestaltung besonders im Interesse der Bevölkerung liegender Besuchspunkte im Wald aus (z. B. Erhaltung von alten Baumgruppen, Offenhalten von Waldwiesen, Erholungseinrichtungen).

Wald und Holz

Der Wald hat neben diesen Erholungs- und Schutzfunktionen aber immer noch eine bedeutende Produktionsaufgabe. In der Bundesrepublik wird derzeit nur die Hälfte des verbrauchten Holzes selbst erzeugt. Den Rest decken Importe ab, wobei es sich nach dem Erdöl um den zweitgrößten Ausgabenbereich unserer Volkswirtschaft handelt.

Im Saarpfalz-Kreis erreichte der nachhaltige Holzeinschlag, zumindest bis 1990, nicht den laufenden Zuwachs. Eine erhebliche Schwierigkeit beim Absatz des Stammholzes stellt der kriegsbedingte Splittergehalt, vor allem in

Wald und Holz

101 Abtransport gefällter Bäume mit schweren Maschinen.

den grenznahen Räumen, dar. Überwiegend wird es von Sägewerken, zum kleineren Teil von der Sperrholzindustrie bzw. dem Handel aufgenommen, das Industrieholz in kurzer oder langer Form von der Spanplatten-, Zellstoff- und Papierindustrie. Edellaubhölzer und Furniereichen werden zum großen Teil über die zentrale Saarländische Wertholz-Submission vermarktet.

Die Saarpfalz – ein Stück Lebenskunst

von Wolfgang Henn

Die Vielfalt der Saarpfalz überrascht immer wieder aufs neue. Im Südwesten abseits der großen touristischen Zentren und trotzdem sehr verkehrsgünstig gelegen, laden Land und Leute zum Verweilen ein. Tiefgrüne Wälder auf Buntsandstein im Norden des Kreises umgeben die Städte Homburg, St. Ingbert, Bexbach und die Gemeinde Kirkel. Der Süden mit der Barock- und Kurstadt Blieskastel und den Gemeinden Mandelbachtal und Gersheim ist geprägt vom Muschelkalk mit saftig grünen Wiesen und Obstbaumhainen: eine idyllische Parklandschaft.

Das Wandern ist des Müllers Lust

Auf schönen Wegen wandern, vorbei an alten Bauernhäusern, üppigen Wiesen, durch wilde Natur und in würziger Luft . . . und spätestens, wenn man einen der knackigen Äpfel der zahlreichen Obstbäume kostet, ist die Verführung perfekt – die Saarpfalz, ein Wanderparadies. Über 1000 km markierte Rund- und Zielwanderwege erwarten den Wanderer, so z. B. der Saarland-Rundwanderweg mit seiner Hauptattraktion, dem 7 km langen Felsenpfad bei Kirkel. Hinter jeder Windung des Pfades überraschen ungewohnte bizarre Felsformationen wie Hollerkanzel, Wasserfels, Palesfels und Frauenbrunnen. Der Weg ist abwechslungsreich, jedoch nicht gefährlich. Gelegentlich üben an den Felsen auch Kletterer. Der 22 km lange Gräfinthaler Rundwanderweg ist im wahrsten Sinne des Wortes ein „grenzenloses" Vergnügen. Startpunkt ist das Kloster Gräfinthal mit seinen historischen Baudenkmälern: Klosterruine und Wallfahrtskapelle, Taubenhaus und Bauernhäuser. Über Stock und Stein führt der Wanderweg zum Europäischen Kulturpark Bliesbruck-Reinheim, ein lohnendes Ziel für alle Freunde der Archäologie, er liegt beidseits der Grenze nach Frankreich. Im Herbst weht dem Wanderer die herzhafte Luft der idyllischen Obstbaumhaine mit ihren leuchtend bunten Früchten um die Nase. Sie sind der „Stoff" für die 16 kleinen Brennereien in der Region, die mit ihren Brennkolben nach uralten Rezepten den Geist dieser Früchte in die Flaschen bannen. Zurück in Gräfinthal, erwartet den müden Wanderer eine schmackhafte Brotzeit und ein frischgezapftes Pils. Im Sommer natürlich im kühlen Schatten alter Kastanienbäume.

Mit dem Drahtesel Land und Leute kennenlernen

Auch Radler schätzen die Saarpfalz mit ihrem über 300 km umfassenden Radwanderwegenetz. Hier kann Natur, Kultur und Geschichte auf gut ausgebauten Wegen erradelt werden. Für besonders sattelfeste Radler bietet die Saarpfalz einen Leckerbissen. Sie ist Startpunkt für die 480 km lange Saar-Lor-Lux-Radrundtour. In neun Etappen (je nach Kondition auch weniger) können die drei Regio-

Tafel 39   In Bexbach finden sich noch heute allenthalben Spuren des Bergbaus: Die Untertage-Anlage im Bergbaumuseum.
Die Schloßberghöhlen in Homburg sind die größten Buntsandsteinhöhlen Europas. Sie durchziehen den Schloßberg in 12 Stockwerken.

Tafel 40 Die Freizeitanlagen am Jägersburger Weiher bei Homburg sind ein beliebtes Naherholungsziel.

nen im Herzen Europas erradelt werden. Natürlich ohne Gepäck, für den Transport zum nächsten Etappenziel sorgen die freundlichen Hoteliers. Fahrräder werden bei Bedarf gestellt.

Hoch zu Roß

Was hat Island mit der Saarpfalz zu tun? Ganz einfach, die Saarpfalz ist neben Island das größte Zuchtgebiet für die gleichnamigen Islandpferde. Diese sehr robuste und gutmütige Pferderasse ist das ideale Reitpferd für die ganze Familie. Insbesondere auch für Anfänger, da die Isländer den sogenannten Tölt, eine besondere Gangart zwischen Schritt und Trab, beherrschen. „Probesitzen" kann man z. B. auf dem Ponsheimer Hof und dem Grenzlandhof in Mandelbachtal. Ein Erlebnis besonderer Art für Groß und Klein ist ohne Zweifel der Packpferderitt durch die Saarpfalz in die französischen Vogesen oder das zünftige Kuhtreiben inklusive Lagerfeuerromantik.

Wo es schon Asterix und Obelix gefiel

Schon Kelten und Römer fühlten sich in der Saarpfalz recht wohl. Beleg hierfür sind die zahlreichen archäologischen Funde in unserer Region. Mit Asterix können z. B. die Kleinen im Römermuseum Schwarzenacker bei Homburg in vergangene Zeiten eintauchen. Hier erhalten die Besucher Einblicke in die ärztliche Kunst eines römischen Augenarztes und die Bau- und Wohnkultur unserer Vorfahren. Ein Besuch in dieser liebevoll restaurierten Römersiedlung lohnt sich immer. Ein weiterer archäologischer Glanzpunkt ist der Europäische Kulturpark Bliesbruck-Reinheim direkt auf der deutsch-französischen Grenze. Hier wird eine Römerstadt freigelegt. Sobald der Frost verschwunden ist, machen sich zahlreiche Archäologen ans Werk, um unsere Vergangenheit ans Tageslicht zu fördern. Gerne können ihnen die Besucher über die Schulter schauen und viel Wissenswertes über unsere Vorfahren erfahren. Hier ist Europa lebendig.

Die Saarpfalz von unten

Die Saarpfalz von unten betrachtet ist ein Erlebnis für sich. Ob Hitze, Regen oder Sturm, hier bleibt das Wetter außen vor. Mit Helm und Schutzanzug geht es im Bexbacher Grubenmuseum in die Erde. Untertage erleben die Besucher die schwere Arbeit der Bergleute in den verschiedenen Zeitepochen hautnah, während über dem Besucherstollen im Frühjahr die 100 000 Tulpen des Bexbacher Blumengartens blühen. Für Höhlenfans bietet die Saarpfalz einen weiteren Superlativ: Europas größte Buntsandsteinhöhlen in Homburg. Mit über 10 km Länge durchziehen sie in zwölf Stockwerken den Schloßberg.

Die Turmtour – sich den Wind um die Nase wehen lassen

Mit der Nase hoch hinaus geht es auf dem Höcherbergturm bei Bexbach-Höchen. Der Blick von hier oben ist eine Augenweide. Etwas tiefer, aber dafür imposanter liegt der 40 m hohe Hindenburgturm im Bexbacher Blumengarten. Ein viereckiger Koloß, der das saarländische Bergbaumuseum beherbergt. Nächstes Etappenziel für alle, die hoch hinauswollen, ist die Kirkeler Burg. Ein schöner Rundturm aus Buntsandsteinquadern ziert die Ruine der alten Reichsfeste aus dem 12. Jahrhundert. Er wurde in den fünfziger Jahren wieder aufgebaut.

Ganz in Holz präsentiert sich der Aussichtsturm auf dem Heidenkopf in Mandelbachtal-Ormesheim. Von der obersten Plattform kann man bei klarem Wetter bis in die Vogesen und den Schwarzwald blicken. Von Kindern inniglich geliebt ist der Holzturm von „Fort Laramie" auf dem Kahlenberg in St. Ingbert-Rohrbach. Dieses Holzfort ist bequem mit dem Sessellift zu erreichen. Nach ausgiebigem Indianer- und Cowboyspiel können die Bleichgesichter und Rothäute die nahe gelegene Kahlenberghütte des Pfälzer Waldvereins überfallen und einige Blut- und Leberwürste zur Strecke bringen.

Die Saarpfalz – das Land der großen Steine

Obelix hätte mit dem Gollenstein in Blieskastel seine wahre Freude gehabt. Der 4000 Jahre alte und 7 m hohe Hinkelstein (Menhir) steht bei Blieskastel. Sein kleinerer Bruder, der Spillenstein mit immerhin noch 4,50 m, steht in einem Vorgarten in St. Ingbert-Rentrisch. Das Wahrzeichen der Saarpfalz ist der „Große Stiefel" bei St. Ingbert. Ein riesiger Buntsandsteinfels, der aussieht, als hätte ein Riese einen Stiefel umgekehrt in den Sand gesteckt.

Kunst ganz groß

Jeden Herbst ist in St. Ingbert die Kleinkunst aus der ganzen Republik zu Gast. Nachwuchskünstler aus den Bereichen Kabarett, Pantomime und Tanz stehen eine Woche lang auf den Brettern, die die Welt bedeuten. Bei den Homburger Meisterkonzerten ist es gerade umgekehrt, hier treten keine Nachwuchskünstler auf, sondern die Meister ihrer Klasse aus der ganzen Welt und verzaubern mit ihrem Können.

Feste feiern

Die Saarpfälzer feiern gerne mit viel Musik und guten Speisen. Gastlichkeit wird ganz groß geschrieben. Auf dem Webenheimer Bauernfest, dem Kirkeler Wurstmarkt, dem Ingobertusfest, beim Homburger Goldenen Oktober, beim Blieskasteler Altstadtfest und vielen, vielen Festen mehr kann man sich selbst überzeugen, wie ansteckend prickelnd saarpfälzische Lebensfreude sein kann.

Die Nähe zu Frankreich spiegelt sich in der saarpfälzischen Küche wider; deshalb ist es gar nicht weiter verwunderlich, wenn hier die Kochkunst aus dem Vollen schöpft und einen reich gedeckten Tisch voller Leckerbissen präsentiert: Lotte provençale, Ente à l'orange, Quiche lorraine und viele andere Gerichte. Die zahlreich verliehenen Kochmützen des „Gault Millaut" belegen dies. Ob germanisch-deftig oder bien-français, für jeden Gaumen wird etwas geboten.

Die Arbeitswelt

Die vorgestellten Firmen im Saarpfalz-Kreis

ABB Kraftwerke AG, Mannheim 278 f.
Albert & Thees GmbH, St. Ingbert 277
Josef Bauer GmbH, Mandelbachtal 280
Bieg & Heinz GmbH, Blieskastel 281
Bliesgau-Festhalle, Blieskastel 282
Roman Brengel GmbH, Blieskastel 285
Buch- und Offsetdruckerei Franz Xaver Demetz,
 St. Ingbert 291
Campingplatz Walsheim, Gersheim 299
Chempro Control, St. Ingbert 286
Clintec Salvia GmbH & Co. OHG, Homburg 287
DACOS Software GmbH, St. Ingbert 290
Dahlem Projektentwicklungsgesellschaft mbH,
 St. Ingbert 288 f.
Dillinger Stahlbau GmbH, Homburg 292
Ecker GmbH, Homburg 293
Eigenheim-Betreuungs GmbH & Co. KG,
 Homburg 340 f.
ELGA GmbH, St. Ingbert 294
Erkel GmbH, Homburg 295
Europäischer Kulturpark, Bliesbruck-Reinheim 299
Flughafen Saarbrücken 296
Freizeitzentrum Bliesaue, Blieskastel 283
Gebr. Hunsicker & Co., GmbH, Blieskastel,
 Homburg 304
Gehring GmbH, Kirkel 297
Geitlinger, Unternehmensgruppe, Homburg 340 f.
Gergen-Kipper, St. Ingbert 298
Goebel, Tanzschule, Homburg 339
Gross, Baugruppe, St. Ingbert 300
hager electro gmbh, Ensheim 301
Herges, Autohaus, St. Ingbert 302
HTB Baugesellschaft mbH, Homburg 303
INA, Homburg 306 f.
Jansen Sonnenschutz GmbH, St. Ingbert 305
Peter Jung GmbH, Blieskastel 284
Kalkwerk Gersheim GmbH & Co. KG 310
Karlsberg Brauerei KG Weber, Homburg 308 f.
Werner Kiefer GmbH, Bexbach 311

Kraftwerk Bexbach 331
Kreissparkasse Saarpfalz, Homburg 312
Landeszentralbank, Homburg 313
Leyser Graphics, Homburg 314
Manager Flugservice GmbH, Homburg 342
Möbel-Center Dilly, Homburg 315
Müller-Reisen GmbH, Blieskastel 316
Naturwaren OHG Dr. Peter Theiss, Homburg 318 f.
Nebgen-Mineralbrunnen, Kirkel 317
Neuendorf GmbH, St. Ingbert 320
OELMA-Haustechnik GmbH, Kirkel 321
Olk's Vollkornbackhaus, St. Ingbert 322
Petri Fenster- und Fassadenbau GmbH, Bexbach 323
Pfalzwerke AG, Ludwigshafen 324
PHB Stahlguß GmbH, St. Ingbert 325
Raiffeisenbank Webenheim eG, Blieskastel 326
Reha-Med-Klinik Homburg 343
Reise Stolz GmbH, Bexbach 327
RSW Regionalbus Saar-Westpfalz GmbH,
 Saarbrücken 328
Saar Ferngas AG, Saarbrücken 329
Saar Wälzlagerdraht GmbH, St. Ingbert 333
Saarbergwerke AG, Saarbrücken 330 f.
SAARLAND Versicherungen, Saarbrücken 332
Saarpfalz-Center, Homburg 344
Schaufelfabrik Bexbach 278 f.
Schloßberg-Hotel, Homburg 334
Schöndorf, Werner, Blieskastel 338
SMS-Filter Verpackungsanlagen GmbH, St. Ingbert 335
Stadtwerke Homburg GmbH 336 f.
Willy Voith GmbH & Co., St. Ingbert 345
Volksbank Blies- und Mandelbachtal eG 346
Volksbank Blieskastel eG 347
Wagenbrenner GmbH, Homburg 348
Walter Bau-AG, Kirkel 349
Wegener Härtetechnik GmbH, Homburg 350
Wendel, Artur, Blieskastel 351

Die Arbeitswelt

Ausstellungsstand von Albert & Thees auf der jährlich stattfindenden Ingobertus-Messe.

Albert & Thees, Sanitär- und Heizungstechnik GmbH, St. Ingbert

Als Paul Albert 1960 in St. Ingbert, der Heimatstadt seiner Frau, seinen Sanitär- und Heizungsbetrieb eröffnete, war dies aus örtlicher Sicht eine Neugründung. Für Paul Albert, der aus der damaligen DDR gekommen war, bedeutete es die Fortführung eines von seinen Vorfahren gegründeten Unternehmens, in dem er die vierte Generation repräsentierte. Heute wird die Firma mit 15 Beschäftigten von seiner Tochter und seinem Schwiegersohn H. J. Thees geleitet.
Zum Angebot von Albert & Thees gehören Sanitär-, Heizungs- und Klempnerarbeiten. Das Ansehen, das der Handwerksbetrieb Albert & Thees bei privaten und öffentlichen Auftraggebern genießt, läßt sich an der Vielzahl großer Aufträge ablesen, mit denen die Firma betraut worden ist. So wurden z. B. die Sanitärarbeiten im Rathaus von St. Ingbert, in der Ingobertus-Halle, im Rathaus und Forum in Homburg ausgeführt. Bedeutende Industrie- und Dienstleistungsunternehmen gehören ebenfalls zum Kundenkreis der Firma.
Zuverlässig und gewissenhaft werden auch kleinere Aufträge ausgeführt. Der Reparaturdienst hat schon lange einen guten Ruf. Nicht umsonst wirbt die Firma mit dem Slogan:
„Tropft auch nur der Wasserhahn, dann rufen Sie bei Albert an."
Langjährige Erfahrungen mit den unterschiedlichsten Materialien und die überschaubare Betriebsgröße erlauben eine kundenspezifische Beratung sowie eine zügige Auftragsabwicklung. Es wird weiterhin das Bestreben der Firma sein, ihre Auftraggeber mit guter Leistung zufriedenzustellen und dabei die umfangreichen technischen Anforderungen zu erfüllen.

Das Heizkraftwerk Römerbrücke der Stadtwerke Saarbrücken, von der ABB Kraftwerke AG schlüsselfertig gebaut.

ABB Kraftwerke AG, Mannheim, Schaufelfabrik Bexbach

„Wir bauen schlüsselfertige Kraftwerke für alle fossilen Brennstoffe, also für Kohle-, Öl- oder Gasfeuerung, aber auch Anlagen im regenerativen Bereich wie Wasserkraftwerke", umschreibt Klaus Linnebach, Vorstandsvorsitzender des Traditionsunternehmens ABB Kraftwerke AG in Mannheim, das weite Betätigungsfeld seiner Gesellschaft. Dabei umfaßt das ABB-Angebot nicht nur die Planung und Errichtung ganzer Kraftwerke, sondern auch die Fertigung von Turbinen und Generatoren. Allein in den letzten 40 Jahren hat ABB über 450 Kraftwerke mit fast 70 000 MW Gesamtleistung in alle Welt geliefert. 40 Prozent davon kamen aus Mannheim – Kraftwerke der verschiedensten Typen mit unterschiedlichster Leistung zur Grund-, Mittel- und Spitzenlastdeckung, für den Einsatz nahezu aller Brennstoffe, für Energieversorger, Städte, Gemeinden oder Industriebetriebe – in jedem Fall maßgeschneidert nach Kundenwunsch. Das Energiekonzept der Stadtwerke Saarbrücken mit dem Kraftwerk Römerbrücke wurde Mitte 1992 anläßlich der Umweltkonferenz in Rio de Janeiro mit dem UNO-Umweltpreis ausgezeichnet – die ABB Kraftwerke AG hat auch diese Anlage schlüsselfertig errichtet.

Das über Zuverlässigkeit, Wirkungsgrad und Wirtschaftlichkeit einer Turbogruppe entscheidende Bauteil ist die Beschaufelung. Mit Computersystemen werden die Profile dieser Turbinenschaufeln optimiert, ganze Forschungs- und Entwicklungslaboratorien sind damit beschäftigt, ihre Werkstoffe immer weiter zu verbessern. Für die Schaufelfertigung der ABB Kraftwerke AG wurde 1970/71 im Industriegebiet Kolling der Gemeinde Bexbach/Saarland eine Fabrik auf „die grüne Wiese" gestellt, die dem letzten Stand der Technik entsprach und bis heute auf diesem hohen Niveau gehalten wird. Rund 270 Mitarbeiterinnen und Mitarbeiter, meist im eigenen Ausbildungszentrum ausgebildet, haben hier bereits mehr als vier Millionen Schaufeln gefertigt – vom zentimeterkleinen Verdichterblatt bis hin zur 1,20 m langen Endschaufel der großen Dampfturbinen. Insbesondere an diesen, auch optisch sehr beeindruckenden Schaufeln kann man die Belastungen dieses Konstruktionselements deutlich machen: Ihre Spitzen rotieren im normalen Kraftwerksbetrieb mit doppelter Schallgeschwindigkeit, und an den Schaufelfüßen zerren dann Fliehkräfte, die dem Gewicht von mehreren großen Elektrolokomotiven entsprechen.

Für die Fertigung werden heute hauptsächlich 45 computergesteuerte Fräs-, Bohr- und Schleifmaschinen eingesetzt. Doch fast noch wichtiger als die perfekte technische Ausrü-

Die Arbeitswelt

stung ist die hervorragende, umfassende Ausbildung, der engagierte Einsatz der Frauen und Männer für ihren Betrieb und nicht zuletzt ihr hochentwickeltes „Fingerspitzen-Gefühl", das im doppelten Wortsinn für die hohe Leistung dieses ABB-Betriebs im Saarland verantwortlich ist.

Oben: Die Schaufelfabrik Bexbach, in der 270 Mitarbeiterinnen und Mitarbeiter arbeiten.
Rechts: Optisch beeindruckend die große Endschaufel einer Dampfturbine.
Unten: Blick in die Halle mit computergesteuerten Fräs-, Bohr- und Schleifmaschinen.

Die großzügige Büro- und Lagerhalle in der Oberwürzbacher Straße.

Josef Bauer GmbH, Heizung – Tankanlagen – Sanitär, Mandelbachtal

1966 gründete Josef Bauer in Mandelbachtal-Ommersheim in der Hofstraße das bald darauf expandierende Unternehmen. Die gute Auftragslage und die damit verbundene Erhöhung der Mitarbeiterzahl hatte 1985 einen Umzug in einen Neubau in der Oberwürzbacher Straße zur Folge. Hier standen eine größere Lagerhalle und größere Büroräume zur Verfügung. Außerdem wurde eigens ein Planungsbüro in der Pfaffentalstraße eingerichtet.
Die Firma Bauer beschäftigt qualifiziertes Bedienungs-, Wartungs- und Montagepersonal. Dadurch entstand ein flexibles Unternehmen, das von der Beratung und Projektierung über die Ausführung bis zur Wartung und Reparatur von Heizungs- und Sanitäranlagen alle Leistungen eines modernen Handwerksbetriebs in hervorragender Qualität bietet.
Das zukünftige Ziel sind Angebote zur Energiekostensenkung und der Einbau von ökologisch verträglichen Heizaggregaten. Ständige Fort- und Weiterbildung der Heizungs- und Sanitärmonteure in Seminaren garantiert den Kunden optimale Beratung und beste Betreuung der Heizungs- und Sanitäranlagen und von Solartechnik.

Bieg & Hein Heizung, Sanitär GmbH, Blieskastel

1968 von den Herren Bieg und Hein gegründet, hat der Meisterbetrieb 1993 nach 25 Jahren Tausende zufriedener Kunden. Ausstellung, Abholmarkt, Lagerhaltung, Fachberatung, Planung, Montage, qualifizierte Facharbeiter, Kundendienst – das ist Bieg & Hein.

Qualifizierte Beratung und vorzüglicher Kundendienst sind ein Markenzeichen von Bieg & Hein.

Wir bieten mehr als Heizung · Sanitär · Elektro

Blick auf Blieskastel-Niederwürzbach. Das Firmengelände liegt unten rechts (markiert).

Die 1961 im Zentrum von Blieskastel-Mitte errichtete Bliesgau-Festhalle mit Festsaal und Konferenzräumen. Ein Ort vielfältiger kultureller Begegnungen.

Bliesgau-Festhalle, Blieskastel

Die Bliesgau-Festhalle wurde 1961 im neuzeitlichen Stil im Zentrum von Blieskastel-Mitte mit Festsaal und Konferenzräumen erbaut.

Der Festsaal bietet 350 – bei Theaterbestuhlung 500 – Personen Platz. Er eignet sich insbesondere für gesellschaftliche und kulturelle Veranstaltungen, Kongresse, Tagungen, Versammlungen und Festlichkeiten jeder Art. Der Konferenzbereich wurde durch einen Umbau in jüngster Zeit auf den zur Zeit modernsten Stand gebracht. Er ist computertauglich und enthält eine Vielzahl von Projektionsmöglichkeiten (auch Videoprojektor). Die Konferenzräume bieten 10 bis 100 Personen Platz.

Ein großes Foyer mit Cafeteria lädt zur Erholung ein.

Die Arbeitswelt

Freizeitzentrum Bliesaue, Blieskastel

Im 1977 von der Stadt Blieskastel erbauten Freizeitzentrum Bliesaue ist Schwimmen unabhängig von Witterungseinflüssen möglich. Das Hallenbecken ist ausgestattet mit einem Schwimmbecken (28°C), einem Nichtschwimmerbecken (28°C) und einem Kleinkinderschwimmbecken (20°C) mit hydraulischer Hebebühne. Eine 42 m lange Großwasserrutsche erfreut sich nicht nur bei den Kindern großer Beliebtheit. Dazu gehören Solarium und Cafeteria. Ein Freibad mit großen Liegewiesen und zahlreichen Freizeitgestaltungsmöglichkeiten schließt sich an.

Außerdem ist an das Freizeitzentrum eine medizinische Bäderabteilung mit Massagepraxis und Sauna angeschlossen. Es sind folgende Anwendungen möglich: Massagen, Fango, Heißluft, Unterwassermassagen, Stangerbad, Vierzellenbad, medizinische Bäder, Sportphysiotherapie, Sonnenbank, alle Kneippanwendungen. Die Bäderabteilung ist zu allen Kassen zugelassen.

Das Kinderbecken mit dem beliebten Wasserpilz in der Mitte.

Modernste Technik auf einer Produktionsfläche von 5000 m² im Gewerbegebiet Auf Scharlen.

Bliesdruckerei Peter Jung GmbH, Blieskastel

Die 1948 gegründete Druckerei zählt mit nahezu 100 qualifizierten Mitarbeitern zu den führenden Druckereien Südwestdeutschlands.

Nach zwei Standorten in der Innenstadt Blieskastels verfügt die Firma nach vier Bauabschnitten im Gewerbegebiet Auf Scharlen über eine Produktionsfläche von über 5000 m².

Schwerpunkt der Produktion sind mehrfarbige Prospekte, Kataloge, Verpackungen, Displays, Monatszeitungen, Bücher, Poster, Postkarten und Geschäftsdrucksachen.

Zum Leistungsspektrum in der Technik gehören in der Druckvorbereitung elf Bildschirmarbeitsplätze mit Satz-, Bild- und Grafikverarbeitung, Scanner, Datenkonvertierung, Desktop Publishing und DTP-Belichtung. Das Herz des Unternehmens bildet die Druckerei mit 34 Offsetdruckwerken, darunter mehrere Ein-, Zwei-, Fünf- und Sechsfarbenmaschinen mit Lackierwerk. Zur Ausstattung der Druckerei gehört auch eine zentrale, computergesteuerte Qualitätskontrolle mit On-line-Anschluß an die Druckmaschinen zur automatischen Farbsteuerung. Die Buchbinderei ist mit leistungsfähigen Buchbindereimaschinen ausgestattet, die den Druckbogen zum Endprodukt weiterverarbeiten.

Durch Qualität, Leistung, Preiswürdigkeit und Termintreue hat sich das Unternehmen einen guten Ruf weit über die Grenzen des Saarlandes erarbeitet und kann als Referenz einen treuen Kundenstamm aus allen Branchen vorweisen.

Die Arbeitswelt

Roman Brengel GmbH, Bauunternehmung, Blieskastel

Im Oktober 1985 gründete Roman Brengel die Baufirma Roman Brengel GmbH in Blieskastel-Webenheim. Damit trat er als Geschäftsführer in die Fußstapfen seines Urgroßvaters und Großvaters. 1985 befand sich die Baukonjunktur in einer gemeinhin als schlecht angesehenen Phase. Dennoch gelang es dem noch sehr jungen Firmenchef, eine heute stabile und bekannte Firma mit einer guten Auftragslage und einem angesehenen Namen aufzubauen.

Bei einer durchschnittlichen Mitarbeiterzahl von sechzehn Beschäftigten und einem sehr gut ausgerüsteten Maschinen- und Fuhrpark führt die Firma von Außenanlagen und Garagen über Um- und Neubauten von Einfamilien- bis zu Mehrfamilien- und Geschäftshäusern alle anfallenden Arbeiten aus. Auch Renovierungen von denkmalgeschützten Häusern, wie sie in Blieskastels Altstadt häufig vorkommen, sind für die Firma kein Problem. Dabei mußten unter komplizierten Abstützarbeiten schon ganze Keller unter solchen Häusern ausgegraben und Fundamente hergestellt werden.

Im Gegensatz dazu sind aber auch moderne Stahlbetonarbeiten wie bei der Erstellung eines Aufzugschachtes mit Vorraumschacht in Höhe von zehn Stockwerken an ein Alten- und Pflegeheim in Saarbrücken einschließlich des gesamten Umbaues ohne Probleme bewältigt worden.

Die Firma bemüht sich nicht nur ihre Kunden mit einer qualitativ guten und fachgerechten Arbeit, sondern auch mit einer guten Beratung zufriedenzustellen.

Ohne Probleme wird hier der Aufzugschacht für das Alten- und Pflegeheim Winterberg in Saarbrücken erstellt.

CHEMPRO CONTROL,
Labordiagnostisches Privatinstitut, St. Ingbert

Wasseranalysen, tiermedizinische Laboruntersuchungen sowie in jüngster Zeit Entwicklungsarbeit zur weiteren Rationalisierung der Labororganisation: Dies sind die Eckpfeiler von Chempro Control.

Ein effizienter Wasserschutz ist heute dringend geboten, da die Wasserqualität durch vielfältige Belastungen beeinträchtigt und gefährdet wird. Einen wirksamen Beitrag zur Wasserhygiene zu leisten ist das ursprüngliche Ziel des 1987 gegründeten labordiagnostischen Privatinstituts Chempro Control in St. Ingbert-Rohrbach, das im Sommer 1992 sein fünfjähriges Bestehen feierte.

Mit modernen Analysegeräten werden hier klinisch-chemische und bakteriologische Untersuchungen zur Überwachung der Wasserqualität durchgeführt. Die umfangreiche Laborausstattung wird gleichzeitig auch für labormedizinische Tieruntersuchungen genutzt.

Neben den Wasseranalysen und tiermedizinischen Untersuchungen werden in zwei weiteren unabhängigen Abteilungen des Unternehmens humanmedizinische Laboruntersuchungen durchgeführt. In den jeweils selbständigen Abteilungen wird fast das gesamte Spektrum der Labormedizin angeboten, wobei derzeit ca. 5000 Proben mit insgesamt 20 000 bis 25 000 Analysen pro Tag bearbeitet werden.

Seit 1990 widmet sich das auch überregional tätige Unternehmen vermehrt der Verbesserung der Labororganisation, insbesondere auf dem Gebiet der Probenverteilung. Zusammen mit der Firma Tecan wurden erhebliche Anstrengungen unternommen, um Möglichkeiten der Strukturverbesserung im Labor zu erforschen: Chempro Control entwickelte

Blick in die mikrobiologische Abteilung des Labors.

hierzu eine eigene Software, um mit PC-gesteuerten Vollautomaten die Probenverteilung im Labor zu automatisieren und damit den Arbeitsablauf bei niedrigen Kosten zu beschleunigen. Die Hard- und Software zur rationalisierten Probenverteilung wurden aber nicht nur zur Anwendung im eigenen Labor entwickelt, um dem verschärften Wettbewerb im europäischen Binnenmarkt ab 1993 zu begegnen, sondern sollen letztendlich auch europaweit vertrieben werden.

Kooperationen bestehen mit dem Labor Öko-Control in Baumholder, in dem ebenfalls umweltanalytische Untersuchungen durchgeführt werden, sowie mit der Gesellschaft für geologische und hydrogeologische Gutachten, chemische Analytik, angewandte Biologie und Umwelt-Consulting, GBU, in Neunkirchen.

Das Unternehmen beschäftigt derzeit 90 Mitarbeiter, darunter einen Qualitätssicherheitsbeauftragten zur Überwachung der Qualitätsnorm ISO 9000 entsprechend den Richtlinien der EG.

Clintec Salvia GmbH & Co. OHG, Infusionslösungen, Homburg

Die Clintec Salvia ist einer der bedeutendsten Produzenten im Bereich der klinischen Ernährung. Von hier aus werden täglich Infusionslösungen und Produkte für die klinische Ernährung in Kliniken der ganzen Welt versandt. Viele Menschen, die heute in Krankenhäusern künstlich ernährt werden müssen, verdanken einen Großteil ihrer Lebensqualität den Produkten des Hauses Clintec Salvia.

Die Salvia war bis März 1991 eine hundertprozentige Tochter von Boehringer Mannheim; seit nunmehr eineinhalb Jahren gehört das ehemalige Salvia-Werk zu dem internationalen Konzern Clintec. Gleichberechtigte Anteilseigner der Clintec sind einerseits die Firma Baxter, weltweit eines der bedeutendsten Unternehmen im Gesundheitswesen, und andererseits die Firma Nestlé, der wohl größte Hersteller von Nahrungsmitteln.

Der Betrieb in Homburg verfügt über modernste Produktionsanlagen für die Herstellung von Infusionslösungen; etwa 350 Mitarbeiter werden zur Zeit in Homburg beschäftigt.

Ziel der Clintec Salvia ist es, diesen Standort für die internationalen Aktivitäten auszubauen. Die Bedeutung von Homburg als Standort läßt sich um so mehr verstehen, wenn man geographisch die bedeutendsten europäischen Märkte betrachtet. Es läßt sich unschwer erkennen, daß von Homburg aus eine Versorgung der wichtigsten Märkte Europas nahezu ideal ist.

Blick auf das Firmengelände der Clintec Salvia aus der Vogelperspektive.

Der neue Autozubehör-Markt der Fa. ATU-Unger im Gewerbe- und Dienstleistungspark St. Ingbert.

Dahlem Projektentwicklungsgesellschaft mbH, Gewerbeimmobilien, Unternehmensberatung, Baubetreuung, St. Ingbert

1985 wurde die Unternehmensberatung Dahlem gegründet. Tätigkeitsgebiete dieses Unternehmens sind Standortanalysen, Marketinguntersuchungen sowie die Unternehmensberatung niederlassungswilliger Einzelhandelsunternehmen in Südwestdeutschland. Ein weiterer Schwerpunkt ist der Unternehmensverkauf im Bereich mittelständischer Unternehmen. Darüber hinaus engagiert sich die Firma in der Beratung von Städten und Gemeinden in Fragen des „City-Managements". Das Angebot und die Darstellung des Einzelhandels soll positiv beeinflußt werden mit dem Ziel einer möglichst hohen Kaufkraftbindung an den ortsansässigen Handel. Im Hinblick auf den europäischen Binnenmarkt bietet sich die Unternehmensberatung Dahlem auch als qualifizierter Ansprechpartner für niederlassungswillige Unternehmen bei der Standortsuche in Südwestdeutschland an.

Neben der Unternehmensberatung Dahlem wurde 1989 die Dahlem Projektentwicklungsgesellschaft mbH in St. Ingbert gegründet. Das spezielle Know-how der Dahlem Projektentwicklungsgesellschaft besteht in der Projektierung neuer Gewerbeimmobilien. Dies bedeutet den Erwerb von Gewerbegrundstücken brachliegender Industrieimmobilien sowie ungenutzter Altsubstanzen mit Zukunftsperspektiven. Auf der Basis neuer, wirtschaftlich tragfähiger Nutzungskonzepte erfolgt die Realisation anspruchsvoller Gewerbeimmobilien im Verbund mit einer Baumanagementfirma als Generalunternehmer und unter Beteiligung von privaten und institutionellen Anlegern.

Firmensitz der Dahlem Projektentwicklungsgesellschaft und der Unternehmensberatung Dahlem ist St. Ingbert.

Tätigkeitsgebiete sind die Revitalisierung stillgelegter Industriebrachen, die private Erschließung gewerblich nutzbarer Grundstücke in enger Zusammenarbeit und Abstimmung mit den jeweiligen Behörden und Gemeinden, das Erstellen wirtschaftlich tragfähiger Konzepte zur zukünftig neuen Nutzung dieser Grundstücke, die Realisierung der dazugehörigen Baumaßnahmen sowie die Fi-

Der aktiv-markt von EDEKA in der St. Ingberter Gartenstraße.

Die alte Halle der ehemaligen Maschinenfabrik „Elba-Kaiser" vor ihrem Abriß und Neuaufbau.

nanzierung und der Verkauf der fertiggestellten Immobilien unter dem Gesichtspunkt der Kapitalanlage. Beispielhaft genannt sei die Revitalisierung des Betriebsgeländes der ehemaligen Maschinenfabrik Elbe-Kaiser in St. Ingbert. Auf einem Areal von insgesamt ca. 40 000 m² entstand in den Jahren 1989 bis 1991 ein neues Gewerbe- und Dienstleistungszentrum.

Jährlich werden ca. drei bis fünf Objekte mit einem Gesamtvolumen von ca. 10 Mio. DM realisiert.

Zum Kundenkreis der Dahlem Projektentwicklungs-GmbH und der Unternehmensberatung Dahlem gehören neben den führenden Filialisten des Einzelhandels auch private und institutionelle Kapitalanleger sowie Versicherungen und Banken.

Der Firmensitz von DACOS in St. Ingbert. Mit 140 Mitarbeitern eines der größten Softwarehäuser im südwestdeutschen Raum.

DACOS Software GmbH, St. Ingbert

Die Firma DACOS Software GmbH wurde 1977 von Hochschulabsolventen der Universität des Saarlandes gegründet und ist mit derzeit etwa 140 Mitarbeitern eines der größten Softwarehäuser im südwestdeutschen Raum. Die Schwerpunkte der Unternehmenstätigkeit liegen in der Entwicklung von Individual- und Standardsoftware für die Bereiche Handel und Fertigung. Entsprechend ist das Unternehmen in zwei Fachbereiche gegliedert.

Das Arbeitsgebiet des Fachbereichs Handel umfaßt Gesamtlösungen in den Bereichen Warenwirtschaft und Lagerverwaltung. Hier wurden zahlreiche Projekte für verschiedene Handelskunden und Hardwarekooperationspartner realisiert. Das umfassende Standardsoftwaresystem DISPOS II zeichnet sich besonders durch seine Offenheit, seine Benutzerfreundlichkeit und seine zukunftsweisende Softwaretechnik aus.

Der Fachbereich Fertigung wickelt Projekte im Bereich der Produktion bei Industriebetrieben ab. Im Vordergrund stehen dabei die Konzipierung und Realisierung von Softwaresystemen für Fertigungsleitrechner, Lager-, Transport- (FTS) und Materialflußsteuerungen sowie für die Qualitätssicherung. Hier wurde mit DAQUIS ein modulares Qualitätsinformationssystem und mit DAPLIS ein System für Produktion und Logistik entwickelt.

Bereichsübergreifend ist eine neue Softwarearchitektur entstanden, die auf der Verteilung der Intelligenz auf Großrechner und Personalcomputer beruht. Sie vereint hohen Benutzerkomfort mit Intelligenz am Arbeitsplatz und komplexen Verarbeitungsfunktionen auf verteilten Datenbanken.

Zum Kundenkreis zählen namhafte Unternehmen aus dem gesamten Bundesgebiet und anderen europäischen Ländern wie z. B. Bosch, Hermans Groep, Hertie, Hornbach, Mercedes-Benz, Porsche, Quelle, Saarstahl, Spar, Tegut und Tengelmann.

Buch- und Offsetdruckerei Franz Xaver Demetz, Inh. Uwe Haltern, St. Ingbert

Am 1. April 1862 gründete Franz Xaver Demetz eine lithographische Anstalt mit Buch- und Steindruckerei in St. Ingbert. Ab 1865 gab er den „St. Ingberter Anzeiger, das Amtliche Organ des königlichen Amtsgerichts St. Ingbert" heraus. Er erscheint noch heute, als ältestes Werbeorgan der Stadt St. Ingbert, mit einer Auflage von 40 000 Exemplaren in St. Ingbert und Umgebung.

Können und Fleiß von Franz Xaver Demetz ließen sein Unternehmen eine beachtliche Größe erlangen und es weit über die Grenzen des Saarlandes hinaus bekannt werden. Im Jahre 1901 übernahm sein Sohn August Demetz als Nachfolger den Betrieb. 1945 erfolgte durch die damalige Besatzungsmacht eine Totaldemontage. Als mitten im Wiederaufbau 1949 Franz Demetz, der Sohn von August Demetz, starb, übernahm Augusts Tochter Emma Haltern die Geschäftsführung. Seit 1959 leitet Schriftsetzermeister Uwe Haltern, der Urenkel des Firmengründers, das Unternehmen.

Bedingt durch ständige Expansion wurde in den vergangenen Jahren das firmeneigene Betriebsgebäude erweitert und durch Investitionen in modernste Maschinen ein Optimum an Leistungsfähigkeit erreicht.

Heute werden auf Mehrfarben-Offsetmaschinen nicht nur Grußpostkarten wie in den Anfängen, sondern anspruchsvolle Drucksachen aller Art hergestellt. Permanent umgesetzte Innovationsbereitschaft ist auch für den Service die Basis erfolgreicher Partnerschaft. So garantiert modernste Technik eine effiziente Auftragsabwicklung. Die Buch- und Offsetdruckerei F. X. Demetz handelt unter dem Motto: Vom Entwurf bis zum Versand – alles aus einer Hand.

Die erste Grußpostkarte von St. Ingbert. Steindruck des Firmengründers aus dem Jahre 1862.

DSD Dillinger Stahlbau GmbH, Werk Homburg

Das Werk Homburg ist der größte Fertigungsbetrieb der DSD Dillinger Stahlbau GmbH, Saarlouis.

Vom Standort Homburg liefert DSD Brücken, Stahlbauten, Druckbehälter und Apparate, Maschinen, Wasserbauten, Rohrleitungen, Kräne, Großkuppeln, Gas- und Wasseraufbereitungsanlagen sowie sonstige Anlagen voll installiert und einsatzbereit in die ganze Welt.

Gegründet wurde der Fertigungsbetrieb im Jahre 1909 von der Firma B. Seibert GmbH. DSD hat das Werk im Jahre 1969 übernommen und mit Investitionen von etwa 80 Mio. DM zu einem der modernsten Fertigungsbetriebe seiner Art in Europa ausgebaut.

Die Einrichtungen sind so konzipiert, daß Großteile in den Abmessungen von 7,5 m Breite und 8 m Höhe bis zu einer Länge von 100 m und einem Stückgewicht von 150 t ohne Probleme das Werk verlassen können. Die Endbearbeitung und Veredlung solcher Konstruktionsteile ist auf dem dafür zur Verfügung stehenden Bohrwerk und einer Großdrehbank, die 100 t aufnehmen können, möglich. Die moderne Großkonservierungsanlage erfüllt alle Ansprüche der Kunden und gleichzeitig die strengen Umweltauflagen nach der Vorschrift „TA-Luft".

Das Homburger Werk der DSD mit einer Grundstücksfläche von ca. 184 000 m^2, davon ca. 52 000 m^2 überdachte Fläche, beschäftigt zur Zeit rund 350 Mitarbeiter und bietet 40 Jugendlichen in den Berufen des Konstruktionsmechanikers verschiedener Fachrichtungen sowie des Schmelzschweißers einen Ausbildungsplatz. Außerdem werden technische Praktika für Schüler und Studenten der Fachoberschulen, Fachhochschulen und Universitäten angeboten. Rund 16 000 t Stahlkonstruktion werden pro Jahr in den Werkshallen produziert und ins In- und Ausland per Lkw, Bahn oder Schiff verschickt.

Winderhitzer-Anlage für einen Hochofen in der Fertigung.

Die Arbeitswelt

Bäckerhaus Hans Ecker GmbH – Herstellung und Vertrieb von Backwaren – am Hochrech.

Bäckerhaus Ecker GmbH, Homburg

1949 gründete Bäckermeister Hans Ecker in der Oberen Allee in Homburg das Bäckerhaus Ecker. Da anfangs noch kein eigener Backofen zur Verfügung stand, wurde im nahegelegenen St.-Elisabethen-Schwesternhaus gebacken. Die Backwaren wurden mit dem Fahrrad ausgefahren.

Die Bäckerei wurde 1952 aus Platzgründen in den Ortsteil Erbach verlegt, wo sich der Betrieb nach mehreren Anbauten auf mittlerweile 2000 m² vergrößert hat. Seit 1974 sind die Tochter Margot und ihr Mann Manfred Ecker Geschäftsführer.

Im Laufe der Jahre hat sich das Bäckerhaus im Umkreis von 30 Kilometern auf 14 Filialen, darunter zwei Cafés, ausgedehnt.

Täglich werden mit mehreren Lkws frische Backwaren an die Verkaufsstellen in Wemmetsweiler, Merchweiler, Neunkirchen, Bexbach, Homburg, Einöd, Zweibrücken und an mehrere Wiederverkäufer geliefert.

Das Unternehmen beschäftigt zur Zeit 120 Mitarbeiter, davon 50 in der Produktion, 60 im Verkauf, fünf im Versand und fünf in der Verwaltung. Viele der Fachkräfte können auf eine lange Betriebszugehörigkeit zurückblicken. Im Bäckerhaus Ecker wird großer Wert auf gutes, familiäres Arbeitsklima gelegt. Nicht zuletzt daraus resultiert die gute Qualität der Backwaren. So ist die Firma weit über die Region hinaus bekannt für ihren guten Wiener Kranz, der noch immer nach altem Rezept hergestellt wird.

Eine Rundtisch-Lötmaschine mit integrierter Spül- und Kühlwasser-Aufbereitungsanlage.

ELGA Elektro- und Gasapparatebau GmbH, St. Ingbert

Die ELGA wurde 1950 gegründet und entwickelte sich vom schweißtechnischen Händler zu einem weltweit führenden Hersteller von Anlagen zur Automatisierung von Lötprozessen. Seit dem 1. Juni 1992 gehört das Unternehmen zu der amerikanischen Fusion Inc., Willoughby, Ohio, USA.
ELGA hat sich spezialisiert auf wirtschaftlich überlegene Lösungen für Sonderanlagen. ELGA-Anlagen werden in vielen Bereichen der Metallindustrie eingesetzt, z. B. in der Automobil- und Fahrradindustrie, der Heizungs-, Kälte- und Klimatechnik, der Sanitär-, Elektro- und Hartmetallwerkzeugindustrie. Je nach Mechanisierungsgrad können an den zum Teil vollautomatischen Lötanlagen, die entweder flamm- oder induktionsbeheizt sind, Lotpasten, Lote und Flußmittel automatisch zugeführt werden. Seit dem Bau der ersten Lötanlage im Jahr 1957 wurden ca. 2500 Sonderanlagen in St. Ingbert hergestellt und in alle fünf Kontinente ausgeliefert.
Neben dem Anlagenbau bietet ELGA Verbrauchsgüter wie Lotpasten, Lote und Flußmittel und lötet auf flamm- oder induktionsbeheizten Lötanlagen in der freien Atmosphäre auf Lohnbasis. Außerdem produziert ELGA für den umwelttechnischen Bereich Kühlwasseraggregate sowie Spül- und Kühlwasseraufbereitungsanlagen.
Zur Ermittlung der kundenspezifischen Problemlösungen betreibt ELGA ein Löttechnikum, in dem auch löttechnische Schulungen durchgeführt werden.

ERKA Karl Erkel GmbH, Galvano- und Oberflächentechnik, Homburg

Am 23. November 1988 wurde ERKA von dem geschäftsführenden Gesellschafter Karl Erkel gegründet. Eine eingespielte, erfahrene Belegschaft von gegenwärtig 15 Mitarbeitern bietet auf 600 m² Betriebsfläche ein umfassendes Leistungsspektrum mit hoher fachlicher Kompetenz. Jahrzehntelange persönliche Erfahrung und nach den neuesten Erkenntnissen geschaffene Betriebseinrichtungen ermöglichen es, anspruchsvollen Kundenwünschen gerecht zu werden. Das Unternehmen versteht sich als Spezialist für Problemlösungen in Oberflächenveredelung. Gleichbleibende Qualität wird durch automatisierte Produktionsvorgänge gewährleistet. Seit Betriebsgründung stützen sich namhafte Hersteller wie Bosch auf das galvanische Können sowie die Gütesicherung von ERKA.

Das Angebot richtet sich an Betriebe in der Metallbearbeitung, dem Werkzeug- und Formenbau, ist geeignet für Industrieprodukte ebenso wie für Sanitär-, Geschenk-, Schmuck- und Gebrauchsartikel. Es gilt für Einzel- und Massenfertigungsteile der Konsum- und Investitionsgüterindustrie, mit deren technischen Erfordernissen ERKA bestens vertraut ist. Dabei wird ein besonderes Augenmerk auf individuelle Problemlösungen gerichtet. Auf handwerkliche Qualität legt das Unternehmen besonderen Wert.

Die ständige Selbstkontrolle und permanente Überwachung aller Verfahrensparameter wie Temperatur, Strom usw. garantiert eine gleichbleibend hohe Qualität.

Vom Saarbrückener Flughafen Ensheim starten ganzjährig Linien- und Charterflugzeuge zu internationalen Zielen. Starker Aufschwung ist auch im Frachtgeschäft zu verzeichnen.

Flughafen Saarbrücken

Der Standort Saarbrücken hat im deutschen und internationalen Luftverkehr seit fast 65 Jahren einen festen Platz. Der Flughafen Saarbrücken, im Jahr 1928 in Saarbrücken-St. Arnual gegründet, Ende der dreißiger Jahre u. a. wegen aerodynamischer Schwierigkeiten auf der Hochebene nach Ensheim verlegt, erfüllt seit 1972 die Voraussetzungen eines „Internationalen Verkehrsflughafens".

Der Flughafen verfügt über eine Präzisionsstart- und -landebahn der Einstufung A gemäß internationalen Richtlinien. Die S/L-Bahn mit einer Länge von 2000 m und 45 m Breite ist mit modernsten Befeuerungsanlagen und Leiteinrichtungen ausgestattet.

Linienflüge mit renommierten Fluggesellschaften ins In- und Ausland sind das Rückgrat eines Dienstleistungsunternehmens, das ganzjährig Urlaubsflüge zu den bekanntesten Zielen im Süden anbietet. Im Frachtbereich, ob mit Linie oder per Charter, haben Kompetenz, Einsatzbereitschaft und neue Ideen zu einem starken Aufschwung geführt. Zu erwarten ist, daß die Möglichkeiten der Liberalisierung des Luftverkehrs sich positiv auf das Verkehrsangebot auf dem Flughafen Saarbrücken auswirken.

Der Flughafen ist ein wichtiges und wirkungsvolles Instrument der Infrastrukturverbesserung und zur Ansiedlung von Unternehmen im Saarland. Als Zukunftssicherung hat die saarländische Landesregierung erhebliche Mittel bereitgestellt; sie werden auch den ökologischen Forderungen gerecht.

Die Arbeitswelt

Siegfried Gehring GmbH, Produktion und Vertrieb von Heftklammern, Druckluft-Heft- und Nagelgeräte, Kompressoren und Zubehör, Kirkel

Am 1. April 1975 wurde die Firma von Siegfried Gehring als ein Kleinunternehmen ohne fremdes Kapital gegründet. Anlaß war der eiserne Wille des heutigen Hauptgesellschafters, vorwärts zu kommen, und die Aversion gegen Subordination in seinem früheren Beruf als Fachverkäufer.

In den vergangenen Jahren hat sich die Firma durch die Hereinnahme technisch anspruchsvoller Produkte der Druckluftwerkzeug-Industrie sowie die Angliederung einer Klammerproduktion zu einem umsatzstarken Unternehmen mit fünf Beschäftigten entwickelt. Im Zuge dieser Entwicklung werden gelegentlich Exporte in benachbarte Länder getätigt. Einen großen Anteil am Warenverkehr nimmt das Importgeschäft preisgünstiger Verbrauchsmaterialien und Werkzeuge ein. Ob für die Schuhindustrie, das Handwerk, den Fertighausbau oder für die Winzergenossenschaft, die Firma Gehring liefert nicht nur die ausgefallensten Werkzeuge und Vorrichtungen mit Zubehör, der Name bürgt auch für prompte Serviceleistungen.

Die Firma Gehring steht für ausgefallene Werkzeuge und prompte Serviceleistungen.

Ein modernes Produktionsunternehmen auf einem Areal von 30 000 m².

Gergen-Kipper, Hydraulik Gergen GmbH, St. Ingbert

Die traditionsreiche Firmengeschichte der Familie Gergen begann 1856 auf der Spiesermühle bei Spiesen, die der Urgroßvater der heutigen Firmeninhaber gründete und der Großvater, Johann Gergen, übernahm. Sein Sohn Leo wanderte 1928 nach Kanada aus, kehrte 1933 zurück und gründete 1938 die Firma Leo Gergen, Spezialfabrik für Hebezeuge – Kipper für Lastkraftwagen. Dank der in Kanada gesammelten Erfahrungen konnte er auf dem Gebiet des Kipperbaus Fortschritte erzielen, die patentrechtlich geschützt worden sind.

Nach dem Zweiten Weltkrieg führten weitere hydraulische Entwicklungen – Hydraulikbagger – zum Ausbau der Firma auf bis zu 150 Mitarbeiter. Nach der wirtschaftlichen Rückgliederung des Saarlandes mußte jedoch die Baggerproduktion, die weitgehend in Frankreich Absatz fand, eingestellt werden.

1967 übernahmen die drei Söhne – Engelbert, Hans-Georg und Ottmar Gergen – das väterliche Unternehmen und wählten die heutige Gesellschaftsform. Die Produktion von hydraulischen 3-Seiten- und Hinterkippern wurde ergänzt durch Absetzkipper und Wechsellader-Einrichtungen. Die zunehmende Nachfrage führte in den siebziger Jahren zur Errichtung einer neuen Produktionsanlage. 1988 wurde eine Erweiterung geplant, die 1990 abgeschlossen war.

Heute umfaßt das Firmengelände 30 000 m² mit 8000 m² überdachten Produktionsanlagen. 150 Mitarbeiter sind beschäftigt. 500 Gergen-Kipper verließen 1992 das Werk.

Der Tradition treu bleibend, gründeten 1978 die Gebrüder Gergen das Tochterunternehmen Gergen Spiesermühle GmbH – Industrie- und Baumaschinen-Vertrieb. Bagger, Radlader und Raupen namhafter Hersteller garantieren eine kontinuierliche Aufwärtsentwicklung auch dieses Unternehmens.

Die Gebrüder Gergen lenken die Geschicke des Unternehmens.

Die Arbeitswelt

Der Europäische Kulturpark Bliesbruck-Reinheim

Am Unterlauf der Blies zwischen Reinheim und Bliesbruck (Frankreich) bezeugt die auffällige Konzentration archäologischer Fundstellen eine intensive Besiedlung dieser Gegend schon seit alters her. Neben dem bronzezeitlichen Hortfund (um 800 v. Chr.) und dem Fürstinnengrab (etwa 400 v. Chr.) unterstreichen vor allem ausgedehnte Siedlungsreste der römischen Epoche (1.–4. Jh. n. Chr.) ihre historische Bedeutung.

Vom Bewußtsein um die Willkür neuzeitlicher Grenzziehung getragen, symbolisiert das Ausgrabungsprojekt „Europäischer Kulturpark Bliesbruck-Reinheim" deutsch-französische Freundschaft und Zusammenarbeit.

Der Campingplatz Walsheim, Gersheim

Der Campingplatz liegt in einem sattelartigen Wiesengelände, beiderseits eines kleinen Bachlaufes – direkt neben dem Freibad Walsheim. Für 200 Stellplätze stehen sanitäre Einrichtungen, Waschmaschine, Wäschetrockner und Wasserzapfstellen ebenso zur Verfügung wie die Gaststätte „Campinghaus" mit Lebensmittelverkauf und Campinggebrauchsartikeln. Alle Stellplätze sind mit Stromanschluß versehen. Ein Kinderspielplatz sowie Freizeitspiele sind vorhanden. Der Platz ist vom 15. März bis 15. Oktober geöffnet.

200 Stellplätze mit allem Komfort bietet der Campingplatz in Walsheim. Direkt nebenan liegt das Freibad.

Werkseinfahrt der Peter Gross KG, St. Ingbert.

Baugruppe Gross, St. Ingbert

Die Firmengruppe Gross gehört zu den größten Bauunternehmen im südwestdeutschen Raum. Bereits 1885 wurde die Firma von Peter Gross sen. gegründet und im Laufe ihrer Entwicklung durch Beteiligungen, Übernahmen und Neugründungen zu der heutigen Größe ausgebaut. Auf dem 1969 bezogenen Betriebsgelände in der Dudweiler Straße befinden sich neben den notwendigen Verwaltungsgebäuden ein Sozialgebäude mit Kantine, verschiedene Werkstattgebäude sowie ein Transportbetonwerk und ein Fertigteilwerk zur Herstellung großflächiger Bauelemente.

Seit der Gründung war die Baugruppe Gross überwiegend im Hochbau tätig. Ab Mitte der fünfziger Jahre wurden weitere Bereiche wie der Erd- und Tiefbau, Straßenbau sowie Brücken- und Ingenieurbau in das Produktionsprogramm aufgenommen. Die eigenen Produktionsanlagen sorgen für eine gewisse Unabhängigkeit sowie eine günstige auftragsbezogene Produktion und Belieferung der Baustellen.

Die stetige Aufwärtsentwicklung der Baugruppe Gross war stets mit den Geschäftsprinzipien: qualifizierte Mitarbeiter, absolute Qualitätsarbeit und exakte, termingerechte Bauabwicklung verbunden.

Die Firma hat ihre Aktivitäten seit den achtziger Jahren auch in die benachbarten Bundesländer ausgeweitet. Darüber hinaus wurden in Radebeul bei Dresden mit der Peter Gross GmbH und der RST Radebeuler Straßen- und Tiefbaugesellschaft mbH zwei Unternehmen neu gegründet.

Ein weiteres Beschäftigungsfeld liegt im Bereich der Umweltschutzinvestitionen. Hierzu gehören der Bau von Mülldeponien, Altlastbehandlung, Bau von Lärmschutzwänden, Kläranlagen sowie Umweltschutzeinrichtungen der Industrie. Im Sinne einer verantwortlichen aktiven Umweltpolitik werden von der Baugruppe Gross in verschiedenen Recyclinganlagen alte Baustoffe einer Wiederverwertung zugeführt.

Das hager-Werk in Ensheim.

hager electro gmbh, Ensheim

Die hager electro gmbh mit Sitz in Ensheim stellt ein komplettes System für die Elektroinstallation im Niederspannungsbereich her. hager zählt zu den größten Arbeitgebern innerhalb des Saarlandes. Das 1955 von Peter Hager und seinen Söhnen Oswald und Hermann gegründete mittelständische Unternehmen ging aus einem kleinen Familienbetrieb hervor, der bereits seit den fünfziger Jahren mit der Herstellung von Installationszubehör beschäftigt war.

Unter der Regie der beiden geschäftsführenden Gesellschafter Dr. Oswald Hager und Hermann Hager wuchs hager electro innerhalb von wenigen Jahren nach der Gründung zum Marktführer im Bereich der Zählerplatz- und Verteilungssysteme heran. Bereits 1959 wurde das Werk im elsässischen Obernai gegründet, das heute zusammen mit dem Stammhaus in Ensheim den Kern der hager-Gruppe darstellt. hager ist europaweit mit eigenen Niederlassungen und Landesgesellschaften vertreten und beschäftigte zu Beginn des Jahres 1992 etwa 3000 Mitarbeiter. Die hager-Zentrale in Ensheim koordiniert den Export in die Länder Nordeuropas und Österreich, hager electro s. a. in Obernai ist für Großbritannien, Belgien und Südeuropa zuständig.

In den Produktionsstätten Ensheim, Obernai und Blieskastel werden Produkte hergestellt, die sich durch eine praxisgerechte Konzeption auszeichnen. Denn hager hat das Ohr unmittelbar am Markt. Traditionell gute Kontakte zum Elektrogroßhandel, der die Produkte vertreibt, und zum Elektrohandwerk, das sie einsetzt, stehen im Mittelpunkt der Firmenpolitik. hager electro ist auf allen namhaften Fachmessen vertreten und erreicht über Schulungen und Seminare in jedem Jahr mehr als 5000 Ansprechpartner aus dem Elektrofach.

Das großzügig ausgelegte moderne Autohaus in der Dudweiler Straße erlaubt unter anderem auch die Vorhaltung eines umfangreichen Ersatzteillagers.

Autohaus Herges, St. Ingbert

Die Gründung des Autohauses geht zurück auf das Jahr 1959. Der Kfz-Betrieb von Günter Herges wurde schon 1960 zur Ford-Vertragswerkstätte. Zum damaligen Zeitpunkt trat Albert Herges in die Firma ein. Durch qualifizierte Arbeit erwarb das Unternehmen rasch das Vertrauen der Bevölkerung und entwickelte sich kontinuierlich weiter. Als die Räumlichkeiten in der Kohlenstraße zu eng wurden, entschloß man sich zum Bau eines großzügigen, modernen Hauses in der Dudweiler Straße.

Heute präsentiert sich das Autohaus Herges als zukunftsorientierter Ford-Haupthändler mit einem ständigen Angebot von 100 Gebrauchtwagen- und 150 Ford-Neuwagen. Ein umfangreiches Ersatzteillager erlaubt den sofortigen Zugriff auf ca. 11 500 Ersatzteile. Die Werkstatt ist mit modernster Technik ausgerüstet.

Besonderen Wert legt Firmenchef Albert Herges (Günter Herges schied 1986 aus der Firma aus) auf ständige Weiterbildung der Mitarbeiter. Dies gewährleistet den qualifizierten Standard aller Herges Serviceleistungen.

Die Arbeitswelt

HTB Baugesellschaft mbH, Homburg

Die Bauunternehmung HTB GmbH wurde am 9. August 1977 in Bexbach-Frankenholz gegründet. Die Firmengebäude lagen in der Höcherbergstraße 233. Der Betrieb führte insbesondere Arbeiten im Tief-, Straßen- und Hochbau aus. Im März 1979 übernahm Heinrich Hemm die Geschäftsführung; unter seiner Leitung wurde die Firma ausgebaut und kontinuierlich dem Markt angepaßt. 1983 erfolgte die Sitzverlegung von Bexbach-Frankenholz nach Homburg unter Beibehaltung der Zweigniederlassung in Frankenholz.

Seit der DVGW-Zulassung 1984 arbeitet das Unternehmen fast ausschließlich im kommunalen Bereich und hat sich auf Tief- und Rohrleitungsbauarbeiten spezialisiert. Heute sind durchschnittlich 60 Mitarbeiter beschäftigt, die einen modernst ausgestatteten Fuhr- und Gerätepark zur Verfügung haben, um schnell und sorgfältig alle anfallenden Aufträge erledigen zu können.

Lager und Bürogebäude in Bexbach-Frankenholz.

„Bauen ist Vertrauenssache" – Motto des Familienunternehmens mit langjähriger Tradition. Durch die Anschaffung von Baggern und Radladern können auch Tiefbauarbeiten ausgeführt werden.

Gebr. Hunsicker & Co. GmbH, Bauunternehmung, Blieskastel und Homburg

Das Familienunternehmen Hunsicker, Bauunternehmung für Hoch- und Tiefbau, kann auf eine langjährige, traditionsreiche Geschichte zurückblicken. 1931 gründete der Maurermeister Jakob Hunsicker in Brenschelbach eine erste Niederlassung. Der Gründer und sein damaliges Team von zehn Mitarbeitern befaßten sich ausschließlich mit Hochbauarbeiten.

Durch die Unterstützung der beiden Söhne Heinz und Oskar Hunsicker erfuhr das Unternehmen eine starke Expansion. Man beschränkte sich nicht mehr nur auf den Hochbau, sondern war durch die Anschaffung von Baggern und Radladern nun auch imstande, Tiefbauarbeiten auszuführen. Das Unternehmen paßte sich somit der veränderten Marktsituation an.

Daß sich die damaligen Investitionen gelohnt hatten, zeigte sich im Jahre 1960. Eine zweite Niederlassung in Homburg-Einöd konnte bezogen werden.

Die Umfirmierung in die heutige GmbH besiegelte man im Jahre 1978.

Die Firma Gebr. Hunsicker & Co. GmbH beschäftigt heute über 20 Mitarbeiter und ist, getreu nach dem Motto „Bauen ist Vertrauenssache", Garant für Qualitätsarbeit.

Jansen Sonnenschutz GmbH, St. Ingbert

Jansen Sonnenschutz GmbH – 1961 wurde das Unternehmen als Tochtergesellschaft der Firma Th. Jansen GmbH, Maschinen- und Armaturenfabrik, unter dem Namen „jaku" gegründet. 1967 übernahm die Tochter des damaligen Inhabers Theodor Jansen, Ina Jansen, den Betrieb und führte ihn bis 1989 unter dem Namen „Jansen-Kunststoffe GmbH" und anschließend unter der heutigen Firmenbezeichnung „Jansen Sonnenschutz GmbH" weiter.

Die Produktion umfaßt Sonnenschutz-Jalousien, deren Lamellen aus einem Spezial-Hart-PVC gefertigt werden. Die Jansen Sonnenschutz GmbH ist die einzige Firma, die diese Lamelle produziert und die Jalousien unter dem Namen „jakusette-klimat®" vertreibt.

Der Einsatzbereich dieser Raffstores reicht von Schulen, Krankenhäusern über Verwaltungsgebäude, Produktionshallen, Büros bis hin zu Kindergärten, Reha-Zentren und Privathäusern. Außerdem werden Alu-Raffstores, Rollos, Vertikaljalousien und Markisen geliefert. Eigene Monteure übernehmen die Montage innerhalb der Bundesrepublik Deutschland. Die Lieferung erfolgt über in- und ausländische Generalunternehmen.

Hier werden die Sonnenschutz-Jalousien mit den einzigartigen Lamellen aus Spezial-Hart-PVC produziert. Eigene Monteure übernehmen die Montage in ganz Deutschland.

Die Saar Nadellager oHG.

INA in Homburg

Die Kreisstadt Homburg ist der Standort von fünf INA-Unternehmen, einer hauptsächlich mit Wälzlagern befaßten Unternehmensgruppe; die Anfänge gehen in die Nachkriegszeit auf die Initiative der Brüder Dr. Wilhelm Schaeffler und Dr.-Ing. Georg Schaeffler im fränkischen Herzogenaurach zurück. Ihre Idee, Lagernadeln in einem Käfig achsparallel zu führen, verhalf dem 1945 gegründeten Unternehmen zu einem schnellen Wachstum. Es entstand eine Unternehmensgruppe, die heute weltweit rund 20 000 Beschäftigte zählt, da-

Die Schaeffler Wälzlager oHG produziert Lagereinheiten und Sonderkugellager.

Die Arbeitswelt

Die INA Lineartechnik oHG ist in einem großzügigen Neubau im Industriegebiet Ost angesiedelt.

von 2000 in den Homburger INA-Unternehmen.

Ältestes INA-Unternehmen am Standort Homburg ist die 1952 gegründete Saar Nadellager OHG. Hier fertigen rund 800 Mitarbeiter Nadelrollen, Zylinderrollen, Kugeln und Sonderprodukte. Das zweite INA-Unternehmen am Ort, die Schaeffler Wälzlager OHG, wurde 1962 unter dem Namen Fafnir Wälzlager GmbH gegründet und 1973 vollständig von den Gebrüdern Schaeffler übernommen. Rund 900 Beschäftigte produzieren ein breites Spektrum von kompletten Lagereinheiten und Sonderkugellagern. Die INA Lineartechnik OHG, 1987 gegründet, ist mit ihrem großzügig konzipierten Neubau der Produktionshalle im Industriegebiet Ost angesiedelt. Ca. 200 Mitarbeiter sind für Entwicklung, Versuch, Vertrieb und Produktion des INA-Linearprogramms zuständig.

INA Homburg bietet durch zwei Tochtergesellschaften ihr Know-how auf den Gebieten Aus- und Weiterbildung, Arbeitsmedizin, Arbeitssicherheit und Umweltschutz auch anderen Firmen zur Nutzung an. Die Gesellschaft für Arbeitsmedizin und Umweltschutz mbH – AMUS erbringt ihre Leistungen ebenso für Handwerksbetriebe wie für mittelständische Industrie- und Dienstleistungsunternehmen. In der GPW Gesellschaft für Personalentwicklung und Weiterbildung mbH hat die INA auch alle eigenen Aus- und Weiterbildungsaktivitäten in Homburg zusammengefaßt. Sie betreibt ein modernes und auf die Zukunft ausgerichtetes Aus- und Fortbildungszentrum sowohl für die eigenen 100 Auszubildenden, die Weiterbildung der INA-Mitarbeiter als auch für zahlreiche andere Unternehmen aus der Region.

Das Stammhaus der Karlsberg Brauerei KG Weber in Homburg.

Karlsberg Brauerei KG Weber, Homburg

Die Karlsberg Brauerei in Homburg zählt zu den größten Privatbrauereien in Deutschland. Im Inland gehören als Brauereien neben dem Homburger Stammhaus und der Schloßbrauerei in Neunkirchen die Becker Brauerei, St. Ingbert, sowie die Königsbacher Brauerei-Gruppe, Koblenz, zum Karlsberg-Verbund. Daneben verfügt Karlsberg mit der OKKO Getränke GmbH, Saarbrücken, über ein Unternehmen, das den Alleinvertrieb der Produkte des Coca-Cola-Sortiments im Saarland und im Raum Trier innehat. Die Merziger Fruchtgetränke GmbH & Co. KG sind wichtige Wachstumsträger des Verbundes.

Schon vor vielen Jahren hat Karlsberg den Alleinvertrieb und die Markenführung der in Bad Rilchingen gewonnenen Erzeugnisse Mineralwasser und Brunnenlimonade übernommen.

Mit der serviPlus in Saarbrücken wird Karlsberg den Anforderungen moderner Dienstleistungen gerecht. Sowohl der Automatenservice für Kalt- und Heißgetränke als auch andere Produkte des Bedarfs für unterwegs gehören zu diesem Segment.

Alle Serviceleistungen im Freizeitbereich werden mit Hilfe des Karlsberg Freizeitservice abgedeckt. Die Versorgung der Gastronomiekunden und anderer Absatzstätten mit Tiefkühlkost erbringt die TKZ Tiefkühlkostzentrale, St. Ingbert. Schließlich erledigt die St. Ingberter Transport- und Speditionsgesellschaft, seit 1985 dem Verbund zugehörig, die anfallenden logistischen Dienstleistungen. 1992 ist im französischen Saverne die „Saverne Transports" dazugekommen. Im Karlsberg-Verbund arbeiten über 2000 Mitarbeiter. Leitprodukte im Biersortiment sind das Premiumbier Karlsberg Ur-Pils, eines der erfolgreichsten Biere Deutschlands, Karlsberg Ur-Pils Light, das dem Karlsberg Ur-Pils entspricht, mit 40 Prozent weniger Alkohol und

Hochmoderne Technik und ständige Qualitätskontrollen garantieren dem Kunden einen stets ungetrübten Biergenuß.

40 Prozent weniger Kalorien, und Gründel's Alkoholfrei, ein Vollbier mit dem für Pils charakteristischen Stammwürze- und Bitterstoffgehalt. Der Karlsberg-Verbund hat im Kalenderjahr 1991 seine überaus erfolgreiche Entwicklung fortgesetzt: Insgesamt wurde der Getränkeausstoß um 11 Prozent oder 530 000 hl auf über 5,3 Mio. hl gesteigert; bei der Bierproduktion erzielte das Unternehmen einen Zuwachs um 13 Prozent, bei den alkoholfreien Getränken von über 5 Prozent.

Auf dem französischen Markt agiert die Karlsberg Brauerei mit der Auslandsmarke Karlsbräu. Die Exportmarke Karlsbräu, derzeit Marktführer in Frankreich, hat einen Anteil von rund 30 Prozent am deutschen Bierexport nach Frankreich. Zur Zeit wird im französischen Brauereistandort Saverne die technische Kapazität erheblich erweitert. Es entsteht dort Schritt für Schritt eine neue Brauerei mit einer Kapazität von über 500 000 hl jährlich. Erste Investitionen sind bereits abgeschlossen. „Bière d'Alsace" ist ein weiteres Qualitätsmerkmal für Produkte aus Saverne.

Vor kurzem hat die Karlsberg Brauerei KG Weber einen weiteren Schritt zur Verwirklichung ihres ambitionierten Umweltschutzprogrammes „Brauerei 2000" getan: Die nationalen und internationalen Leitprodukte im Biersortiment haben eine neue und umweltfreundliche Produktausstattung erhalten.

Auch die Erweiterung der technischen Kapazitäten wurde in Angriff genommen. Eine nach modernsten ökologischen und ökonomischen Erkenntnissen entwickelte Flaschenabfüllanlage leistet seit Februar 1992 gute Dienste. Pro Stunde werden 60 000 Halbliter- und Drittelliter-Mehrwegflaschen, vollelektronisch gesteuert abgefüllt.

Der Ausbau des Brauereistandortes Homburg wird in den nächsten Jahren zügig fortgeführt.

Kalkwerk Gersheim GmbH & Co. KG

Im Kalkwerk Gersheim wird seit fast 90 Jahren Kalk abgebaut, davon seit 70 Jahren im Untertagebereich mit einer Überdeckung von ca. 40 bis 65 m. Als Gründung der saarländischen Hüttenindustrie zwang deren Niedergang dazu, andere Absatzmärkte zu suchen. Heute wird die Kalkproduktion aus Schotter, Splitt, Sand und Mehl vorwiegend im Straßen- und Wegebau, im Gießereisektor, im Kraftwerksbereich, in der Baustoffindustrie und in der Landwirtschaft abgesetzt.

Bei dem Verfahren des untertägigen Kammer- und Pfeilerbaues werden rd. 70 Prozent der Lagerstätte abgebaut, rd. 30 Prozent verbleiben als Feste. Die zunehmende Gefährdung durch Hangendbrüche, die sich bis zur Erdoberfläche fortpflanzten, bedingte zur Aufrechterhaltung der Kalkproduktion die Stabilisierung des Grubengebäudes mittels Versatzmaßnahmen. Bei einem Hohlraumvolumen von 5 Mio. m^3 kam die Verwendung konventioneller Baustoffe sowohl aus ökonomischen wie ökologischen Gründen nicht in Frage. In langen Untersuchungsreihen wurden Baustoffmischungen auf der Basis von Kraftwerksreststoffen entwickelt, die alle Anforderungen im Hinblick auf die technologischen wie auch die umweltrelevanten Gesichtspunkte erfüllen.

Seit 1985 ist das Kalkwerk Gersheim je zur Hälfte im Besitz der Dr. Arnold Schäfer GmbH, Reisbach, und der Bergwerksgesellschaft Merchweiler mbH, Quierschied, den Betreibern der beiden einzigen privaten Kohlegruben an der Saar. Somit kann dieser Verbund eine Kraftwerksver- und -entsorgung aus einer Hand anbieten. Das Kalkwerk Gersheim sichert damit im Bliesgau insgesamt 50 Arbeitsplätze.

Der Untertagebereich, Abbau im Kammer-Pfeiler-Prinzip, teilverfüllt mit Bergbau-Versatzmischung.

Die Arbeitswelt

Ein Einblick in die Produktion.

Brezelfabrik Werner Kiefer GmbH, Bexbach

Die heutige Brezelfabrik Werner Kiefer GmbH hatte ihren Ursprung im Jahr 1955 als Handwerksbäckerei.

Aus dem breiten Sortiment der Backwaren spezialisierte sich im Laufe der Jahre die Bäckerei auf die Herstellung von Laugengebäck. Da die Serienproduktion von Laugengebäck immer weiter ausgebaut wurde, entsprachen die bisher gepachteten Produktionsräume nicht mehr den Anforderungen. Im Jahr 1966 erfolgte der Umzug in die neu errichteten 300 m² großen Betriebsräume in Bexbach-Kleinottweiler.

Hergestellt werden Brezeln, Laugenstangen und Käsestangen. Die Produktion umfaßt derzeit ca. 2500 Stück, die den Steinplattenofen pro Stunde durchlaufen.

Das Unternehmen wird von der Familie Kiefer geführt. In der Produktion sind acht Mitarbeiter beschäftigt.

Für den Vertrieb des beliebten Laugengebäcks im südwestdeutschen Raum sorgen ca. 20 Großabnehmer. Zum weiteren Kundenkreis zählen Bäckereien und Gaststätten.

Eine Produktionserweiterung in naher Zukunft ist geplant.

Kreissparkasse Saarpfalz, Homburg

Rund 2 Mrd. DM Bilanzsumme, 550 Mitarbeiter in Homburg, St. Ingbert und Blieskastel, 70 000 Girokonten – eine stolze Bilanz von nüchternen Fakten, hinter denen ein Unternehmen steht, das von engagierten freundlichen Mitarbeitern getragen wird. Die Rede ist von der Kreissparkasse Saarpfalz – einem noch relativ jungen Unternehmen im Kreis, denn offiziell existiert das Kreditinstitut unter diesem Namen erst seit dem 1. Januar 1991. Der Kreistag hat im Jahr 1990 den Beschluß gefaßt, die drei Kreissparkassen Homburg, Blieskastel und St. Ingbert zur Kreissparkasse Saarpfalz zu fusionieren. Sie kann dennoch auf eine lange Tradition im Landkreis zurückblicken: Die Kreissparkasse Homburg wurde bereits 1874 gegründet, 1885 folgten St. Ingbert und Blieskastel.

Doch seit der Gründerzeit hat sich vieles verändert. Allein schon die stolze Bilanzsumme läßt erahnen, daß sich die Kreissparkasse zu einem hochmodernen Kreditinstitut entwickelt hat. Als Allfinanzunternehmen ist der Kunde bei der Kreissparkasse in besten Händen, ganz gleich, ob er nun Geld anlegen möchte oder Kredit aufnehmen will. Die Mitarbeiter des Hauses sind in allen Bereichen des modernen Bankwesens „zu Hause". Umfangreiche Beratung ist eine Selbstverständlichkeit, auf die besonders bei der hausinternen Ausbildung großer Wert gelegt wird. Zudem können die Kundenberater der Kreissparkasse auf modernste Technik zurückgreifen. Nicht umsonst ist die Kreissparkasse Saarpfalz das mit Abstand größte Kreditinstitut der Region.

Das Direktionsgebäude Homburg mit dem traditionellen Flohmarkt im Vordergrund.

Die Arbeitswelt

Dienstgebäude der Landeszentralbank in der Homburger Innenstadt.

Landeszentralbank in Rheinland-Pfalz und im Saarland, Zweigstelle Homburg der Deutschen Bundesbank

In den vergangenen Jahren hat der Saarpfalz-Kreis stetig an wirtschaftlicher Kraft und Attraktivität, vor allem auch als Dienstleistungszentrum, gewonnen. Dieser Tatsache hat auch die damalige Landeszentralbank im Saarland Rechnung getragen, als sie im November 1990 an herausragender Stelle in der Stadt Homburg ein neues Dienstgebäude eröffnete. Mit der Eröffnung dieser neuen Zweigstelle trug die Landeszentralbank nicht nur zur Erweiterung des Dienstleistungsangebots in der Stadt bei, mit der seit 1. November 1992 nunmehr als „Landeszentralbank in Rheinland-Pfalz und im Saarland, Zweigstelle Homburg der Deutschen Bundesbank" firmierenden Zweiganstalt kam zu den zwölf vorhandenen Kreditinstituten eine Bank nach Homburg, deren Aufgabenstellung sich von der einer Geschäftsbank erheblich unterscheidet. Sie ist wie alle Haupt- und Zweigstellen der Deutschen Bundesbank Bank der Banken und Bank der öffentlichen Hand.

Homburg hat damit mehr als nur eine Bereicherung seiner Skyline erfahren. Neben den Attributen Kreisstadt und Universitätsstadt darf sich Homburg seither auch noch mit der Bezeichnung Bankplatz schmücken, weil die Deutsche Bundesbank hier mit einer Niederlassung vertreten ist. Die Stellung eines Gemeinwesens als Bankplatz hat eine nicht zu unterschätzende wirtschaftliche Bedeutung, weil insbesondere nur Wechsel, die an einem Bankplatz zahlbar sind, von der Bundesbank angekauft werden. Mit der allen modernen Erfordernissen angepaßten Ausstattung, ihrer Größe und Lage ist die Zweigstelle Homburg der Deutschen Bundesbank für die Zukunft gerüstet. Auch in einem möglicherweise anderen, später europäischen Rahmen wird sie ihre Aufgaben bestens erfüllen und entsprechend dem Auftrag einer Notenbank die Geldversorgung in dieser Region auch künftig sicherstellen können.

Uli Leyser vor einem seiner Grafikcomputer, mit denen professionelle Druckvorlagen erstellt werden. Ein Ort kreativer Ideen, gepaart mit modernster Technik.

Uli Leyser Graphics, Homburg

Seine Kunden sind über die ganze Republik verteilt und einen guten Teil ihres Erfolgs schreibt er sich auf seine Segel: Der Homburger Werbegrafiker und Designer Uli Leyser. Seinen Erfolg führt er auf seinen Ideenreichtum und auf sein Gefühl für Corporate Identity zurück. Sein Atelier produziert Druckvorlagen „am laufenden Band", vom Geschäftskärtchen bis zum Großflächenplakat und von der Broschüre bis zum Katalog. Dabei besticht, daß jedes Teil liebevoll ausgearbeitet und technisch reizvoll gestaltet ist. Die Liebe zur Technik ist es wohl auch, die einen anderen Arbeitsbereich Leysers prägt: So gestaltet und liefert er begeisternde Beschriftungssysteme, Folientastaturen und ergonomisch durchdachte Geräteoberflächen.

Phantastisches Werkzeug seien seine Grafikcomputer, sagt Leyser. Sie ermöglichen es ihm, mit relativ geringem Personalaufwand auch große Auftragsvolumina bei enormer grafischer Qualität zügig abzuwickeln. Leyser war Mitte der achtziger der erste im hiesigen Raum, der auf die professionelle Druckvorlagenherstellung per PC setzte, und hat seit der Gründung seines Grafikateliers 1986 sein System kontinuierlich ausgebaut. Der kreative Prozeß der Drucksachengestaltung beschränkt sich durch die neue Technologie nicht mehr allein auf die Layoutidee. Der Designer kann seine typografischen Ideen direkt einbringen, da er nicht mehr auf Setzereien oder Lithoanstalten angewiesen ist. Durch die elektronische Farbbildverarbeitung kann er die Aussage der Bilder wesentlich differenzierter steuern. Erwähnt seien hier die unglaublichen Möglichkeiten der Bildmontage, die Leyser virtuos beherrscht. So ist es für ihn ein Leichtes, z. B. eine Baulücke nach eigenen Ideen oder nach Bauplänen fotorealistisch zu schließen. Der Kunde erhält Dias von seinem Planobjekt, womöglich in verschiedenen Designvarianten, bevor der Bagger kommt. Als Ausgabegerät verwendet das Atelier einen Mannesmann Laserrecorder, der eine so hohe Paßgenauigkeit gewährleistet, daß beispielsweise für einen Farbprospekt des Vorjahres heute der Schwarzfilm mit aktuelleren Informationen nachgeliefert werden kann. Das spart Geld – wie auch der Umstand, daß der Kunde immer wieder über einmal gescanntes Bildmaterial verfügen kann, da es aus den Datenbanken des Ateliers genommen werden kann. Das Expandieren überläßt Leyser seinen Kunden: „Wir konzentrieren lieber."

Die Arbeitswelt

Möbel-Center Dilly, ein attraktiver Einkaufsplatz in Homburg-Erbach.

Möbel-Center Dilly, Homburg

Das Möbel-Center Dilly wurde von Ernst Dilly als Polsterwerkstätte 1957 in Homburg-Erbach in der Dürerstraße 145 gegründet. 1965 konnte bereits ein Möbelfachgeschäft errichtet werden, das 1974 in die Berliner Straße 3 im Industriegebiet Ost von Homburg verlagert wurde.

Das neue Möbel-Center Dilly hat sich zu einem attraktiven Einkaufsplatz für Homburg und seine Umgebung entwickelt. Zentrale Lage, ausreichend Parkplätze, vielseitige Kollektionen, eine ideenreiche und kompetente Beratung sowie ein flexibler und zuverlässiger Service, um individuelle Wünsche jederzeit erfüllen zu können, laden den anspruchsvollen Kunden zum Rundgang ein.

Als Schwerpunkt wird die internationale Musterring-Kollektion geführt, die es erlaubt, individuelles Wohnen als Ausdruck der Persönlichkeit zu verwirklichen. In fünf Fachabteilungen ist eine Vielzahl von Anregungen für alle Aspekte rund ums Wohnen zusammengefaßt. Vom gesunden Schlafen bis zur modernen Küche wird Wohnen in sympathischer Atmosphäre dargestellt.

Der Omnibusbetriebshof und ein Teil des modernen Fahrzeugparks (unten).

Müller-Reisen GmbH, Blieskastel

Am 5. März 1984 wurde die Firma unter dem Namen Bach & Müller-Reisen in Blieskastel in der Blickweiler Straße 29 gegründet. Begonnen wurde mit zwei Omnibussen für den Schüler- und Linienverkehr. Im Mai 1984 kam ein weiterer Omnibus für den Reiseverkehr dazu. Da Müller-Reisen auch im amerikanischen Schülerverkehr Fahrten übernahm und der Reiseverkehr ständig ausgebaut wurde, wuchs die Zahl der Busse bis zum Februar 1989 auf sieben.

Im März 1989 wurde die Firma in Müller-Reisen GmbH umbenannt und wird seither von Annemarie und Jürgen Müller geführt.

Der Bau des neuen Omnibusbetriebshofes im Gewerbegebiet Blieskastel wurde im Juni 1989 bezogen. Hier sind die betriebseigene Werkstatt mit eigener Tankstelle und Omnibuswaschhalle sowie Abstellplätze für Omnibusse nebst eigenem Reisebüro für Omnibusreisen untergebracht.

Durch Aufträge im Linienverkehr der Deutschen Bundesbahn sowie im Schülerverkehr der Stadt Blieskastel, im amerikanischen Schülerverkehr und im Linienverkehr der Saarberg wuchs der Betrieb auf 19 Omnibusse – vier Dreisterne-Reisebusse, zwei Überland- und 13 Linienbusse – an.

Zur Zeit werden zwei Kfz-Mechaniker, die sich um den gesamten Fuhrpark kümmern, sowie zwölf festangestellte Omnibusfahrer und zwei ausgebildete Reisebürokauffrauen beschäftigt.

Die Firma Müller-Reisen GmbH führt Studienreisen, Vereins-, Betriebs- und Schulausflüge, Ausflugsfahrten mit eigenem Busreiseprogramm sowie Busfahrten aller Art durch.

Aus dieser Betriebsstätte, im Wald gelegen, kommt das bekannte natrium- und kochsalzarme Mineralwasser.

Nebgen-Mineralbrunnen, Kirkel

Die Nebgen-Mineralbrunnen in Kirkel vertreibt die Kirkeler Wald-Quelle. Dieses Mineralwasser hat einen leichten ausgewogenen Mineralgehalt und ist damit besonders geeignet für natriumarme Ernährung und Entschlackung sowie für die Zubereitung von Babynahrung. Es gibt die Wald-Quelle als stilles Wasser und mit Kohlensäure versetzt.

Naturwaren OHG Dr. Peter Theiss, Homburg

Naturheilmittel von der Naturwaren OHG Dr. Peter Theiss bekommt man nicht nur in jeder deutschen Apotheke, sondern in über 20 Ländern weltweit. Hauptabsatzgebiete sind heute neben der Bundesrepublik die USA, Kanada, Australien und Neuseeland sowie verschiedene Staaten der EG und die osteuropäischen Länder Slowakei, Tschechei, Ungarn und Polen.

Gegründet wurde das Unternehmen 1979 von Apotheker Dr. Peter Theiss und seiner Frau Barbara, Heilpraktikerin und Kräuterkundige. Beide engagieren sich seit Jahren auf dem Gebiet der Naturheilkunde. Das gemeinsam verfaßte Buch „Gesünder leben mit Heilkräutern", das 1989 in München erschien, wurde so erfolgreich, daß es bis Anfang 1990 in zehn Sprachen übersetzt wurde und in vielen Ländern Tausende von Lesern von der Kraft der Pflanzenmedizin überzeugen konnte.

Ausgangspunkt und Basis der unternehmerischen Aktivitäten war die Markt-Apotheke in Homburg, die Dr. Theiss von seinem Vater 1975 übernommen hatte. Aus ihr entwickelte sich Schritt für Schritt die heutige Naturwaren OHG.

Begründet wurde der Erfolg zunächst mit der Herstellung des Schwedenbitters, eines traditionellen Kräuterelixiers zur Behebung von Verdauungsstörungen. Bald kamen weitere Produkte dazu wie z. B. Ringelblumensalbe und ein umfangreiches Kräutertee-Sortiment.

Die Mannschaft um Dr. Peter Theiss hat sich erfolgreich der Naturmedizin verschrieben. Die Produktionsgebäude (Hintergrund) in biologisch-ökologischer Bauweise sind zukunftweisend.

Die Arbeitswelt

Moderne Labors sorgen für aktuellen Stand in Forschung und Entwicklung. Besondere Bedeutung kommt der Qualitätskontrolle zu.

Kontinuierliches Wachstum erforderte 1984 den Bau einer Produktionsanlage in der Michelinstraße in Homburg. Diese Produktionsstätte umfaßt heute nicht nur die Herstellung und Wareneinkauf, sondern auch Forschungs- und Entwicklungslabors mit modernster technischer Ausrüstung sowie ein weitgehend automatisiertes Hochregallager. Bei Planung und Bau des Herstellungsbetriebes wurde besonderes Augenmerk auf umweltfreundliche Materialien gelegt, so daß die Produktionsstätte als zukunftsweisend in bezug auf die Umsetzung biologisch-ökologischer Bauprinzipien für einen Industriebetrieb gilt.

Heute umfaßt das Sortiment der Naturwaren OHG Dr. Peter Theiss mehr als 40 Produkte, unterteilt in bestimmte Anwendungsgebiete wie Verdauungsförderung, Kräutersalben, Erkältungsprodukte, Kräutertees, aber auch natürliche Körper- und Haarpflege. Seit 1991 erfährt das Sortiment der Naturseifen in fester und flüssiger Form einen stürmischen Umsatzzuwachs.

Heute gehört die Naturwaren OHG Dr. Peter Theiss bereits zu den international etablierten Anbietern von Naturmedizin, mit eigenen Niederlassungen in verschiedenen Ländern. Ca. 100 Mitarbeiter beschäftigte das Unternehmen 1992 allein in Homburg: das Angebot an Lehr- und Ausbildungsstellen ist überdurchschnittlich hoch. Mit den Produkten Dr. Theiss Schwedenbitter und Dr. Theiss Ringelblumensalbe rangiert die Naturwaren OHG weltweit unter den Marktführern. Für die nächsten Jahre ist ein stärkerer Ausbau der Aktivitäten in Europa geplant und bereits erfolgreich in die Wege geleitet. Dabei profitiert das Unternehmen deutlich vom internationalen Trend zu Naturheilmitteln und natürlichen Therapiemethoden. Ständige Aktualisierung des Sortiments und aktive eigene Forschungstätigkeit im Bereich der Phytopharmazie schaffen vielversprechende Zukunftsaussichten.

Trotz des dynamischen Wachstums des Unternehmens verwendet das Ehepaar Theiss nach wie vor viel Zeit für sein wichtiges „Hobby", die internationale Vortragstätigkeit zum Thema Naturmedizin und deren praktischer Einsatz im täglichen Leben.

Das erste – und bis heute international erfolgreichste – Produkt: Der Dr. Theiss Schwedenbitter.

Neuendorf GmbH, Elektromontage, St. Ingbert

Die Firma Neuendorf GmbH – Elektromontage wurde am 1. Oktober 1979 gegründet. Sie nahm ihre Arbeit mit fünf Mitarbeitern auf und beschäftigt mittlerweile 24 Mitarbeiter.
Bereits nach vier Jahren wurde ein Neubau erstellt, da die angemieteten Räumlichkeiten zu klein wurden.

Das Arbeitsgebiet ist die Erstellung von Elektroanlagen/Installationen bei Großobjekten von Industrie und Kommunen wie auch im privaten Bereich. Bauvorhaben werden im eigenen Planungsbüro projektiert, Schaltanlagen in der Werkstatt gebaut und verdrahtet. Zum Kundenkreis der Firma Neuendorf GmbH zählen staatliche Bauämter, Kreisbauämter, Industrieunternehmen, Banken sowie Gewerbebetriebe. Natürlich werden auch Privatkunden zuverlässig bedient.

24 Mitarbeiter arbeiten in dem 1983 erstellten Neubau. Hauptarbeitsgebiet ist die Erstellung von Elektroanlagen und -installationen bei Großobjekten.

Die Arbeitswelt

Erstellung einer Solaranlage auf dem Dach einer Schulturnhalle.

OELMA-Haustechnik GmbH, Kirkel

1963 wurde die Firma durch den Gesellschafter Herbert Klein übernommen und nach Kirkel verlegt. Seit 1971 ist Dietrich Winter Mitgesellschafter.

War das Unternehmen ursprünglich vorwiegend in der Feuerungstechnik, im Bau kleinerer Heizungsanlagen und der Montage einer speziellen Kirchenheizung tätig, so wurde das Tätigkeitsfeld immer mehr erweitert. Neben der Ausführung größerer Projekte in den Bereichen Heizung und Sanitär wurde die Schwimmbadfiltertechnik aufgenommen. Als eines der ersten Unternehmen im Saarland erstellte der Betrieb Solaranlagen, baute Wärmerückgewinnungsanlagen und betrieb den Einbau von Wärmepumpen. Seit einigen Jahren ist als weiterer Zweig die Montage von Anlagen der Industrie hinzugekommen. Selbstverständlich gehört auch die Wartung der Anlagen zum Service der OELMA-Haustechnik.

Zu den Kunden gehören neben einem großen Stamm von Privatkunden auch Kommunen, das Land, der Bund und namhafte Industriebetriebe.

Die Mitarbeiterzahl ist von anfangs sieben Personen auf zur Zeit 45 festangestellte Mitarbeiter angewachsen.

Das Stammhaus in St. Ingbert-Oberwürzbach. Dort wird seit 1986 ausschließlich biologisches Vollkorngebäck und Vollkornbrot hergestellt und ausgeliefert.

Olk's Vollkornbackhaus, St. Ingbert

Die gelernte Bäckerin Ute Olk führt in St. Ingbert die Bäckereien „Olk's Vollkornbackhaus" und „Dinkelbackstube". Sie sind hervorgegangen aus der elterlichen Dorfbäckerei, in der 1948 das erste Brot gebacken wurde. 1984 entschloß sich Ute Olk, Vollkornbackwaren aus kontrolliert biologischem Getreide und Zutaten herzustellen. 1986 schließlich stellte sie nach ihrer abgeschlossenen Ausbildung zur Gesundheitsberaterin (GGB) die Bäckerei in St. Ingbert-Oberwürzbach (Stammhaus) ganz auf Vollkornbackwaren um.

Die Erfolge in diesem Bereich hatten auch Konsequenzen für den Weißmehlbereich, dessen Produktionsstätte in St. Ingbert-Stadt liegt. Im konventionellen Bereich werden weder Backmischungen noch industrielle Backmittel verwendet. Brote und Brötchen werden mit natürlichen Backzutaten wie Hefe, Sauerteig und Malz hergestellt.

Um die sehr gute Qualität ohne chemische Hilfsmittel zu erreichen, müssen die insgesamt zwölf Olk-Bäcker hohes handwerkliches Können beweisen. Gebacken wird nach eigenen Rezepturen ohne Fertigmischungen und Backmittel. Außerdem betreibt Ute Olk auch eine klare Sortimentspolitik. Dazu gehört in der Mehlbäckerei der Verzicht auf körnerhaltige Brote, die der Laie mit vollwertigen Vollkornbroten verwechseln kann.

Ute Olk beschäftigt sich zudem seit mehreren Jahren besonders mit den Problemen von Allergikern. Für diese Gruppe werden spezielle Backwaren – z. B. ohne Gluten, Lactobulmin, Haselnüsse, Weizen oder Roggen – hergestellt. Generell werden, entgegen der Branchengewohnheit, bei allen Backwaren sämtliche Inhaltsstoffe deklariert.

Mittlerweile geht das Konzept auf. Das Unternehmen beschäftigt 55 Angestellte, beliefert rund 70 Naturkostläden und Reformhäuser, verbackt 180 t Vollkorngetreide im Jahr. In den sechs Filialen ist ein kombiniertes Angebot von Vollkorn- und Mehlprodukten erhältlich, wobei sich je nach Standort unterschiedliche Sortimentsschwerpunkte ergeben.

Die Arbeitswelt

Seit 1970 wird am Stadtrand von Bexbach produziert. Hier liegt die moderne Produktionshalle mit 4000 m² Produktions- und 800 m² Bürofläche.

Petri Fenster- und Fassadenbau GmbH, Bexbach

Im Jahre 1926 gründete Heinrich Petri in Bexbach ein Sägewerk mit Zimmereigeschäft und Treppenbau. Bis 1969 war die Firma in der Susannastraße 23 in Bexbach ansässig. 1970 wurde der Firmensitz in die Kleinottweilerstraße 86 verlegt. Ab 1963 spezialisierte man sich auf den Fensterbau: zunächst in Holz, aber auch schon erste Versionen eines Holz-Aluminium-Fensters nach einem Schweizer Patent wurden gefertigt.

Um die Fensterproduktion optimal gestalten zu können, wurde am Stadtrand von Bexbach, auf der grünen Wiese, eine moderne Produktionshalle mit 4000 m² Produktionsfläche und 800 m² Bürofläche errichtet. Anfang 1970 wurde hier mit der Produktion begonnen.

Seitdem werden hier Holzfenster, Holz-Aluminiumfenster und Aluminiumfenster objektbezogen gefertigt und in der ganzen Bundesrepublik und im benachbarten Ausland vertrieben.

Abnehmer dieser sehr hochwertigen Fenster sind hauptsächlich öffentliche Auftraggeber wie Kommunen, der Bund, die Post, die Länder etc., aber auch halböffentliche Stellen und private Auftraggeber wie Banken und Wohnungsbaugesellschaften.

1986 ist die Belegschaft durch einen Management-Buyout Eigentümer der Firma geworden. Die Belegschaftsstärke beträgt zur Zeit 80 Mitarbeiter.

Modernes Umspannwerk der Pfalzwerke AG.

Pfalzwerke Aktiengesellschaft, Energieversorgung, Ludwigshafen

Als größtes Energieversorgungsunternehmen in Rheinland-Pfalz versorgen die Pfalzwerke die Pfalz und Teile des Saarlands mit Strom. In jüngster Zeit wurde auch mit der Erdgasversorgung begonnen.

Aktionäre der Pfalzwerke sind der Bezirksverband der Pfalz (53,6 Prozent), die Aktiengesellschaft für Energiewirtschaft Mannheim (27,4 Prozent) sowie einzelne Kommunen und kleinere Aktionäre (19 Prozent). 1991 wurden rund 7 Mrd. kWh an 1407 Sondervertragskunden, davon 13 städtische größere Verteilerwerke und 280 000 Tarifkunden in 479 Gemeinden und Gemeindeteile geliefert. Die erforderliche elektrische Energie wird vom Großkraftwerk Mannheim (eine Beteiligungsgesellschaft der Pfalzwerke) sowie vom Rheinisch-Westfälischen Elektrizitätswerk bezogen.

Für die Verteilung des Stromes werden Leitungen von mehr als 12 000 km Länge unterhalten und betrieben. Über nahezu 6000 km^2 erstreckt sich das Versorgungsgebiet. Wirtschaftswachstum und steigender Lebensstandard bedingen auch weiterhin eine sichere und ausreichende Elektrizitätsversorgung.

In der nunmehr achtzigjährigen Geschichte waren stets eine sichere und wirtschaftliche Versorgung aller Kunden gewährleistet. Auch in Zukunft werden alle Anstrengungen unternommen, um der Versorgungsaufgabe bei Strom, Gas, Kabelkommunikation und Mobilfunk optimal nachzukommen. Mit einem jährlichen Investitionsvolumen von über 100 Mio. DM sind die Pfalzwerke ein wichtiger Wirtschaftsfaktor in der Pfalz und im Saarpfalz-Kreis.

PHB Stahlguß GmbH, St. Ingbert

Die Grundsteinlegung der traditionsreichen Gießerei erfolgte im Jahre 1922. Rund 40 Jahre später bewirkte die Fusion von drei überregional tätigen Betrieben unter der Firmierung PHB-Vereinigte-Maschinen-Fabriken AG eine wesentliche Straffung der Leistungsstärke und wichtige Impulse für die internationale Expansion. Seit 1988, nach erfolgter Neuformation, steht PHB primär für „Produktion, Handel und Beratung".

Um vor allem bei Teilen mit geringeren Anforderungen international konkurrenzfähig zu sein und auch den osteuropäischen Markt bedienen zu können, hält die PHB Stahlguß eine mehrheitliche Beteiligung an einer Gießerei in Ungarn. Die breitgefächerte Produktpalette erstreckt sich von einfachen Gußteilen bis zu Spezialanfertigungen mit einem Stückgewicht von 20 000 kg. Komplizierte Teile in Verbundkonstruktion und qualitätsgesicherte Teile als Einzelstücke für hohe Ansprüche zählen ebenso zur Lieferkapazität der derzeit über 200 Fachkräfte wie die Herstellung von Verschleißteilen in Chrom-Molybdän-Gußwerkstoffen und Mangan-Hartstahl oder Kranlaufräder in der bewährten PEHADUR-Qualität. Ein weiterer Schwerpunkt liegt im Ersatzteilbereich, in dem Reparaturen durch Schweiß- und Spritzaufpanzerungen bis hin zu kompletten Austauschaggregaten geliefert werden.

Insgesamt konnte sich das Unternehmen einen weltweiten Vertrauensbonus verschaffen; die maßgebliche Beteiligung an weltberühmten Gebäuden wie dem Münchener Olympiastadion oder dem Centre Pompidou in Paris ist der beste Beweis dafür.

Blick in die Produktionsstätte der PHB Stahlguß GmbH.

Die Hauptstelle der Raiffeisenbank Webenheim eG in Blieskastel-Webenheim.

Raiffeisenbank Webenheim eG, Blieskastel

Die Raiffeisenbank Webenheim eG, im Jahre 1891 gegründet, ist heute die älteste mit „Raiffeisen" firmierende genossenschaftliche Bank im Saarland.

33 Gründungsmitglieder wollten ihren Mitbürgern in der schwierigen Zeit des industriellen Umbruchs im Wege der Selbsthilfe Möglichkeiten schaffen, wirtschaftliche Belange zu verwirklichen und sich so ein Minimum an sozialer und wirtschaftlicher Sicherheit zu erarbeiten.

Seither ist ein Jahrhundert ins Land gegangen; gute und schlechte Jahre, Kriege, Krisen, Inflationen, Wirtschaftsaufschwung, Wachstum, Stabilität. Aus der dörflichen Selbsthilfeeinrichtung entwickelte sich im Laufe dieser Jahre eine moderne, leistungsfähige Universalbank.

Die Bank hat sich heute durch ihr bürgernahes Angebot in ihrem Geschäftsbereich, der jetzt neben Webenheim und Umgebung auch Mimbach und Bliesdalheim erfaßt, ein stetig wachsendes Kundenpotential erschlossen. Das zeigt sich auch an der steigenden Zahl der Bankteilhaber und Kunden. Bei einem Bilanzvolumen von fast 40 Mio. DM verwaltet die Bank rund 5000 Kundenkonten und stellt mit ihrem Dienstleistungsangebot einen wichtigen Aktivposten in der kundenfreundlichen Versorgung im Geld- und Warengeschäft dar. An der Schwelle zum zweiten Jahrhundert ihrer Geschäftstätigkeit steht das Bemühen von Vorstand und Aufsichtsrat, Tradition und Fortschritt miteinander zu verbinden. In einer Verschmelzung mit der Volksbank Blies- und Mandelbachtal eG wird die Bank eine Zukunft finden, die weiter bergan führt, zum Wohle ihrer Kunden und der heimischen Wirtschaft.

Die Arbeitswelt

Reise Stolz GmbH, Bexbach

Paul Stolz sen. erhielt am 1. Oktober 1936 von dem damaligen Kraftwagen-Betriebsverband die Genehmigung für die Eröffnung eines Betriebes zur Personenbeförderung mit Kraftomnibussen. Am 1. Januar 1953 übernahm Paul Stolz jun. die Leitung der Firma und konnte diese in den folgenden Jahrzehnten zu einem bekannten Reiseunternehmen ausbauen.

Mit der Eröffnung eines TUI-Reisebüros in Bexbach im Jahr 1983 wurde die Firma in eine GmbH umgewandelt. Geschäftsführer ist Peter Schirra, der als Betriebswirtschaftler und Reiseverkehrskaufmann einer branchenerfahrenen Familie entstammt. Im einzigen Vollreisebüro am Höcherberg werden DER-, TUI-Ameropa-Pauschalreisen, Schiffsreisen, Flugtickets, Hotelreservierungen und alle sonstigen Reservierungen, die diese Branche mit sich bringt, vermittelt. Eine Komplettierung des Angebots fand 1990 statt, als noch eine DB-Vollagentur hinzukam.

Neben dem Linien-Berufs- und Schülerverkehr sowie Vereinsfahrten hat die Firma Reise Stolz durch ein eigenes Reiseprogramm inzwischen einen beachtlichen Umfang im internationalen Bustourismus erreicht. Hierfür steht ein moderner Fuhrpark mit 20 Omnibussen zur Verfügung.

Ein kompetentes Team berät im einzigen Vollreisebüro am Höcherberg.

RSW Regionalbus Saar-Westpfalz GmbH, Saarbrücken

Die RSW, Regionalbus Saar-Westpfalz GmbH, wurde im April 1989 gegründet. Vorgänger war der Geschäftsbereich Bahnbus Saar-Westpfalz in Saarbrücken. Der klassische Bahnbus wurde schon 1982 in den Geschäftsbereich Bahnbus Saar-Westpfalz umgewandelt. 1983 wurde der damalige Postreisedienst in den Bahnbus integriert.

Die RSW betreibt im gesamten Saarland und in den drei angrenzenden pfälzischen Landkreisen Kusel, Kaiserslautern und Pirmasens den öffentlichen Linienverkehr mit Ausnahme der Bereiche der kommunalen Verkehrsbetriebe in Saarbrücken, Völklingen, Saarlouis, Neunkirchen, Kaiserslautern, Pirmasens und Zweibrücken.

Die RSW, die ihren Geschäftssitz in Saarbrücken hat, unterhält zwei Betriebshöfe, einen in Saarbrücken und einen in Kaiserslautern.

Mit 160 eigenen Omnibussen wird überwiegend in der Fläche der öffentliche Personennahverkehr betrieben. Hierzu bedient sich die RSW im Augenblick zusätzlich 108 privater Unternehmer mit weiteren 400 Omnibussen, die etwa 53 Prozent der Gesamtfahrleistungen erbringen.

Im Jahr werden von den insgesamt 560 Omnibussen 25 Mio. km gefahren und insbesondere mehr als 250 Schulen und Kindergärten im Verkehrsgebiet bedient.

Mit 160 eigenen Bussen betreibt die RSW im gesamten Saarland und in drei pfälzischen Landkreisen den öffentlichen Linienverkehr in der Fläche.

Die Arbeitswelt

Nicht nur Erdgas, sondern auch vielfältige Beratung liefert die Saar Ferngas AG ihren Kunden.

Saar Ferngas AG, Saarbrücken

Seit mehr als 60 Jahren sorgt die Saar Ferngas AG mit Sitz in Saarbrücken dafür, daß es im Saarland und in Rheinland-Pfalz warm bleibt: mit umweltschonendem Erdgas.
Rund 460 000 Haushalte, Industrie- und Gewerbebetriebe bauen hier inzwischen auf die saubere und vielseitige Energie aus der Leitung. Über 45 Mrd. kWh Erdgas „rauschen" für sie pro Jahr durch das weitverzweigte Netz der Saar Ferngas: zu 45 Stadt- bzw. Gemeindewerken sowie zu fünf regionalen Versorgungsunternehmen – darunter auch die Saar Ferngas-Tochtergesellschaften Südwestgas und Pfalzgas.
Saar Ferngas beschränkt sich jedoch nicht nur auf die zuverlässige Bereitstellung der „Sonnenwärme aus der Erde". In den Geschäftsstellen der beiden Töchter Südwestgas und Pfalzgas gehört die Energieeinsparung durch moderne Gerätetechnik und sinnvollen Einsatz zu den Hauptgesprächsthemen. Und vom Know-how des Unternehmens in der Entwicklung und Förderung neuer, energiesparender Technologien wie Blockheizkraftwerke, Gaswärmepumpen und Gasturbinen profitieren die belieferten Stadt- und Gemeindewerke ebenso wie die Kommunen. Ihnen stellt Saar Ferngas tatkräftige Unterstützung bei der Planung und Realisierung von Wärmekonzepten sowie bei der Lösung technischer oder kaufmännischer Aufgaben zur Verfügung.
Mit seiner Beteiligung an der Spree Gas GmbH, Cottbus, leistet das Unternehmen darüber hinaus aktive Unterstützung beim Aufbau einer umweltgerechten Energieversorgung in den neuen Ländern.
Und schließlich ist da noch der „Saar Ferngas-Förderpreis Junge Künstler", der 1992 zum vierten Mal und erstmals bundesweit ausgeschrieben wurde: Sinnbild für ein Unternehmensengagement, das weit über den eigentlichen Versorgungsauftrag hinausgeht.

Saarbergwerke AG, Saarbrücken

Die Saarbergwerke AG, das größte saarländische Unternehmen, hat sich in den vergangenen Jahren von einem reinen Steinkohleunternehmen zu einem Energiekonzern mit vielfältigen Aktivitäten entwickelt. Saarberg beschäftigt im Konzernbereich rund 21 000 Mitarbeiter.

Fünf Gruben fördern rund 9 Mio. t Fett- und Flammkohle im Jahr. Mit einer Schichtleistung unter Tage von über 6 t pro Mann liegt der Saarbergbau in der Spitzengruppe der europäischen Bergbaureviere. Ab 1995 wird die Förderung auf drei leistungsstarke Bergwerke – die Verbundbergwerke Ost und West sowie das Bergwerk Ensdorf – konzentriert; die Jahresförderung beträgt dann rund 8,2 Mio. t. Zwei Drittel der Förderung werden verstromt, die restliche Förderung überwiegend zur Versorgung der saarländischen Stahlindustrie mit Kokskohle eingesetzt.

Saarberg verfügt über einen modernen, umweltfreundlichen Kraftwerkspark mit einer installierten Gesamtleistung von 2400 MW. Die Kraftwerke erzeugen knapp 10 Mrd. KWh Strom pro Jahr und liefern 3000 MW Fernwärme. Ein Gas-Dampf-Kombikraftwerk von 800 MW wird geplant. In der Kokerei Fürstenhausen werden außer Hochofenkoks mehrere Spezialkokssorten hergestellt. Mit einer Wasserförderung von rund 14 Mio. m^3 ist Saarberg der größte Trinkwasserförderer im Saarland.

Zum Saarberg-Konzern gehören Tochtergesellschaften in den Bereichen Brennstoffhandel, Fernwärme, Umwelttechnik, Gummierzeugnisse und Engineering. Der Jahresumsatz des Saarberg-Konzerns hat eine Größenordnung von rd. 5 Mrd. DM.

Moderne Steinkohlegewinnung im Saarbergbau mit Schildausbau und Walzenschrämlader, mit dem pro Tag 3000 bis 3500 Tonnen Kohle aus einem rund fünf Meter mächtigen Flöz herausgeschnitten werden.

Die Arbeitswelt

Das größte saarländische Kraftwerk in Bexbach erzeugt aus Steinkohle umweltfreundlich jährlich über drei Milliarden Kilowattstunden Strom für Süddeutschland.

Kraftwerk Bexbach

Zu den großen Industrieanlagen im Saarpfalz-Kreis gehört das 750-MW-Steinkohlekraftwerk Bexbach, das im Oktober 1983 ans Netz ging. Eigentümer sind neben der Saarbergwerke AG die Badenwerk AG, Karslruhe, die Energie-Versorgung Schwaben AG, Stuttgart, und die Bayernwerk AG, München. Das Kraftwerk, eines der größten Steinkohlekraftwerke in der Bundesrepublik, arbeitet im Mittellastbereich und liefert Strom in den süddeutschen Raum, der traditionell zu den Absatzmärkten des Saarbergbaus gehört.

Jährlich werden über 1 Mio. t schwefelarme Saarkohle eingesetzt. Umweltschutz hat im Kraftwerk Bexbach einen besonderen Stellenwert. Mit der Inbetriebnahme der Entstickungsanlage im Juni 1989 wurde die Nachrüstung der Rauchgasreinigungsanlagen abgeschlossen. Diese DENOX-Anlage hat eine Kapazität von 2,5 Mio. m^3 Rauchgas/Stunde und ist eine der weltweit größten ihrer Art. Die Rauchgasentschwefelungsanlage arbeitet nach dem Saarberg-Hölter-Waschverfahren. Als Endprodukt entsteht Gips, der von der Bauindustrie abgenommen wird. Die in der Elektrofilteranlage anfallende Asche wird ebenfalls an die Bauindustrie verkauft. Für Umweltschutzmaßnahmen wurden im Kraftwerk Bexbach insgesamt über 400 Mio. DM aufgewendet. Das ist fast ein Drittel der Gesamtinvestitionen von rund 1,4 Mrd. DM.

Das Kraftwerk Bexbach beschäftigt rund 300 Mitarbeiter und sichert rund 1500 Arbeitsplätze im Bergbaubereich der Saarbergwerke AG. Mit einer Stromerzeugung von 3 bis 4 Mrd. kWh pro Jahr nimmt das Kraftwerk Bexbach eine wichtige Stellung innerhalb der Stromversorgung Süddeutschlands ein und ist von großer wirtschaftlicher Bedeutung für den Saarpfalz-Kreis.

Das Verwaltungsgebäude der SAARLAND Versicherungen in der Mainzer Straße 32–34, Saarbrücken.

SAARLAND Versicherungen, Saarbrücken

Seit mehr als vier Jahrzehnten stehen die SAARLAND Versicherungen im Dienste der saarländischen Bevölkerung und der heimischen Wirtschaft. In dieser Zeit wurde die SAARLAND zu einem Begriff.

Das Angebot der SAARLAND Feuerversicherung AG umfaßt neben der Feuerversicherung auch die Hausrat-, Wohngebäude-, Leitungswasser-, Sturm-, Einbruch-Diebstahl- und Glasversicherung. Weiterhin gehören zur Angebotspalette die Sparten Kraftfahrzeug-, Haftpflicht-, Unfall- und Rechtsschutzversicherung. Das Prämienaufkommen in den genannten Zweigen betrug 1992 rund 150 Mio. DM. Verwaltet werden fast 500 000 Versicherungsverträge.

Die SAARLAND Lebensversicherung AG mit einem Bestand von über 2 Mrd. DM Versicherungssumme konnte ihre Marktposition weiter ausbauen. Das reichhaltige Angebot aus dem gesamten Bereich der Lebensversicherung zeigt die Leistungsfähigkeit des Unternehmens.

Im Innendienst beider Unternehmen arbeiten 300 Mitarbeiter. Die SAARLAND Versicherungen sind um Kundennähe bemüht. So unterhält die SAARLAND derzeit 70 Geschäftsstellen/Generalagenturen mit 150 hauptberuflichen Versicherungsberatern im Außendienst in allen Städten und größeren Gemeinden des Saarlandes, auch in Homburg, St. Ingbert und Blieskastel. Sie hat sich mittlerweile zu einem bedeutenden Arbeitgeber in der saarländischen Versicherungswirtschaft entwickelt.

Die SAARLAND Versicherungen sind Bestandteil der $-Finanzgruppe. Gemeinsam mit ihren Verbundpartnern, den Saarländischen Sparkassen, der SaarLB und der Landesbausparkasse, bietet diese ihren Kunden umfassende Finanzdienstleistungen.

Die Arbeitswelt

Saar Wälzlagerdraht GmbH, Spezialzieherei für Drähte, St. Ingbert

Die Firma Saar Wälzlagerdraht GmbH ist eine Gemeinschaftsgründung der Firmen Saar Nadellager OHG in Homburg und der Techno Saarstahl in Völklingen. Unternehmenszweck ist das Herstellen von Drähten, aus denen Wälzkörper wie Kugeln, Nadeln oder Rollen gefertigt werden. Diese Wälzkörper sind die tragenden und rotierenden Elemente von Lagern aller Art.

Die Gründung erfolgte 1987, da die bis zu diesem Zeitpunkt genutzte Produktionsfläche in Homburg bei steigender Produktion zu klein wurde. In St. Ingbert konnte zunächst eine Produktionshalle von ca. 4000 m² angemietet werden. Nach der Neuinstallation und dem Umzug aller Produktionsmaschinen wurde im Januar 1988 die Produktion mit ca. 30 Mitarbeitern aufgenommen. Im Jahre 1989 gingen Hallen, Maschinen und Grundstück in den Besitz der GmbH über. Zwei große gasbeheizte Glühöfen konnten 1990 und 1991 errichtet werden; mehrere neue Ziehmaschinen kamen hinzu, ältere Anlagen wurden stillgelegt.

Besonderen Wert legt die Geschäftsführung auf die Produktion von Drähten, die qualitativ nichts zu wünschen übriglassen, da der größte Teil der Endprodukte im Automobilbereich eingesetzt wird. Aus diesem Grunde ordnet sich jegliche Aktivität der Zielvorstellung von fehlerloser Präzision unter. Die Qualitätssicherung nimmt dementsprechend vor, während und nach der Fertigung einen sehr großen Stellenwert ein. Vormaterial wird grundsätzlich nur dann eingesetzt, wenn der Lieferant sämtliche Qualitätsanforderungen in einem Qualitätssicherungsabkommen zusichert und glaubhaft macht, daß mit einer konstanten Fertigungsqualität gerechnet werden kann.

Produziert werden Drähte in ca. 200 Abmessungen mit engsten Toleranzen und hohen Anforderungen an die Rundheit. Großer Wert wird gelegt auf die fertigungsnahe Belieferung des Kunden, dies geschieht seit langem durch die Methode „Just-in-Time". Die Kapazität liegt bei derzeit ca. 1000 Monatstonnen und die Belegschaft beträgt 41 Mitarbeiter. Ca. 90 Prozent der Kapazität werden im Inland abgesetzt und der Rest exportiert.

Blick in die 4000 m² große Produktionshalle der Saar Wälzlagerdraht GmbH in St. Ingbert.

Das Schloßberg-Hotel, ein Ort gepflegter Gastronomie inmitten ausgedehnter Mischwälder. Schon der Empfang (rechtes Bild) vermittelt die behagliche, komfortable Atmosphäre des Hauses.

Schloßberg-Hotel, Homburg

Das Schloßberg-Hotel liegt in einer der schönsten Gegenden des Saarlandes inmitten ausgedehnter Mischwälder. Das Gebäude wurde 1956 als Teil des Neubaus des Sportheims des Saarländischen Fußballbundes eröffnet. Es entstand an der Stelle älterer Vorgängerbauten. Bauträger waren der Saarländische Fußballbund, die Karlsberg Brauerei und die Saarland-Sporttoto GmbH.

Der Fußballbund zog sich in den sechziger Jahren in eine neu erbaute Sportschule in Saarbrücken zurück, und die Brauerei führte das Haus alleine weiter. 1974 wurde das Gebäude völlig erneuert und bis Ende der achtziger Jahre als reiner Gaststätten- und Hotelbetrieb geführt. Vorübergehend stand das Haus leer, bis schließlich das erfahrene Gastronomen-Ehepaar Monika und Gojko Lončar 1990 das Haus übernahm und umbaute.

Das Schloßberg-Hotel gehört nach seinem in fünf Etagen verlaufenden Umbau zu den wohl schönsten und elegantesten Hotels des Saarlandes. Investiert wurden rund 9 Millionen DM in die erstklassige Ausstattung und edle Materialien wie Granit, Marmor oder Kristall.

Das Hotel hat 76 komfortable Zimmer, fünf Suiten, acht vollklimatisierte Kongreß- und Konferenzräume – mit allem ausgestattet, was für Kongresse, Tagungen und Seminare von Unternehmen, Verbänden und Interessengruppen aus ganz Europa an Kommunikations- und Tagungstechnik vonnöten ist. Eine Crew von 35 Mitarbeitern sorgt für einen reibungslosen, angenehmen Aufenthalt.

Das Angebot zur Entspannung umfaßt das exklusive Schwimmbad mit einem Becken von 15 × 4 m, eine finnische Sauna und ein römisches Dampfbad.

Die Küche des Schloßberg-Hotels mit ihrem Küchenchef Johannes Eichberger bietet sowohl ein tagungsgerechtes vielfältiges Speisenangebot mit vollwertiger Kost als auch eine Auswahl an sorgfältig zubereiteten Gerichten der gehobenen Klasse. Das elegante Restaurant mit dem neuen Wintergarten ist ein gediegener Rahmen für Gourmetgenüsse aller Art.

Das Schloßberg-Hotel unter der Leitung von Monika und Gojko Lončar ist ein Haus mit gepflegter Gastronomie und hervorragendem Service, in dem Gäste sich rundum wohlfühlen – und es ist ein Aushängeschild für die Gastronomie im Saarpfalz-Kreis.

SMS-Filter Verpackungsanlagen GmbH, Inh. Rudolf Marx, St. Ingbert

Das 1976 gegründete Unternehmen stellt mit derzeit drei Mitarbeitern Spezialfilter vornehmlich für die Lebensmittelindustrie her. Mit Hilfe der SMS-Filter wird es möglich, die Haltbarkeitsdauer von Lebensmitteln deutlich zu verlängern.

Die Filter bestehen aus einem im Filterinnern eingeschweißten anorganischen, pulverförmigen Adsorptionsmittel auf Basis von Siliziumoxyd, das wasserunlöslich ist. Es verfügt aufgrund seiner hohen inneren Oberfläche über ein sehr großes Aufsaugvermögen. Wegen dieser Eigenschaften ist der SMS-Filter in der Lage, aus den Lebensmitteln austretende Flüssigkeiten oder auch Schwitzwasser zu binden. Dadurch werden den Mikroorganismen wie Bakterien und Schimmelpilzen die Lebensbedingungen entzogen, und die Vermehrung der Bakterien wird erheblich beeinträchtigt.

Die Filter, die durch internationale Patente geschützt sind, eignen sich nicht nur zum Frischhalten von Lebensmitteln, sie können auch in anderen Bereichen wie z. B. der Medizin oder für Rohstofflagerungen eingesetzt werden.

Die SMS-Spezialfilter verlängern die Haltbarkeitsdauer von Lebensmitteln erheblich.

Im freundlich eingerichteten Kunden-Center wird eine umfassende Energieberatung angeboten.

Die Stadtwerke Homburg GmbH

Die kommunale Energie- und Wasserversorgung Homburgs kann auf eine lange Tradition zurückblicken. Bereits 1896 beschloß der Stadtrat den Bau eines Elektrizitäts- und Wasserwerks. 1897 wurde das Gebäude am damaligen Zimmerplatz errichtet. 1920 erfolgte dann der Umbau zum Bürgermeisteramt. Es steht noch heute als „Altes Rathaus" in der Kaiserstraße. Die Entscheidung des Stadtrates war ungewöhnlich mutig: Die Baukosten für das Elektrizitäts- und Wasserwerk lagen in fünffacher Höhe der damaligen städtischen Gesamteinnahmen.

Der Mut zahlte sich aus, denn die Stadtwerke brachten den Bürgern nicht nur den langersehnten Strom- und Wasseranschluß – sie waren auch eine wichtige Voraussetzung für die Ansiedlung von Industriebetrieben. Die Anfänge der Gasversorgung lassen sich noch weiter zurückverfolgen. Bereits 1871 betrieb Wilhelm Schulde ein privates, kleines Gaswerk zur Beleuchtung des Bahnhofs. Seine Anfrage, die er im gleichen Jahr an den Stadtrat richtete, das Gas auch für die Straßenbeleuchtung zu nutzen, lehnte der Stadtrat mit der Begründung ab, „weil der Preis des Gases jenen des Petroleums übersteigt". Doch zwei Jahre später richtete der Stadtrat eine Kommission „für die Untersuchung der Gaseinrichtung in Homburg" ein. Noch im gleichen Jahr leuchteten die ersten Gaslaternen in der Eisenbahnstraße.

Nachdem der Gasbedarf stieg, baute die Stadt 1908 hinter dem Elektrizitätswerk (zwischen Kaiserstraße und Gasstraße) ein eigenes Gaswerk. 1931 begann die Ferngasversorgung, und die Stadt stellte die Eigenerzeugung ein. Am 22. Juli 1972 wurde das Industriegebiet

Die Arbeitswelt 337

Süd von dem damaligen Stadtgas bzw. Kokereigas auf das umweltverträglichere Erdgas umgestellt. 1973 erfolgte die Umstellung der Homburger Haushalte auf die Erdgasversorgung.

Heute begegnen die Stadtwerke ständig neuen Herausforderungen und Erwartungen. Um entsprechend flexibel handeln zu können, erfolgte 1989 die Umwandlung in die Rechtsform der GmbH. Zur Zeit engagieren sich rund 160 Mitarbeiterinnen und Mitarbeiter für die umwelt- und ressourcenschonende Versorgung der Homburger Haushalte sowie der Industrie- und Gewerbebetriebe mit Strom, Erdgas und Trinkwasser.

Entsprechend dem Selbstverständnis als ein kommunales Dienstleistungsunternehmen bieten die Stadtwerke ihren Kundinnen und Kunden – über den reinen Versorgungsauftrag hinaus – eine umfassende Energieberatung an. Förderprogramme für den Einsatz energiesparender Technologien ergänzen dieses Angebot. Im Dialog mit den Bürgerinnen und Bürgern schreibt das Unternehmen das örtliche Energieversorgungskonzept fort, um auch langfristig eine sichere, preiswerte und umweltverträgliche Versorgung mit Energie und Trinkwasser zu gewährleisten. Seit 1991 nutzen die Stadtwerke als Mehrheitseigner an der Heizkraftwerk Homburg GmbH das Prinzip der Kraft-Wärme-Kopplung, d. h. durch die gleichzeitige Erzeugung von Strom und Fernwärme wird der Energieträger Steinkohle besser genutzt. Darüber hinaus sorgt eine moderne Rauchgasentschwefelungsanlage mit Modellcharakter für eine Verbesserung der Umweltbilanz.

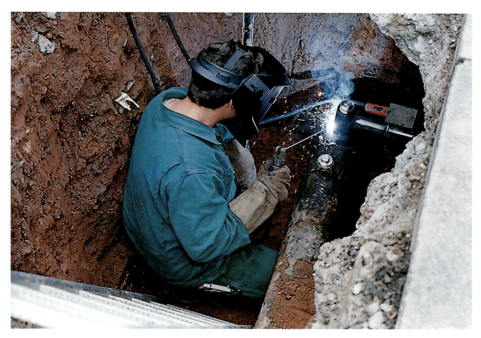

Umfassende Wartungsarbeiten sichern die reibungslose Versorgung mit Energie und Wasser.

Werner Schöndorf, Internationale Spedition, Blieskastel

Spedition mit Tradition – gegründet 1932 von Albin Schöndorf als Fuhrgeschäft in der Pionierzeit des motorisierten Güterverkehrs, wurde ab 1937 auch Güterfernverkehr betrieben. Bei Motorstärken von 100 bis 150 PS und manchmal zwei Anhängern muß dies nach den Erzählungen der Fahrer auf den damaligen Straßen quer durch Deutschland noch ein erlebnisreicher Job gewesen sein. Mit dem Kriegsbeginn kam das jähe Ende. 1939–1940 wurden die vier Lkws, teilweise mit den Fahrern, von der Wehrmacht eingezogen und zu leider sehr unfriedlichen Zwecken im Nachschubverkehr nach Frankreich und Rußland mißbraucht.

Nach dem viel zu späten Ende des „Tausendjährigen Reiches" wurde 1945 mit zwei aus Kriegsschrott zusammengebastelten Lkws beim Wiederaufbau und in der Lebensmittelversorgung des Saargebietes ein Neubeginn gestartet. 1953 wurde nach dem Kauf des ersten Neufahrzeuges wieder mit Fernverkehr – nun wegen des Wirtschaftsanschlusses – nach Frankreich begonnen.

1954 trat der heutige Inhaber nach Handelsschule und Kfz-Lehre als „Mädchen für alles" – später Geschäftsführer – in die elterliche Firma ein. 1974 gründete Werner Schöndorf mit seiner Frau Marlene eine Speditionsgesellschaft mbH für Akquisition und Transportvermittlung. 1978 kaufte Werner Schöndorf einen Teil der elterlichen Firma. Der Start erfolgte mit zwei Konzessionen und zwei Lastzügen. Die Firma entwickelte sich nun kontinuierlich durch dauernde Anpassung an Kundenwünsche und Beobachtung der Entwicklung auf dem Transportmarkt.

1984 wurde ein neues Betriebsgelände mit zwei Lagerhallen und Bürogebäude im Gewerbegebiet „Auf Scharlen" in unmittelbarer Nachbarschaft von mehreren wichtigen Auftraggebern bezogen. Das Angebot umfaßt Lagerung, Umschlag, Ladungs-, Kleinpartien- und Eilgutverkehr. Mit insgesamt 35 Fahrzeugeinheiten vom Kombi bis zum schweren Sattel- und Hängerzug werden täglich vor allem Süddeutschland, Hessen und Nordrhein-Westfalen bedient. Dabei werden pro Tag ca. 50 Sendungen abgefertigt und ca. 7000 km zurückgelegt.

Die Firma beschäftigt zur Zeit 20 Mitarbeiter und einige Teilzeitkräfte.

Über 7000 km legen die Fahrzeuge pro Tag im Speditionsdienst zurück.

Die Arbeitswelt

Tango, Rumba, Cha-cha-cha – Unterrichtssaal mit Blick auf die Musikdiscothek und die Pausenbar.

Tanzschule Goebel, Homburg

1971 eröffneten Claudia und Rolf Metzger-Zöller aus Kaiserslautern in Homburg die erste Tanzschule am Ort. Der Unterrichtsraum lag in der Talstraße über dem Geschenkhaus Wannemacher. Im Januar 1972 fand dann der Umzug in größere neue Räume in der Kaiserstraße im Textil- und Bekleidungshaus Zimmermann statt.

Am 1. April 1972 übernahmen Ingrid und Bernhard Goebel, bis dahin noch angestellte Tanzlehrer in Bielefeld, die Räumlichkeiten in der Kaiserstraße und machten sich selbständig. Im Laufe der Jahre fand das Tanzen immer mehr Zuspruch, so daß die Räume selbst nach Umbauarbeiten zu eng wurden. Geeignetes gab es nicht zu mieten, und so entschlossen sich die Goebels, eine eigene Tanzschule zu bauen.

Im September 1981 war es dann soweit. In der Nikolausstraße in Homburg-Erbach war ein modernes und großzügig gestaltetes Haus des Tanzes entstanden. Zwei Unterrichtsräume, verbunden mit einer schalldichten Schiebetür, machen es möglich, auch größere Veranstaltungen im eigenen Hause durchzuführen. Selbstverständlich gehört auch eine gemütliche Pausenbar mit einer reichhaltigen Auswahl an Getränken dazu.

Seit September 1988 ist auch der Sohn, Michael Goebel, als Tanzlehrer tätig. Und nach dem Tod von Bernhard Goebel führen jetzt Mutter und Sohn die Tanzschule zusammen. Längst schon ist die Tanzschule auch über den Saarpfalz-Kreis hinaus bekannt und Treffpunkt für Schüler, Singles und Paare geworden. Von 14 bis 70 sind alle Altersstufen mit sehr viel Spaß beim Tanzen dabei.

Unternehmensgruppe Geitlinger, Homburg

Eigenheim-Betreuungs GmbH & Co. KG, Homburg

Hauptsächlich wirkt die Eigenheim-Betreuungs GmbH & Co. KG in der Kreisstadt Homburg, doch wird sie zunehmend auch in anderen Regionen aktiv. Seine Leistungsstärke hat das Homburger Unternehmen in der saarländischen Stadt an der Grenze zur Pfalz in fast drei Jahrzehnten nachdrücklich demonstriert: Mehr als 1000 Wohnungen wurden gebaut und damit der angespannte Wohnungsmarkt in diesem Teil des Saarlandes wesentlich entlastet. In Homburg weiß man diese Aktivitäten zu schätzen, denn ohne eine solche Initiative wäre die dynamische Entwicklung der Kreisstadt nicht möglich gewesen. Die Eigenheim-Betreuungs GmbH & Co. KG war nicht nur im Wohnungsbau aktiv, sie betätigte sich auch auf dem gewerblichen Sektor, baute Verbrauchermärkte, Einkaufszentren, Altenheime und Pflegezentren und setzte auch im Hotel- und Gastronomiewesen Akzente. Die Eigen-

Die Arbeitswelt 341

Der Neubau einer Appartementanlage Am Forum in Homburg.

heim-Betreuungsgesellschaft hat mit ihren Aktivitäten in Homburg rund 500 Arbeitsplätze geschaffen und zur posiviten Entwicklung der Kreisstadt beigetragen. Sie hat, das wurde bei offiziellen Anlässen auch bestätigt, einen erheblichen Beitrag geleistet, daß Homburg attraktiver geworden ist. Entscheidenden Verdienst daran hat Udo Geitlinger, alleiniger Kommanditist der Gesellschaft, der sich nicht nur als weitblickender und versierter Unternehmer einen Namen gemacht hat. Udo Geitlinger steht auch im deutschen Fußball in hohem Ansehen. Er hat den FC Homburg aus der Anonymität eines Provinzclubs herausgeführt und zu einem Qualitätsbegriff im deutschen Fußball gemacht. Zwei Aufstiege in die erste Bundesliga sind Beweis dafür, daß ein erfolgreicher Unternehmer auch ein erfolgreicher Club-Vorsitzender sein kann, und das schon 23 Jahre lang. Die baulichen Aktivitäten der Eigenheim-Betreuungsgesellschaft sind in Homburg unübersehbar, so entstehen in den neunziger Jahren in bevorzugter Lage in der Nähe von Hallenbad und Rathaus eine Appartementanlage sowie eine Hotelanlage.

Die Piaggio Typ 180 der Manager Flugservice GmbH

Manager Flugservice GmbH, Homburg

Im Jahr 1993 kann die Manager Flugservice GmbH Homburg ihr zehnjähriges Bestehen feiern. Die Gesellschaft hat in dieser Zeit viele Passagiere an das gewünschte Ziel gebracht und mit ihrer hochmodernen Gulfstream Commander AC 690 A Zigtausende von Kilometern problemlos zurückgelegt. Kreuz und quer durch Deutschland, aber auch in das benachbarte Ausland flog die Maschine – schnell, zuverlässig und präzise. Das Erfreuliche nach über neun Jahren Flugdienst: Unfallfrei flog der schnittige Vogel durch Europas Lüfte und vermittelte ein angenehmes Fluggefühl. Anfang 1993 wurde eine neue Maschine, eine Piaggio Typ 180 angeschafft, ein hochmodernes Fluggerät auf dem neuesten Stand der Technik.

Im Saarland – im Herzen eines demnächst vereinigten Europas – und in der benachbarten Pfalz hat man die Gründung der Manager Flugservice GmbH im März 1983 lebhaft begrüßt, da eine Marktlücke geschlossen wurde. In Kreisen von Industrie und Handel, aber auch bei Selbständigen wurde diese zukunftsweisende Investition positiv beurteilt und das Angebot, unabhängig von Fluglinien und deren vorgegebenen Terminen disponieren zu können, in starkem Maße angenommen. Die Manager Flugservice GmbH erwischte die richtige Thermik. Einzelreisende, aber auch ganze Gruppen gehören zu den Kunden der Manager-Flugservice GmbH, die Zuverlässigkeit, Bequemlichkeit und Service längst zu schätzen wissen und immer wieder gerne auf die Annehmlichkeit zurückgreifen. Bis zu zehn Passagiere kann die Maschine befördern. Aufgrund ihrer Größe und Wendigkeit kann sie auch auf kleineren Flughäfen, die vom Linienflug nicht oder nur ungenügend bedient werden können, landen. Auch Sportler haben die günstige Möglichkeit, schnell und bequem an das Ziel zu kommen, längst entdeckt, und so flog auch der Zweit-Bundesligist FC 08 Homburg zu wichtigen Spielen gelegentlich mit dieser Gesellschaft, deren Maschine praktisch vor den Toren der Stadt Homburg – auf dem Flughafen Saarbrücken-Ensheim – stationiert ist.

Reha-Med-Klinik Homburg

Die Stadt Homburg wurde um eine wichtige Einrichtung bereichert, die im Frühjahr 1993 eröffnet wurde: Nur wenige hundert Meter von den Universitätskliniken des Saarlandes entfernt entstand die Reha-Med-Klinik Homburg, die bis zu 250 Patienten aufnehmen kann. Das Behandlungskonzept orientiert sich an der Gesamtbehinderung. Im Mittelpunkt steht der Patient, der infolge seiner Erkrankung des Nervensystems nicht nur unter Funktionsstörungen der Sinnesorgane, der Motorik und Sensibilität, der vegetativen Funktionen, der Informationsverarbeitung und der Kommunikation, des Denkens und der Gefühlskontrolle, sondern auch unter den daraus resultierenden empfindlichen Einschnitten in sein soziales Umfeld leidet. Die Rehabilitation erfolgt unter ärztlicher Aufsicht – zwölf Fachärzte betreuen zusammen mit Soziologen, Logopäden, Sozialarbeitern, Therapeuten und dem Pflegepersonal die Patienten. Insgesamt rund 170 Mitarbeiter werden sich in der Reha-Med-Klinik Homburg der Aufgabe der Rehabilitation widmen. Die ärztliche Verantwortung liegt in den Händen des Privatdozenten der Homburger Universitätskliniken, Herrn Dr. Ulrich Mielke, der damit auch die Zusammenarbeit mit den renommierten Universitätskliniken des Saarlandes sicherstellt. Herzstück der Reha-Med-Klinik Homburg ist das ehemalige City-Park-Hotel, das mit seiner gehobenen Gastronomie zwei Jahrzehnte lang eine der ersten Adressen des saarpfälzischen Raumes war. Die vorhandenen Einrichtungen wie Schwimmbad, Sauna und Kneippbäder wurden genauso wie das geschmackvolle Ambiente des Restaurants in die Klinik integriert. Rund 120 Patienten können in diesem Teil der Klinik Aufnahme finden, für weitere 130 Patienten wurden in einem sich anschließenden Neubau die Voraussetzungen geschaffen. Vor der Klinik entstand eine Gartenanlage, Treffpunkt der gehfähigen Patienten.

Der Speisesaal der Reha-Med-Klinik Homburg.

Das Saarpfalz-Center, mitten in Homburg gelegen, vereinigt 30 Geschäfte unter seinem Dach. In den fünf Obergeschossen ist das Altenwohnheim „Residenz Hohenburg" integriert.

Saarpfalz-Center, Homburg

Das Saarpfalz-Center mit seinen rund 30 Geschäften – alles unter einem Dach – und dem in den fünf Obergeschossen integrierten Altenwohnheim „Residenz Hohenburg" ist ein architektonisch gelungener Baukörper, der in diesem Teil Homburgs klar dominiert. Das Saarpfalz-Center ist mit seiner stattlichen Größe und mit seiner ausgewogenen Architektur nicht zu übersehen – ein Blickfang schlechthin; und das an einem Platz mitten in der aufstrebenden Kreisstadt Homburg.

Ein attraktives, verbraucherorientiertes Einkaufscenter bereichert jetzt die Innenstadt und zieht viele Kunden aus dem näheren und weiteren Umkreis an. Der Einzugsbereich Homburgs, das in den letzten Jahren seinen Platz im Kreis der Mitbewerber festigen konnte, spannt sich weit, umfaßt neben dem Saarpfalz-Kreis, der bis zur französischen Grenze reicht, auch große Teile der benachbarten Westpfalz. Gerade für diese Region war und ist Homburg die Stadt, die Arbeitsplätze bietet und zum Einkaufen einlädt. Das Saarpfalz-Center mit seinem großzügigen Ambiente und seinem erfreulichen Branchenmix hat den Stand der Stadt als Einkaufsstätte deutlich gestärkt. Vom Saarpfalz-Center gehen nicht nur Impulse auf dem gewerblichen Sektor aus, das Center entwickelt sich immer mehr auch als Kommunikationszentrum. Interessante Veranstaltungen im Center zeigen die künftige Richtung auf, in die auch das Altenwohnheim „Residenz Hohenburg" mit dem Kulturcafé einbezogen wird. Die Residenz mit ihrer vorzüglichen Ausstattung, der günstigen Lage und dem großzügigen Raumangebot hat einen weiten Bekanntheitsgrad. Mittlerweile wird die Residenz Hohenburg auch von anderen Einrichtungen geschätzt, beispielsweise von der Akademie für Ältere, die hier ein Domizil gefunden hat. Die großzügig konzipierte Einrichtung ist auf dem besten Wege, zu einer Begegnungsstätte zu werden.

Die Mall im Saarpfalz-Center

Die Arbeitswelt

Monat für Monat verlassen 12 Millionen Stanz- und Gußteile die Willy Voit GmbH & Co.

Willy Voit GmbH & Co., Stanz- und Metallwerk, St. Ingbert

In schwierigster Zeit, 1947, gründete Willy Voit in St. Ingbert ein kleines Stanz- und Prägewerk. Schon kurze Zeit danach wurde die Produktpalette erweitert, und ab Anfang der fünfziger Jahre brachte Voit Eigenentwicklungen auf den Markt. Die dringend notwendige Betriebserweiterung brachte 1954 den Umzug an den heutigen Standort mit sich.
550 Mitarbeiter stellen heute mit Hilfe von etwa 3000 verschiedenen Werkzeugen rund 600 unterschiedliche Artikel her. Rund 12 Millionen Stanz- und Gußteile verlassen Monat für Monat die Firma, die etwa ein Drittel ihrer Produktion in das europäische Ausland exportiert.
Schon sehr früh hatte Willy Voit seinem Stanz- und Prägewerk eine Zink-Druckgießerei angeschlossen, die in der Lage war, hochpräzise Gußteile herzustellen. Die dort gesammelten Erfahrungen waren von großem Nutzen, als in den achtziger Jahren eine Aluminium-Druckgießerei aufgebaut wurde. Heute werden über 80 verschiedene Gußteile auf 17 computergesteuerten Gießmaschinen hergestellt.
Herzstück des Unternehmens ist nach wie vor der Werkzeugbau und die dazugehörende Konstruktionsabteilung. CAD und modernste computergesteuerte Werkzeugmaschinen versetzen die 80 Werkzeugmacher in die Lage, die kompliziertesten Folge- und Verbundwerkzeuge zu fertigen.
Um die Qualität und den hohen technischen Stand ihrer Produkte auch in Zukunft zu gewährleisten, legt Voit besonderen Wert auf die Ausbildung der Mitarbeiter.

Die Hauptstelle Ormesheim, daneben das Warenlager.

Volksbank Blies- und Mandelbachtal eG

Die Bank wurde am 10. Februar 1895 als Ormesheimer Darlehenskassenverein auf Initiative des Ormesheimer Pfarrers Adolf Graf gegründet. Zum Geschäftsbereich zählten damals die Orte Ormesheim und Eschringen. Als Gründungsmotto ist im Protokollbuch festgehalten: „Alles zur Ehre Gottes und zum Wohle des armen Volkes." Erster Rechner bis 1931 war Mathias Niederländer, dann bis 1969 sein Sohn Erwin Niederländer. Georg Rebmann und Karl Dederichs waren darauf kurzzeitig Geschäftsführer. Seit Juli 1975 sind Bankdirektor Norbert Mischo, seit April 1980 Bankdirektor Axel Glößner und seit Juni 1993 auch Bankdirektor Günter Heil geschäftsführende Vorstandsmitglieder.

Am 20. November 1940 wurde der Name in „Spar- und Darlehenskassenverein Ormesheim eGmuH" und Ende 1947 in „Raiffeisenkasse Ormesheim eGmuH" geändert. Von 1967 bis 1975 wurden mit den Raiffeisenkassen Aßweiler, Wittersheim, Ommersheim, Bebelsheim, Eschringen, Heckendalheim und Bliesmengen-Bolchen sowie im Mai/Juni 1993 mit der Raiffeisenbank Webenheim Verschmelzungen durchgeführt. In Anlehnung an die kommunalpolitische Entwicklung wurde seit 1975 mit „Raiffeisenbank Mandelbachtal eG" und ab 1989 mit dem heutigen Namen firmiert.

Der Ormesheimer Darlehensverein hatte seit Gründung eine erfreuliche Entwicklung zu verzeichnen. Am Ende des ersten Geschäftsjahrs hatte der Verein bereits 86 Mitglieder. Heute zählt die Bank mehr als 4200 Mitglieder, die über 10 800 Geschäftsanteile gezeichnet haben. Seit der Gründung wird neben allen Bankgeschäften auch das Warengeschäft betrieben. Die Volksbank unterhält neben der Hauptstelle noch zehn Zweigstellen und drei Warenlager. Die Bilanzsumme betrug 1992 rund 115 Mio. DM (einschl. Webenheim).

Volksbank Blieskastel eG

Die Volksbank Blieskastel eG – die Bank im Saarpfalz-Kreis seit 1868 – ist eine der ältesten und traditionsreichsten Kreditgenossenschaften des Saarlandes. 1993, im Jahr der Realisierung des europäischen Binnenmarktes, konnte die Genossenschaftsbank ihr 125jähriges Jubiläum begehen.

Die Volksbank Blieskastel rüstet sich im Jubiläumsjahr für das 21. Jahrhundert und geht daran, Zukunftsfragen zu lösen, zu meistern. Ein umfassender Finanzservice ist ebenso gefragt wie Strategien, die soziale, wirtschaftliche und technische Entwicklungen der Zukunft berücksichtigen. Mit dem Ausbau der Anlageberatung, gezielten Beratungs- und Finanzangeboten für Privatvermögen, Grundbesitz und Betriebskapitalfinanzierungen sowie dem Einsatz modernster Leistungen des ElectronicBanking, wie Cashmanagement- und Informationssysteme, bietet die größte Volksbank mit Sitz im Saarpfalz-Kreis Privatpersonen und der mittelständischen Wirtschaft gezielt Programme an.

Dementsprechend lautet die Leitlinie der Geschäftspolitik: individueller Finanzservice durch Informationsvorsprung und ganzheitliche Vermögensberatung unter Beachtung des genossenschaftlichen Förderauftrages. Aus diesem Grund hat die Volksbank Blieskastel das Jubiläumsjahr unter das Motto gestellt: „125 Jahre Vorsprung für Ihre Finanzen."

Mit der Einführung einer neuen Satzung im Jahr 1991 hatte die Volksbank die Rechte der Mitglieder zudem weiter gestärkt und die genossenschaftliche Zielsetzung deutlich festgeschrieben. Die Volksbank Blieskastel möchte sich von anderen Geldinstituten und Bankengruppen deutlich abgrenzen und die moderne genossenschaftliche Rechtsform betonen, bei der man als Kunde keine Nummer ist, sondern Miteigentümer.

Hauptstelle der Volksbank Blieskastel eG: „125 Jahre Vorsprung für Ihre Finanzen."

Wagenbrenner GmbH, Bauunternehmung, Homburg

Eduard Kölwel gründete im Jahre 1874 in Zweibrücken eine Firma zum Bau und Betrieb von Gaswerken. Die Geschäfte entwickelten sich gut, und zwischen 1890 und 1903 wurden über 150 solcher Anlagen errichtet. Als Eduard Kölwel sich 1902 zur Ruhe setzte, übernahm der damalige Betriebsingenieur Lorenz Wagenbrenner die Leitung des Unternehmens und änderte im Jahre 1909 den Namen der Firma in L. Wagenbrenner u. Cie GmbH.

Mittlerweile auch im Kanalisations- und Wasserleitungsbau tätig, dehnte Lorenz Wagenbrenner das Arbeitsgebiet über ganz Süddeutschland aus und beschäftigte Ende der dreißiger Jahre rund 600 Mitarbeiter. Der fast vollständigen Demontage nach dem Zweiten Weltkrieg folgte in den fünfziger Jahren der Neuaufbau des Unternehmens in Zweibrücken. Mit Übernahme eines Tiefbauunternehmens im Jahre 1979 wechselte der Firmensitz nach Homburg.

Heute präsentiert sich die Firma Wagenbrenner GmbH als modernes, gut ausgestattetes Unternehmen mit einer Niederlassung in Billigheim-Ingenheim/Pfalz. Die über 100 Mitarbeiter sind vor allem in den Bereichen Gas-, Wasserleitungs- und Anlagenbau, Spezialtiefbau und allgemeiner Tiefbau beschäftigt.

Gas-, Wasserleitungs- und Anlagenbau, Tiefbau sind das Spezialgebiet der Wagenbrenner GmbH.

Die Arbeitswelt

Beim Bau des Saar-Pfalz-Centers in Homburg war die Walter Bau-AG beteiligt.

Walter Bau-AG, Zweigniederlassung Saar-Pfalz, Kirkel

Die Walter Bau-AG zählt mit einem Jahresumsatz von mehr als 2 Mrd. DM zu den größten Bauunternehmungen in Deutschland und zu den großen Baukonzernen in Europa. Ihre Aktivitäten erstrecken sich auf alle Gebiete des Bauwesens im In- und Ausland.

In Kirkel-Limbach ist seit mehr als 50 Jahren die Walter Bau-AG, Zweigniederlassung Saar-Pfalz, ansässig. Sie beschäftigt fast 200 Mitarbeiter und zählt zu den größten Baufirmen des Saarpfalz-Kreises.

Die Hauptaktivitäten der Zweigniederlassung Saar-Pfalz liegen auf dem Gebiet des Hoch- und Industriebaues. Auch die Durchführung schlüsselfertiger Baumaßnahmen sowie Spezialtiefbauarbeiten gehören zu ihrem Tätigkeitsfeld.

Im Wissen um die Wandlung der zukünftigen Bauaufgaben hat die Zweigniederlassung Saar-Pfalz in den letzten Jahren verstärkt Aktivitäten auf dem Gebiet der Umwelttechnik aufgenommen und eine Reihe von Kläranlagen und Rückhaltebecken erstellt.

Die Walter Bau-AG, Zweigniederlassung Saar-Pfalz, sichert bei neu anzulegenden Mülldeponien höchsten zukunftsorientierten Ingenieurstandard und beste Ausführungsqualität und hält für die sehr viel komplizierteren Aufgaben der Altdeponiesanierung Lösungen bereit.

Wesentliche Bauten im Saarpfalz-Kreis:
– Waldstadion in Hombug,
– Tiefgarage in Homburg,
– Saar-Pfalz-Center in Homburg,
– Bauhof für Stadtwerke in St. Ingbert,
– Verwaltungsgebäude Bosch in Homburg,
– Sanierung Uni-Geb. 6 in Homburg,
– Erbachüberdeckung in Homburg.

Betriebs- und Bürogebäude der Wegener Härtetechnik GmbH, Homburg.

Wegener Härtetechnik GmbH, Homburg

Gegründet 1984 von Helmut Wegener und Thomas Wegener, konnte die Firma 1989 ihr neues Betriebs- und Bürogebäude im Industriegebiet Ost von Homburg beziehen.
Auf 1000 m² Produktionsfläche wurden computergesteuerte Härteöfen installiert, die im 24-Stunden-Betrieb vollautomatisch im Kundenauftrag das Härten von Stahlteilen durchführen. An das Dienstleistungsunternehmen für Automobilindustriezulieferer und Maschinenbau sind höchste Qualitätsanforderungen an gleichbleibende Wärmebehandlung gestellt. Um diesen Ansprüchen gerecht zu werden, sind neben der Produktionsdokumentation auch abschließende Qualitätskontrollen im eigenen modern ausgerichteten Werkstofflabor nötig.

Neben der Wärmebehandlung von Stahlteilen wurde 1989 das Brünieren (Schwarzfärben von Stahlteilen) im Betrieb als zweiter Produktionszweig eingeführt. In einer vollautomatischen Anlage können neben Serienteilen auch hochempfindliche Werkzeugteile bearbeitet werden.

Zur Oberflächenreinigung der gehärteten Teile konnte 1992 eine Schleuderradsandstrahlanlage installiert werden. Hier wird nach der Wärmebehandlung eine metallisch blanke Oberfläche erzeugt.

Artur Wendel, Heizung, Lüftung, sanitäre Anlagen, Blieskastel

Die Firma wurde im Jahr 1960 vom heutigen Firmeninhaber Artur Wendel als Einmannbetrieb in der damals selbständigen Gemeinde Niederwürzbach, heute Stadtteil von Blieskastel, gegründet. Einziges Startkapital war die Liebe zum Beruf und eine verständnisvolle Partnerin, die heute noch die Seele des Betriebes ist.

Bedingt durch einen guten Start konnten schon bald die ersten Mitarbeiter eingestellt werden, wovon einer immer noch nach über 32 Jahren in der Firma tätig ist. Er hat durch sein Geschick wesentlich zum weiteren Gelingen am Lebenswerk des Firmengründers beigetragen.

Zufriedene langjährige Kunden – zum Teil bestehen Geschäftsbeziehungen seit 32 Jahren – trugen dazu bei, daß die Firma zu ihrer heutigen Größe heranwachsen konnte. Die Firma ist das älteste Fachgeschäft am Ort und eines der ältesten im Saarpfalz-Kreis. Das Vertrauen der Kunden in die Leistungsfähigkeit der Firma Arthur Wendel ist Verpflichtung. Es gilt, dies täglich neu unter Beweis zu stellen.

Die Weichen für die Zukunft sind ebenfalls schon lange gestellt, denn die beiden Söhne des Firmenchefs, von denen der ältere, Dieter Wendel, bereits sein Studium als Diplomingenieur in Versorgungstechnik (Heizung, Lüftung und Sanitär) mit allerbestem Erfolg abgelegt hat, werden die Tradition des Familienunternehmens fortsetzen.

Der Fuhrpark der Firma Wendel garantiert hohe Mobilität. Das Vertrauen der Kundschaft ist Verpflichtung, die täglich neu unter Beweis zu stellen ist.

Namen- und Sachregister

ABB Kraftwerke AG 278 f.
Ackerbau 127, 262
Ackerland 261
Adt, Unternehmerfamilie 113, 129
Alamannen 63
Albano, Matthäus von 156
Albert & Thees, GmbH 277
Alexander VII., Papst 83
Allenberg 20
Alt, Franz 218
Altenarbeit 209
Altsteinzeit 47 f.
Ancien régime 82 ff.
Andlauer, franz. General 104
Angliederung → Reunion
Anstalt für Geisteskranke 140
Arbeiterbauern 141
Arbeitervereine 111, 113
Arbeitnehmer 251 f., 253, 255
Arbeitsplätze 251, 253, 257
Armenpflege 130 f.

Balduin, Erzbischof von Trier 74, 75, 162
Ballhorn, Gudrun 206
Bandkeramik 50
Bauer, Jakob 46
Josef Bauer GmbH 280
Baumwollspinnerei St. Ingbert 138
Bayerische Werke Gebr. Stumm 137
Bayern, Königreich 97 ff.
Becken, Homburger 39 f.
Becker, Gebr., Brauerei 139
Beckmann, Max 185
Beer, Cerf 124
–, Josef 123
–, Mendel 123
Behördenorganisation 99
Bergbau 147, 148
Bergbaumuseum 224, 273
Beschäftigungsstruktur 251
Besiedlungsdichte 150
Betriebe, landwirtschaftliche 265

Betzentaler Berg 15
Bevölkerungsveränderung 142 f., 149
Bieg & Heinz GmbH 281
Bildhauer, Hans 171
Binnenmarkt, europäischer 252
Binnenwanderung 129
Bistum Metz 69
– Verdun 69
Bliesgau-Festhalle, Blieskastel 282
Bliesgaugrafen 73 ff.
Bliesgaugrafschaft 71 f.
Blieskastel, Elisabeth Gräfin von 74, 158, 159, 162, 229
–, Grafschaft 91
–, Heinrich Graf von 158
Blum, Robert 111
Böden 267 f.
Bodennutzung 16, 263
Bodenschutz 269
Brauchtum 186 ff.
Braugewerbe 138 f.
Breitfurter Mühle 145
Breitling, Eugen 115
Roman Brengel GmbH 285
Briefmarken 199 ff.
Bronzezeit 52 f.
Buch- und Offsetdruckerei Franz Xaver Demetz 291
Bundesstraßen 252
Buntsandstein 19, 25 ff.
–, oberer 27
Bürckel, Josef 118
Burg Blieskastel 75, 162
– Gustavsburg 163, 176
– Hohenburg 73, 76, 80, 81, 82, 163, 171
– (Schloß) Jägersburg 86, 163
– Kirkel 64, 73, 76
– Merburg 73, 162
Zweibrücken 76
Burgen 161 ff.
Burkhard, Bischof von Metz 165, 226

Campingplatz Walsheim, Gersheim 299
Chamotte- und Dinaswerke GmbH 137
Chempro Control 286
Chlodwig, Merowingerkönig 63 f., 70
Christianisierung 69 ff.
Christliche Volkspartei 119
Clintec Salvia GmbH & Co. OHG 287
Clohs, Rudolf 206
Code Napoleon 98
Conrad, Kurt 120
Culmann, August Ferdinand 114, 218

d'Humière, franz. Marschall 81
DACOS Software GmbH 290
Dahlem Projektentwicklungsgesellschaft mbH 288 f.
Dampfmaschine, erste 129
Daniels, Jacob 224
Dasbach, Georg Friedrich 113
Dauergrünland 261
Degel, Arno 206
Denkmalschutz 219
Dercum, Franz Karl 45, 63
Deutsche Sozialdemokratische Partei 120
Diehl, Adam Sebastian 161
Dienstleistungen 255 f.
Dienstleistungsunternehmen, öffentliche 139 ff.
Dillinger Stahlbau GmbH 292
Dingler, Anlagenbau 145
Distrikte 100 f.
DPS (liberale Partei) 119
Drahtseilbahn 134
Dreesbach, August 114
Duchenois, Jeyn Rancois 157

Ecker GmbH 293
Ecker, Bernd-Jürgen 206
Ehrhardt, Heinrich 138

Eichertsfels 26
Eigenheim-Betreuungs GmbH & Co. KG 340 f.
Einzelhandel 148
Eisenbahn 131 f., 252 f.
Eisenindustrie 135
Eisenschmelze 175
Eisenzeit 54 ff.
Elektrizität 139
ELGA GmbH 294
Eltz und Blieskastel, Johann Adluff von 171
–, Katharina von 171
Eltz, Familie von 75, 78, 82
Emigration 129
Entwicklung, landwirtschaftliche 261 f.
Erdaltertum → Paläozoikum
Erdmittelalter → Mesozoikum
Erdneuzeit → Neozoikum
Erkel GmbH 295
Ernst, Max 248
Erosionsschutz 269
Europäischer Kulturpark Bliesbruck-Reinheim 46, 55, 219, 234, 273, 299

Felsenpfad, Kirkeler 26
Felspfad, Schindtaler 26
Fernstraßennetz 252
Festung Homburg → Burg Hohenburg
Fey, Ernst 118
Flughafen Saarbrücken 296
Foch, franz. Marchall 102
Folmare, die 72
Forschungseinrichtungen 256
Forstämter 267
Forstwirtschaft 267 ff.
Fossilien 31
Franken 63 ff., 68 f.
Frauenbeauftragte 212
Frauengleichstellungsstelle 212
Freizeitzentrum Bliesaue 283
Fremdenverkehr 221
Friderich, Bauunternehmung 138
Friede, Westfälischer 80
Friedrich Wilhelm IV., König von Preußen 111
Frühmittelalter 67 ff.
Fugger, Grafen von 82
Fugger, Johann Ernst 233

Gabriel, Gerd-Dieter 206
Gasanstalt 139
Gebietsreform 66
–, kommunale 106 f.
Gebr. Hunsicker & Co, GmbH 304

Gehring GmbH 297
Gehring, Robert 206
Geitlinger, Unternehmungsgruppe 340 f.
Geologie 15 ff.
Gérard, franz. General 103, 104
Gergen-Kipper 147, 298
Germanen 63 ff.
Gesteinenutzung 32
Gewerbe 138 f.
–, Produzierendes 253
Giesen, Gertrud 206
Giffel, Wolfgang 206
Glasherstellung 136
Glasindustrie 101, 116, 144, 148
GLT Gesellschaft für Lichtwellenleiter Technik mbH 256
Goebel, Tanzschule 339
Gollenstein 50
Goupillière, Anton Bergeron de la 82
Gräf, Beate 206
Grand-Montagne, Walter 206
Gross, Baugruppe 254, 300
Groß, Peter 138
Grube Frankenholz 102, 114
Gruben, staatliche 102, 130
Grumbach, Konrad von 243
Grund, Edgar 206
Grünlandflächen 37
Gulden, Rechtsanwalt 111
Gutshöfe, römische 61

Haas, Dr. 102, 103
Hackfrüchte 262
hager electro gmbh 301
Halbtrockenrasen 38
Hallstattzeit 54 f.
Handel 138 f., 254 f.
Handwerk 128 f., 257 ff.
Handwerksbetriebe 257
Hartrad, Damian 83
Hartz, Rudi 206
Haushaltsvolumen, Landkreis 208
Heckel, Ernst, Transportsysteme 137
Heimatpflege 217 ff.
Heimgewerbe 129
Hellenthal & Söhne, Bauunternehmung 138
Helmstatt, Herren von 82
Herges, Autohaus 302
Heuss, Theodor 184
Hirsch, Erich 122
Hoch, Lazare 94
Höcher Berg 15, 226
Hochindustrialisierung 133 f.
Hochmittelalter 72 ff.

Hochzeitsbrauch 186 ff.
Hofenfels, Karl August von 100
Hoffmann, Johannes 118
Höfler, Werner 206
Holz 270 f.
Holzindustrie 145
Homburg, Grafen von 73 f., 75, 76, 163
HTB Baugesellschaft mbH 303
Hügelgräberbronzezeit 52 f.

Immissionsschutz 269
INA, Homburg 306 f.
Industrie 249 ff., 253
Industriebesatz 251
Industriebeschäftigte 142, 250
Ingobertus, hl. 69
Inkohlung 19
Institutionen, Rheinische 98, 109
Interessenvertretungen, berufsständische 112 f.
Investitionsgüterindustrie 253
Isaak, Josef 122
Islandpferde 273

Jansen Sonnenschutz GmbH 305
Jolas, Heinrich 104
Josef II., dt. König, Kaiser 158
Juden 122 ff.
Jugendamt 210
Jugendhilfe 210 ff.
Jugendhilfeausschuß 211
Peter Jung GmbH 284
Jungsteinzeit 48 ff.

Kahlenberg 16
Kahn, Aron 122
Kaiser, Maschinenfabrik 137
Kalkwerk Gersheim GmbH & Co. KG 310
Karbon 20 ff.
Karl XII., König von Schweden 86
Karlsberg Brauerei 139, 148, 253, 308 f.
Karlstalfelszone 25 ff.
Karlstalschichten 25 ff.
Katholiken 116
KD-Abwassertechnik 256
Keller, Franz Josef 46
Kelten 54 ff.
Keuper 20
Werner Kiefer GmbH 311
Kihl, Helmut 206
Kindergartenplätze 211 f.
Kindertageseinrichtungen 211
Kinkel, Gottfried 112
Kirkel, Herren von 73, 74
–, Herrschaft 76 f.

Namen- und Sachregister

Kirmes 188 ff.
Klee, Paul 185
Klein, Carl 46
Kleinkunst 274
Klima 260, 267
Klöster 153 ff.
Kloster Böckweiler 153 ff.
– Gräfinthal 70, 74 f., 86, 157 ff., 161, 244 f.
– Hornbach 65, 72, 78, 153 f.
– Tholey 69
– Wörschweiler 70, 74, 78, 156 f., 168 f.
Kohleflöze 18
Kokoschka, Oskar 185
Kolling, Alfons 46
Kommunisten 117, 119
Konfessionen 116
Konfessionsverteilung 66
König, Franz-Josef 206
Korbmacherei 129
Kraftwerk Bexbach 331
Krämersches Eisenwerk 130, 135, 142
Krankenhäuser 141 f.
Krankenhauswesen 145
Kreisausschuß 206
Kreisbildstellen 215
Kreiskrankenhaus 219 f.
Kreissparkasse Saarpfalz, Homburg 312
Kreistag 204 f.
Kremel, Gießerei 137
Krieg, Dreißigjähriger 79
Kuhn, Angelika 206
Kultur, Michelsberger 50
Kunst 153 ff.
Kunstförderung 219
Kupferzeit 52

Landeskrankenhaus 147
Landesstraßen 252
Landeswaldgesetz 269
Landeszentralbank, Homburg 313
Landkommissariate 99 ff.
Landrat 206
Landratsamt 204
Landremont, franz. General 93
Landsat-Satellit 11
Landtagswahlen 121
Landwirtschaft 127 ff.
Latènezeit 54, 55
Lauer, Manfred 206
Lautzenthal-Glashütte 136
Lebensräume 34 ff.
Lebong, Margit 206
Lembert, Josef 56
Leszczynski, Anna 159
–, Stanislaus 86, 159

Levy, Hans 122
–, Ludwig 180
Lewenstein, Ritter Friedrich von 226
Leyen, Franz Karl Graf von der 83, 177, 178
–, Freiherren von der 162 f.
–, Georg Graf von der 82
–, Grafen von der 82, 175
–, Karl Kaspar Graf von der 83, 171, 228
–, Marianne Gräfin von der 83, 86, 91, 93, 158, 167, 174, 178
–, Philipp Graf von der 178
Leyser Graphics 314
Lieser, Landrat 105
List, Friedrich 151
Lothar I., fränk. König 71
Lotharingien 71
Lothringen, Herzog von 79 f.
–, Warinus Herzog von 230
–, Wido Herzog von 230
Ludwig IV., der Bayer, dt. Kaiser 165, 236
Ludwig II., der Deutsche, fränk. König 71
Ludwig I., der Fromme, fränk. König 71
Ludwig XIV., franz. König 163
Ludwig XVIII., franz. König 97
Lunéville, Frieden von 96
Lutz, Richard 206

Macke, August 184, 185
Madersteck (Martersteck), Jean 159, 160, 167
Magnerich, Bischof von Trier 69
Manager Flugservice GmbH 342
Mangin, franz. General 104
Mannlich, Johann Christian 45, 177
Marc, Franz 184
Matfriede, die 72
Matthieu, Joh. Bapt. 158, 179 f.
Mauchenheim, Eva von 82
–, Familie von 75, 78, 82
Maximilian I. Joseph, König von Bayern 97, 98, 180
Menhire 50
Merian, Matthäus 165
Mesolithikum → Mittelsteinzeit
Mesozoikum 19 f.
Metallzeiten 52 ff.
Metz, de, franz. Oberst 104
Mittelsteinzeit 48
Möbel-Center Dilly 315
Moeller & Neumann, Walzwerkeplanung 147

Mont, Nicola de 222
Montanindustrie 101, 148
Moreau, franz. General 94
Morgner, Wilhelm 184
Müller-Reisen GmbH 316
Mundart 194 ff.
Mundartgrenzen 195
Mundartlandschaft 194 ff.
Mundartwandel 197 f.
Muschelkalk 19 f., 27 ff.
–, Mittlerer 29
–, Oberer 29 f.
–, Unterer 27 f.
Museen 182 f.

Nassau-Saarbrücken, Grafen von 75, 76, 77
–, Gustav Adolf Graf von 80
–, Johann IV. Graf von 76, 78, 236
–, Johann Ludwig Graf von 77
–, Ludwig Fürst von 93
Nassau-Weilburg, Albrecht Graf von 78
–, Philipp Graf von 78
Naturräume 34 ff.
Naturschutz 35, 43, 215 ff.
Naturschutzgebiete 37, 270
Naturwaren OHG Dr. Peter Theiss 318 f.
Nebgen-Mineralbrunnen 317
Neolithikum → Jungsteinzeit
Neozoikum 20
Neuendorf GmbH 320
Neugliederungsgesetz 108
Niederschlagsmenge 16, 260
Nimwegen, Frieden von 81
Nolde, Emil 185
NSDAP 117 f.
Nutzfläche, landwirtschaftliche 261
Nutzung, landwirtschaftliche 260

Oberkarbon 19
OELMA-Haustechnik GmbH 321
Olk's Vollkornbackhaus 322
Oppenheimer, David 125
–, Familie 125
Oppida 55
Ordensgründungen 69 f.

Pabst, Steingutfabrik 137
Paläolithikum → Altsteinzeit
Paläozoikum 18
Pariser Friede, Erster 97
Pariser Friede, Zweiter 97
Parteien, politische 112 ff., 117 ff.
Paul, Teigwarenfabrik 147
Perm 23 ff.

Petri Fenster- und Fassadenbau GmbH 323
Pfalz-Zweibrücken, Grafen von 79
–, Christian IV. Herzog von 86, 236
–, Gustav Samuel Leopold Herzog von 86, 157, 163, 176, 238
–, Herzöge von 77, 79, 164
–, Herzogtum 76, 77
–, Johann I. Herzog von 78
–, Karl II. August Herzog von 86 ff., 93, 97, 176, 236
–, Ludwig II. Herzog von 78
–, Stephan Herzog von 77
–, Wolfgang Herzog von 78
Pfalzwerke AG 139, 324
Pfalzziegelwerk Bexbach 137
Pfarrkirchen 164 ff.
Pferdehaltung 264 ff.
Pferdezucht 265
Pfingstquack 190 ff.
PHB Stahlguß GmbH 325
Pirminius, hl. 65, 69 f., 153
Pirro, Jakob 118
Pleistozän 31
Poensgen & Pfähler, Kesselfabrik 137
Porzellanmanufaktur 157, 238
Privatwald 267
Protestanten 116
Purrmann, Hans 184, 185

Quartär 31 f.
Quirin, Hans 206

Radomski, Aram 218
Radwanderwege 272 f.
Raiffeisenbank Webenheim eG 326
Redel, Sonja 206
Referendum 120 f.
Reformation 77 f.
Reha-Med-Klinik Homburg 343
Reheis, Peter 167, 177
Reichspogromnacht 122
Reihengräberfriedhöfe 64 f., 68
Reise Stolz GmbH 327
Rekatholisierung 82
Reunion 81
Revolution 1848 111 f.
Rheinkreis, bayerischer 98, 109
Rijswijk, Frieden von 82
Rinderzucht 263
Röder, Franz Josef 106
Römermuseum Schwarzenacker 240, 273
Römerzeit 59 ff.
Roth & Schüler, Metallbearbeitung 137
Rotliegendes 23 ff.

RSW Regionalbus Saar-Westpfalz GmbH 328
Rückgliederung 105, 118, 146
Rümelinger Hochofengesellschaft 135
Rundwanderwege 272
Rupprecht, Kurfürst von der Pfalz 76

Saar Ferngas AG 329
Saar Wälzlagerdraht GmbH 333
Saar-Nahe-Bergland 15
Saarbergwerke AG 330 f.
Saarbrücken, Grafen von 75, 163
Saargebiet 104 f.
Saarland 105
Saarland Versicherungen 332
Saarländische Industrie Bank AG 145
Saarpfalz, Schreibweise 104
Saarpfalz-Center 344
Saarstatus 121
Saarwerden, Friedrich Graf von 74, 156, 238
–, Gertrud Gräfin von 74, 156
–, Grafen von 73, 75, 164
–, Ludwig II., der Jüngere, Graf von 157
Sattler, Oswald 206
Savoye, Joseph 111, 112
Schaller, Felix 126
Schaufelfabrik Bexbach 278 f.
Schefke, Siegbert 218
Scherer, Marie-Luise 218
Schiel, Johann 56
Schindler, Reinhard 46
Schloß (Burg) Jägersburg 86, 163
Schloß Karlsberg 86 f., 93, 95
Schloßberg-Hotel, Homburg 334
Schloßberghöhlen 26, 239 f.
Schmelzer, Otto J. 118
Schmidt, Brauerei 139
Schmidt, Dieter 206
Schneider, Manfred 206
Schnur, Ludwig 108
Schomann, Josef 206
Schomburg, Johann von 243
Schöndorf, Werner, Blieskastel 338
Schorr, Jakob 77
Schulen 213 ff.
Schuler & Co., Max 138
Schüler, Friedrich 111
Schwarz, Alban 206
Schwebel, Johann 77
Schweinezucht 263
Schwenk, Gerhard 206
Schwerindustrie 133 ff.
Schwinn, Eisenwarenfabrik 137

Sebastian, Johannes 206
Seh, Baustoffwerk 147
Seib, Karl 206
Seibert, Stahlbau 137
Selbstverwaltungsorgane 204 f.
Seyler, Robert 46
Sickingen, Franz von 171, 226
Siebenpfeiffer, Philipp Jakob 100, 109 ff., 217 f., 236
Siebenpfeiffer-Preis 218
Siersberg, Herren von 74, 164
Sigwart & Möhrle, Flaschenfabrik 137
Sinterkalke 32
SMS-Filter Verpackungsanlagen GmbH 335
Sozialdemokratie 114, 117, 119
Sozialhilfe 208 f.
Sozialstationen 209
Sparkassen 140
Spies, Heinz 46
Spillenstein 50
Sprater, Friedrich 46
Staatswald 267
Stadtwerke Homburg GmbH 336 f.
Stahlindustrie 144, 147
Stein, Frauke 67
Steinfeltz, Hansjörg 206
Steinkallenfels, Familie von 78, 82
Steinkohle 18 f.
Steinkohlenbergwerke 102
Stengel, Friedrich Joachim 177
Stiefel, St. Ingberter 27
Strukturwandel, wirtschaftlicher 250
Stuck, Franz von 184
Süddeutsche Lederwerke 138
Sundahl, Z.D. 159, 163

Tabakverarbeitung 145
Tafel, Franz 111
Tertiär 20
Textilindustrie 145
Thurn und Taxis, Fürst von 112
Tierhaltung 263
Tivoli, Malzfabrik 139
Trias 19 f.
Trinkwasserförderung 40
Trippelwerke 146

Umweltberatung 216 f.
Umweltschutz 215 ff.
Universität 256
Universitätskliniken 147, 256
Urnenfelderzeit 52 f.

Vauban, franz. Festungsbaumeister 163, 236

Namen- und Sachregister

Verkehrswege 252 f.
Verkehrswesen 131 f.
Vertrag von Vincennes 80
Vertrag, Limbacher 77
Vertrag, Luxemburger 121
Verwaltungsgeschichte 99 ff.
Verwaltungsreform 106 f.
Viehbestand 266
Voit, Stanz- und Prägewerk 147
Willy Voith GmbH & Co. 345
Völkerbund 102, 105
Volksabstimmung 102
Volksbank Blies- und Mandelbachtal eG 346
Volksbank Blieskastel eG 347
Volkshochschulen 214 f.
Vopelius, Glasproduzent 136
Vulkanismus 18

Wagenbrenner GmbH 348
Wahrheit, Leo 206

Wald 127 f., 267 ff.
Wald, Kirkeler 39
Waldfläche 267
Wallich, Raphael 125
Walsheimer Brauerei 145
Walter Bau-AG 349
Wamser, Dampfkesselfabrik 147
Wappen Saarpfalz-Kreis 203 f.
Warnharius, Graf, Widonen-Lambertiner 69 f., 153
Weber, Roland 206
Webern, von, Generalmajor 112
Wegekreuze 160
Wegener Härtetechnik GmbH 350
Weigand, Otto 138
Weimar, Bernhard von 79
Weinanbau 61
Weisgerber, Albert 123, 184 f., 247 f.
Weltkrieg, Erster 101, 144
–, Zweiter 146

Weltwirtschaftskrise 145
Wendel, Artur 351
Wentzel, Glasproduzent 136
Wery, Pflugfabrik 137
Wilhelm von Maleval, hl. 74
Wilhelmitenorden 74, 158
Winterscheidt, bayerischer Regierungspräsident 103
Wirth, Johann Georg August 110 f., 217
Wirtschaft 249 ff.
Wirtschaftsförderung 219

Zentrumspartei 113, 117
Zisterzienser 74, 156 f.
Zollverein 130
Zweibrücken, Eberhard II. Graf von 76
–, Grafen von 75, 76
–, Grafschaft 76 f.

Gemeinderegister

Die Zahlen hinter der Ortsangabe bezeichnen die Textseiten, auf denen die Gemeinde erwähnt wird. Abb. = Abbildung Nr. . . . (nicht Seitenzahl)

Altheim → *Blieskastel*
Altstadt → *Kirkel*
Aßweiler → *Blieskastel*
Ballweiler-Wecklingen → *Blieskastel*
Bebelsheim → *Mandelbachtal*

Bexbach 14, 32, 67, 108, 118, 127, 130, 131, 133, 134, 143, 180, 191, 192, 214, *222 ff.*, 249, 256, 267; Abb. 3–5, 40, 41, 43, 71, 85, 86; Tafeln 18, 32
– Frankenholz 32, 133, 134, 143, 222 f.
– Höchen 32, 181, 191, 223
– Kleinottweiler 223 f.
– Niederbexbach 168, 190, 191, 224
– Oberbexbach 143, 191, 224

Bierbach → *Blieskastel*
Biesingen → *Blieskastel*
Blickweiler → *Blieskastel*
Bliesdalheim → *Gersheim*

Blieskastel 50, 75, 82, 83, 85, 93, 94, 101, 108, 118, 124 f., 144, 158, 162, 165, 169, 171 ff., 176, 179, 181, 214, *226 ff.*, 255, 249, 267; Abb. 6, 17, 23, 27, 39, 50, 51, 61, 62, 67–70, 82, 87, 88; Tafeln 4, 10, 15, 19, 21, 25, 33
– Altheim 53, 64, 70, 174, 188, 228
– Aßweiler 32, 228
– Ballweiler-Wecklingen 187, 228
– Bierbach 45, 61, 63, 67, 127, 128, 145, 228, 267
– Biesingen 68, 181, 229
– Blickweiler 46, 62, 75, 113, 168, 229
– Böckweiler 59, 61, 65, 67, 70, 81, 118, 153, 229 f.
– Breitfurt 48, 53, 61, 81, 191, 230
– Brenschelbach-Riesweiler 70, 118, 168, 230
– Mimbach 53, 70, 81, 118, 168, 171, 176, 191, 230

– Neualtheim 230
– Niederwürzbach 143, 178, 188, 230
– Webenheim 67, 81, 82, 180, 191, 192, 230 f.
– Wolfersheim 81, 82, 118, 191, 192 f., 231

Bliesmengen-Bolchen → *Mandelbachtal*
Böckweiler → *Blieskastel*
Breitfurt → *Blieskastel*
Brenschelbach-Riesweiler → *Blieskastel*
Einöd → *Homburg*
Erfweiler-Ehlingen → *Mandelbachtal*
Frankenholz → *Bexbach*

Gersheim 31, 68, 124, 144, 174, 187, 190, 214, 219, *232 ff.*, 249, 267; Abb. 7, 8, 10, 18–22, 52, 54, 56, 57, 59, 60, 63, 74, 81, 89; Tafeln 7, 23, 24, 26
– Bliesdalheim 67, 81, 174, 232
– Herbitzheim 81, 182, 232
– Medelsheim 53, 70, 124, 165, 169, 173, 174, 232 f., 263
– Niedergailbach 68
– Peppenkum-Utweiler 68, 187, 191, 233
– Reinheim 46, 53, 54, 56 f., 61, 67, 68, 82, 159, 166 f., 174 f., 187, 233
– Rubenheim 46, 55 f., 68, 81, 161, 166, 183, 187, 190, 233
– Walsheim 32, 64, 68, 81, 233 f.

Habkirchen → *Mandelbachtal*
Hassel → *St. Ingbert*
Heckendalheim → *Mandelbachtal*
Herbitzheim → *Gersheim*
Höchen → *Bexbach*

Homburg 14, 45, 53, 59, 61, 67, 68, 69, 82, 90, 93, 94, 105, 108, 116, 118, 119, 122 f., 127, 131 f., 163, 137, 143, 145, 165, 168, 171, 176, 182, 214, *236 ff.*, 249, 252, 256, 263, 267; Abb. 24, 28, 30, 38, 42, 44, 46, 78–80, 90, 91; Tafeln 8, 9, 11, 14, 22, 30/31, 34, 35, 39, 40
– Einöd 52, 81, 180, 236
– Jägersburg 59, 86, 118, 163, 176, 236 f.
– Kirrberg 48, 69, 106, 119, 162, 238
– Wörschweiler 67, 118, 156 f., 170, 191, 238

Jägersburg → *Homburg*

Kirkel 14, 81, 118, 164, 180, 214, *240 ff.*, 249, 267; Abb. 58; Tafeln 2, 13, 36
– Altstadt 69, 190, 191, 240
– Kirkel-Neuhäusel 240 f.
– Limbach 63, 67, 81, 168, 190, 191, 241

Kirkel-Neuhäusel → *Kirkel*
Kirrberg → *Homburg*
Kleinottweiler → *Bexbach*
Limbach → *Kirkel*

Mandelbachtal 75, 108, 144, 174, 214, *241 ff.*, 249, 267; Abb. 25, 53, 55, 64, 72, 92, 93; Tafeln 3, 10, 12, 17, 20, 37, 38
– Bebelsheim 68, 75, 167, 174, 241 f.
– Bliesmengen-Bolchen 64, 68, 75, 159, 242
– Erfweiler-Ehlingen 46, 61, 67, 68, 82, 166, 188, 190, 242
– Habkirchen 67, 68, 75, 168, 173, 174, 190, 242
– Heckendalheim 67, 68, 101, 242 f.
– Ommersheim 68, 75, 91, 101, 181, 190, 243
– Ormesheim 64, 68, 82, 190, 243
– Wittersheim 64, 67, 68, 75, 82, 243

Gemeinderegister

Medelsheim → Gersheim
Mimbach → Blieskastel
Neualtheim → Blieskastel
Niederbexbach → Bexbach
Niedergailbach → Gersheim
Niederwürzbach → Blieskastel
Oberbexbach → Bexbach
Oberwürzbach → St. Ingbert
Ommersheim → Mandelbachtal
Ormesheim → Mandelbachtal
Peppenkum-Utweiler → Gersheim
Reinheim → Gersheim
Rentrisch → St. Ingbert
Rohrbach → St. Ingbert
Rubenheim → Gersheim

St. Ingbert 14, 19, 32, 46, 50, 54, 91, 93, 94, 96, 100 f., 103, 104, 108, 113, 117, 118, 123 f., 127, 133, 136, 143, 161 f., 175, 180, 181, 182, 184, 214, 219, *245 ff.*, 249, 254, 267; Abb. 16, 45, 65, 73, 84, 94; Tafeln 1, 27, 28
– Hassel 14, 48, 50, 69, 101, 182, 188, 246
– Oberwürzbach 101, 246
– Rentrisch 50, 246
– Rohrbach 14, 67, 94, 101, 143, 188, 246

Walsheim → Gersheim
Webenheim → Blieskastel
Wittersheim → Mandelbachtal
Wolfersheim → Blieskastel
Wörschweiler → Homburg

Archäologie in Deutschland
Die Zeitschrift für den archäologisch und historisch interessierten Leser

● Archäologie in Deutschland
bringt aktuelle Berichte über neue archäologische Entdeckungen und Funde in unserem Land, über die Arbeit der Archäologen vor Ort und über die Probleme und Leistungen der archäologischen Denkmalpflege.

● Archäologie in Deutschland
widmet sich in jeder Ausgabe einem Schwerpunktthema der Archäologie und Geschichte, stellt Museen vor, in denen die Zeugnisse der Vergangenheit der Öffentlichkeit zugänglich gemacht werden, und enthält Tips für archäologische Wanderungen sowie Hinweise auf neue Bücher zur Archäologie und Geschichte.

● Archäologie in Deutschland
ist von Fachleuten leicht verständlich geschrieben, informiert über die neuesten Forschungsergebnisse, berichtet in spannenden Beiträgen über die Kulturgeschichte der Menschheit und wird bereichert durch farbige Reportagen über „Deutsche Archäologie im Ausland". Ein wissenschaftlicher Beirat ist an der Konzeption und Planung der Zeitschrift maßgeblich beteiligt.

● Jährlich erscheint ein Sonderheft zu einem speziellen archäologisch interessanten Thema.

● Archäologie in Deutschland
erscheint vierteljährlich, Format 21 x 28 cm. 64 Seiten mit zahlreichen, größtenteils farbigen Abbildungen. Sonderheft ca. 100 Seiten.

Führer zu archäologischen Denkmälern in Deutschland
Band 18: **Der Saar-Pfalz-Kreis**
198 Seiten mit 90 Abbildungen. Der Band ist sowohl archäologisches Sachbuch als auch „Führer" im besten Sinne. Die reiche Ausstattung mit Fotos, Zeichnungen und Lageplänen hilft, die Objekte im Gelände aufzuspüren.

Alter Bergbau in Deutschland
127 Seiten mit 100 überwiegend farbigen Abbildungen. Bergbauarchäologie von der Steinzeit bis zum Mittelalter: eine zusammenfassende Darstellung der Ziele, Methoden und Ergebnisse dieser noch jungen Forschungsrichtung.

Die Römer in Rheinland-Pfalz
Herausgegeben von Heinz Cüppers. 735 Seiten mit 626 Abbildungen, davon 24 Farbtafeln. Das große Sachbuch über die Geschichte der Römer und ihre archäologischen Zeugnisse, mit zahlreichen Abbildungen, Kartenskizzen, Rekonstruktionszeichnungen und ausführlichem topographischem Katalog.

Kunst und Handwerk im frühen Mittelalter
Archäologische Zeugnisse von Childerich I. bis zu Karl dem Großen. Von Helmut Roth. 320 Seiten mit 122 Tafeln, davon 52 in Farbe, und 131 Abbildungen im Text. Die erste zusammenfassende Darstellung von Kunst und Handwerk im frühen Mittelalter unter archäologischen Gesichtspunkten.